威科法律译丛

民事救济法：
案例和解释

〔美〕理查德·L.哈森 著

吴国喆 译

By
Richard L. Hasen

Remedies
Third Edition

This is a translation of Remedies, by Richard L. Hasen, published and sold by The Commercial Press, by permission of CCH Incorporated, Wolters Kluwer Law & Business in New York, the owner of all rights to publish and sell same.

本书根据 CCH Incorporated 2013 年版译出
© 2013 CCH Incorporated

出 版 说 明

　　我馆历来重视迻译出版世界各国法律著作。早在1907年就出版了第一套系统介绍外国法律法规的《新译日本法规大全》81册，还出版了《汉译日本法律经济辞典》。1909年出版了中国近代启蒙思想家严复翻译的法国著名思想家孟德斯鸠的《法意》。这些作品开近代中国法治风气之先。其后，我馆翻译出版了诸多政治、法律方面的作品，对于民国时期的政治家和学人产生了重要影响。新中国成立后，我馆以译介外国哲学社会科学著作为重，特别是从1981年开始分辑出版"汉译世界学术名著丛书"，西方政治法律思想名著构成其中重要部分，在我国法学和法治建设中发挥了积极作用。

　　2010年开始，我馆与荷兰威科集团建立战略合作伙伴关系，联手开展法学著作中外文双向合作出版。威科集团创立于1836年，是全球最大的法律专业信息服务和出版机构之一。"威科法律译丛"是我们从威科集团出版的法律图书中挑选的精品，其中涉及当前中国学术界尚处在空白状态、亟需研究的领域，希望能够对中国的法学和法治建设有所助益。除了引进国外法律图书外，我们同时也通过威科集团将中国的法律思想和制度译介给西方社会，俾使中国学人的思想成果走向世界，中华文明的有益经验惠及异域。

商务印书馆编辑部
2011年8月

译者序言

《民事救济法:案例和解释》由美国加州大学欧文分校的法律和政治学教授理查德·L.哈森(Richard L. Hasen)著述。[①] 哈森教授是美国民法、选举法领域的著名专家,特别是在民事救济法和侵权法领域,造诣深厚。从2001-2010年,他与丹·洛温斯坦(Dan Lowenstein)一起,担任《选举法杂志》季刊出版物同行评审的创始联合编辑。他在众多著名的法学期刊上,包括《哈佛法律评论》、《斯坦福法律评论》和《最高法院评论》等,发表了100多篇学术论文。于2009年当选为美国法律研究院研究员,并与著名的侵权法专家道格拉斯·莱科克教授(Douglas Laycock)一起,担任美国法律研究院的法律改革项目——"侵权法第三次重述:救济措施"的报告员。

哈森从加州大学伯克利分校获得学士学位(B.A),在加州大学洛杉矶分校获得法律硕士(J.D)、文学硕士(M.A)以及政治学博士学位(Ph.D)。在法学院毕业后,哈森为美国第九巡回上诉法院著名的法官戴维·R.汤普森(David R. Thompson)阁下担任书记员,然后在美国最大的民事上诉律师事务所加州恩西诺的霍维茨与利维(Horvitz and Levy)担任上诉律师。2013年被《国家法律杂志》评为美国100位最具影响力的律师之一,并于2005—2016年被洛杉矶和旧金山日报评为加州百强律师之一。从1994—1997年,哈森教授在芝加哥-肯特法学院任教,于1998—2011年在洛杉矶洛约拉法学院任教,并于2005年被选为威廉姆·H.汉龙杰出法学教授。他于2011年7月加入加州大学欧文法学院,并担任该校"杰克·W.佩尔特森民主研究中心"研究员。

本书是商务印书馆《威科法律译丛》引进图书中的第一本民法著作,是

[①] 对于作者的简介,主要参考加州大学欧文分校法学院(UCI Law)官网关于哈森教授的介绍,https://www.law.uci.edu/faculty/full-time/hasen/,访问时间,2019年5月6日。

美国法学院救济法课程的实用教科书。从其体系归属而言,美国的救济法主要涵盖了侵权救济和违约救济两大部分,总体说来属于传统民法的组成部分,但其所包含的范围远超过民法的这两大领域,甚至超越整体民法,比如司法救济程序的禁令、强制执行、宣告判决,等等。本书系统介绍美国救济法的基本原理、方法、规则和框架体系。本书历经多年的适用、修改和再版,已经成为美国较为经典的教科书之一。

哈森教授实现了法律理论和实务的高度融通。本书秉持了英美法研究的一贯传统:尽量将某一法律问题的研究具体化,把该问题的现实呈现方式尽量穷尽地罗列出来,并逐一分析,寻求最佳的解决方案;本书的另一重要特点是融进了大量的案例及其解释,在阐述任一法律规则时,并非单纯强调抽象的概念原理,而是选择最能反映该规则且妙趣横生的生活案例,并通过对该案例的分析解读,使读者掌握这一基本规则及其原理。因此对于习惯了大陆法擅长抽象论证的中国读者而言,该书让人耳目一新,阅读起来轻松愉快,尤其是那些对中国的合同法和侵权法规则有一定的了解,亟需进一步深化认识,提高对这些规则的实际应用能力的读者而言,该书具有极高的深化阅读价值。

民事权利神圣与否,不仅一定程度上依赖于相关法律的宣告,更重要者乃取决于相应的救济措施是否齐备,是否真正发挥效用。无法得到救济的权利则徒有权利之名,而断乎无权利之实。本书所集中讨论的问题是,当民事权利已经被侵犯,或者面临被侵犯的高度危险时,如何通过适当的民事救济使其恢复到侵害前的状态,或者防止侵害的实际发生。本书融通了侵权与合同领域,是各项民事救济措施的具体展开,除了实体性民事救济之外,还有程序性救济。聚焦于每一项救济的构成要件和法律效果,其宗旨在于通过民事救济,使得各项民事权利真正得到切实的保护。从这个意义上,本书所讨论的民事救济是民事权利真正发挥其功能价值的基本保障,是权利自身力量的展示、反射与具体化。当然,这种力量也必须限制在特定的范围以内,以确保利益衡平和秩序平和。

全书分为四大部分,第一部分集中讨论损害赔偿——这是侵权责任与违约责任的核心。相对于惩罚性赔偿,通常意义的损害赔偿具有补偿性,是通过给受害人提供适当数额金钱的方式提供救济。首先,补偿性损害赔偿是一种替代性救济,其本身并不能使受到侵害的权利恢复如初,而只能是通过金钱支付的方式起到间接性救济作用。其次,补偿性损害赔偿的数额取决于应有的状态标准(rightful position standard),意即如果没有不法行为的发生,原告本来应该所处的状态。这是事后救济的目标,因而也成为损害赔偿数额确定的标准。第三,损害赔偿的具体数额,这是实践中最为困难的问题。对此,作者区分具有运行良好的市场和没有相关市场这两种情况,详细讨论损害赔偿额的确定。对于从事实务工作的法律人而言,这一部分意义重大。

侵权损害赔偿和违约损害赔偿既有联系又有区别。对于前者,尤为重要的是,对于疼痛、痛苦等非经济损害赔偿,赔偿数额应当如何确定?人身关系受到侵害特别是非法致人死亡时,产生哪些损害赔偿?如何理解推定性损害赔偿?以及侵权损害赔偿受到哪些规则的限制,以使得这一救济措施成为一种适当的,而不是过苛的惩罚。对于后者,必须严格区分期待利益损害赔偿和信赖利益损害赔偿,在此基础上进一步深刻理解效率违约、间接损害、违约金以及损害赔偿的合同限制等重大问题。一般而言,侵权案件当中不存在期待利益损害赔偿问题,只考虑因为侵权所造成的直接损失和间接损失赔偿,而只有在违约案件中才存在期待利益(我国学者更习惯称之为履行利益)与信赖利益损害赔偿的区分,然而在特殊情况下也会出现例外的情形。

损害赔偿受到应有的状态标准的严格限制,其数额需与这一标准完全吻合,才可以使原告得到与如果没有不法行为时其原本应该所处的状态相比不多也不少的赔偿。如果赔偿数额过多,则原告获得了不义之财,反之,则对原告构成赔偿不足。然而这一理想状态在现实当中面临着极大的挑战。首先,原告必须证明自己所遭受的损害是合理可确定的,确定性的要求成为一个疑难问题;其次,减少损失规则、损益相抵规则等都在于确保实现应有的状态标准。在特定情况下,存在平行来源规则这一特殊情况,使得原告除了得到被告的损害赔偿之外,还可以得到来自于保险或者其他途径的救助。如此一来,单纯从数额角度看,似乎构成了赔偿过度,但这是制度设计所允许的。

本书第二部分集中论述衡平法的救济,主要包括禁令(包括结构性禁令)、预先禁令等。如果说损害赔偿是一种事后救济,那么这一部分所讨论的主要是事先救济,在损害发生之前即采取措施,从而更具有意义。相对而言,我国对此尚没有足够的研究。相对于事后救济而言,事先救济具有直接性、低成本性以及完全性,民事权利自身的利益属性才得以最充分的展现,因此在民事权利的救济体系中应当占有举足轻重的地位和影响力。因此这一部分对于我国的学术研究深具启发,特别是对于切实构建我国的民事权利保护体系具有重要参考价值。禁令是一种特殊的救济,指向被告的特定行为:法院作出的特定指示,要求被告做或不做一定的行为,该指令受到蔑视法庭惩处权的保障,具有强制执行效力。因为它直接涉及强制执行,因此必须受到严格的条件限制,包括致害倾向、无法弥补的损害等要求,法庭往往会基于特定政策的考量,而拒绝颁发禁令,期间所经历的考量和判断,在方法论上殊值重视。同时,当禁令所欲实现的目标具有综合性,需要对一套整体的制度变革提出要求时,就出现了结构性禁令,这种禁令所涉及的人数更多、措施更为多元、外部性更加突出,因此其法律规则更为复杂。

预先禁令是在法院进行实体审理之前,给与被告的一种禁令,其目的在于防止造成不可弥补的损害。因为法院的审理往往需要较长的一段时间,如果等待最终结果确定才颁发禁令,也许损害已经发生,且事后不可弥补,因此预先禁令提供一种临时性救济。因为缺少了实体的依据,这类禁令的颁发很有可能是错误的,因此除了相应的条件要求,还必须有如果该禁令事后被证明颁发错误,并因此给被告造成损害时对被告的补救办法,于是就有了禁令保证金制度。还有一种临时救济的措施,即临时限制令。

第三部分集中讨论的是利益返还,类似于我国法上的不当得利返还。关于要件的探讨极为复杂,符号什么条件才能构成"得利"、"不当"等,需结合具体的案例事实进行分析。这里最复杂的问题有二:一是确定所获不当利益的价值,二是这些利益在原被告之间的分配,特别是当原被告对这些收益的取得都有一定的投入时。关于法律效果,要求返还的数额如何确定?特别是在合同失败时的返还数额,是否应该受到期待利益的限制,需要进行认真的研究。在基于得利之上更有所得,或者是将得利进行转让的情况下,返还将更加复杂。为了解决利益返还的问题,相应出现了推定信托、衡平担保等制度设计,以通过法律拟制的方式确保利益返还的实现,以及原物返还、收回不动产、代位求偿、追偿和补偿等其他返还性救济的问题。此外当合同被解除、撤销和变更时,也存在返还性救济的问题。

最后一部分探讨其他一些重要的救济概念,诸如惩罚性赔偿及其宪法限制(一方面,当原告陷入恶意行为时,需要一定的惩罚;但另一方面,这一惩罚也不得超越必要的限度)、宣告判决及其他相关救济(类似于我国的确认之诉判决,用于确认当事人之间的权利义务,为宣示权利、采取后续行动奠定基础)、辅助性救济(采取特定的法律技术手段,确保法院的判决得以实现),以及救济抗辩权(是对原告主张特定救济的抗辩,用于确保双方的利益平衡)等。这些概念是准确把握民事救济的必要条件,其确立都涉及复杂的利益衡量和价值判断,是原被告双方冲突与对抗的焦点。这一部分对于掌握英美法的问题分析方法,特别是某一问题涉及到多个方面,需要多重因素相互影响、相互构建,比较权衡后才可得出最终结论的这一方法,尤具启发性。

总之,本书主要讲述民事救济的基本手段及其应用,分别有普通法救济和衡平法救济,具体有赔偿金和禁令、利益返还,以及救济权利的诸多层次结构,既有历史的维度,也有现实社会公益和权利人私益均衡的考量,是法律专业原理和社会政策二元基础实现社会公平的良好教科书。本书对于中国读者而言,可以系统了解美国救济法,避免无知和偏见,割裂全球化进程中法治文明所共同的价值选择。

全书写作特点,通篇内容并不是理论推导,而是实证研究,即通过社会实例、司法判例(美国最高法院、加州等地方法院)的解读,从社会生活事实当中辨析其法律环节、法律要素,从而总结出法律上的利益层次、规则层次。

仅第一部分补偿性赔偿就涉及案例 60 个,推及其他章节,全书大约引用案例 240 个。本书通过引用生活案例、比较生活案例,在理解真实社会的基础上,还原社会矛盾,解决社会矛盾,彰显法律规则定分止争的现实需要与重大公平价值,从而督促社会公民相信法律、信仰法律、尊重法律、维护法律的权威。同时民事救济过程中还可能涉及行政部门,本书就附带寻求行政法的救济、刑事措施的救济,以及宪法性的救济等,在一定程度上触及行政权与司法权的边界,及行政权与司法权相互抑制前提下都应该注意的准确位置。在某种意义上本书站位在公众利益的社会视角下如何解决以法律主导疏通的社会矛盾,其方法和立意都突破了诸如中国传统民法的研究格局与固有藩篱,有国家法律、国家法治的宏大视域,研究极具启发意义。究其基本方法而言,最鲜明的特点在于将社会矛盾置于特定的社会历史环境当中,在寻求法律的救济之道时,一定会综合考虑各种相互冲突的利益诉求,比较权衡,完全不是在傲慢的法律王国内的自我运作。

译事艰难,本书的翻译前后经历了两年多时间。为了准确反映原著思想,笔者不敢怠慢,反复阅读琢磨原著,对吃不准的问题虚心求救,全部书稿完成后,又仔细订正校对数遍。不敢奢求翻译能达到达、雅标准,但至少尽量做到不能曲解原著原意。在最后定稿期间,适逢笔者在美国圣路易斯华盛顿大学法学院访学,期间就有关问题多次向罗伟教授求教。即便如此,由于语言自身的固有属性,特别是其作为特定文化、规则与传统的外在表彰符号系统,深层次的反映了其赖以存在的文化与传统个性,语言之间的转化相当困难。加之英美法与大陆法传统的固有区别,导致一些词汇及语句翻译,很难找到合适的中文对应部分。在这种情况下,笔者以能够准确反映该词的原本含义为基本依归。下面列举一些。

"Blackacre"是英美财产法(合同法中有少量)教科书当中非常常见的一个词汇,其本身是一个虚构的概念,用来指称财产权的标的物:某一块土地或某一栋房屋。当教授在课堂上讨论一个与不动产财产权有关的问题,或者在教科书中讨论类似问题,需要一个案例辅助说明时,就会经常用到它。比如,"A通过租赁合同占有 B 的'Blackacre'",已经虚构一个不动产

"Blackacre"，如果还需要虚构另一个不动产，就会是"Whiteacre"，如果有第三个，就是"Greenacre"，第四个，就是"Brownacre"。但在翻译的时候，要准确表达这一层意思会非常困难，只有按照多数人的意见，将其直译为"黑地"，将"Whiteacre"译为"白地"，但是如果不了解其背后的原理，单纯的字面意思是无法理解的。

再比如，"Losing contract"，从表面看来，是"失败的合同"，但其所要表达的核心意思是，交易一方当事人对合同标的的价格判断出现错误，买入时，所出的买价高于其实际价格；相反卖出时，卖价低于其实际价格，导致的结果是合同履行会导致自己亏损，换言之，单纯从经济价值上判断，这一交易属于不合算的合同。但也许当事人会有特定的目的考虑，即使经济上不合算，但如果其他的交易目的实现，就不能称之为"失败"的合同。经过反复斟酌考虑，笔者将其翻译为"亏损的合同"，以彰显这一术语的原本含义，尽管与其字面看上去并不太对应。

再如，涉及"Contempt"的几个词，都非常难以翻译。"Civil contempt"、"Civil compensatory contempt"、"Criminal contempt"。"Contempt"在文中的基本含义是"蔑视法庭"，这一点较好理解，但是 Civil contempt 如何翻译？似乎是一种"民事形式的蔑视"，但经过反复思考，其原本含义是表现因为蔑视法庭而需承担的民事强制措施，其他几个词与之类似，于是就将其意译为"蔑视法庭的民事强制"、"蔑视法庭的民事赔偿"、"蔑视法庭的刑事制裁"。"Ejectment"的字面含义是"强制离开"、"驱逐"，但是作为一个法律术语，其基本含义是"收回不动产"，如果没有掌握其法律含义，翻译出错就是难免的。

最后但绝非最不重要的是，涉及 damage 的词汇的翻译。一方面，在没有造成权利人自身受损，而只是导致其可得利益受损或财产支出时，笔者特别将其翻译为"损失"，而不是"损害"，以从严格意义上区分"损失"和"损害"，因此就有了"信赖利益损失赔偿"，而不是我们所习惯的"信赖利益损害赔偿"；另一方面，关于合同领域的"expectancy damages"，按照我国既有的民法理论，合同赔偿可以分为两类，一类是信赖利益损害赔偿，另一类是履行利益损害赔偿。对于后者，基本含义是如果合同得到正常履行时，一方原本可以得到的利益，因为另一方的违约而遭受的损失，可以要求对方予以赔偿。"期待利益损失赔偿"比起"履行利益损害赔偿"更直接，更能够准确表达其原本的含义——一方在缔约时期待所能获得的利益，因此笔者选择了"期待利益损失赔偿"。这样的例子还有很多，不胜枚举。在权衡时，笔者不仅追索这一词语的字面含义，还必须探寻其法律含义，以及在大陆法系和我国法中相对应的表达。

特别说明者，为了方便读者阅读，笔者做了一些技术处理：在一些重要法律词汇首次出现时，以及对一些人名标注了英文，以帮助读者理解；对于人名地名的翻译，笔者参考的基本工具书是由李学军主编，商务印书馆2018年出版的《英语姓名译名手册》(第5版)，如果在该书中无法查阅到，则依据网络"有道翻译"给出的译名；对于案例，一般是在翻译后用括号标注了英文名称及案号，以方便读者查对；对于特别需要指出的问题，加了"译者注"，并将本书末尾索引翻译出来，起词汇对照表作用，以方便读者查阅；对于书中出现的一些特殊词汇，特别是省略语、名称、法规名称等，比如"EXA contract"、"Glädje"、"F. T. C."、"ABKCO"、"O. C. T."、"Doc's B. R. Others"、"Pic-A-State Pa"、"TXO"、"N. Y. C. P. L. R."、"Xoxide"等，笔者尽力查找资料对照翻译，也向有关的专家求证，但都无法找到准确的中文对应词汇，因此不得已在书中保留了原文，没有翻译。尽管笔者尽心竭力，但由于水平有限，疏漏在所难免，祈请各位读者批评指正。

是为序。

吴国喆
2019年5月6日初稿于美国圣路易斯
2019年8月20日修改于西安交通大学

献给我亲爱的黛博拉、沙娜和杰瑞德
祝你们有一个美好的未来

目 录

第三版致谢 ·· 1
第二版致谢 ·· 2
第一版致谢 ·· 3
如何使用这本书 ·· 5

第一章　前言:为什么叫民事救济法?何谓民事救济法? ········· 1
  1.1　为什么法科学生要重视民事救济法? ···················· 1
  1.2　律师为什么要重视民事救济法? ························ 2
  1.3　民事救济就像是律师的工具箱 ·························· 4
  1.4　民事救济的类型 ······································ 6

第一部分　补偿性赔偿

第二章　赔偿金概述:给我钱 ·································· 13
  2.1　作为替代性救济的补偿性赔偿 ·························· 13
  2.2　补偿性赔偿与应有的状态标准 ·························· 15
  2.3　补偿性赔偿的确定 ···································· 21
      2.3.1　运行良好的市场中的赔偿金 ······················ 21
      2.3.2　运行不正常市场中的赔偿金 ······················ 26
  2.4　象征性赔偿金 ·· 28
  2.5　时间和金钱的价值 ···································· 30
      2.5.1　判决前和判决后利息 ···························· 30
      2.5.2　现值 ·· 33

第三章 侵权损害赔偿 ………………………………………… 38
3.1 侵权损害赔偿概述 …………………………………… 38
3.2 疼痛和痛苦、精神损害,以及其他的"非财产性"损害 ……… 40
3.3 不法行为致死、幸存者的特殊规则,以及亲属权丧失的诉讼 …………………………………………… 47
  3.3.1 不法行为致死 …………………………………… 47
  3.3.2 人身伤害行为中的幸存者 ……………………… 50
  3.3.3 亲属权丧失的主张 ……………………………… 51
3.4 推定损害赔偿(诽谤) ………………………………… 53
3.5 侵权损害赔偿的其他限制:近因和纯粹经济损失规则 ……… 57

第四章 合同损害赔偿 ………………………………………… 64
4.1 合同损害赔偿介绍:期待和信赖 ……………………… 64
4.2 效率违约理论 ………………………………………… 71
4.3 间接损失 ……………………………………………… 73
4.4 违约金和其他救济的合同限制 ……………………… 80
4.5 《统一商法典》第二部分中的合同损害赔偿问题 ……… 85
  4.5.1 买方的救济 …………………………………… 85
  4.5.2 卖方的救济,包括营业额减少的卖家 ………… 92
  4.5.3 《统一商法典》第二部分对救济的限制 ………… 99

第五章 例外:侵权中的期待利益损失赔偿和合同中的信赖利益损失赔偿 ……………………………………… 102
5.1 回顾常见的侵权和合同中的损害赔偿计算方式 ……… 102
5.2 侵权中的期待利益损失赔偿,特殊的欺诈案例 ……… 104
5.3 合同中的信赖利益损失赔偿 ………………………… 110

第六章 确保应有的状态:审视确定性、减少损失、损益相抵和平行来源规则 …………………………………………… 121
6.1 确定性要求 …………………………………………… 121
6.2 减少损失的要求 ……………………………………… 126

6.2.1 可以避免的损失:规则和经济合理性 …………… 126
　　6.2.2 《统一商法典》第二部分中的减少损失规则 ……… 130
　　6.2.3 什么是减少损失的"合理的"措施? …………… 133
6.3 损益相抵 ……………………………………………… 135
6.4 平行来源规则 ………………………………………… 139

第二部分　衡平法救济

第七章　禁令和其他衡平法救济:在伤害之前阻止 …………… 147
7.1 介绍:作为具体救济的禁令 …………………………… 147
7.2 禁令的要求、衡平法救济的起源,以及关于返还原物的
　　说明 …………………………………………………… 152
7.3 禁令的致害倾向要求及其范围 ………………………… 157
　　7.3.1 致害倾向,成熟,无实质争议 …………………… 157
　　7.3.2 指令性救济的合理范围 …………………………… 161
7.4 无法弥补的损害要求 …………………………………… 164
7.5 易趣网案是否为联邦法院颁发禁令设定了新标准? …… 167
7.6 法院拒绝禁令的其他政策理由 ………………………… 170

第八章　对禁令的进一步讨论 …………………………………… 182
8.1 结构性禁令 ……………………………………………… 182
　　8.1.1 结构性禁令,应有的状态以及巡回慈善委员会 …… 182
　　8.1.2 同意令 ……………………………………………… 189
　　8.1.3 国会将如何限制救济:以监狱诉讼改革法案为例 … 191
8.2 现存禁令的修改 ………………………………………… 195
8.3 禁令和第三人 …………………………………………… 200

第九章　预先禁令和其他初步救济 ……………………………… 203
9.1 初步救济简介 …………………………………………… 203
9.2 预先禁令 ………………………………………………… 207
9.3 禁令保证金,禁止离境令 ……………………………… 220

9.4 临时限制令 …… 226

第十章 禁令的执行:蔑视法庭惩处权 …… 230
10.1 蔑视法庭惩处权介绍 …… 230
10.2 蔑视法庭民事强制 …… 232
10.3 蔑视法庭刑事制裁 …… 239
10.4 蔑视法庭民事补偿 …… 242
10.5 平行禁止规则(更多是蔑视法庭的刑事制裁) …… 246
10.6 蔑视法庭和第三人 …… 251

第三部分 利益返还

第十一章 一份耕耘一份收获:利益返还和不当得利规则 …… 257
11.1 利益返还简介 …… 257
11.2 "不当得利"的含义:何时可以请求利益返还? …… 263
11.2.1 概述 …… 263
11.2.2 基于错误而给予的利益 …… 264
11.2.3 转让人有瑕疵的同意或批准导致转移的利益 …… 268
11.2.4 在紧急情况下,由有意的中间人和合同授予的利益 …… 269
11.2.5 通过侵权行为或其他不法行为获得的利益 …… 276
11.3 为什么在不当得利的案件中允许取回被告的收益? …… 279
11.4 更多关于亏损合同的讨论:合同价格是上限吗? …… 282

第十二章 不当得利:不当获利的衡量和收益分配 …… 285
12.1 不当获利的衡量 …… 285
12.2 收益分配 …… 294

第十三章 利益返还的再讨论:推定信托、衡平担保、其他的利益返还性救济 …… 304
13.1 推定信托 …… 304

　　　　13.1.1　推定信托：基础知识 …………………………………… 304
　　　　13.1.2　追踪问题的再讨论 ………………………………………… 313
　　13.2　衡平担保 ……………………………………………………………… 319
　　13.3　其他返还性救济措施 ………………………………………………… 324
　　　　13.3.1　返还原物和收回不动产 ……………………………………… 324
　　　　13.3.2　代位求偿、追偿和补偿 ……………………………………… 328

第十四章　合同的撤销和变更 …………………………………………………… 334
　　14.1　引言：合同的撤销与变更是利益返还救济措施吗？ ………………… 334
　　14.2　合同的撤销（或解除） ……………………………………………… 336
　　14.3　合同变更 ……………………………………………………………… 343
　　14.4　在合同撤销和变更之间进行选择 …………………………………… 346

第四部分　其他重要的救济概念

第十五章　严厉惩罚：惩罚性赔偿及其宪法限制 ……………………………… 351
　　15.1　惩罚性赔偿概述 ……………………………………………………… 351
　　15.2　惩罚性赔偿和合同 …………………………………………………… 361
　　15.3　对惩罚性赔偿数额的宪法限制 ……………………………………… 367

第十六章　宣告判决及相关救济 ………………………………………………… 377
　　16.1　引言：为什么是宣告判决？ ………………………………………… 377
　　16.2　宣告判决的成熟要求 ………………………………………………… 383
　　16.3　宣告判决和联邦制 …………………………………………………… 387
　　16.4　其他的宣告性救济 …………………………………………………… 391

第十七章　我需要别人：辅助性救济 …………………………………………… 395
　　17.1　金钱判决 ……………………………………………………………… 395
　　17.2　诉前冻结命令，扣押和接管 ………………………………………… 404
　　17.3　律师费和诉讼费 ……………………………………………………… 410

第十八章　救济抗辩 ……………………………………………………………… 417
　　18.1　原告的不当行为：显失公平、不洁之手以及互有过失 …… 417

18.2　禁反言和弃权 …………………………………………… 425
　　18.3　懈怠和诉讼时效 ………………………………………… 431
第十九章　总结：参加一个救济法的考试 ……………………………… 439
　　19.1　如何准备一个救济法的考试 …………………………… 439
　　19.2　救济法考试论述题与答案要点示例 …………………… 440

附　录

案例表 ……………………………………………………………… 481
文献资料 …………………………………………………………… 488
成文法表 …………………………………………………………… 491

索引 ………………………………………………………………… 495
术语英汉对照表 …………………………………………………… 510
缩略语表 …………………………………………………………… 512

第三版致谢

为了这个第三版,我要对我的研究助理陈丹尼、吉姆·布阿蒂,和行政助理萨拉表示感谢。同样需要感谢加州大学欧文分校法学院和我们的院长欧文·莫林斯基,他在我的教学和学术研究各个方面都全力给予支持。最后,我还需要感谢肯尼·查姆博尼,因为他的卓越和高效的编辑工作。

本书第三版的材料截至最高法院 2011 年的审判季(在 2012 年 6 月结束),包括了第二版之后发生的重要案例。

我将继续接受读者充满智慧的问题和评论。如果您有任何的问题或建议,请发电子邮件到 rhasen@law.uci.edu,我将用这些评论来改进该书的下一版。

我将再次感谢美国法律研究院允许我引用它的两部重要出版物:

《重述资料》,2013 年版权归属于美国法律研究院,重印需要授权,所有的权利保留。

《统一商法典资料》,版权归属于美国法律研究院和全国统一州法律委员会会议。重印需要取得统一商法典永久编辑委员会的同意,所有的权利保留。

欧文

2012 年 11 月

第二版致谢

为了这个第二版，我要对图书馆助理妮萨·舒尔茨、研究助理雷切尔·埃廷格，以及行政助理卡拉·海德尔博格表示感谢。同样需要感谢洛约拉法学院和我们的院长维克多·金，洛约拉法学院在我的学术研究、教学和写作方面给予了全力支持。

本书第二版讲述了最高法院关于禁令、惩罚性赔偿，以及其他一些救济问题的最新决定。法院的规则增加了新的因素，成为学生和法律实践者必须掌握的知识。

除了别的之外，我知道这一版是对过去一版的改进，因为我从本书第一版的读者提出的非常智慧的问题和评论中大大受益。如果你有任何的问题或建议，请发电子邮件到 rich.hasen@lls.edu。

再次感谢美国法律研究院允许我引用它的两部重要出版物：

《重述资料》，1997 年、1981 年和 2000—2009 年的版权归属于美国法律研究院，重印需要授权，所有的权利保留。

《统一商法典资料》，版权归属于美国法律研究院和全国统一州法律委员会会议。重印需要取得统一商法典永久编辑委员会的同意，所有的权利保留。

于洛杉矶

2009 年 11 月

第一版致谢

这本书在知识方面归功于两个典范性的学者和教师。1997年,当时洛约拉法学院的副院长劳里·利文森,同意让我作为一名访问学者去教授一门我从来没有讲过的民事救济法课程。我非常焦虑地回到洛杉矶,即使这意味着去教一门我并不是特别喜欢的课程,我也很乐意来到那里。在教了这门课程很多遍之后,现在它已经变成了我最喜欢教的课程之一,因为它可以把第一年课程的各部分趣闻收集在一起,并且允许我与那些老练的学生一起穿梭于理论和实践当中。

另一位我要感谢的学者是道格拉斯·莱科克,他的救济法案例书是一本完美的教学工具书和参考资料。在1997年,那本案例书(和其教师手册)是我的圣经,它帮助我在教室内外理解救济法。道格拉斯也非常耐心地回答我通过电子邮件提出的问题,这延续了很多年。熟悉莱科克书的人都能看到他的救济法观点对我的影响。

我也要感谢我的救济法课程的学生,从1997年的那些受试者开始。我被安排在晚上八点十分至十点十分上课,每周两次。我原以为我的学生是那些疲倦的、对课程没有兴趣的毕业学生。但让我惊讶并高兴的是,学生们非常聪明,他们认真地投入课程,并且拥有了只有夜班学生才拥有的对现实世界的全面了解。这门课程是一门真正的顶级课程,它架起了法学院和现实世界沟通的桥梁。我从我的学生那里学到了很多。

因为有以下人员的参与,使得这本书更加完美:优秀的研究助理文斯·尚和克里斯蒂安娜·王,研究助手丹妮尔·德·斯曼斯、托尼·塞恩和乔尔·亚诺维奇,以及杰出的图书馆助理丽萨·舒尔茨和洛约拉法学院图书馆的工作人员等。林恩·邱吉尔和芭芭拉·罗斯给予我不断的鼓励和很好的建议。贝蒂·凯路萨、瓦尔达·汉恩,以及洛约拉法学院的教职员工提供了大量的事务性支持。很多匿名的评论者对手稿提出了许多重要的建议和修改意见。当然,所有剩下的错误都是我自己的。

  如果没有我的妻子洛丽·克莱因的爱和鼓励——她支持我的所有工作,我就不会有任何书稿的问世。本书献给我们的三个宝贝:黛博拉、沙娜和杰瑞德。

  我还要感谢美国法律研究院允许我引用它的两部重要出版物:

  《重述资料》,1977年、1981年和2000—2006年的版权归属于美国法律研究院,重印需要授权,所有的权利保留。

  《统一商法典资料》,版权归属于美国法律研究院和全国统一州法律委员会会议。重印需要取得统一商法典永久编辑委员会的同意,所有的权利保留。

于洛杉矶

2007年3月

如何使用这本书

　　无论你的教授如何开始这门课程,你都需要从本书的第一章开始阅读,它界定了贯通本书的一些基本概念术语和观点,包括非常重要的"应有的状态"标准。在第一章之后,你可以从第一部分(关于损害赔偿)、第二部分(关于禁令和其他的衡平法救济)、第三部分(关于利益返还),或者第四部分(关于惩罚性赔偿、宣告判决、辅助或者帮助性救济,以及救济抗辩的问题)的开始部分进行阅读。在每一部分(除了第四部分),我希望你能够从每一部分的第一章开始,因为它界定了基本概念,并为后面的学习奠定了基础。

　　你应当将最后一章,即第十九章留到课程结束之后。它是用来帮助你掌握问题发现和选择救济方法的技巧的,在你阅读完前十八章的材料之后,你才可以进行测试。

　　本书的大部分遵照了标准蓝皮书的注释方式。然而,我通常避免琐碎的注释,以防止使文字显得杂乱,我也经常不会标注什么时候我删除了内部引用或者脚注。在引用本书中的任何资料之前,请首先去查阅原始出处。有两部文献我经常引用,因此我使用了省略形式。第一是丹·B. 多布斯的《民事救济法:损害赔偿、衡平和利益返还》(1993 年),我简化为多布斯;第二是道格拉斯·莱科克的《现代美国民事救济法:案例和资料》(第 4 版,2010 年),我简化为莱科克。

第一章 前言：为什么叫民事救济法？何谓民事救济法？

1.1 为什么法科学生要重视民事救济法？

　　学生们可能有很多理由去学习民事救济法这门课程。比如在加州，民事救济法是律师职业资格考试的重要内容，很多学生觉得必须选修一门"律师资格考试的课程"。即使在一些州，民事救济法并不是律师资格考试中单独的考试内容，它也是一门很好的律师资格考试准备课，因为法学院第一年的很多课程——特别是宪法、合同法、财产法和侵权法——都涉及民事救济法的内容，尽管是从不同的角度。另外一些学生可能选修民事救济法是因为喜欢导师讲授这门课，或者是因为它符合他们的学习计划。我只是偶尔遇到极少数学生（还是有一些）是因为对这门课真正感兴趣而去选修它。

　　然而，幸运的是，很多学生在完成这门民事救济法的课程后，收获都超过了他们的预期（说实在原本的预期很低）。关于民事救济法有很多有趣的问题，有些就包含在本书当中。请思考下列这些案例：

- 简剽窃了比尔的一个新发明创意，通过出售该创意获得数百万美元的收入。法院应该判给比尔一笔赔偿金，其数额相当于他的损失（也许是比尔可要求简支付的知识产权使用费），还是相当于简获得的收益（她从发明中获得的部分或全部收益）？在一些案件中，这两笔金额之间可能存在很大的差异。
- 加里再三发表诽谤洛葛仙妮的言论，导致后者的商业信誉受损。法院可以命令加里停止侵害吗？这一命令和宪法第一修正案是否冲突？

- 菲利普欺诈性地诱使赫克托订立合同。赫克托有权要求法院按照他的意愿重写合同吗？还是该合同只能被撤销，而赫克托仅有权要求返还其所支付的对价？
- 明日之星拆除公司欲拆除一个被街道保护协会认为是受到州法律保护的具有重要历史意义的建筑。由于没有时间了解最新的事态发展，因此对该案件的是非曲直一无所知，法院应该如何决定？法院是否可以签发一个命令暂时性地阻止这次拆除？
- 从1850年到1950年，帕西菲卡在教育和住房机会方面一直歧视非裔美国人。从1950年起，虽不再有官方的正式歧视，但是该州的非裔美国居民在教育方面仍然落后，并且该州的很多住房市场依然没有统一。现在一位法官为了帮助帕西菲卡的非裔美国居民（他们中的许多人出生在有了正式的官方歧视之后），他能够（或者应当）命令帕西菲卡采取怎样的救济？
- 莎拉和拉里一起抢劫银行，约定平分赃物。但莎拉并没有给拉里他的那一半。法院是允许拉里针对莎拉的诉讼继续呢，还是该诉讼因为拉里的违法行为而被禁止？

如果能够回答上述问题的既有知识准备，还难以让你相信民事救济法是一门值得重视的课程，那么还有一个更强有力的理由，促使一名学生去学习民事救济法这门课，那就是你未来的客户需要你这么做。

1.2 律师为什么要重视民事救济法？

去问一个执业律师，当事人最关心的是什么？答案通常是"案件结果"。当事人的态度一般是：不要告诉我那些抽象的东西——法律因果关系问题、附带管辖权、《反欺诈法》等。告诉我在这个案子里我的所失或者所得。我有多大胜算？如果我胜诉，我能得到多少？如果我败诉，我又会损失多少？

从这种意义上说，当事人关心救济主要是因为民事救济法将抽象的法律规则转化成具体的法律结果。设想一下,即使比尔有一个针对简非法侵占其发明的在实体上能够胜诉的好案件,但如果比尔仅能够获得相当于其损失的赔偿,也就不值得提起诉讼了。另一方面,如果比尔有机会获取简的全部"非法收入"(通过利益返还法),这将是其提起诉讼的强大经济激励。诚然,如果简面临将其收益移转给比尔的很大风险,比起如果所有的风险仅仅是赔偿比尔的损失而言,她将更可能愿意自行解决这个案件。一个优秀的律师不仅要考虑到实体法——比尔主张简侵害其权利的法律基础——而且还要考虑到可行的民事救济的范围。同样,就像是什么实体法可以适用到一个特定的法律纠纷并不总是很明显一样,可行的民事救济经常也处于悬而未决的状态。无论是诉讼律师还是非诉律师,他们的部分工作都是思考出可用于特定案件的民事救济的类型。

例 1

阿尔伯特和科斯特洛签订了一份小饰件的买卖合同。你代表卖方阿尔伯特,那么你希望在合同中约定哪些救济事务呢?

解释

好的事务律师会考虑很多的救济事务,当合同当事人之间出现某种差错时,这些救济问题就会出现。以下是阿尔伯特的律师所考虑到的一些救济问题:

- 合同是否包含一项允许合同争议当中胜诉的一方可以得到律师费的规定?是否允许草拟这样一项仅允许阿尔伯特在合同产生争议且胜诉时获得律师费的条款?
- 合同中能否具体规定违约赔偿金的数额?如果可以,那该条款应当如何写才能使其成为一条可执行的"违约金条款",而不是一条无法执行的合同惩罚措施?
- 合同是否排除了一些特定的救济,比如间接损失赔偿?
- 哪个州的法律可以适用于合同纠纷?(第四章会说明一些合同将由《统一商法典》调整,关于州法的选择将没有意义,因为所有州的法律都是一样的。)会有一些州的民事救济法对阿尔伯特更有利吗?

1.3 民事救济就像是律师的工具箱

有人把民事救济比做是律师的"工具箱"。就像一个木匠随身携带许多工具,再根据具体的工作选择使用正确的工具一样,一个优秀的律师也同样如此。(而一个不称职的律师却可能因为不能在工作中运用正确的工具而构成失职。)如果法律规则允许得到的数额,要么是比尔的损失,要么是简的所得,并且简的所得远远大于比尔的损失,比尔的律师一定要站在一个能追求到更多收益的立场,这要求他知道什么时候利益返还比起损害赔偿而言是一个更好的工具。同样,简的律师不仅要密切关注比尔的律师从工具箱中所抽取出的救济选择,还要关注自己可能采用的救济抗辩。比如说,如果比尔等待了一段很长的时间才提起诉讼,简的律师就应该考虑这一案件是否应当被"懈怠"这一有效抗辩所阻止,因为"懈怠"是一个禁止无正当理由迟延诉讼的规则。

工具箱的类比并不十分准确。(非常抱歉,你会在本书中看到较多类似的不太好的比喻。)因为它意味着救济措施的选择是比较机械的,比如每个人都知道在木头上钉钉子是要用榔头而不是螺丝刀。然而,选择一个正确的救济方法要比选择使用榔头还是螺丝刀更具有创造性。优秀的律师能够提出有创造性的观点来支持或者反对在具体案件中使用特定的救济方法,就像优秀的律师能够提出创造性的观点来创造性地应用基础性实体法一样。当然这种创造性会受到一定的限制。

一个特殊的限制涉及原告对救济措施的选择。在某种情况下比尔不得不在恢复自己的损失和得到简的收益之间做出选择。我们通常不会让他二者兼得,并且有时候法院在原告选择某种救济手段之后不愿意让他再改变想法。此外,有些救济措施可能会违背宪法权利,比如陪审团审判的权利或者救济措施会被法条排除或者因为公共政策的原因而被限制。(回想一下拉里起诉莎拉要求得到部分银行抢劫物的诉讼。)正如我们将会看到的,在选择一个救济措施时,最重要的一条规则是,如果一个赔偿金救济能够"完全"满足原告的期望,法院命令(通常是禁令)一般都不会发布。

然而,即使在救济的类型之内,律师仍然有发挥创造力的空间。如果比尔仅有权得到他的损失,那我们如何计算他的损失?如果他有权得到简的收益,我们又如何计算简的收益?正如我们将会看到的,有时候损害赔偿会被用来弥补原告将来会遭受的损失,而这会使问题变得非常复杂。

例 2

玛丽引起了一场非常严重的交通事故,导致一位 50 岁白人男子佛瑞德终生残疾,佛瑞德需要 24 小时的全天候护理。他的护理费每年需要 10 万美元。从现在开始未来十年佛瑞德所需要的护理费,法院应该判决多少?

解释

未来十年中佛瑞德需要多少医疗护理费是非常不确定的,甚至都不能确定他是否还能活十年。但是,即使我们解决了佛瑞德自身的这些问题,陪审团也不得不去考虑将来医疗用品和服务的价格问题。(这部分将在 2.5.2 中详细阐述)在究竟需要多少钱这样的问题悬而未决的案件中,律师们需要提供专家,包括经济学家来预测未来的经济情况。这些专家的话将被当作证人证言,在审判过程中,他们将会就自己得出结论所依据的经济假设接受询问和质证。这意味着优秀的律师必须懂得适用于解决这些问题的最基本的经济原理。我知道你们当中很多人之所以选择法学院是因为讨厌看见血——因此排除了医学院——因为讨厌数学——因此排除了商学院。然而,不幸的是,对于数学不好的优秀律师来说,他们也需要了解一些数学内容,这超出了以六分钟为单位向客户递增收费的必要范围。另外,我希望你在工作中看到的血量是最少的。

所以,设想一下陪审团认为佛瑞德在未来的十年中所需要的医疗护理和今天的完全一样,今天需要支付 10 万美元的护理费。经济学家们不得不对医疗技术、医疗产品及服务的价格进行假设,从而预测出未来十年所需要的医疗护理费。经济学家们还必须进一步预测,我们今天需要给佛瑞德多少钱去投资,才能获得足够的收益去支付他从现在开始未来十年的花费。这是关于现值的问题,我们将在 2.5.2 中讨论。

1.4 民事救济的类型

民事救济的老师通常会把主要的救济工具分为三类:

- 赔偿金——实施不法行为的一方当事人为了填补那个损害而支付给受害方的一笔钱。
- 禁令——一个法院要求被告做或者不做与原告相关的某事的命令。有些时候,这种类型被认为是"衡平法救济",因为禁令是衡平法院曾经采用的最重要的一类救济(和普通法院截然相反)。
- 利益返还——实施损害行为的一方当事人支付给受害方的一笔金钱,其数额是根据实施损害行为一方获得的利益来计算的,而不是根据受害方的损失来计算的。

这些工具并没有构成救济世界的全部,但它们构成了整个课程中很多资料的非常有用的组织原则,它们会在本书的前三部分全部涉及。本书的最后部分涉及其它重要的救济措施,包括惩罚性赔偿、宣告判决,以及辅助(帮助)性救济(包括律师费用)。它也考虑到了救济抗辩。

在民事救济法课程中思考"为什么"。有些民事救济法的课程只见树木不见森林,从救济到救济,很像是通过工具来教授交易工具的工匠。"这是一把螺丝刀,你可以在下列情形中顺时针旋转使用螺丝刀……"另外一些民事救济法的课程可能更加理论化,主要探究不同救济之间在形式和功能方面的联系和区别。这些课程也聚焦于救济中的"为什么":具体救济所要实现的目的是什么?一个人在特定理论(即经济效率最大化)的指导下如何选择正确的救济?

我写这本书是为了帮助那些学生,他们的导师或者只注重树木,或者只注重森林,或者注重树木和森林的结合。所有的学生都需要理解民事救济是怎样发挥作用的。对于一些学生而言,这些救济是他们所需要理解的全部,另外一部分学生则需要理解一些更具有理论性的问题,这些将在相应的章节进行阐述。然而那些只注重"树木"的教授的学生可能喜欢跳过偏于理论性的部分,我希望这些学生还是要阅读这些内容,不仅仅因为这些内容非常有趣,而且因为对民事救济法的深入理解有助于这些学生作为法律人可以进行创造性的思考。

在民事救济法这门课中,最重要的概念是"应有的状态"标准("rightful position" standard),这一术语是由道格拉斯·莱科克(Douglas Laycock)教授提出的。它是判断各种救济措施的基准。应有的状态标准是说选择一个救济措施,使原告恢复到(或者使原告保持)如果没有被告的不法行为,他原本应当所处的状态。嵌入到这个定义当中的,是对法院具有确定原告在损害发生前后的状态的能力,以及救济能够使原告恢复(或者使其保持)应有的状态的一种假设。然而在应有的状态标准背后有很多哲学问题,通过应有的状态标准想要达到的社会目的是什么?在什么情形下给原告比应有的状态标准更多或更少才是更好的(从规范性的观点看)?有些救济措施,至少在理论上会尝试调整自己以适应应有的状态标准,而有些则并不会。

一个支持应有的状态标准的观点来自于法律和经济学派,至少有一些学者像第七巡回法院的法官理查德·波斯纳(Richard Posner),认为一些法律规则——比如应有的状态标准——是追求整个社会财富的最大化(并且不必担心那些财富的分配——在不同的法律规定下谁受益谁损失)。这种效率标准在经两位经济学家讨论之后被称为卡尔多-希克斯效率。不仅如此,"效率违约"的理论(将在4.2中阐述)认为,法院判决的违约损害赔偿,是依据守约方在合同没有被违反的情况下可得的收益来计算的,这是要将守约方置于如果没有违约他本来应该所处的位置上。因此,这些赔偿金与应有的状态有关。波斯纳喜欢这一救济并不是因为它帮助原告(记住,经济学家并不关心分配),或者是因为它道德上正确,而是因为他相信这很好地提高了经济效率。

其他法律理论也有许多观点支持应有的状态标准。回溯到亚里士多德时代的哲学家,他们认为强迫被告把从原告那里得到的利益返还回去,这是一个正义问题。诚然,亚里士多德的利益返还规则将正义和应有的状态标准联系在一起。

然而法律常常会偏离应有的状态标准。设想一下,爱丽丝从鲍勃的钱包里偷了100美元,跑去赌场赌博,在赢了1000美元后离开赌场。如果法院判决鲍勃得到的钱等于爱丽丝的收益而不是鲍勃的损失,法院就选择了一种与应有的状态标准无关的(利益返还性)判决。思考图1.1,计算鲍勃的经济状况。

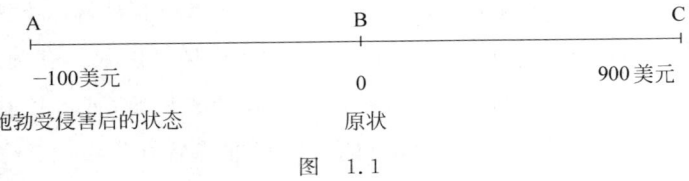

图 1.1

我们假设鲍勃在遇到爱丽丝以前在B点,即鲍勃的原状或者0点。当爱丽丝偷了他的钱,我们可以理解鲍勃移动到了A点,即-100美元,是他遭受损害后的状态。与应有的状态标准相关的赔偿金救济,认为给鲍勃100美元会使他恢复到原状(即B点),并且使他恢复到应有的状态。(当然这有些过于简单了,因为它忽视了鲍勃雇请律师的费用,时间的经过所导致的货币贬值,以及其它一些我们会在后面的课程中讨论的因素。但是现在,我们可以说100美元恰好能够让鲍勃回到0点。)

然而,如果我们给鲍勃一个机会,让他在赔偿金和得到爱丽丝1000美元的利益返还之间进行选择,我们可以看出为什么鲍勃会选择利益返还。这种救济使他从-100美元的A点移动至900美元的C点。(为什么鲍勃没有移动到1000美元?尽管鲍勃从爱丽丝那里获得了1000美元,但是他最初被偷了100美元,所以现在他的钱包里只比过去多了900美元。)

有些时候法律会允许利益返还,但当真这么做的时候,又偏离了应有的状态标准。在我们的案例中,应有的状态是B点,但是利益返还会使鲍勃移动至C点,优于侵害之前他的状态。为什么法律要给鲍勃这笔看上去是意外之财的金钱呢?与爱丽丝的违法行为有关吗?为了检验你对这一问题

第一章 前言:为什么叫民事救济法?何谓民事救济法？

的思考,想想如果爱丽丝拿走这100美元的时候,真诚地认为是属于她自己的,那我们还会给鲍勃赔偿金或者利益返还的选择权吗？

这些问题我们将在后面的章节逐一阐述。现在的观点是应有的状态标准是评估救济选择的基准。当我们在考虑如何用救济措施去达到(至少是接近)应有的状态标准时,或者什么时候允许当事人偏离应有的状态是适当的时候,我们可以运用它。

通过这些介绍,你已经做好了进一步深入学习的准备。你怎样进行学习,取决于你的老师组织课程的方式。你可以从第一部分(损害赔偿)、第二部分(禁令和其他衡平法救济)、第三部分(利益返还)或者第四部分(关于惩罚性赔偿,宣告判决,辅助或者帮助性救济以及救济抗辩等)的开头开始学习。在每一部分(除了第四部分),我希望你从开头的章节开始学习,因为该部分界定了一些基本概念,并且为后面的学习奠定了基础。

你应该将第十九章留到最后学习,这是用来帮助你掌握问题发现和选择救济的技巧的,在你精通前十八章的内容之前不要去阅读它。

例3

弗兰克打了哈维尔的鼻子,致使其鼻子受伤并且因此误工一周。哈维尔的应有的状态是什么？法院应该如何判决才能使哈维尔回到其应有的状态？

解释

即使是打伤鼻子这种简单的案子也能反映出应有的状态理论和实践之间的差距。理论上,我们需要将哈维尔从图1.1的A点(他被打伤鼻子以后的状态)移回到B点(他原来的状态)。但是我们如何能够做到？的确,哈维尔的一些损失很容易被量化。比如,我们可以查看哈维尔的医生账单,从而得知他的医疗费用；我们可以查看他的工资单,来确定他如果没有因为恢复身体而不得不误工一周,将得到多少的工资。但是另外一些损失却很难计算,其中最重要的就是他遭受的伤痛和折磨,我们不知道如何用金钱来精确的量化这种精神损害,也许给哈维尔再多的钱,他也不愿意自己的鼻子被打。所以法律有的时候就陷入了一种虚构:即金钱事实上可以让原告恢复到如果没有侵权行为他本来应该所处的状态。

例 4

部分事实同例 3。陪审团判决哈维尔获得医疗费以及误工费,以及额外 5000 美元的惩罚性赔偿。(是为了惩罚和阻止弗兰克以及像弗兰克一样的人。)惩罚性赔偿能使哈维尔回到应有的状态吗?

解释

如果补偿性赔偿能够很好地将原告恢复到应有的状态,那么惩罚性赔偿会把原告放到一个比他受损害以前更优的状态。根据图 1.1,补偿性赔偿是把哈维尔从 A 点(低于 0)移动至 B 点(0 或者原来的状态);惩罚性赔偿会把哈维尔移动至 C 点,即 +5000 美元,这跟弗兰克从来没有打过他时自己的状态相比,哈维尔多得了 5000 美元。这笔对原告潜在的意外之财,使一些大额惩罚性赔偿判决的反对者深感不安。

前一段的分析认为补偿性赔偿能够很好地补偿哈维尔。但是对于例 3 的解释告诉我们,补偿性赔偿也许对哈维尔构成补偿不足,因为低估了他的精神损害。此外,哈维尔可能得不到完全的补偿,因为他很可能发生了一定数额的律师费。(因为这是一个侵权案件,根据胜诉酬金的约定,哈维尔很可能会从弗兰克给他的赔偿金中拿出一定的比例给律师。)因此,惩罚性赔偿似乎更有可能将原告事实上恢复到其应有的状态。还有其它一些适用惩罚性赔偿的正当理由,我们将在第十五章中学习。

第一部分　补偿性赔偿

第二章 赔偿金概述:给我钱

2.1 作为替代性救济的补偿性赔偿

法院判决给予原告最常见的一种救济措施是补偿性赔偿。我们把赔偿金的判决看作是一种替代性救济,因为金钱替代了失去或损坏的东西。

为什么原告需要替代性救济? 有时替代性救济是唯一可以实现的,因为使原告恢复由被告导致的损失或者毁坏的东西在物理上是不可能的。当亚历克斯粗心大意玩火柴时烧毁了芭芭拉的房子,没有办法让芭芭拉拿回其房子;当卡莉在滑旱冰时弄伤了丹的胳膊时,适用同样的原理。金钱替代了原告真正想要的东西:大火之前存在的房子或者没有受伤的胳膊。

有些时候,让原告拿回被拿走的特定物件,或者阻止针对原告的危险发生,这些都是可能的,我们称这种救济措施为具体救济(specific relief)。当具体救济可以实现时,原告可能就不需要赔偿金。比如,如果埃里卡偷了弗兰妮的自行车,弗兰妮可能提起一个诉讼要求返还自行车,至少在如果自行车没有损害时。这一诉讼构成返还原物之诉,我们将在第七章和第十三章讨论。正如我们将看到的,如果弗兰妮想要回她的自行车,我们就不会给埃里卡继续保留自行车并支付给弗兰妮赔偿金的选择权。除了返还自行车以外,弗兰妮还会要求赔偿金,来弥补她在自行车被盗期间,因为被剥夺对自行车的使用而遭受的任何损失。

赔偿金是替代性的这一事实引起了整个的衡量问题(measurement problems)。当埃里卡将自行车完好无损的返回时,我们就不用考虑如何估算自行车的价值,这是法院判决具体救济的有利之处。但是即使是在具体救济的案件中,一定数量的替代性救济也是非常必要的。在弗兰妮的案件中,法院就必须提出衡量办法,来衡量自行车在埃里卡占有的这段时间内,弗兰妮因不能使用自行车的损失的价值。法院会如何计算呢?

衡量问题遍及补偿性赔偿判决。当亚历克斯烧毁房屋时,衡量问题立马出现:芭芭拉重建房屋需要多少钱?房子里被烧毁的东西值多少钱?假如芭芭拉的厨房里有一个很老但是还能用的冰箱,她能得到那个旧冰箱的市场价格(很低)呢,还是一个新冰箱的价格(很高)?假如大火烧毁了一些独一无二又非常有纪念意义的照片,这些又该如何衡量价格呢?

在涉及人身伤害时衡量问题会更加复杂。想想丹受伤的胳膊。一些与伤害有关的损失比较容易衡量,比如说急诊室的费用。但是在特定时间内无法正常使用胳膊的损失赔偿金是多少呢?以及精神伤害、疼痛和痛苦又是多少呢?这些赔偿金是补偿性的吗?如果是,它们应当如何衡量?

即使是像医疗账单这种非常容易确定的损失,也会产生一些衡量问题。假设丹的医疗保险公司偿还了他的医疗账单,他还可以要求卡莉赔偿吗?或者假设丹直到事故发生两年后才得到赔偿金判决,他有权得到这些钱的利息吗?

我们将在本章及后面的章节中讨论这些问题。现在的重点是,替代性救济给法院造成了衡量问题,而这在具体救济当中并不存在。

例 1

加里拥有一辆车况非常好的 1966 年的雷鸟汽车,这辆车是他母亲(该车的首任主人)送给他的礼物。该车在 1966 年的原始购买价是 3000 美元,它现在作为收藏品的市场价是 30000 美元,而且加里最近拒绝了一位收藏家愿意以 50000 美元购买的报价。顶点建筑公司的工作人员海蒂,作为铺路工程的一部分而驾驶压路机在加里的街区行驶时,不小心将加里的汽车压扁了。加里因为失去了汽车而极度崩溃,他起诉海蒂和顶点公司存在过失侵权。加里可以要求具体救济还是替代性救济?如果加里要求替代性救济,你认为他应该如何用货币来衡量他的损失?

解释

第一个问题不需要思考:加里会要求替代性救济,因为具体救济(比如按照原状返还汽车)是不可能实现的,返还一辆被压扁的汽车对他来说是无用的,他想要一笔钱来弥补他的损失。这笔钱将替代该车,因此赔偿金是一种替代性救济。更棘手的问题是如何评估这笔损失？在你继续阅读本章其余内容(以及其他章节中有关赔偿金的部分)之前,去看看法律是怎么回答这个问题的,问问自己什么才是正确的衡量方式这一规范化的问题。跟最初的原始购买价有关吗？加里是作为礼物而得到这辆车的事实？是目前的市场价？他深爱这辆来自母亲的车,因其毁损而遭受的精神损失又该如何计算？无论你如何回答这些问题,问问你自己另外一个问题：如果加里接受了一笔你认为是合适数量的赔偿金,这些金钱真的能代替他损坏的汽车吗？当你完成了这章的学习之后再来重新思考一下你的答案。

2.2 补偿性赔偿与应有的状态标准

我们已经讨论了补偿性赔偿何以是替代性的,但是到目前为止我们却忽视了它的"补偿性"标签。这一标签意义重大,因为它给法院决定赔偿金的数额提供了一个可能的底线。这种赔偿具有补偿性："给出令人满意的支付或者补偿、赔偿或者救济。"《美国传统英语字典》(第四版,2000年)。根据这一定义和大部分法院的意见,补偿性赔偿面向的是原告的损失(不像利益返还,正如我们将会看到的,它主要是面向被告的收益),需要支付一笔金钱,"令人满意"地弥补原告所遭受的损失。就此而言,它不同于(至少传统上理解的)我们后文将要讨论的其他类型赔偿金：仅仅具有宣示功能的象征性赔偿金,和发挥惩罚和威慑功能的惩罚性赔偿金。

损害赔偿具有补偿功能的观点可以追溯到很久以前。比如亚里士多德在他的《尼各马可伦理学》一书第五版中写到,需要"矫正正义",正如温瑞卜(Weinrib)教授的解释：

> 矫正正义……特点主要是维护或者恢复交易双方名义上的平等,

这种平等存在于人们拥有法律所赋予他们的东西。相对于这一底线，当一方有所收益而另一方有相应的损失时，不正义就发生了。法律就会纠正这种不正义，通过剥夺一方的收益并将其返还给另一方来重建最初的平等。亚里士多德把双方最初的地位比作两条相等的线，而不正义通过给一条线增加从另一条线上分出来的部分而打乱了这种平衡。矫正正义则是把延长的那条线上的部分截出来返还给变短的那条线，最终使两条线回到最初的平衡状态。①

用这种方法，矫正正义对损害赔偿的理解和在第一章所讨论的应有的状态标准相匹配：从理想状态而言，判决原告获得补偿性赔偿会将原告放回到如果没有被告的不法行为其本来应该所处的状态。

为了理解补偿性赔偿如何使原告恢复到应有的状态，再想想亚历克斯烧毁芭芭拉房子的例子。让我们做两个不切实际的假设：首先我们能够非常精确地计算出芭芭拉的损失（我们确定为 100000 美元）；其次，在烧毁房屋后，亚历克斯立即向芭芭拉支付了一笔补偿性赔偿金。（因此，消解了我们将要在 2.5.1 中讨论的时间和金钱的关系问题。）

在图 2.1 中，代表金钱的这条线表明了芭芭拉在受到亚历克斯侵害前后的状态。在她受到侵害以前，芭芭拉处于 B 点，或者说，在与亚历克斯的关系上处于零点。在受到侵害之后，芭芭拉处于－100000 美元这一点上。如果亚历克斯立即付给了芭芭拉 100000 美元，她可以用之将自己"买回"到 B 点，即原状。用这种方式，补偿性赔偿使原告回到了应有的状态。[在数学上，法院会判给芭芭拉(B－A)或者[0－(－100000)]，或者 100000 美元（记住负负得正）。]

这条金钱线也很好地说明了估值问题(valuation problems)如何能危及到应有的状态。设想一下芭芭拉真的遭受了 100000 美元的损失（使她处在 A

---

① 欧内斯特 J.温瑞卜：《简要矫正正义》，52 U. Toronto L. J. 349, 349(2002)（注脚被省略）。亚里士多德描述了一种情形，那就是原告的损失等于被告的收益，正如我们在有关利益返还的章节里所看到的，事实并非总是如此。

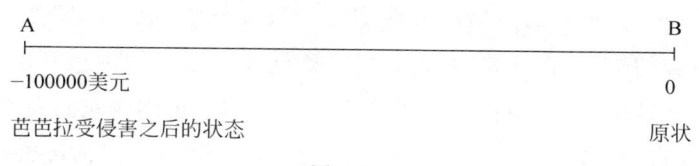

```
A                                              B
|──────────────────────────────────────────────|
-100000美元                                    0
芭芭拉受侵害之后的状态                          原状
```

图　2.1

点),但是法院将她的损失低估为 80000 美元。在这种情况下,如图 2.2 所示,芭芭拉就没有恢复到应有的状态,相反被放在了 B－点,即－20000 美元。赔偿金的判决没有使她回到受损害以前的状态,她还需要另外的 20000 美元才能让她的房子恢复到以前的状态。

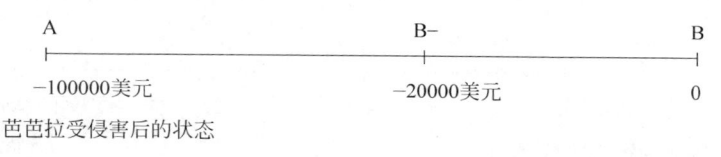

```
A                          B-                  B
|──────────────────────────|────────────────────|
-100000美元                -20000美元           0
芭芭拉受侵害后的状态
```

图　2.2

估值问题并不总是会对原告不利。所以,再假设一下芭芭拉真的遭受了 100000 美元的损失(把她放在 A 点),但是这次法院把她的损失高估为 150000 美元。在这种情况下,如图 2.3 所示,芭芭拉被放在了比应有的状态更优的位置。她将处在 B＋点,即 50000 美元。(你知道是为什么吗? 开始的 100000 美元的赔偿将芭芭拉从 A 点恢复到 B 点,之后的 50000 美元又把她带到金钱线的正区域,即 50000 美元。)在这一情景中,芭芭拉实际上要比亚历克斯烧毁她房屋以前的状态更好,即在支付了让她的房子恢复到损害发生前的原状的费用后,她的银行账户中还额外多出 50000 美元。

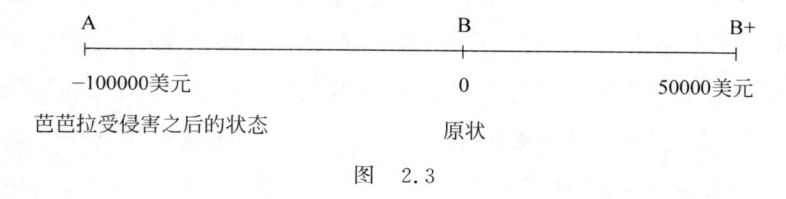

```
A                          B                    B+
|──────────────────────────|────────────────────|
-100000美元                0                    50000美元
芭芭拉受侵害之后的状态     原状
```

图　2.3

图 2.2 和图 2.3 表明为了使补偿性赔偿能成功符合应有的状态标准,法院需要精确的估算如果没有侵害行为时原告所处状态的价值。

在像芭芭拉诉亚历克斯这种典型的侵权案件中,应有的状态意味着精确衡量原告的损失,这通常会处在小于 B 点或者零点的区域。然而,在典型的合同案件中,应有的状态意味着要准确考虑原告因为被告的违约行为而没有获得的收益。所以设想一下伊丽娜打算花 25000 美元从胡安那里购买一幅价值昂贵的画,该画的市场价是 35000 美元。他们之间存在合法有效的合同,并且伊丽娜预先付了价款。胡安在意识到把这幅画卖给别人能赚更多的钱时,他决定不卖给伊丽娜了。他把这幅画以 35000 美元的价钱卖给了别人。

如图 2.4 所示,思考一下我们可以如何表达应有的状态。

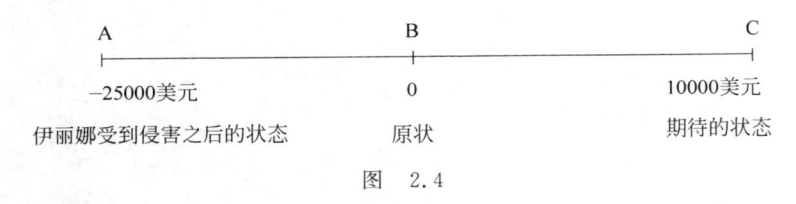

```
A                          B                          C
├──────────────────────────┼──────────────────────────┤
-25000美元                  0                      10000美元
伊丽娜受到侵害之后的状态      原状                    期待的状态
```

图 2.4

在伊丽娜和胡安订立任何合同之前,她处在 B 点,即原状(或者零点)。当伊丽娜提前支付了价款而未收到任何东西时,她处于 A 点即 -25000 美元。乍一看,好像是给伊丽娜 25000 美元就可以让她恢复到应有的状态,即恢复到原来的位置。但是请记住,应有的状态是指在没有被告的不法行为时原告本来应当所处的位置。在这个案子中,如果胡安没有违约,伊丽娜将用 25000 美元买下这幅画,接下来转手以 35000 美元的价格卖出,她将获得 10000 美元的利润,(暂不考虑两次交易的成本以及我们后面将要讨论的其他复杂问题。)从而被置于 C 点,即正 10000 美元。为了把她恢复到如果胡安没有违约其本来应该所处的位置(想想她的财产清单上净增加了 10000 美元),胡安就不得不向她支付 35000 美元:开始的 25000 美元让她回到零点,剩下的 10000 美元让她处于超过原状的位置,即如果没有违约行为她本来应该所处的位置[法院计算赔偿金如下:C-A,或者 10000-(-25000),即 35000 美元]。

后面的章节中将会讨论侵权赔偿金和违约赔偿金在这方面是如何以及

为什么存在典型的差异,侵权赔偿金通常是为了恢复原状,而违约赔偿金通常是为了让原告得到合同的利益。第五章将会讲到这一规则的一些例外,特别是侵权当中的欺诈案件。现在你需要关注这一一般规则:如果我们准确地估算收益和损失,那么补偿性赔偿会将原告恢复到其应有的状态。

关于应有的状态标准和补偿性赔偿的最后一个规则是:虽然矫正正义的拥护者比如亚里士多德强调应有的状态是补偿原告的一种手段,而一些法律经济分析的拥护者则会关注补偿性赔偿是如何影响被告的行为动机。①

例如,想想胡安的动机,他在斟酌是否要违反和伊丽娜之间的合同。假设胡安有另外一个愿意出价35000美元购买该画的买家,如果他只在乎直接的底线,而不在乎履行合同的道德义务以及他的长期声誉,他会决定违约吗?如果他必须要向伊丽娜支付35000美元的补偿性赔偿,那他很可能就不会这样做(尽管如果低估赔偿金为25000美元时,他会选择违约)。② 再想想卡莉,她在滑旱冰时粗心大意撞到了丹,并且弄伤了丹的胳膊。如果卡莉滑旱冰时粗心大意并伤到他人,她就必须支付赔偿金,这种可能性会让她以后多加注意。用这种方式,损害赔偿发挥影响被告行为的作用。(在经济模型中,支付损害赔偿的可能也会影响原告的行为。如果丹知道卡莉或者其他人会伤害到他,且不需要支付任何赔偿,他就会选择更加谨慎。)

准确的估算损失对于补偿性赔偿的经济观点来说也非常重要。回忆一下前面的例子(图2.2所示),芭芭拉实际遭受了100000美元的损失(将她放在A点),但是法院却把她的损失低估为80000美元。从经济分析的角度看,如果法院经常低估损失,与之相同,如果过多的原告本来应该胜诉却

---

① 经济学家关心这个问题,是因为他们想要法院选择法律规则来促进"卡尔多—希克斯效率",或者让整个社会的财富最大化。为原告和被告创立一种正确的动机是法院在提高效率方面的一项任务。关于卡尔多—希克斯效率的概念以及一些一般性经济分析的介绍,参见理查德A.波斯纳:《法律的经济分析》,第10-16页,2007年第7版。

② 如果他发现有新买家愿意出价40000美元,他也可能选择卖给这个新买家。记着,市场价格为35000美元,这构成伊丽娜补偿性赔偿的基础。在新买家愿意以超出市价购买的案例中,胡安在付给伊丽娜35000美元后还会有5000美元的盈余。经济学家把这种观点称为"效率违约",我们将在4.2中进行讨论。

被判决败诉,则赔偿金就不会给被告产生足够的激励而不去伤害原告。的确因为这个原因,一些经济学家认为,原告获得额外的惩罚性赔偿的可能,对于提供"有效"数量的威慑来说可能是必要的。

综上所述,补偿性赔偿的目的是将原告恢复到应有的状态:即如果没有不法行为时原告本来应当所处的位置。不论是哲学的还是经济学的观点,都支持利用补偿性赔偿将原告恢复到其应有的状态,两种观点都依赖于法院能够准确估算原告的损失。我们接下来将转到对这一估算过程的研究。

例 2

一天劳伦以 1000 美元的价钱从饲养员那里买了一只褐色的拉布拉多幼犬之后,被基拉所盗。类似小狗的市场价为 2000 美元。基拉把小狗卖给了玛丽,后者带着它出国了。劳伦起诉基拉,补偿性赔偿能使劳伦恢复到应有的状态吗? 如果可以,补偿性赔偿是多少?

解释

劳伦也许对他新的小狗有了感情(尽管他只养了一天),然而精神损失是很难计算的。但是,狗不是独一无二的东西,假设劳伦可以用赔偿金再买一只狗。会有一笔赔偿金能使他回到不法行为发生前的状态,暂不考虑他的精神痛苦。至于这笔赔偿金的数额,没有证据表明劳伦可以用一半的市价买到另一只狗,因此需要 2000 美元——而不仅仅是 1000 美元——才能使他回到不法行为发生前的状态:拥有一只新的小狗。

例 3

尼娜和奥利维亚订立了一份买卖一个稀缺硬币的有效合同,尼娜同意为此支付 1000 美元,而同等条件硬币的市价为 700 美元。奥利维亚因为丢失了硬币而违约,尼娜也没有提前付款。补偿性赔偿会使尼娜恢复到应有的状态吗? 如果会,补偿性赔偿是多少?

解释

这一违约对尼娜来说似乎是幸运的。如果奥利维亚坚持履行合同,尼娜将会用 1000 美元去购买一个仅值 700 美元的东西。在尼娜的一个虚拟财产净值的账簿上,我们会说,在这一买卖行为完成后,她的财产净值会减少 300 美元。这样，因为这是一个亏损的合同，补偿性赔偿无法将尼娜恢复到其应有的状态。我们将在 11.4 中看到，在亏损的合同中，原告有时会寻求利益返还的救济，而不是补偿性赔偿，因为并不存在损害。

2.3 补偿性赔偿的确定

2.3.1 运行良好的市场中的赔偿金

让我们回到芭芭拉和她的房子（被亚历克斯烧毁），开始研究如何计算补偿性赔偿金。首先想想房子本身的结构而不是它里面的物品。房子的价值应该如何计算？起初，我们不得不在客观计算（如市场价格）和主观计算（比如芭芭自己认为房屋的价值）之间做出选择。

比如，假设一位熟练的建筑工人需要花费 50000 美元才能为芭芭拉重建一个整体上与被烧毁的房屋同样尺寸和品质的房子。这一市场价格是一种客观计算。尽管当事人对一个熟练工人建造这样一个房屋所需的成本会有不同意见，但法院可以通过收集来自芭芭拉居住地的建筑市场的专家所提供的证据，以及应用大火前芭芭拉这种类型的房屋数据来解决这一争论。此外，我们也可以选择让芭芭拉自己来估算其房屋的价值。假设这是她童年时居住的房子，对她有非常高的情感价值。的确，想象一下芭芭拉最近刚刚拒绝了一个想要以 400000 美元购买其房屋和土地的要约——是房子和土地公平市价的很多倍——因为她是如此地热爱这套房子。换句话说，一个人的主观估价并不总是和其客观市价相一致。

一般而言，当存在一个运行良好的市场时（意味着有很多的买方和卖方），法院会应用客观的市场价格来计算原告可得的补偿性赔偿金。"根据客观价值来确定赔偿金非常普遍。常见的损害衡量中包括被侵占或者被损毁的财产价值，财物被损毁前后价值上的差异，以及已订立协议但尚未交付的财产的合同价和市场价之间的差异。"（莱科克，第 22 页。）在芭芭拉的案子中,她房屋灭失部分的赔偿金是根据重建替代房屋的客观市场成本来确定,而不是根据芭芭拉的主观估价。

当原告的主观估价高于市场价时,客观的市场衡量价值将导致补偿不足。

设想一下除非有人出 500000 美元(加上土地的卖价,但是我们忽略这种复杂性),否则芭芭拉不会搬离她的房子。图 2.5 表明,在这个案子中应用客观市场估价是如何对她构成补偿不足的。如果芭芭拉在大火之后真的处于 A 点(−500000 美元),那么需要 500000 美元的赔偿金才会让她回到 B 点,即原状。但是法律由于运用市场估价,将她的损失视作处于 A−点,只给她 50000 美元的补偿。事实上,50000 美元的判决只能将芭芭拉从 A 点移动到 A* 点,即−450000 美元。这是严重的补偿不足。

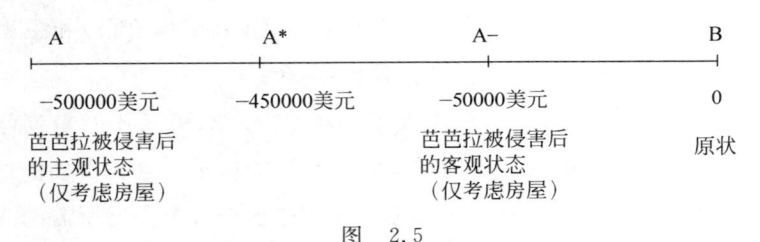

```
A              A*           A-              B
├──────────────┼─────────────┼───────────────┤
−500000美元   −450000美元   −50000美元      0
芭芭拉被侵害后              芭芭拉被侵害后    原状
的主观状态                  的客观状态
(仅考虑房屋)              (仅考虑房屋)
```

图　2.5

如果是这样,运用客观市场估价对芭芭拉来说是不公平的。但是法院一向倾向于它,部分是因为客观衡量更容易操作。当市场运作良好时,很容易得到房屋修理或者重建成本的相关数据。主观估价只存在在原告的大脑之中,因此很难准确确定,并且也存在原告在损害发生后夸大主观价值的风险。因此,即使芭芭拉讨厌她的房子,对其估价低于 50000 美元的重建成本,如果法律允许她得到基于主观估价的损害赔偿,她可能会受到诱惑(除非是害怕伪证罪)而陈述其主观估价是 500000 美元。

法律可以允许主观估价发挥作用的一个方式是,在恰当的案件中允许将精神损害赔偿作为赔偿金的一个组成部分。这样,在芭芭拉对亚历克斯的诉讼中,法院就可以判决她获得修复其房屋的成本 50000 美元,加上额外一笔赔偿金来补偿她的精神损害。我们会在 3.2 部分去考虑什么时候精神损害赔偿可以作为赔偿金的组成部分。

即使是以市场为基础的估价,在涉及财产损害但并没有减损财产整体市场价值的案件中,主观性的问题也会浮现。思考以下案例:

- 珀西为了使用木料而砍倒了昆廷土地上的一棵树。这棵树给昆廷的房屋附近提供了阴凉。重植这棵树的成本是 1000 美元,但是如果没有这棵树,这块地的市价不变。[参见多布斯(Dobbs),3.3(6)第 310 页。]
- 拉尔夫为了使用木材而从萨米尔土地上的森林中砍了一棵树。萨米尔甚至没有注意到这棵树的消失,直到拉尔夫告诉了他。重植一棵树的成本是 1000 美元,但是没有这棵树,土地的市价保持不变。
- 托马斯和建筑承包商厄休拉签订了一份工程建设合同。合同约定厄休拉安装管道系统需使用阿尔法品牌的铜管。厄休拉因疏忽而使用了贝塔牌的铜管,其质量和阿尔法牌一样,直到工程结束这个错误才被发现。更换这些管道需要 20000 美元,但是使用贝塔牌而不是阿尔法牌的铜管,房屋的价值并没有变化。参见雅戈和杨斯公司诉肯特案[Jacob & Youngs, Inc. v. Kent, 129 N. E. 889, 891 (N. Y. 1921)]。

在上述的每一个案例中,维修或更换的成本都很高,但是对于财产市场价值的总体影响却很小。当原告可以证明这些被减损或灭失的物件中存在主观价值,或者至少能够证明他们确实需要维修或者更换时,他们有时可以成功争取到维修或者更换的救济。参见麦金尼诉克里斯蒂安那建筑商案[McKinney v. Christiana Cmty. Builders, 280 Cal. Rptr. 242, 246 (1991)] 比如,昆廷真的想要恢复他那棵能够带来阴凉的树,法院大概会允许他得到赔偿金而进行重植。但是这样会产生一个问题,像托马斯这样的人起诉要求维修费,但是实际上并没有进行维修,其实是希望从承包商的小错误或者从被告的过失侵权中获得意外之财。

在原告不能证明自己倾向于获得重置成本的任何主观原因的案件当中,就像萨米尔诉拉尔夫案,人们很容易会说不存在损害。但是,一位经济学家会对这一观点感到愤怒,因为这会对拉尔夫不产生任何威慑力,他无需对自己的盗伐行为支付赔偿金。萨米尔也许不得不因此采取更昂贵的措施,来阻止来自像拉尔夫这样的人的盗窃。

为了回应这些关切,一些法院在被告故意违约时,会允许更慷慨的修复费用。参见格罗夫斯诉约翰·旺德公司案[Groves v. John Wunder Co., 286 N. W. 235,236(Minn. 1939)]。同样的规则也会适用于故意侵权行为,就像珀西和拉尔夫的行为(但不是厄休拉的过失违约)。法律也为昆廷和萨米尔提供了另一种救济:利益返还(参见第三部分),即允许他们得到被告所获收益的价值,而不是与原告的损失相关的赔偿金。

在衡量市场价值时,法院通常会衡量损害发生时的价格。然而在涉及到价格浮动的标的物比如股票或者农作物时,法院有时会表现出很大的灵活性。就股票来说,法院会有一些不同的方法。一些州"以不利于被告的方式解决问题,判决在不法行为发生时起至审判时、提起诉讼时,或者一些类似的时间的最高价为其市场价值"(参见莱科克,第 34 页)。在农民的农作物成熟以前遭受损害时也会出现同样的问题。假设一位农民能够证明损害具有合理的确定性(参见 6.1),法院可能会允许根据未成熟的庄稼成熟时而不是损失发生时的价格确定赔偿金。

例 4

重新思考一下例 1 的案情:海蒂开压路机时压扁了加里 1966 年的雷鸟汽车。这辆车在 1966 年的原始买价是 3000 美元,目前它作为收藏品的零售价是 30000 美元。加里最近拒绝了一个愿意以 50000 美元购买的要约。暂不考虑可能的精神损害赔偿,法律应如何计算加里的损失?

解释

法院可能会判决加里获得 30000 美元,而不去考虑精神损害赔偿,并且认定这辆车没有可恢复的残值。3000 美元的初始购买价通常可作为该车当前市场价格的证据。车通常会随着时间的流逝而逐渐贬值,但这是一辆具有收藏价值的车,它会随着时间的推移而增值。我们一般是根据损害发生时的市场价格来估值的,因此 30000 美元的赔偿金是合适的。看上去加里对于车的估价超过了其市场价格，这至少可以从他拒绝以高于市价的价格卖出该车的事实中看出。但是法院通常不会允许他得到主观估值的赔偿金。法律的回答和你自己在回答案例1的问题时所表达的观点一致吗？

例 5

维克多在慢跑时不小心跑进了旺达的花园，踩踏了旺达自己种植的珍贵郁金香。郁金香种子的价格是50美元，购买完全长大的郁金香要花500美元。旺达本来打算摘下这些郁金香去参加一个鲜花比赛，比赛一等奖的奖金是1000美元，而她不能用买来的郁金香参赛。这些郁金香对旺达房子的价值没有影响。旺达有权获得多少的补偿性赔偿呢？

解释

法院很可能会判决旺达得到500美元的赔偿金。尽管房屋的市价并没有因为郁金香的损坏而减少。证据表明旺达种植郁金香是出于兴趣以及潜在的利益，这不像前面例子中萨米尔没有注意到的被砍掉的树。维克多的行为是疏忽而不是故意，这一事实是支持没有损失的理由（即损失是根据房屋价值的贬损计算的）。看上去旺达不可能得到1000美元，或者如果她能带她的郁金香参加鲜花比赛可能赢得的奖金数额。正如我们将在6.1部分中看到的，赔偿金必须要证明具有合理的确定性，旺达能否用她的郁金香赢得比赛还不确定。再次，我们忽视了旺达可能要求额外的精神损害赔偿的可能。

维克多也许会尽力争辩他仅仅支付种子的价钱，但这很明显构成赔偿不足，因为这既不能弥补旺达为种植郁金香所付出的劳动的价值，也忽略了郁金香种子可能完全无法生长的风险。它也与我们通常根据损害发生时的价格来衡量损失的原则不符。

例 6

泽维尔向他的股票经纪人尤兰达发出了以每股5美元的价格"购入"100股Futurco股票的指令。泽维尔以电子汇付的方式向尤兰达支付了500美元。尤兰达为泽维尔购买了股票（共计500美元），但是过失地在同一天将其卖出（同样以500美元的价格）。她没有通知泽维尔，将500美元放入了顾客的一般账户。一个月后，Futurco 的股票交易价每股为 20 美元，泽维尔发出了"卖出"指令。尤兰达这才告诉泽维尔她的错误。泽维尔向法院起诉。在审理时 Futurco 股票的交易价为每股 15 美元。泽维尔有权获得多少的赔偿金？

解释

这个问题涉及其财产价值会随着时间而波动的问题。如果我们根据损失发生时的价值衡量（可能发生在买入和卖出股票的同一天），泽维尔仅有权获得 500 美元。但是我们可以选择一个更慷慨的计算方式，比如是在泽维尔发现损害之前的最高价格（产生 2000 美元的赔偿金，共 100 股，每股 20 美元），或者是审判时的价格（产生 1500 美元的赔偿金，共 100 股，每股 15 美元）。具体适用哪一个规则取决于各司法管辖区。

2.3.2 运行不正常市场中的赔偿金

当市场运行良好时，纠纷的关键在于证据问题：成熟的郁金香，或者重建一个房屋，或者看急诊的市场价格究竟是多少？在特定的案件中，当事人可能会把交锋的焦点放在证据问题上。法院的任务很清楚：确定被损坏或者灭失的财产的修理或者重置的市场价格。但是并不是每一个损失在运行良好的市场中都有一个潜在的修理或者重置价格。对于一些损失来说根本就没有市场——最重要的是，没有因精神损害（疼痛或者痛苦）而导致的损失的良好市场。我们不能参考一个疼痛的市场价格来计算丹的受伤的胳膊的损害赔偿。下一章将讨论法院会如何计算这类损失。（相对于可以用市场衡量的经济损失或者一般损失，有些法院称之为非经济损失或者特殊损失。）

这里我们考虑发生在运行并不良好的市场中的经济损失问题。一个很好的例子就是芭芭拉那台被亚历克斯纵火烧毁的冰箱。假设芭芭拉五年前购买该冰箱的价格是 600 美元，同样的冰箱今天的价格是 800 美元，但是如果芭芭拉在大火烧毁之前试图出售这台五年前的冰箱，她最多只能得到 100 美元。对芭芭拉来说不幸的是，法律通常会运用损失发生时的市场价格,因此她只能得到100美元的赔偿金。

有些法院会更慷慨一些,允许对于家庭用品和服装,在重置价格的基础上减掉其贬值,而得出一个较高的数额。参见莱恩诉石油运送公司案[Lane v. Oil Delivery Co., 524 A. 2d 405(N. J. Super 1987)]。但是那个更慷慨的规则通常并不适用于其他消费性商品,包括汽车。

为什么冰箱的价格会这么低?部分原因是某些二手商品没有强劲的市场,甚至即使有市场,它的价格也会趋于下降。经济学家乔治·阿克洛夫(George Akerlof)描述为"柠檬效应(lemon effect)"——导致这类商品的市场运行很糟糕,他用汽车的例子来说明[参见乔治·阿克洛夫:《柠檬市场》,84 Q. J. Econ. 488(1970)]。判断这些商品的质量非常困难,商品是高质量还是低质量的"柠檬",这种不确定性遍及市场。购买者考虑到这种不确定性,往往会对这些商品给出更低的报价,而更低的报价意味着有更少的高质量商品的卖家会选择出售。通过这种方式,高质量的商品就会被逐出市场,而留下了大量的"柠檬"。

因此,当芭芭拉因她那损毁的冰箱得到100美元的赔偿金时,如果她走出去真的以这个价钱买一台二手冰箱,那她就是在冒险——它很可能就是一个"柠檬"。如果芭芭拉是幸运的,她购买了房屋所有人保险,可以提供用同质量的新物件更换灭失物件的成本。① 如果她没有保险,她可能会寻找其他的经济来源去购买一个同样的新冰箱。因为这些原因,100美元的赔偿金很可能是赔偿不足的。

市场运行不好的另外一种情形是:只有很少的买方和卖方。思考一下芭芭拉收集的家庭电影也在大火中毁损。在着火以前,实际上没有人有兴趣去买这些东西,但是对于芭芭拉来说它们是非常珍贵的。这些电影无可替代,它们唯一的市场价值就是精神价值。在这样的案子中,法院有时候会允许恢复他们的价值——需要再次强调的是,有时候允许的并不是损毁物

---

① 我们将直到6.4部分才会讨论芭芭拉是否被允许既保持她的保险收益,又可以得到亚历克斯的损害赔偿。

品的经济价值,而是非经济精神损害赔偿的一部分。参见威利福德诉埃默顿案［Williford v. Emerton, 935 So. 2d 1150(Ala. 2004)］。

例 7

赞恩在某州的乡村拥有一块土地,其上有他的房子。爱丽丝买了赞恩地产邻近的一块土地,打算建一个牧场饲养鸸鹋。爱丽丝用一台推土机去清理她土地上大量的树木,她的工人不小心清理了一些赞恩土地上的树。赞恩起诉爱丽丝擅闯他的财产并要求赔偿。毫无争议的证据表明过失地清理赞恩的土地,使他的土地市价增加了 15000 美元。在审判中,赞恩做了如下陈述:"好了,我买这块土地是为了建退休养老住所,现在我 57 岁了,我的妻子 56 岁并且她的身体状况不太好,所以她也想住到乡下来。我们因为这些理由买了这里,但是现在我们害怕走出我们的房子,我们担心是因为这些'野味儿'要养在我们旁边,我们希望这些树可以作为缓冲区。"陪审团判决赞恩获得 20000 美元的赔偿金,这一判决合理吗?

解释

毫无争议赞恩土地的市场价并没有减少,反而是增加了。赞恩得到赔偿金的唯一方法是法院允许得到土地主观价值的判决。很多法院不会让赞恩得到这一赔偿,但是当实际的赔偿金不能补偿原告的损失时有些法院会允许[这些事实来自于潘多拉诉克雷格案[Poras v. Craig, 675 S. W. 2d 503 (Tex. 1984)]。

2.4　象征性赔偿金

假设在例 7 中赞恩并没有要求任何基于他隐私损害的赔偿。相反,他对于爱丽丝让工人进入他的土地非常的恼火——虽然工人们清理他的土地使其价值增高。赞恩还有动机起诉要求赔偿金吗?

答案是肯定的。像这种擅闯私地但没有造成实际损害的案子,原告会起诉要求象征性损害赔偿,或者法院会判决微不足道的赔偿金(比如一美元)来替代实际损害赔偿。乍一看,赞恩为了一美元的赔偿而起诉似乎是不理性的,律师费可能是所期望获得的赔偿金的数倍[通常胜诉方得不到补偿(参见17.3部分)]。但是一美元的赔偿判决会发挥一个重要的"宣示"功能:告诉全世界赞恩和爱丽丝土地的边界,并且宣布爱丽丝进入赞恩的土地构成侵权。① (如果赞恩和爱丽丝真的对土地的边界线有争议,这就会特别有用。)最后,如果爱丽丝继续擅闯赞恩的土地,赞恩可能会回到法院,基于该象征性赔偿金判决和爱丽丝的继续侵入行为,而得到命令爱丽丝远离赞恩土地的禁令。

此外,象征性赔偿金的判决可以作为陪审团判定惩罚性赔偿的基础(15.1部分)。许多州要求在陪审团判决额外的惩罚性赔偿之前有一个补偿性赔偿金的判决,有时候一个象征性赔偿金的判决就足以允许惩罚性赔偿。[参见理查德·C.廷尼(Richard C. Tinney):《论实际损害赔偿对惩罚性赔偿判决的充分支撑——当代的案例》,40 A. L. R. 4th 11 §§ 6-9,1985 & 2005 Supp.](收集两方面的案件)。但是参见《新泽西州法典加解释》:N. J. STAT. ANN. 2A:15-5.13(c)(象征性赔偿金不能支持惩罚性赔偿的判决)。

最后,象征性赔偿金的判决在一些根据规定律师费判决的法规而提起的诉讼中,可以作为允许陪审团判决得到律师费的基础。但是,如果陪审团仅判决象征性赔偿金(没有其他的救济,比如一个宣告或者禁令),所允许的律师费数额会较低,我们将在17.3中看到。

例8

当巴里在院子的草坪中央睡觉时,在此之前从来没有见过巴里的莎琳很喜欢他的长相,她走过来并亲吻了巴里的嘴唇。巴里全程都在熟睡,后来他从朋友那里听说了所发生的事情。巴里想要提起冒犯的侵权之诉,但是告诉你他并没有遭受严重的精神损害。你会建议巴里提起诉讼要求象征性损害赔偿吗?

解释

这依赖于巴里想要实现的目的。如果巴里是想向莎琳(或其他像她这

---

① 参见第十六章关于宣告判决的讨论,一个典型的宣告式救济。

样的人)"传递一个信息",他可能会提起诉讼。假设(很可能是这样)他能够构造出冒犯侵权的技术性要素[参见《侵权法第二次重述》§18(1965)]。即使没有精神损害,他也应该能够得到象征性赔偿(他也可能会得到尊严伤害的赔偿金,这将在下一章讨论)。因为巴里必须要支付律师费,他诉讼的费用可能要比他能够得到的象征性赔偿金多很多,所以他一定是对传达信息的欲望非常强烈——除非法院在判决象征性赔偿金的同时还允许惩罚性赔偿,并且巴里希望可以获得一大笔的惩罚性赔偿。

2.5 时间和金钱的价值

2.5.1 判决前和判决后利息

回顾一下芭芭拉,她的房子被亚历克斯过失地烧毁。我们说如果芭芭拉重建房屋的成本是 100000 美元,并且如果亚历克斯立刻向芭芭拉赔偿了损失,一个 100000 美元的赔偿将会让芭芭拉回到其应有的状态。但是在大多数案件中,赔偿金并不会被立即支付。亚历克斯也许会对责任或者赔偿金的数额提出异议。(或者,对芭芭拉来说更糟糕的是,亚历克斯没有足够的钱去赔偿他造成的损失。)

假设从亚历克斯烧毁房屋到法院判决经过了一年时间,则在侵权一年后赔偿芭芭拉 100000 美元无法使其回到应有的状态。看看这是为什么,假设在大火之后,芭芭拉贷款去重建房屋。贷方每年收取 10% 的利息(每年计利一次,为了使问题简单,我们在整个本章都做的一个假设)。她一边进行诉讼一边重建房屋。大火发生一年后,她的损失是 110000 美元而不再是图 2.1 中所示的 100000 美元。参见图 2.6。

陪审团根据不法行为发生的时点来衡量损失,或 100000 美元。但是在遭受损害一年后判决芭芭拉获得 100000 美元无法使其恢复到应有的状态,而只能使其处于 A^* 点,即 -10000 美元。因为这个原因,法院有时会允许

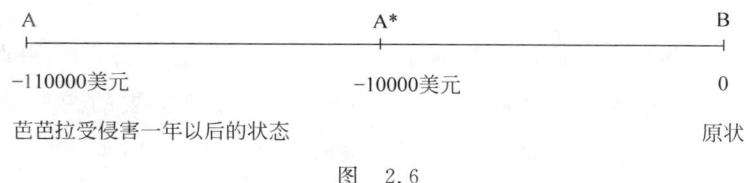

```
A                    A*                   B
|--------------------|--------------------|
-110000美元         -10000美元            0
芭芭拉受侵害一年以后的状态              原状
```

图　2.6

原告得到判决前利息,从损害发生时起至最终判决时至进行计算。这一判决会帮助原告回到应有的状态。

判决前利息的实现取决于不同的司法管辖区,有时候取决于案件的类型。传统上,当损害是不确定的或者无法计算时,判决前利息就不能得到支持。实践中,这意味着对人身伤害的案件无法适用判决前利息。有些州放弃了这一规则,即使是人身伤害的案件也允许判决前利息。

当判决前利息可得时,其利率因不同的州而有差异。比如,罗德岛州法律规定判决前利息是每年12%[《罗德岛州法律汇编》R. I. Gen. Laws § 9-21-10(1997)]。其他的州采用不同的计算方法。比如,爱荷华州判决前利息,"是根据判决前最近的美联储在H15报告中确定的国债到期指数再加上2%来确定的。"[爱荷华州法典:Iowa Code § 668.13(1999)]

在联邦法院,判决前利息通常能够得到,但是没有固定的判决前利息的利率。因此,什么是最好的计算方式能够让原告回到应有的状态,就存在很多创造性的观点。参见米歇尔·诺尔、杰弗里·克隆(Michael S. Knoll & Jeffrey M. Colon):《判决前利息的计算》(2005/5/31),http://surname.com/abstract=732765。

在这些联邦案件中有很多的不确定。就像诺尔(Knoll)和克隆(Colon)教授所说:"如果损害发生在判决前的很长时间内,判决前利息可能会远远超过原始的判决……在1992年,第七巡回法院对1978年3月16日发生的巨型油轮卡迪兹号在布列塔尼海岸触礁的诉讼,判决原告获得6.5千万美元的赔偿金,和1亿4千800万美元的判决前利息。"因为联邦标准的灵活性,法院的判决可能价值数百万。作者指出在卡迪兹号案件中,增加1%的利率将会增加2千万美元的判决,如果法院按照季度而不是按年计算利息,原告将会额外获得 1100 万美元。

判决后利息——是判决之日到判决债务人清偿(或者满足)判决期间的利息——对于使原告恢复到应有的状态来说也是非常必要的。所以,假设法院判决芭芭拉获得 110000 美元的火灾赔偿金,其中的 10000 美元代表判决前利息。亚历克斯决定上诉,在上诉被驳回后他向芭芭拉支付了赔偿金,这又过了一年。芭芭拉为了重建房屋的银行借款依然会产生利息,所以 110000 美元的判决不能使其回到应有的状态。假设她不得不支付另一年的利息 10000 美元,加上复利(在她本金和利息的基础上),现在她总共要还款 121000 美元,在第二年,在 110000 美元的基础上又产生了 10% 的利息。

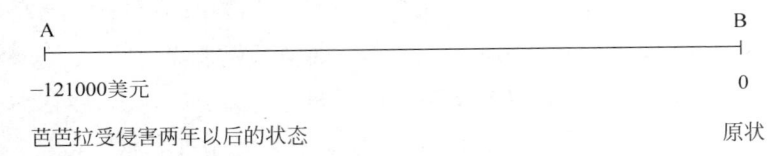

```
A                                                    B
|————————————————————————————————————————————————————|
-121000美元                                           0
芭芭拉受侵害两年以后的状态                              原状
```

图 2.7

在联邦法院,判决后利息是根据 52 周国债的固定利率来计算的,很多州也通过法规来规定利率。至少有些州允许以赔偿金的总额(包括判决前利息)为基础计算判决后利息。参见优质工程安装公司诉希格利南公司案 [Quality Engineered Installation, Inc. v. Higley South, Inc., 670 So. 2d 929, 931 (Fla. 1996)]。

例 9

伊妮德宣称,迪尔德丽违反了一个为她在业务中适用的电脑系统支付 100000 美元的合同。这一纠纷发生在罗德岛州并且被起诉到了罗德岛州法院。如果迪尔德丽对违约负有责任,法院会命令她支付 100000 美元再加上判决前利息。目前自然人在一个安全投资中的回报率是 5%。哪方诉讼当事人会希望尽快审理该案?如果自然人的安全投资回报率为 20%,结果会有什么不同呢?

解释

也许资金流动性(伊妮德现在需要 100000 美元的事实)的原因使得伊

妮德希望能尽快审判该案,而不去考虑利率的高低。撇开这一点,你会发现判决前利率的高低,会影响当事人快速或迟缓进行诉讼的动机。当一般利率较低时,像迪尔德丽这样的被告会希望案子能尽快了结,因为如果自己被判决承担责任的话,她将不需要支付一个很高的利率。在这一案子中,对伊妮德来说判决前利息看上去是一个不错的"投资"。思考一下:如果伊妮德今天从迪尔德丽那里得到了她的100000美元,并且以5%的利率(年利率)将其投资到银行,一年后她会有105000美元。但是,如果这个案子再拖一年,迪尔德丽将欠她112000美元,因为罗德岛州判决前利息的法定利率是12%。

如果一般利率较高,情况就正好相反。如果伊妮德能有20%的回报率,她就会希望迪尔德丽现在就付款。但对于迪尔德丽而言,她更想把这100000美元进行投资,产生20%的回报,最后向伊妮德以法定利率12%进行支付,将剩下的钱装进自己的口袋。

2.5.2 现值

判决前和判决后的利息,有利于赔偿原告已经发生的损害。但是有时候一位原告得到的损害赔偿,陪审团认为是为了弥补原告可能由于被告的过去行为而遭受的未来损害。想想弗兰克,他粗心大意地驾驶其悍马车,将格丽塔撞倒并造成严重伤害。假定格丽塔,一个30岁的女人,在事故发生前身体健康,现在腰部以下完全瘫痪。她再不能从事邮递员的工作,而且终生都需要特殊的医疗护理。

等到格丽塔诉弗兰克的案子审理时,格丽塔已经发生了从事故发生到审理这一期间的医药费和误工费。陪审团会为已经发生的损害确定一个适当的数额。根据州法律,格丽塔至少有权在部分赔偿金上获得判决前利息,并且她也能够获得判决确定的判决后利息。暂不考虑额外的精神损害赔偿,对过去损害的赔偿能让格丽塔回到应有的状态吗?

不能。即使弗兰克补偿了格丽塔因其行为而导致的已经发生的全部损失,格丽塔依然要面临将来的医疗费和误工费损失。从现在开始五年,格丽塔依然需要护士的每周护理以及其他的医疗护理,她也永远都不能再回到工作岗位。(如果格丽塔有可能从事一个不同的工作而没有这样做的话,法院会减少她的赔偿金,因为她没有去减少损失。参见6.2部分。)

这些未来的损害就产生了特殊的估值问题。假设今年格丽塔因事故而遭受的医药费损失是20000美元,(如果没有受伤)她作为邮递员本来可以挣到的工资是35000美元。专家同意她在未来的五年内会遭受同样的损失。因为我们要求原告在一次诉讼中要解决全部的损害赔偿问题(而不是定期回到法院来主张近期增加的损害),法院不得不计算出现在需要多少钱,才能补偿格丽塔将来的医药费和误工费损失。

这的确是一项非常困难的工作,涉及到许多关于未来的大胆推测。格丽塔在未来五年需要一样的医疗护理吗?五年内这一医疗护理的费用是多少?如果格丽塔没有受伤她在从现在开始的五年内能挣多少钱?那时她会得到更高的工资吗?

对于严重人身伤害的赔偿金,因为时间的不确定而使得这些问题更加复杂。必须要在一次审判中判决赔偿金来补偿格丽塔的余生。思考以下问题:格丽塔原本什么时候会停止工作?她能活多长时间,需要多少医疗护理?即使在陪审团决定这些数字之后(在一些高额赔偿的案子中,很可能会根据一些专家的证言来决定),还有另一个复杂的问题:即金钱的时间价值。

假设陪审团认定,未来五年中格丽塔需要同样水平的医疗护理,其现在的价格是20000美元,并且她在邮电服务行业能晋升两级,到一个目前的薪水是40000美元的职位。这些数据没有考虑通货膨胀的问题。随着时间的流逝价格会上涨,但是预测上涨多少并不容易。诚然,了解一般通货膨胀率还远远不够:医疗护理的费用在近几年都超过了一般通货膨胀率。同样的,薪水也可能比一般通货膨胀率增长的更快或者更慢。一般来说邮局工人的薪水通常能赶上一般通货膨胀率,并且邮局工人的薪水要比那些职业生涯很不确定的人(比如一个大型律师事务所的一位第一年的助理)的薪水更容易预测。你能确定地预测到未来十年你能挣到多少钱吗?

假设陪审团决定格丽塔现在的医疗护理费20000美元在未来五年里将

是 25000 美元，未来五年比格丽塔的职位高两级的邮局工人的薪水是 45000 美元。因此，陪审团预计未来五年内，格丽塔需要 70000 美元来弥补她的医疗费和误工费损失。①

但是，如果陪审团判决格丽塔得到 70000 美元来弥补她未来五年的损失，格丽塔则构成过度补偿，因为她能够提前五年使用这笔钱。如果格丽塔今天获得 70000 美元，她可以在未来的五年进行投资。如果她将 70000 美元以每年 5% 的复利回报进行投资，则五年后她将超过 89000 美元。

所以我们需要一种更复杂的方法来处理这个问题，一种能够考虑到两种对抗性趋势的方法。一方面，像医疗护理等的费用和薪水会随着时间推移而增长。另一方面，格丽塔在她需要钱之前就能通过判决拥有该款项，并且因为她能够将这笔钱用于投资，所以她现在就需要较少的钱。

如果这些数据刚好能够抵销，我们就可以忽略医疗费和薪水的上涨以及提前得到金钱的好处这两方面的结果。而且有些法院说这样做是允许的。参见琼斯和劳克林钢铁股份有限公司诉普法伊费尔案 [Jones & Laughlin Steel Corp. v. Pfeifer, 462 U.S. 523 (1983)]（联邦法院反对强制使用"完全抵销"的方式，但是指出当事人可以约定这一计算赔偿金的方法。）这意味着（应用上述的例子），陪审团能够简单地判决格丽塔每年 20000 美元，用于支付她所需要的医疗护理费，和 35000 美元去替代她每年的薪水——如果没有事故，她本来能够工作。她接下来会得到这笔钱并将其用于投资，基本期待是，从判决中得到的本金加上利息收入，刚好能够给她一个在她需要资金时的正确数额。

但是原告和被告，至少在那些涉及金额较大的案件中，会为将来护理费和工资的增加数额而争执不休，对于格丽塔在安全投资中可得的利率，他们也不会有一致的意见。计算现值能让陪审团成员（或者更现实的，陪审团成员会依赖其意见的专家证人）一次性考虑到这两方面的因素。

用一个简单的例子，假定格丽塔未来一年的医疗护理，根据现在的价格

---

① 这里，跟本书中别处一样，我们忽略了税收对这些计算的影响问题。

是 20000 美元。假设证据表明下一年的医疗护理将上涨 3%，格丽塔将她的钱进行安全投资将得到 4.5% 的利息。我们与其在 20000 美元的基础上增加 3%（来计算所增加的成本），然后再减去 4.5% 的利息收入（等于格丽塔用她的钱可以挣到的数额），不如简单地将 20000 美元按照两个利率之间的差额进行"折算"，即乘以 1.5%（4.5%－3%）。运用现值表或现值计算器（在网络上用谷歌搜索很容易找到）计算出其价值是 19704。[1] 每年的医药费和薪水都必须逐项计算。

这个例子表明未来赔偿金的计算是多么的复杂。我们仅仅是处理了格丽塔期待得到的未来好些年的医疗费用中的一年，一些假设的细小改变会因为时间而产生重大的影响。因此毫不奇怪，在这些案子中原告和被告都会带来经济专家，提供相互对抗的未来赔偿金的计算模型。在严重的人身伤害案件中，根据所使用的折扣率的不同，将会产生数以万计美元的差额。

例 10

你是弗兰克的律师。你是想要一个预测到医疗和薪水的涨幅都很高，还是预测到涨幅会很低的经济专家？你是想要一个预测到安全投资回报率高，还是一个预测到回报率低的专家？根据专家所持的观点去选聘他，这种做法是道德的吗？

解释

通常来说，当专家预测到医疗护理费和薪水的涨幅会较低，而一般的投资回报率会较高时，对被告是更好的（原告则需要作出相反的假设）。想想格丽塔在十年当中的费用。一个医疗和薪水涨幅较低的预测，意味着格丽塔在未来的十年中，并不需要比现在多很多的赔偿金来弥补她的损失。并且她能够在投资中赚到的钱越多，她现在用来保障将来费用所需要的本金就越少。

从道德上说，一个人不应该选择一个打算作假，或将其证言出售给最高

---

[1] 对于那些使用现值表的人，应该看一下在第 1 阶段折扣率为 1.5% 的列表。这个比率是 0.98522157，用它乘以 20000 美元，得出 19704 美元。

报价者的专家,但是在案件中留用或者聘请那个专家之前,查看一下专家的工作记录是惯常做法。那些最可靠的专家是,他们有时候为原告作证,而有时候又为被告作证。

例 11

陪审团在假定格丽塔每年能从投资中赚到5%的基础上,判决她获得一笔赔偿金。在判决五年后,弗兰克发现格丽塔把钱投到了股市,这五年平均每年赚了18%。弗兰克能重新起诉到法院而要求退钱吗?

解释

不能。如果格丽塔用她的钱没有能够赚到陪审团所预计的数额,或者医疗费增长的速度要比陪审团预计的快,同样的情形也会发生。无论法院判决了多少的赔偿金,这都会是最终的判决。

解决这种不确定性的一种途径是,让被告每几年定期向原告支付赔偿金,这样就可以根据上涨幅度进行调整。有时,一些案例通过这样的支付方式得到解决:由被告支付一笔钱给保险公司,而由后者承担诸如上涨幅度变化的风险。有些州要求在特定类型的案件,比如医疗过错案件中应用定期支付的方式。

第三章 侵权损害赔偿

3.1 侵权损害赔偿概述

这一部分主要阐述侵权损害赔偿当中的一些特殊问题,从侵权损害赔偿的一般衡量方式开始讲述。当我们在侵权案件中谈到应有的状态时,我们经常会比较原告在被告的违法行为前的状态(即原状,0 点)和原告在违法行为后的状态[①](参见图 3.1。)

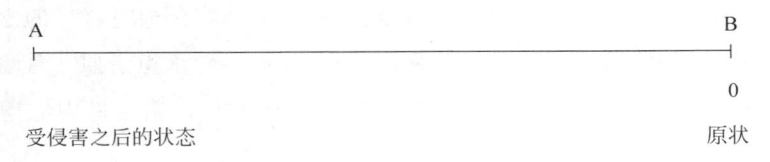

```
A                                           B
|───────────────────────────────────────────|
                                            0
受侵害之后的状态                          原状
```

图 3.1

用上一章最后的例子来说明,格丽塔在弗兰克碾伤之前位于 B 点,即零点。事故将她移动到低于零点的位置,即 A 点。侵权损害赔偿的计算方式是(B—A),至少从理论上说,数额为(B—A)的损害赔偿的判决,应该能把格丽塔放回到如果没有侵权行为时她本来应该所处的位置。

格丽塔的例子提出了很多复杂的问题,尤其是衡量她疼痛和痛苦的损失非常困难。在我们继续讨论这一案例之前,让我们回到前一章那个更简单的例子:亚历克斯烧毁芭芭拉的房屋:

从数学角度来说,法院会判决芭芭拉得到(B—A),或者[0—(—100000)],即 100000 美元(记住,负负得正)。(参见图 3.2)。尽管当事人会对 A 的正

---

① 著名的例外是欺诈赔偿金,在第五章中讨论。此外,在一些侵权案件中,当事人往往不选择寻求侵权赔偿金,而是转而要求利益返还。本书的第三部分将讨论返还性救济。

确价值发生激烈的争论,但是当事人通常不会对这一点发生争执:即法院判决的损害赔偿,其目的在于使原告回到如果没有不法行为其本来应该所处的位置,这也是(B—A)计算公式的目的。

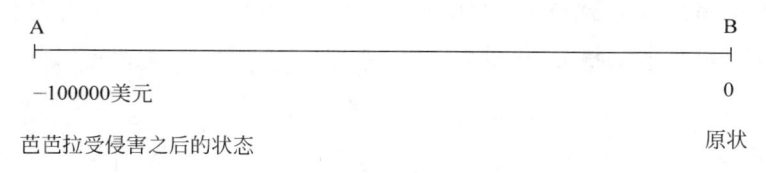

```
A                                          B
|——————————————————————————————————————————|
-100000美元                                  0

芭芭拉受侵害之后的状态                          原状
```

图　3.2

运用(B—A)公式来计算侵权损害赔偿(有些人称其为"信赖损害",原因留待下一章讨论合同损害赔偿时),能够很好的说明那些只能得到象征性损害赔偿的案件。回顾下沙琳,她因亲吻了一下躺在草坪上睡觉的巴里而构成侵权,巴里没有遭受到可衡量的损害(事实告诉我们巴里没有遭受精神损害),所以在这个案子中 A=0,因此(B—A)等于零。因为巴里没有受到损害,他将因为无法证明损害而败诉,除非法院允许他得到象征性赔偿。

正如我们已经在之前的章节中所看到的,侵权赔偿金能够将原告恢复到如果没有被告的侵权行为,原告本来应当所处的位置的观念,有时候仅仅是一个虚构。运用市场价值而不是主观价值,一些原告无法获得判决前利息,不能得到(在大多数案件中)原告的律师费,这些都是我们为什么认为一个侵权赔偿金不能完全赔偿原告的原因,这只是把原告放在一个更糟糕的位置,而不是如果没有被告的损害她本来应当所处的位置。

在侵权损害赔偿,目前为止,与把原告恢复到其应有的状态这一目标相比,存在的最大差距发生在像格丽塔那样严重的人身伤害案件中。理论上,芭芭拉也许对她的房子被亚历克斯烧毁和获得一笔补偿她在大火中失去的房子的金钱,感觉上是一样的,但是很难想象格丽塔或者其他任何人,同意用自己的永久性瘫痪或者残疾来换取任何一笔数量的金钱,即使对她的医疗费以及未来误工费给予了充分的补偿。此外,如果我们计划用金钱来弥补格丽塔所遭受的精神损害,什么是这一损害的正确确定方法呢?我们在下一部分将专门讨论这一问题。

例 1

希拉里偷了艾拉的数码相机并将其扔进河中，毁损了相机。艾拉一年前买这台相机花了 300 美元，如今同样的相机值 200 美元。艾拉的相机在被盗时的市场价为 75 美元，艾拉起诉希拉里侵权，在图 3.1 中 B 的价值是多少？ A 的价值又是多少？在艾拉对希拉里的案件中，艾拉可得的全部赔偿金是多少？

解释

B 的价值是这一问题中容易的部分，它是零。从前面的章节中，我们知道法院通常用损害发生时的市场价来衡量原告的损失，这意味着 A 是 75 美元。但是艾拉也许会主张更高的重置成本衡量方法，即 200 美元减去折旧（这台相机已使用一年，因此其价值低于新相机）。回顾一下，有些法院对特定的家庭日用消费品，允许以其重置成本为基础来确定一个更高的损害赔偿额。（此外，艾拉会以希拉里恶劣的违法行为为由而主张一个更高的赔偿金。）因此，总共的损害赔偿可能是介于 75 美元至 200 美元之间的一个数额，加上（可能的，依赖于法院）判决前利息以及类似的判决后利息。没有将来可预期的损失，因此就不需要将其数额减少为现值。这也许也是一个能额外得到惩罚性赔偿的案子（参见第十五章）。

3.2 疼痛和痛苦、精神损害，以及其他的"非财产性"损害

法院和律师会应用不同的术语来描绘补偿性赔偿的类型："一般的"、"特殊的"、"实际的"、"金钱"以及"间接的"，这些都是它的常用名称。[1] 这些标签有时候是不一致和相互冲突的。本书尽可能避免这些术语，而是

---

[1] 对于一些术语的讨论，参照多布斯§3.3；莱科克，第 56—58 页。同样参见联邦航空管理局诉库珀案［Federal Aviation Administration v. Cooper, 132 S. Ct. 1441(2012)］，讨论了"一般损失"和"实际损失"的多种意思。

聚焦于法院所采用的规则，忽视那些法院所使用的标签。

然而在这里，介绍一个相对较新且越来越重要的损害术语——非财产性损害——是非常重要的。非财产性损害包括原告要求赔偿的，但是没有市场价值的损害，比如疼痛、身心痛苦、精神损害。对这种损害的诉求区别于经济损失，后者是那些存在经济市场的损害，比如误工费、财产损失，以及在上一章我们讨论过的医药费用。当然，即使非财产性损害涉及的是没有交易市场的损失，但是补偿这些损失对于人们来说仍然具有重大的价值。在侵权行为发生之前，那些由于被告的侵权行为而遭受严重痛苦的人，绝大多数都不会为了交换被告提供的任何数量的金钱而接受这种痛苦。

财产性和非财产性的区别是重要的，因为近些年来有些州颁布有关限制非财产性损害赔偿数额或者限制其实现的法律，①将其作为努力限制原告获得巨额赔偿金判决的"侵权法改革"运动的一部分。比如在加州，原告因医疗服务人员受到伤害，他只能获得不超过 250000 美元的非财产性损害赔偿。参见《加州民事法典》：CAL. CIV. CODE 3333.2（West1997）。这一限制并不适用其它的过失诉讼。

限定非财产性损害赔偿的额度，成为近些年来以被告为导向的侵权法改革的一个重要方面，由于没有有效的市场作为陪审团决定的依据，陪审团有时会判决高额的非财产性损害赔偿。尤其是保险业，直指一些判决极高的非财产性损害赔偿的案件，主张非财产性损害赔偿限额对于确保责任保险率——特别是医疗过错保险率——处在一个合理的范围之内是必要的。另一方面，原告的律师认为，这种限额是不必要的，保险业的"危机"是一个虚构，并且这种限制实际上是通过不足额赔偿而惩罚了受伤害最重的人。经验主义的争论非常丰富，这超出了我们在此可以讨论的范围。

在没有赔偿限额的地方，甚至在有限额的地方（赔偿数量低于限额），关

---

① 大部分的侵权法是法官创造的普通法，立法机关可以通过颁发一项法规去修改或推翻普通法的一些特定方面。

键问题是陪审团如何确定非财产性损害的价值。① 这一问题因缺少有效的市场而产生。正如在第二章所讨论的,在主观估值的案子中,没有一个客观的依据供陪审团成员使用,去选择一个数量用以弥补像格丽塔那样因为事故而遭受的疼痛和身心痛苦。一些经济学家想要寻求市场替代物,比如一个人选择购买健康保险的保险金额,但是这种方法通常并不能作为证据,而且学者之间关于这种保险理论能否用来正确衡量非财产性损害,仍然存在非常激烈的争论。批判性的分析参见艾伦·史密斯·普赖尔(Ellen Smith Pryor):《侵权法的争论,效率和疾病的王国:关于补偿金的保险理论的批判》,79 Va. L. Rev. 91(1993)。

在我的侵权与救济法课堂中,我喜欢做的一个实验是,给出一些不同类型的案件事实,诸如格丽塔案件那样涉及或多或少严重人身伤害,而原告都遭受了非财产性损失的案件。我要求学生独立写下如果他们作为陪审团成员,对这样的案件会判决给予非财产性损害赔偿的数额,然后我进行课堂调查。同学们的答案让人震惊,赔偿额范围从零到数百万美元不等。

你会判给格丽塔多少钱?你是怎么样确定这一数字的?在你确定一个数额之前还需要知道哪些信息?

作为一方当事人的律师,思考一下站在格丽塔或者弗兰克的立场上,你将如何争辩关于弥补格丽塔的疼痛和痛苦所需要的赔偿金的正确数额?如果你是格丽塔的律师,你也许会尽力要求一个每日的特定数额(按日计算的观点)。在此情形下,经过很长一段时间后,会产生一笔数量可观的赔偿金。假设你要求每小时 10 美元,一天 16 小时,一周 7 天,一年 52 周,需支付 40 年。那个数量将超过 230 万美元。② 有些法院允许这种按日计算的观

---

① 为了了解对此项问题和相关问题的当代讨论,参见学术论文集:《谁能体会到他们的痛苦?在民事诉讼中非财产性损害赔偿的挑战》,55 Depaul L. Rev. 249(2006)。也许埃布尔(Abel)教授的文章标题就已经总结了学者们面对非经济损害赔偿判决时所表现出的挫败,理查德·埃布尔:《一般损害赔偿是不合逻辑的、无法估量的、不能比较的和不平等的(但也是一个不错的主意)》,55 Depaul. L. Rev. 253(2006)。

② 非财产性损害赔偿金的数额应当转化成现值吗?密西根州的法律规定是这样的。参见《密歇根州法典加注释》:MICH. COMP. LAWS ANN. 600.6306(1)(e)。

点,但是有些法院不允许。参见博塔诉布鲁纳案[Botta v. Brunner,138 A. 2d 713(N.J.1958),部分被法规否决]。你如果是弗兰克的律师,假如原告按日计算的观点被允许,你将如何对此进行回应?

非财产性损害赔偿缺乏足够的市场估价会导致其它更严重的问题。我们都意识到在严重的非财产性损害的案件中,任何数额的赔偿都无法完全弥补原告,因为没有一个确定数额的金钱,会让一个健康的30岁的女人用她余生的瘫痪和痛苦来交换。另一方面,法院(和社会)也不能容忍无限制的大额赔偿金判决,而在一些不是非常严重的非财产性损害案件中,一些法院会怀疑原告夸大了他们非财产性损害的范围,以便从被告那里获得一笔不义之财。最后,健全市场的缺乏,意味着陪审团对于非财产性损害赔偿的正确数额,会做出可能具有高度分歧性的决定。

在立法机构对于非财产损失赔偿金的数额没有设置限额或其他限制的情况下,法院应如何处理这些相互冲突的因素和不一致的情况?

法院有时会基于被告的动议降低这一赔偿金的数额,被告的理由是判决的数额是如此之高以致于"冲击了良心"(或者其他类似的口头语)。"冲击良心"标准允许对裁决做出更开放的司法审查。有时候为了在案件之间取得一个一致的标准,法官们会比较类似案件的裁决,然后对比较离谱的裁决进行调整。

希望降低陪审团所裁决的赔偿数额的法官,在程序上会使用减免损害赔偿额的技术手段(remittitur),这给原告一个选择:要么接受法官确定的较低数额的赔偿金,要么启动一个关于赔偿金问题的新诉讼。在有些法院,法官可能会使用增加损害赔偿额的技术手段(additur),这给被告一个选择:接受法官确定的较高数额的赔偿金,或者启动一个关于赔偿金问题的新诉讼。但是增加损害赔偿额的程序在有些州以及在联邦层面,被认为是侵犯了陪审团的审判权,因此不可使用。(在禁止增加损害赔偿额的程序的司法管辖区,如果主审法官认为赔偿金的数额太低,就只能命令一个新的诉讼。)

此外,传统上法院会限制原告在没有任何身体伤害的情况下,要求得到精神损害赔偿的能力——部分原因是出于担心原告可能会假装或者夸大他们的精神损害。有些法院会把"身体影响"的要求放宽到要求原告处于"身体遭受损害的危险区域",比如当原告几乎被一辆汽车撞倒时所遭受的精神损害。进一步说,在有些司法管辖区,某人因为目击了他人受伤的过程,而可以得到精神损害赔偿,比如目击者看到受害者被被告驾驶的汽车撞到。但是法院往往会对目击者的诉求增加额外的条件,比如要求目击者遭受严重的精神损害,并且他与受害者之间存在亲属关系,(或者目击者证明因为目击了伤害而身体出现了一些症状。)参见狄龙诉莱格案[Dillon v. Legg, 441 P. 2d 912(Cal. 1968)];《侵权法第二次重述》§46;《侵权法第三次重述:身体伤害和精神损害的责任》§45。取决于不同的司法管辖区,这些要求并不总是固定不变的规则。有些法院会在不满足一般限制条件的案件中,甚至是缺乏身体伤害,但是精神损害却属于显而易见的案件(比如不当处理尸体的案件)中,允许得到精神损害赔偿。参见克里斯滕森诉高级法院案[Christensen v. Superior Court, 820 P. 2d 181(Cal. 1991)]。

最后,法院有时候会允许原告得到"尊严"损害赔偿。一项尊严损害赔偿判决会针对一个对他人的侮辱或冒犯,比如在巴里熟睡时被沙琳亲吻的冒犯行为。就像多布斯所言:"在很多案件中,唯一的伤害就是侮辱了原告作为人的尊严,破坏了他的自我形象,并导致了精神损害。"多布斯§7.1(1)。即使没有精神损害的证据,法院有时也会允许实质性的损害赔偿,"仅仅是为了表明毕竟侵权行为已经发生。"(同上)

例 2

医院正在进行剖腹产手术时,因为医生 G 的疏忽而造成艾玛缺氧,导致艾玛的大脑严重受损,使其陷入永久的昏迷状态。艾玛能获得非财产性损害赔偿吗?如果可以,她能得到多少?

解释

这一例子的事实基础来自于麦克道格尔诉加伯案[McDougald v. Garber, 536 N. E. 2d 372(N. Y. 1989)]。问题是:假设原告受伤太严重而无法体会到疼痛和痛苦,是否还应该予以赔偿?原告的律师争辩说即使原告无法体会到精神痛苦,但是她无法享受生活的快乐是一种客观损害(就像失去了一条腿),即使原告没有意识到损害,也应该得到赔偿。很多法院赞同这种观点(有时候称为"幸福损害赔偿"),但是审理麦克道格尔案的多数法官却不同意这种观点。多数法官注意到了该规则下的悖论:由于被告的疏忽造成的大脑的损害越严重,原告得到的赔偿金就越少。但是法院认为这种观点"跟对受害人进行有意义的补偿无关",而是基于一个诱惑:"根据被告造成伤害的程度对被告进行惩罚"。然而法院认为,如果有任何关于原告有意识的证据,原告就能够得到陪审团所确定的特定数额的精神损害赔偿。

至于金额(假设原告有一些感知疼痛的意识),这对于陪审团而言将是一个非常困难的决定,特别是面对一个非常让人同情又很无辜,且遭受了非常严重损失的原告时。被告的律师反对巨额赔偿金的工作也会变得非常微妙。注意在加州,艾玛最多能得到 250000 美元的非财产性损害赔偿。但是如果另一个原告也遭受了相同的损害,比如因为医生 G 的过失驾驶行为所致,则非财产性损害赔偿将没有限制。

例 3

查理在当地的血站献血,戴夫是抽血的技术人员,他在为查理采血时误用了使用过的针头。戴夫大叫:"哎呀!"并向查理解释他应当在六个月内进行 HIV(艾滋病的病毒)检测,因为使用过的针头会让查理有感染艾滋病的很低风险,并且 HIV 要经过六个月的潜伏期才能在血液化验中被检查出来。在接下来的六个月当中查理遭受了严重的精神痛苦,他经常去看医生。幸运的是,查理在六个月后的血液检查中并没有发现 HIV 病毒。查理可以要求赔偿金吗?如果可以,为什么?

解释

查理有充分的理由要求赔偿他所支出的医疗监控费用(包括他的 HIV 检测),以确保他不会得上可能的绝症。但是这些费用相对较低。查理想要得到巨额的赔偿金,来补偿他所遭受的看上去是真实并且严重的精神痛苦。然而在政策层面,很多法院认为,被告并不对原告因害怕自己得某种疾病而遭受的精神损害负责,因此没有对此支付精神损害赔偿的责任,除非原告能证明他极有可能真的得上这种疾病。参见波特诉费尔斯通轮胎和橡胶厂案[Potter v. Firestone Tire & Rubber, 863 P.2d 795(Cal. 1993)]。法院明显是担心那些因为毒物排放，出于对癌症恐惧的诉求以及类似诉求的诉讼会急剧增加而做出这样的判决。

查理HIV检查结果呈阴性并不符合波特标准(Potter standard)，它看上去像是损害规则，如果应用在审理查理案件的法院，会使查理无法恢复至应有的状态。此外，如果戴夫的行为仅仅是疏忽大意，查理也不能得到惩罚性赔偿(参见第十五章)。

例4

杰夫·斯皮考利是里奇蒙特高中的学生。该校校长看到斯皮考利在抽烟，校长通过形状和气味判断，认为他抽的是大麻。校长没有没收他的烟，也没有给他任何解释的机会，就直接让他停课20天。适用的宪法先例给予像斯皮考利这样的人在停课之前一个听证的权利。斯皮考利没有遭受精神损害，对于校长的指控他也没有辩解自己是无辜的，但他起诉因自己听证的正当程序权利被剥夺而使尊严受损。斯皮考利能得到赔偿金吗？

解释

这一诉求和之前的诉求多少有些不同，因为这里无形的损害并不是精神损害，而是对尊严的损害——在这个案子中，当一个政府机构侵害了斯皮考利的宪法权利时，损害就发生了。在凯里诉皮弗斯案[Carey v. Piphus, 435 U.S. 247(1978)]，最高法院认为宪法性违法的证据使得学生皮弗斯有权得到象征性赔偿，但是他不能得到额外的损害赔偿，除非他能够证明他遭受了精神损害。皮弗斯认为陪审团应该判决给他"推定的"赔偿金(参见3.4部分)，但是法院拒绝了这一主张。

这一规则意义重大。的确，有很多因为政府的违宪行为而造成精神损害(甚至是身体伤害)的案子。但是在没有精神损害的案子当中，皮弗斯规则也许能发挥阻却价值，以防止发生类似的诉讼，特别是因为后来最高院的一个案例确认，在那些法院只给予象征性损害赔偿的案件当中，合理的律师费用(在联邦民权案中的法规规定)应当是免费的。参见法勒诉霍比案

[Farrar v. Hobby,506 U.S.103(1992)]。尽管如此,象征性损害赔偿的判决,在适当的案子中会为惩罚性赔偿的适用打开方便之门。

3.3 不法行为致死、幸存者的特殊规则,以及亲属权丧失的诉讼

3.3.1 不法行为致死

当被告的行为致人死亡时,应有的状态标准和适用的赔偿规则之间的不协调就会发生。这种不协调表现在两个方面。首先,没有一个确定的金钱数量,我们中的大多数会用来交换我们自己的生命,因此,无论不法行为致死的赔偿金有多少都无法足额赔偿(特别是考虑那个因为被告的行为而死去的人并不会接受任何的赔偿金);第二,根据侵权法的历史,比起没有导致死亡结果的典型侵权案件中原告所能获得的赔偿金,不法行为致死的赔偿金就显得很不慷慨(被法律限定)。这种不协调的结果就是,被告在重伤他人时所付的赔偿金要比致其死亡时所付的赔偿金还要多。(因此,就会有被告辩护人可笑的病态陈述,"对我的当事人幸运的是,原告死了!")

我首先从历史开始,因为就像我们在这本书里看到的许多材料一样,历史不散的阴魂会产生很多看起来违反常理或者过时的现代救济规则。简单的说,[①]1808年在英国,一位妻子因为被告的违法行为而死亡,法官驳回了其丈夫要求赔偿金的请求,认为普通法并不允许这样的赔偿金。参见贝克诉博尔顿案[Baker v. Bolton,(1808)170 Eng. Rep. 1033(K.B.)]。英国议会在1846年否定了"贝克规则",但法律是通过限制可以提出请求的主体以及允许的赔偿金的类型来实现的。议会的决定阻碍了普通法的进一步发

---

① 一个关于过失致死的法律和相关领域的发展的特别具有可读性的总结,参见理查德 A. 爱普斯坦(Richard A. Epstein):《侵权法案例和资料》,第901-909页,2008年第9版。

展,这意味着在不法行为致死的案子中,原告得到赔偿的范围取决于立法机关对此是如何规定的。

贝克案被美国很多地方看作是先例。即使是现在,在很多州,一个人要求得到因自己的家庭成员被违法致死的赔偿金的能力,依赖于,也受限于本州不法行为致死的法律规定。以下是堪萨斯州不法行为致死法规的节选:

> (a)任何不法行为致死的诉讼中,法院或者陪审团可以判决赔偿金,而其必须是根据所有的事实和环境都被认定为是公平的、正当的,除了其法定继承人遭受的金钱损害赔偿之外,这些赔偿金的总额不能超过250000美元,额外再加上相关费用。

[《堪萨斯州法典译注》:KAN. STAT. ANN. 60-1903(a)(2005)]。注意这里的关键性限制:继承人可以得到经济损失赔偿,但是配偶的"非经济损失"(堪萨斯州的法院将其等同于非财产性损失)赔偿金不得超过250000美元。参见豪厄尔诉卡尔弗特案[Howell v. Calvert,1 P. 3d 310,316(Kan. 2000)]。正如我们将看到的,孩子们不能得到失去父母的非财产性赔偿金。

相比较新泽西州的法规,堪萨斯州不法行为致死的法规还是慷慨的:

> 在根据本章规定提出的每一项诉讼中,陪审团会判决一定的赔偿金,但其必须是赔偿因为死亡而导致的金钱损害,包括死者的住院费、医疗费和丧葬费,而且其必须是公平的和正当的。取得赔偿金的主体是有权获得不按遗嘱处理的死者个人财产的人。

[《新泽西州法典译注》:N.J. STAT. ANN. 2A:31-5(2007)]。注意法规是如何将侵权致死的赔偿仅限于经济损失。新泽西州的最高法院,根据该法规把经济损失限定为包括"转化成金钱形式的,死者原本可合理期待给他或她的幸存者所做的贡献",以及"死者的住院费、医疗费和丧葬费。"参见史密斯诉惠特克案[Smith v. Whitaker,734 A. 2d 243,248(N.J. 1999)]。

此外，根据新泽西州不法行为致死的法规，惩罚性赔偿是不允许的。（同上）

例 5

埃里卡在一个聚会后醉酒驾车回家，撞倒了斐迪南和他八岁的女儿吉娜，父女二人不幸身亡，留下了汉丽埃塔（斐迪南的妻子，吉娜的妈妈）和艾萨克（斐迪南的儿子，吉娜的哥哥）。斐迪南只有 40 岁，在一所学校当老师，年收入 60000 美元。汉丽埃塔和艾萨克起诉埃里卡，要求赔偿不法行为致死的损失，二人都遭受了严重的精神损害。谁的请求能得到法院的支持？请解释。

解释

如果不知道事故发生的州以及该州关于不法行为致死的法规，那就无法自信回答这个问题。所以我们根据我之前提到的堪萨斯州和新泽西州的法规来考虑问题。在堪萨斯州，"法定继承人"有权得到赔偿金，所以你需要翻看堪萨斯州的法律以明确谁是继承人。假设汉丽埃塔是一名继承人，她就可以获得金钱损害赔偿（包括她丈夫和孩子的丧葬费），以及如果斐迪南没有被埃里卡撞死，他会为她提供的预期生活费的现金价值。回顾上一章，陪审团在计算这个数额时，要估计如果斐迪南没有出车祸的话，他可能的工作和薪水。陪审团很可能会以年薪 60000 美元开始，而之后依赖于专家对他余生的工作所得的薪水的预测。判决的总额还需要转化为现值。

注意因为汉丽埃塔无法用任何合理确定的证据证明，如果吉娜没有死，她会在自己生命的任何时候得到其经济上的支持，所以除了得到吉娜的丧葬费，她不会得到因吉娜死亡的任何金钱损害赔偿。汉丽埃塔也会得到不超过 250000 美元的精神损害赔偿。

如果根据堪萨斯州的法律，艾萨克不是继承人，他将得不到任何赔偿（不是继承人的斐迪南和吉娜的其他亲戚或者好朋友，不是继承人的也一样）。如果他是继承人，正如我们将会在下文关于亲属权丧失的讨论中看到的，他可以就其一位父母的死亡得到精神损害赔偿。

根据新泽西州的法律，幸存的家庭成员的情况与此非常类似，除了汉丽埃塔和艾萨克都不能因不法行为致死而获得非经济性损害赔偿之外。但是，正如我们将要看到的，这并没有用尽所有可能的诉因。

3.3.2 人身伤害行为中的幸存者

在涉及赔偿侵权行为受害者的幸存家庭成员方面，相对于新泽西州，堪萨斯州显得更慷慨一些，那仅仅是因为我们只注意了一种可能的诉因，即不法行为致死（wrongful death）。但是幸存者们还有其他的方式可得到赔偿。有些州，比如新泽西州已经修改了普通法关于人身伤害诉讼因为人的死亡而终止的规定。结果是，幸存的家庭成员可以要求对受害人在死亡之前遭受的疼痛和痛苦进行赔偿。在新泽西州，即使受害人立即死亡（因此死前没有遭受痛苦），幸存的家庭成员也可以要求疼痛和痛苦的象征性赔偿。然后，把象征性赔偿作为一个基础（hook），如果被告的行为特别恶劣，幸存的家庭成员也可以得到惩罚性赔偿。惠特克（Whitaker），734 A. 2d 253。

相反，在堪萨斯州，必须有受害人在死亡之前遭受了可感知的疼痛和痛苦的证据，幸存者才能得到这些赔偿。克莱尔诉丹尼案[St. Clair v. Denny, 781 P. 2d 1034,1049 (Kan. 1989)]。如果有这样的证据，惩罚性赔偿也可以得到，但其数额只能依赖于幸存者的诉讼。参见莱克诉堪萨斯州雷斯-凯尔公司案[Lake v. Res-Care Kansas,inc. ,No. 98-1019-JTR,2002 WL 32356436 (Kan. Feb. 4,2002)]。这最后一个限制的意义重大，正如我们将在 15.3 中看到的，惩罚性赔偿的数额只能限制在补偿性赔偿的个位数的倍数之内（那就是不超过十倍）。堪萨斯州的规定是将幸存者的赔偿金做为判断惩罚性赔偿比率适当性的基础，这意味着惩罚性赔偿的判决，要比一个在非法致死诉讼中与损害赔偿挂钩的判决少得多。

例 6

汉丽埃塔和艾萨克（来自例 5）是新泽西州的居民。他们的律师杰米在诉讼时效届满前对埃里卡提起不法行为致死诉讼。杰米没有提起幸存者诉讼，即使有证据表明斐迪南在被埃里卡撞倒之后遭受了数小时的极大痛苦。事后证明埃里卡十分富有。陪审团以斐迪南可能提供给他的家庭成员的经济支持为基础，判决不法行为致死赔偿金 100 万美元。汉丽埃塔和艾萨克能获得其他数额的赔偿吗？从谁那里获得？

解释

他们可以起诉杰米！杰米没有提起幸存者诉讼构成执业不当。这不仅能使汉丽埃塔得到斐迪南意识到的疼痛和痛苦（陪审团可能高估其价值）的赔偿金，而且也给陪审团一个理由，判决埃里卡支付惩罚性赔偿，因为他醉酒驾驶引发交通事故的行为极为恶劣。正如我们将在 15.3 中看到的，埃里卡富有的事实并不是增加惩罚性赔偿的合法理由，但是这却表明他有能力支付赔偿金。因为诉讼时效已经届满，已经没有机会对埃里卡提起诉讼。这留下了一个针对杰米的不起诉行为的可能诉讼。

这里更深刻的教训是，律师在起诉时需要考虑什么样的诉因能够带来最有利于自己当事人的救济。缺少经验的人看汉丽埃塔和艾萨克的案子，会认为仅仅起诉"不法行为致死"就足够了。但是在这个法律领域，法律历史的"阴魂"具有如此强大的影响力，认真研究能够给当事人带来慷慨救济的恰当诉因，是非常重要的。

3.3.3 亲属权丧失的主张

最后一个可能被提起的与近亲属死亡（或者在有些案件中的重伤者）有关的诉因是"亲属权丧失"。这一主张的目的在于赔偿幸存家庭成员因为亲人的死亡或者受伤而导致的精神损害。在英国这样的要求是被禁止的[参见爱普斯坦（Epetein），同上注，第 907 页]。在美国，关于亲属权丧失的规定每个州都不一样。早年的案件表现出了明显的性别歧视，丈夫和父亲可以得到有限制的赔偿，但妻子、母亲和孩子都不行。现在，性别歧视已经消失。

有时候，幸存的配偶并不需要单独提起亲属权丧失的诉讼，相反，在法定的不法行为致死诉讼中，精神损害赔偿（在这种情况下又叫做非经济损失赔偿）就可以得到。然而，在配偶受到重伤但没有死亡的案件中，独立的亲属权丧失的请求在这些司法管辖区就是必需的。

在堪萨斯，一方配偶因为另一方配偶的受伤或者死亡可获得精神损害赔偿(上限 250000 美元),然而孩子们(未成年或者成年)却不能得到因为他们的父母受伤而产生的精神损害赔偿。参见纳塔利尼诉利特尔案[Natalini v. Little,92 P. 3d 567,570 (Kan. 2004)]。这样,孩子们可以获得因为父母死亡而导致的亲属权丧失损害赔偿,但是如果父母只是受重伤则不可以。(这背后的逻辑是什么?)参见克劳斯诉福克斯瓦利公司案[Klaus v. Fox Valley Sys. ,Inc. ,912 P. 2d 703(Kan. 1996)]。

在新泽西,配偶可以获得没有上限的亲属权丧失赔偿金,然而孩子们却不可以。参见拉塞尔诉塞伦货运公司案[Russel v. Salem Trsnsp. CO. ,295 A. 2d 862(N. J. 1972)]。此外,父母也不能得到因为孩子的死亡或者重伤所导致的亲属权丧失损害赔偿。参见泰南诉库尔齐案[Tynan v. Curzi,753 A. 2d 187(N. J. Ct. App. Div. 2000)]。

尽管法律在不断的变化,然现在只有少数几个州意识到父母有权因为孩子的死亡或者重伤而得到亲属权丧失的损害赔偿。托德·史密斯,《注释:父母因孩子重伤而得到亲属权丧失损害赔偿的权利》[Parents's Right to Recover for Loss of Consortium in Connection with Injury to Child,54 A. L. R. 4th 112(1987&Supp. 2005)],或者孩子因父母的死亡或重伤而得到亲属权丧失的损害赔偿的权利(ATLA's Litigating Tort Cases,§25:16)。

例 7

简和凯特是像结婚的夫妇一样生活在一起的两名女性,她们生活的州并不承认同性婚姻。简在一起交通事故中严重受伤。凯特可以要求造成事故的被告支付亲属权丧失赔偿金吗?

解释

多数法律都否定未婚同居者可以得到亲属权丧失赔偿金的可能性。尽管加州的一个上诉法院曾一度认可未婚同居者得到赔偿金的权利,但加州最高法院推翻了这一先例。参见埃尔登诉谢尔登案[Elden v. Sheldon,758 P. 2d 582,589-590(Cal. 1988)]。

为什么法院不愿意扩大亲属权丧失主张的适用范围?审理埃尔登案件的法院解释了为什么该诉因必须"相对受到限制":"我们支持这一政策的理

由是，这种损害是无形的，确定赔偿金非常困难，以及有权因为失其所爱而提起诉讼的人数有可能会不合理的激增。"这能让人信服吗？

除了涉及未婚同居的事实模式之外，在确定标准的过程中，经常会有结果不公平的案例发生。正如之前的解释，堪萨斯允许那些父母被被告的侵权行为杀害的孩子们获得精神损害赔偿。然而，该州却不允许其父母永久性残疾（甚至不能尽到做父母的义务）的孩子们得到精神损害赔偿。在很多案子里，法院支持的这种区别看上去具有随意性，而且他们把这一问题留给立法机关在该领域通过制定法律来创造统一的责任规则。

3.4 推定损害赔偿（诽谤）

诽谤是一种侵权行为，其定义为："通过向第三人做出虚假陈述而损害他人名誉的行为"（《布莱克法律词典》第 448 页，2004 年第 8 版）。言语诽谤是诋毁（slander），书面的诽谤是污蔑（libel）（同上）。一个被诽谤的原告会经受各种各样的伤害，包括商业损失（由于名誉受损而致）和精神损害。

就像我们将在 6.1 中看到的，原告想要获得赔偿，就必须证明他们的损害是合理确定的。关于诽谤很特殊的是，即使原告不能用合理确定性的证据证明他们遭受了这些损害，普通法也允许这些因诽谤而起诉的原告得到赔偿金。① 这些"推定损害"在一些特殊案例中意义重大。此外，原告也可以要求赔偿被证明是真实的损害，在这一背景中有时被称为"实际损害赔偿"。

为什么在一些诽谤诉讼中会放宽确定性的要求？爱普斯坦（Epstein

---

① 更确切的说，推定损害赔偿只能在书面诽谤或者"显而易见的口头诽谤"案中才可以得到，包括："(1)严重的犯罪行为或者道德败坏行为；(2)令人厌恶的"和性传染病；(3)一些和商业、贸易、职业或者与办公室不协调的事项；或者某些时候(4)严重的性骚扰行为。"多布斯：《侵权法》§408,(2000 年)。其他的一些口头诽谤可能会构成"显而易见的诋毁"，在此实际损害的证据是必要的。在 19 世纪，一些法院开始允许"非显而易见的污蔑"请求，要求有实际损害的证据（同上，§409)。在诽谤的背景下关于推定损害赔偿合理性的讨论一直续到了今天。

解释说,这一例外的正当理由是,"为了避免在寻求证明'实际损害'的过程中产生的管理和证据方面的问题。关键的前提是,一个粗略的估计与拒绝所有补偿的其他假设相比,是更加接近事件真实情况的。"(爱普斯坦,同前注,第1063页)。然而尚不清楚的是,在诽谤诉讼中的证据问题是否与其他领域的证据问题有很大不同,从而使得诽谤案件中推定损害赔偿的特殊规则正当化。

尽管诽谤是一个普通法侵权案件,但是最高法院还是规定,宪法第一修正案对这种侵权附加了一些限制,因为责任的威胁将会禁止宪法第一修正案所保护的言论自由。考虑到很多针对新闻媒体的诽谤案件,都是以言论自由和出版自由作为抗辩理由,这就不足为怪了。

最高法院根据宪法第一修正案限制诽谤侵权的首个案例,认为在没有证据证明被告在做出虚假陈述时存在"实际恶意"(这意味着被告在进行陈述时,要么很清楚是在说谎,要么对于事实问题漫不经心)的情况下,公众人物不能得到诽谤的损害赔偿。参见纽约时报诉沙利文案[New York Times Co. v. Sullivan, 376 U. S. 254(1964)]。

这些在诽谤案件中有关宪法第一修正案的关切也限制了一些诽谤的救济措施。在格尔茨诉罗伯特韦尔奇股份有限公司案[Gertz v. Robert Welch, Inc., 418 U. S. 323(1974)]中,最高法院认为宪法第一修正案有时排除推定损害赔偿的判决,比如在一个私人对涉及公共事项的诽谤提起诉讼的案件中。① 法院解释诽谤法和宪法第一修正案的冲突如下:

> 诽谤的普通法在侵权法中比较特殊,它允许在没有实际损害的证据的情况下得到声称的补偿性赔偿。根据传统关于书面诽谤的规则,损害的存在是从出版的事实当中推导出来的,陪审团可以判决一大笔赔偿金来补偿推定的名誉损害,即使没有任何的能证明这些损失确实发生的证据。在没有损失的情况下,陪审团不受限制的判决赔偿金的

---

① 最高法院也限制原告在涉及公共事务的诽谤案件中得到惩罚性赔偿的能力。

很大的自由裁量权,会没有必要的混合有关诽谤性错误的潜在责任体系,从而禁止宪法第一修正案中自由的有效行使。此外,推定赔偿金导致陪审团去惩罚那些不受欢迎的意见,而不是赔偿个人因错误事实的出版而遭受的损害。更重要的是,国家在保护原告方面并没有实质性的利益,比如这个申请人免费得到的金钱赔偿判决远远超过其任何的实际损失。(同上,第350页。)

于是最高法院在邓白氏公司诉格林莫斯建筑公司案[Dun & Bradstreet,Inc. v. Greenmoss Builders,Inc. ,472 U. S. 749,763(1985)]中对格尔茨(Gertz)规则做出了限制。法院支持50000美元的推定损害赔偿(以及额外的300000美元惩罚性赔偿),认为宪法第一修正案在"不涉及公众事务"的言论诽谤案中,并不限制推定损害赔偿的判决。[472 U. S. 749,763(1985)]

例8

海伦·威林精神不太正常,她每天要花好几个小时向她的前律师抗议,她带着标志牌写道:"奎因·马泽科恩律师事务所偷了我的钱,还把我卖给了保险公司。"这些表述是错误的,根据州法她的行为构成了诽谤。作为代表律师事务所的律师,你是去努力证明事务所受到的损害,还是简单地要求陪审团做出推定损害赔偿的判决(如果在该司法管辖区是可以得到的)会更好呢?针对威林的推定损害赔偿的判决是否违反宪法第一修正案?

解释

假设推定损害赔偿是可得的,(这也许构成了显而易见的诋毁,因为它涉及到了原告的职业,)仅仅依靠推定损害是有风险的,因为陪审团必须要内心确信确实存在一些损害。你能提供的证据越多就越有利。本案中律师事务所的问题在于,不知道是谁看到了那块标志牌,或者诽谤性言论是怎样影响律师事务所的声誉。也许可以找到被标志牌阻却的潜在客户(或者和律师事务所解除委托关系的当事人),但是要证明海伦·威林的行为阻碍了那些想委托律师事务所的客户,似乎是不可能的。如果你是可能的客户,并在前往奎因·马泽科恩律师办公室的路上,你在走进电梯去委托该律所之前会考虑再三吗?

在适当的案件中,提供诽谤性言论引起原告精神损害的证据是有意义的。然而,在商业或者法律的背景中,很难获得较大数额的精神损害赔偿;律师不可能成为最值得同情的原告,在商业争执中不可能得到精神损害赔偿。当不值得同情的原告受到严重的精神损害(可以通过直接的证据证明)以及名誉受损(这比较难以证明)时,一个问题就产生了。比如,假设威林虚假指控她的律师对她进行性骚扰以及盗用她的资金,这种指控会造成严重的精神损害以及无法估量的名誉损失。考虑到计算精神损害的困难性,原告拿出比较确凿的证据来证明精神损害而不是名誉受损,是否比较明智?

因为在诽谤案件中证明名誉损害的困难,获得一个禁止被告将来做出诽谤性言论的禁令,就显得更加明智,(尤其是被告不能赔偿因他的行为而造成的损害时。)然而,对这种情况下的原告来说非常不幸的是,宪法第一修正案禁止采取其他的救济,也不允许事先限制言论,这一问题我们还会在7.5中提到。参见威林诉马泽科恩案〔Willing v. Mazzocone, 393 A. 2d 1155(Pa. 1978)〕。

宪法第一修正案也会限制律师在这个案子中获得推定损害赔偿。这取决于什么是在邓白氏公司案(Dun & Bradstreet)中最高法院认为的"不涉及公众事务"的言论。一位律师是否偷了当事人的钱是不是一个公众关心的问题?可以说答案是肯定的,但是在邓白氏公司案中,法官并不认为将信用报告中的错误记录私下发给五个接收者是一个涉及公众的问题。

像威林这类案件的底线是,宪法第一修正案会限制被诽谤的原告获得一种救济的能力,而这种救济能够真正补偿原告因为诽谤性陈述而遭受的损失。

3.5 侵权损害赔偿的其他限制:近因和纯粹经济损失规则

很多第一年的法科学生是从沃斯伯格诉帕特尼案[Vosburg v. Putney, 50 N. W. 403（Wis. 1891）]开始学习侵权法课程的。这个案子是一个11岁的小孩踢了一个14岁小孩的小腿几下。对原被告双方都不幸的是,原告之前就患有感染,被踢之后引起讨厌的骨头感染,造成原告的腿永久性失去了功能。尽管在讨论构成殴打（battery）这一故意侵权行为的必要条件动机这一侵权法问题时,沃斯伯格案是一件重要的侵权案例①,但对于我们的目的来说,沃斯伯格案最值得一提的是它的损害赔偿规则:你应当按照你发现原告时的样子对待他。

正如我们知道的薄头盖骨或者蛋壳脑袋规则,想想从墙上摔下来的汉普蒂邓普蒂（童谣中从墙上摔下,跌得粉碎的蛋形矮胖子——译者注）,这一规则是,在涉及侵权损害赔偿时原告能够恢复其所有的损害,即使损害的范围是不可预见的。正如我们看到的,这一规则和合同法的损害赔偿形成了鲜明的对比,在后者,损害范围的可预见性常常是得到损害赔偿的基本条件。

沃斯伯格案的被告从来都不想造成原告的永久残疾,但是一旦他伤害了原告,他就要对自己造成的全部损害负责。损害赔偿可能能够在很大程度上弥补一个孩子后半生将要面对的疼痛、折磨和残疾。对于被告苛刻的蛋壳脑袋规则,会给侵权法施加压力并迫其使用其他的方法来限制赔偿金,而这些其他的方法正是我们现在要讲的。

首先,我们已经在3.2中看到,法院（和有时的立法机关）限制原告获得

---

① 法院认为,对于殴打侵权的证据而言,伤害原告的意图是不需要的,仅仅是一个未经同意的故意触碰。

非财产性损害赔偿。尽管近十年来,原告获得这种赔偿变得越来越容易,但是法院继续限制——甚至创设规则——来限制原告得到精神损害、疼痛和痛苦的赔偿金的能力。

近因(proximate cause,即法律上的原因——译者注)也发挥了限制赔偿金的作用,尽管严格来说,近因属于原告必须证明的符合侵权法规定的表面符合条件的案件的一部分。耐着性子上完侵权法课程的人都知道,近因规则是令人困惑的、矛盾的和复杂的。然而对于我们的目的来说,重要的不是精通波尔米斯案(Polemis case)①的直接标准和瓦贡·芒德案(Wagon Mound)(No.1)②的伤害类型的可预见性标准之间非常复杂的区别,而是要认识到,近因规则认为一些行为太过于"遥远"或者不是引起原告损害的"实质性要素",由此成为一个限制赔偿金的规则,而且这样也具有政策依据。回顾一下安德鲁斯法官在帕尔格雷夫诉长岛火车站案[Palsgraf v. Long Island R. R. ,162 N. E. 99(N. Y. 1928)]中的著名异议意见(安德鲁斯法官异议):

> 是一个原因但不是近因。我们在此处为何要用"近"一词,是因为方便、公共政策、一种大致的正义感,所以法律任性地不去追溯超出一定范围的一系列事件。这不是逻辑而是实践的政治。

的确,安德鲁斯法官用政治解释证明了纽约案中近因规则(现在是让人丢脸的)的合理性,这一规则认为如果被告疏忽大意引发了火灾并烧毁了一排房屋,被告仅对第一间房屋承担损害赔偿责任。相反,其他房屋的

---

① 波尔米斯·弗内斯·威西公司案 In re Polemis & Furness, Withy & Co. ,3 K. B 560(1921)。
② 海外油轮(英国)有限公司诉莫茨码头工程公司案 Overseas Tankship(U. K.)Ltd. v. Morts Dock & Eng'g Co. ,[1961] A. C. 388(P. C. 1961)(来自 Austl 的起诉)。《侵权法第三次重述:一般规则》§29,通过下列方法对这一领域的法律增加了一些非常必要的澄清:放弃"第二次重述"中的"实质要素"标准,并用另一项规则去替代,这一规则将行为人的责任限制在"使行为人的行为具有违法性的危险"所引起的损害之内。这一"风险内的损害"方法大约等同于瓦贡·芒德Ⅱ案件中的所采用的"损害类型的可预见性"标准。

毁损不是被告疏忽大意的行为直接引起的(同上)。在瑞安诉纽约分公司案[Ryan v. New York Cent. R. R. Co. 35 N. Y. 210 (1866)]中讨论了这一规则。

瑞安案"一间房屋规则"背后的政策是害怕"沉重的责任"。"认为让房屋所有人不仅仅要承担火灾给自己造成的损失,而且还要确保他两边邻居的安全,且其责任范围毫无限制,这种做法会创造出毁灭整个文明社会的责任"(同上)。因此瑞安案的法院将对沉重责任的担心置于原告得到赔偿的权利之上。法院既没有认识到破产法是支付损害赔偿的自然停止点,也没有认识到这一规则与沃斯伯格规则(该规则认为被告要对其给原告造成的所有损害负责)背后的理性是不一致的。相反,沃斯伯格案的法院认为在双方当事人之间,一方非法地造成损害而另一方是无辜的,让造成损害的一方当事人承担赔偿责任会更加公平。

甚至在纽约,瑞安案不再是好的法律规则,但是对侵权法中沉重责任的关注依然存在。在这方面,想象你驾车行驶在那些让洛杉矶出名的四通八达的高速公路上,因为你在开车时努力给你的朋友发信息而发生了一起小车祸。你撞上了前面的车,后面的车又撞上了你,你造成了三车连环相撞从而导致严重的交通拥堵。你让后面数以百计的人上班迟到,他们都想让你赔偿,因为你的疏忽大意使他们的薪水被扣(实际上,你后面的一辆车是你担任暑期助理的律师事务所的合伙人,你让她错过了一个每小时能得到650美元的会议)。

通过这个假想的案件,你可能会对烧掉整排房屋的被告瑞安增加一份同情。想象一下如果你对那些身陷交通堵塞的每一个人的所有损害都负有责任,可以毫不夸张地说你可能要宣告破产。实际上,如果那些造成车祸的人要对事故中遭受经济损失的所有人都负有赔偿责任成为一个法律规则的话,购买机动车责任保险的成本将会高不可及。

幸运的是,对于那些造成高速公路交通事故而导致交通堵塞的被告来说,有一个"纯粹经济损失规则"(Economic harm rule),这个规则规定,如果没有导致人身伤害或者财产损失的"物质性影响"(physical impact),原告就不能要求被告赔偿其侵权行为引起的误工费或者其他类型的经济损失。①

为了理解这个规则的应用,用图3.3的表格重新思考前面假设的案例。你是车2的司机,你追尾了车1并且车3又撞了你。每个人都同意事故的发生完全是你的过错。在你后面的车4和车5(不要提车400和车500)在高速公路上被堵了好几个小时,但是他们本来能够及时到达并避免陷入交通事故,车3和车4的司机在同一家公司上班,他们每小时都会因为会计服务而挣到100美元。

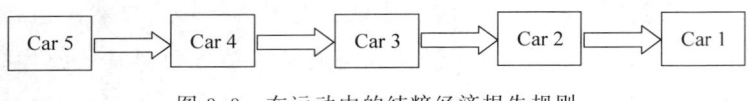

| Car 5 | Car 4 | Car 3 | Car 2 | Car 1 |

图3.3　在运动中的纯粹经济损失规则

在纯粹经济损失规则下,车1和车3的司机可以要求赔偿你造成的全部损害,从人身伤害(有人的颈部过度屈伸?)到财产损害(保险杠的凹陷?),再到因为事故造成的误工费。误工费是经济损失,但是它依附于被告造成的财产损失和人身伤害。相反,车4和车5的司机(以及之后的车辆),既没有财产损失也没有人身伤害,并不能得到他们经济损失的赔偿。

注意这一规则是如何以不同的方式处理两种境况相同的原告。车3和车4的司机都因为你的疏忽驾驶而误工,他们在同一地方工作并且获得同样的薪水,但是车3的司机可以得到她的经济损失赔偿,因为她足够"幸运",你造成了她的财产损失或人身伤害。

用什么来解释纯粹经济损失规则?再一次强调,所关切者为沉重的责任。安德鲁斯法官在帕尔格雷夫案的异议意见中所提到的实践性政治关切,使得如下的观点更加生动,那就是有时候应有的状态规则和完全赔偿原告的观点都必须让位于其他的社会利益。

---

① 美国法律研究院正处于以下项目的进程当中:将纯粹经济损失规则法典化和清晰化,并将其作为侵权法第三次重述的一部分。注意,我在本案例中使用"经济"这个术语,区别于我为了限制精神损害和身心痛苦的经济损害赔偿和非经济损害赔偿时所使用的"财产和非财产损害"。财产损失在"纯粹经济损失规则"下并不等于"经济损失",但是在区分经济损害和非经济损害的规则下等于经济损失。

纯粹经济损失规则服从于一个非常重要的例外:当一个被告施加给原告的损害类型只能是经济损失时,纯粹经济损失规则将不能适用。因此,如果你去找你的会计,并且你会计执业存有不当,导致你支付了一大笔税收罚款。在玩忽职守的诉讼中,该会计不能以你仅仅寻求经济损失赔偿为由而为自己辩护。在这个案子中,你的会计(作为你的会计)能伤害你的唯一方式是通过这种经济损失,如果我们适用这一规则,实际上会计就永远不会为他的玩忽职守行为负责。

例 9

联合化学公司将一些危险的化学物质违法倒入了切萨皮克海湾,一个因为它的商业和体育钓鱼而蜚声内外的地方。这些化学物质对鱼类和野生生物造成严重的损害,因此捕鱼者不再能捕到鱼,鱼饵的出售者、捕鱼装备的商店以及餐馆都没有了生意,商店和餐馆的员工也遭到解雇。他们都起诉联合化学公司,联合公司需要对自己引起的损失全部赔偿吗?

解释

尽管法院如何准确地划分这些诉求的类型还有讨论的余地,但是赔偿所有人因为联合公司化学品环境污染侵权而受到的损害是不可能的。有些原告,比如餐馆的员工,根据纯粹经济损失规则很可能会败诉。你知道为什么吗?他们并没有遭受导致财产损失以及人身伤害的物质性影响。

其他的原告可能因为下列原因而败诉:近因规则、责任规则(法院从帕尔格雷夫案开始认为只有可以预见的原告才能得到过失行为的损害赔偿),或者如果他们主张精神损害赔偿,对这种损害赔偿本身加以限制。

在这一假设所依赖的实际案子,普鲁伊特诉联合化学公司案[Pruit v. Allied Chem. Corp. ,523 F. Supp. 975(E. D. Va. 1981)]中,联合公司承认靠海维生的商业渔民可以要求赔偿他们的利润损失,尽管他们并没有遭受人身伤害和财产损失(他们并不对海里的鱼拥有所有权)。法院认为其他类型的一些原告可以获得赔偿(包括商店和码头老板),但是那些从商业渔民那里购买和销售海产品的人不能获得赔偿。呼应安德鲁斯法官在帕尔格雷夫案中的观点,法院声称,"因此法院发现他们本身有可以理解的需求来限制责任,无需任何可言说的理由就可以把一些特定的原告排除在外。"

如果联合公司自己不承认对商业渔民负责,法院就会根据纯粹经济损失规则判决联合公司逃脱对所有原告的责任。然而,法院看上去担心的是,对纯粹经济损失规则的严格适用,对像联合公司这样的被告就不能形成足够的威慑。另一方面,允许每一个因为联合公司的污染行为而间接受损的人都可以得到赔偿,这会真的导致联合公司破产,其他像联合公司一样的公司将不会得到合理价格的保险。是"实践性政治"的这些关切有时候导致法院在这些案件中会确定一个比较任意的标准。

例 10

因为两艘船(夏伊拉斯号和图克斯伯里号)船长的疏忽大意,导致两艘船一月份在水牛河发生碰撞。两船碰撞之后在河上漂泊,它们当中的一条船划伤了另外一艘船法尔号。两艘受损的船只撞上了河上的一架桥,形成了堰塞湖并中断了整个冬天河上的交通。装在法尔号上的粮食被损坏并且无法卸货,导致了 100 万美元的损失。装在另外一艘船——吉尔斯号上的粮食丢失,导致了 50 万美元的损失。法尔号和吉尔斯号的船主起诉夏伊拉斯号和图克斯伯里号的船主,要求赔偿他们货物的损失。法院是否应该支持?请解释。

解释

这些是一个著名的纯粹经济损失案件的事实,[金斯曼Ⅱ案,金斯曼运输公司上诉案 the Kinsman Ⅱ, Petition of the Kinsman Transit Co., 368 F. 3d 321(2d Cir. 1968)]。法院根据纯粹经济损失规则否定了赔偿,但是又指出,与法尔号船舶相关的案件"在两个案子中更加复杂,因为法尔号被夏伊拉斯号或者图克斯伯里号船舶所撞,其船体就有了物质性影响,它的船主就可以要求赔偿至船完全修好之前的停运损失。……但是很明显,(法尔号的船主)并没有要求赔偿法尔号船体本身的损害"(同上边码 51 页,脚注 7)。脚注暗示了一种对法尔号船主的律师提出渎职索赔的可能主张:如果律师起诉要求赔偿在碰撞中造成的相对较小的船体损害,就有可能得到数额巨大的依附于这一财产损失的经济损失赔偿。然而对于吉尔斯号的船主,即使是优秀的律师也无法很好地绕开纯粹经济损失规则发挥作用。再次强调,这给我们的教训是,准确理解损害赔偿规则的细节,对于最大化你的当事人的赔偿或者抗辩都是非常关键的。

例 11

拉里开车进入一个办公室的停车场,准备去拜访他的财务顾问莫尔。不幸的是,当拉里刚进入停车场时,莫尔正好从他的停车位倒车,过失地撞上了拉里。拉里的背部受伤,车子受损,还有一个月的误工损失。莫尔的另一个客户科里正打算离开停车场,但他被困在了碰撞车辆的后面而无法离开。因为这次碰撞事故,他耽误了在软件公司上班 2 小时,薪水被扣 200 美元。谁可以要求莫尔赔偿?赔偿多少?

解释

拉里可以要求赔偿他的人身伤害(包括他的疼痛和痛苦赔偿金,取决于该州的法律规则)、财产损失以及误工费。误工费是经济损失,但是依附于因物质性影响而引起的人身伤害和财产损害。

作为一种对过去内容的复习,请确信你能理解法院将如何估算后背伤害的赔偿金(过去的医疗费加上未来的医疗费,转化为现值,再加上法院允许的非财产性损害赔偿),汽车的损害(维修费或者市场价的贬值,参见第二章),加上误工费及利息。

科里不能获得误工费的赔偿,因为他没有遭受能够引起人身伤害和财产损失的物质性影响。他的案子恰好落到了纯粹经济损失规则的范围内。即使科里是因为他的财务顾问莫尔而受到了经济损失,但他还是不能成功的主张纯粹经济损失规则的例外可以适用于本案。在这个案子中,莫尔造成科里的经济损失不是因为是他的财务顾问,而是作为一名司机。在这里莫尔是他的财务顾问仅仅是一个巧合,莫尔疏忽大意的驾驶行为非常容易造成科里的人身伤害和财产损失。

第四章 合同损害赔偿

4.1 合同损害赔偿介绍:期待和信赖

这一章将讨论合同损害赔偿当中的一些特殊问题,以合同损害赔偿的一般计算开始。就像侵权损害赔偿,合同损害赔偿也在于让原告恢复至其应有的状态,但就像我们将要看到的,法院通常采用不同的方法衡量侵权案件和合同案件中的应有的状态。

回想我们在侵权案件中提到应有的状态的时候,我们几乎通常是将原告在被告侵害以前的状态("原状",或者是 B 点,我们确定为零)和原告被侵害以后的状态(A 点)相比较。如图 4.1。

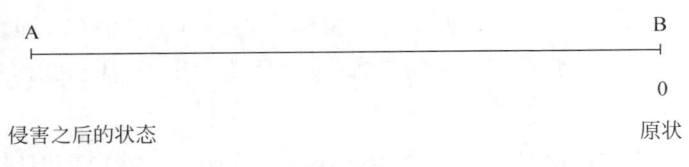

```
A                                    B
|_____|
                                     0
侵害之后的状态                      原状
```

图 4.1

然而,当提到合同中的损害赔偿时,我们几乎经常把如果没有被告的不法行为(违约)原告本来应处的状态,和其在被告不法行为后的状态相比较。参见图 4.2。

```
A                  B                  C
|_____|_____|
                   0
违约之后的状态     原状            期待的状态
```

图 4.2

侵权损害赔偿的计算方式最典型的是(B—A),然而合同损害赔偿的计算方式最典型的是(C—A),或者是期待利益损失(期望值和实际值之间的差距)。

为什么二者不同？思考一下这个假设的案例。你从事窗户清洗业务,与加里世界玻璃公司签一份合同,约定由你负责清洗该公司陈列室外的200扇窗户。加里公司同意在完成工作后付给你3000美元。你支付给你的清洗玻璃的工作人员工资,并购买了一些清洗设备,全部成本1000美元。你的工作人员出色地完成了工作,但加里公司拒绝支付报酬,你起诉他要求损害赔偿。

如果我们仅仅用常规的侵权损害赔偿的计算方法,你的赔偿金将会是1000美元。你在和加里公司发生关联时是B或是0点,在交易完成后你花费了1000美元。因此,A是－1000美元,将你恢复到B点需要1000美元,这导致根据侵权法的计算方式,你的损害赔偿将会是1000美元。

在合同法中,我们把这种(B—A)计算出的损害赔偿称作"信赖利益"损失赔偿。基于对加里公司的合同信赖,你花费了1000美元。在特殊情况下,就像我们将在5.3中看到的那样,法院会在合同诉讼中判决原告仅获得信赖利益损失赔偿。但如果在案件中你仅仅获得了信赖利益赔偿,你很可能会觉得自己没有被恢复到应有的状态。为什么没有呢？

设想加里公司没有违约。在这种情况下,你的账簿将包括1000美元的成本(用来履行窗户清洗合同)和一笔来自于加里公司的3000美元的收入。因此,仅仅是这笔交易,你的业务净收益将会增加2000美元——这是你期望从与加里公司的这笔交易中赚取的利润。

合同法是关于强制执行允诺的法,因此计算损害赔偿的目的在于把你置于如同违约方恰当履行合同时你本来应当所处的位置(或者是我们在合同案件中所称的"应有的状态")。在计算这个期待利益损失赔偿金时,需要将你在对方违约后的状态和期待的状态进行比较。所谓期待的状态是指如果没有被告的违约行为时你本应所处的状态。

在与加里公司的这个案件中,期待的利益(图4.2中的C点)是2000美元。这代表了如果加里公司没有违反合同时你将会挣得的利润。你的全部赔偿金将会是(C—A)，或者(2000美元—(—1000美元))，等于3000美元。

若果法律的目标是应有的状态标准，这将是非常合理的。如果你在花费了1000美元清洗了加里公司的窗户之后，得到了3000美元的赔偿金，你将会有2000美元的净利润，或者说是和没有违约时相同的数额(不考虑我们在第二章中讨论的律师费、诉讼费和金钱的时间价值等)。

尽管在这个案例中，赔偿金的数额等于合同的价格，但这并不意味着期待利益损失赔偿就永远等于合同价格。例如，就像我们将在下文和6.2中看到的，如果加里公司在你履行合同之前就已经违反了合同，你将被假定为在那段期间内，已经做出了合理的努力去寻找替代的工作。如果你有机会减少损失，但却没有这么做，你的赔偿金将会低于你的合同价格。我们将会看到许多其他的情形(包括例1和例2)，期待利益损失赔偿并不等于合同价格。

期待利益损失赔偿的支持者已经为该实践提供了道德上和经济上的正当理由。从道德层面讲，如果人们没有履行他应该履行的承诺，那么法律应该要求他们支付如同他们履行了承诺一样的赔偿金。① 相比之下，"依据于信赖利益的赔偿，会认为履行或撤销承诺一样是可接受的，并且相对人的唯一权利是，不让情况变得比从来没有做过承诺时更糟"(莱科克，第44页)。

有一种效率理论也是支持期待利益计算的。没有期待利益损失赔偿，人们将缺乏理由去指望他人履行承诺，因此他们将不能有效地计划未来。设想在你的窗户清洗业务中，你不知道你的供应商是否会像承诺的那样提供清洗用品，或者你的房东是否会履行他的关于维持租赁空间的承诺。如果没有法律支持你履行在工人完成工作后支付给他们薪水的承诺，你的工人将会十分焦虑地为你工作。当未来的承诺被期待利益损失赔偿保障时，它们也具有现值。

尽管在美国法律中，期待利益损失赔偿已经得到广泛承认，但仍然存在

---

① 一个代表性的合同法中的道德争论，参见查尔斯·弗里德：《作为允诺的合同》(1981年)。

一些学术批评。这些批评认为,承诺人应该有自由去改变他们的想法,或者受约人在对方违约后遭受的损失较少,因此受约人可以得到的赔偿金不得超过他们的信赖利益损失。① 但是目前为止在研学美国合同法的人中持这种观点的只占极少的一部分。

法院通常让守约的一方当事人在信赖利益赔偿和期待利益赔偿之间进行选择,这对原告很有用,特别是在一些期待利益损失很难证明的案子中。在亏损的合同中这也同样有用。然而有一些权威学者认为,期待利益损失赔偿应该作为一个人能够获得的赔偿数额的上限。[参见理查德 L. 洛德(Richard L. Lord):《威利斯顿论合同》§64:2(2006 年第四版),"期待利益损失赔偿常常为损害赔偿设置了上限,因为它被设计为给原告的恰好是其所指望的东西,不多也不少。"]在亏损的合同中,就像我们将在 11.4 中看到的,对原告来讲利益返还也许是最好的救济。

例 1

假设发生了和前面讲到的那个窗户清洗的案例同样的事实,只是加里公司预先付给了你一半的钱。在合同完成之后,加里公司拒绝支付剩余的报酬。不考虑律师费,诉讼费和金钱的时间价值,你的损失是多少?

解释

这是一个合同案件,所以我们需要用我们的(C—A)期待利益损失赔偿的计算方法,而不是(B—A)信赖利益损失赔偿的计算方法。因此,我们需要计算 C 和 A 的价值。C 的价值和初始的假设案例一样。你作为窗户清洗公司的老板,在这笔生意中预期赚取的利润是 2000 美元。A 的价值——你在加里公司违约后所处的位置——有一点复杂。有时候想象一个记录现金收支情况的支票簿是非常有用的。在这个改变了的窗户清洗假设案例中,你花了 1000 美元,也得到了加里公司支付的 1500 美元。这意味着你在对方违约后的状态是 500 美元。

---

① 一个代表性的反对合同损害的期待利益计算的学术争论,参见 P. S. 阿蒂亚:《合同自由的增减》(1979 年)。

这很重要，值得仔细体会。在我们到目前为止见过的所有例子中，原告在不法行为后的位置 A 都在 B 以下，即原状零点以下。在这个案例中，A 在 B 之上，如图 4.3。运用(C—A)的公式，你的损失赔偿将会是 2000 美元－500 美元，等于 1500 美元。

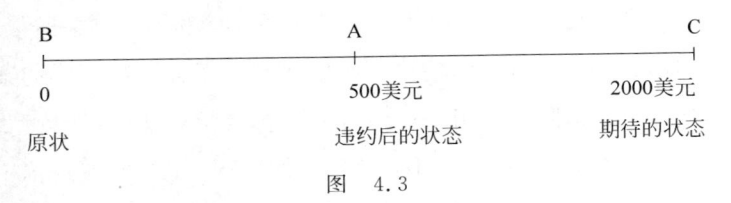

```
B              A                    C
|──────────────|────────────────────|
0            500美元              2000美元
原状        违约后的状态         期待的状态
```

图　4.3

例 2

假设发生了和前面讲到的那个窗户清洗的案例同样的事实，但加里公司在你履约之前就违约了，所以你没有任何花费。（为了避免与减少损失相关的问题，假定加里公司刚好在你计划履行合同前违约了，所以你没有时间找到别的工作。）加里公司事前没有向你支付。不考虑律师费，诉讼费和时间的金钱价值，你的损失是多少？

解释

因为这是一个合同案例，我们需要用我们的(C—A)期待利益损失赔偿的计算方法。在这个案例中，A 等于零，因为你没有遭受任何信赖利益损失：你既没有花钱给工人去开展工作，也没有购买任何设备。C 仍然是 2000 美元。记住，C 并不是合同价格，它是如果加里公司履行承诺时你期待获取的利益。这样，你的损失是(C—A)，即 2000 美元。

再次强调，这很重要。在截止日期之前，如果你履行了合同，你将会得到 3000 美元，但需要花费 1000 美元去履行合同义务，最后赚取的利润是 2000 美元。期待利益损失赔偿的计算方式会使你处于与合同履行时完全一样的状态。

例 3

如果法院仅支持信赖利益损失赔偿，而不支持期待利益损失赔偿，那么在我们开始设想的案例中，当你花费了 1000 美元去履行合同，而加里公司却在你履行完合同后拒绝支付报酬,你的损失是多少呢?在例 2 中信赖利益损失是多少呢?在例 1 中呢?根据例 1 你的答案合理吗?

解释

回顾一下,用(B—A)的公式计算信赖利益损失赔偿金,其中 B 通常即原状,或者零点。在开始所假设的例子中,A 是—1000 美元,因为你为员工和设备支付了 1000 美元。你的信赖利益损失是(B—A)或者是 0—(—1000 美元),即 1000 美元(和开始所假设的案子中期待利益损失赔偿的 3000 美元进行比较)。

在例 2 中,(B—A)=0,你没有信赖利益损失,因此你不能得到赔偿(和得到 2000 美元的期待利益损失赔偿相比)。

在例 1 中,回顾一下,你收到 1500 美元的预付款,因此我们计算 A 的价值是 500 美元。用(B—A)的公式,结果看上去会是负的损害,—500 美元!(和得到 1500 美元的期待利益损失赔偿相比。)当你的损失总数出现负数时,这意味着你无权得到赔偿金。

在你思考这些的时候,会觉得这样的计算方式很有意思。你的信赖利益损失是 1000 美元,但是你收到了加里公司 1500 美元的预付款。所以,加里公司的预付款足以弥补你的信赖利益损失。的确,如果信赖利益是正确的损失计算方法,那么加里公司很可能通过利益返还诉讼让你归还 500 美元,这将在本书第三部分讲到。

这三个例子应该已经向你们表明,相对于期待利益损失,信赖利益损失赔偿的数量很少。想想如果通常赔偿金的计算方法是信赖利益损失,加里公司——或者和加里公司类似的其他人——将更愿意去违反合同,因为违约的成本较低。

与之类似,如果通常计算损害赔偿的方法是信赖利益损失,想想你自己签订合同的意愿。你可能并不愿意签订合同,因为考虑到另一方很可能选择违约,你将不得不减少(打折扣)你能从合同中获得收益的预期。同样,因为对方可能违约,你会要求对方提前付款,但是另一方知道你也有可能违约,因此另一方也不愿意提前付款。

例 4

假设发生了和前面讲到的那个窗户清洗的案例同样的事实,但加里公司在你已经花费了 1000 美元后违反了合同。为了完成工作,你将不得不额外花费 2500 美元。你的期待利益损失赔偿是多少?你的信赖利益损失赔偿又是多少?

解释

一旦你开始观察数字,你就会意识到这是一个亏损的合同。如果加里没有违约,你履行该合同将会花费 3500 美元,但是你只能得到 3000 美元的报酬。因此,你期待的状态(假设没有违约)是损失 500 美元,所以你在期待利益损失赔偿的计算公式中,期待的状态是－500 美元。你在对方违约后的状态是－1000 美元,或者是你因为信赖加里公司同意支付给你而花费的成本是 1000 美元。

期待利益损失赔偿＝(C－A)＝－500 美元－(－1000 美元)＝500 美元,信赖利益损失赔偿金＝(B－A)＝0－(－1000 美元)＝1000 美元。

现在你应该能明白,期待利益损失赔偿把你放在了一个与合同正常履行时完全一样的状态。回想如果加里公司付款并且你也履行了合同,在这场交易中你的收益将是－500 美元。同样,如果你因为信赖花费了 1000 美元然后得到了 500 美元的赔偿,你得到期待利益损失赔偿的数额也是－500 美元。

因为这是一个亏损的合同,对你而言,信赖利益损失赔偿看起来要比期待利益损失赔偿更好一些。然而,一些权威认为,期待利益损失赔偿应该是当事人可以得到的损失赔偿的上限(参见 11.4)。在这种规则下,你的信赖利益损失赔偿将被期待利益损失赔偿限制一个最高额,即 500 美元。

然而,还有一个可能的方法可以让你得到赔偿。如果你擦玻璃的行为让加里公司受益,你可以通过利益返还的方式得到补偿。的确,就像我们将在 11.4 中看到的,在亏损的合同中,守约的一方当事人往往选择利益返还来使他们得到的赔偿数额最大化。

4.2　效率违约理论

我们已经看到道德理论家(他们认为合同是具有约束力的债务)和经济理论家(他们希望法院或立法机关选择有效率的法律规则),都倾向于在合同纠纷中使用期待利益损失赔偿。但他们对于某些违约行为的正当性问题却存在很大的分歧。

回到我们擦窗户的例子中,假设是你而不是加里公司,决定去违反一个报酬为 3000 美元的洗窗合同。你这样做是因为你只有一名工作人员,而你接到旺达窗户世界的一个电话,叫你在同一天去清洗他们陈列室的窗户,但旺达愿意付给你 6000 美元,同时对你来说为旺达或加里擦窗户,你都将花费 1000 美元。

道德理论家和经济理论家都认为如果你违反了合同,就必须支付期待利益损失赔偿。不同的是道德理论家会告诉你不要去违反合同,因为当你签订合同时你就承担了一个道德上的义务去履行它。另一方面,经济理论家会告诉你,如果违反合同是有效率的,你就可以这样做。

为了解释这种效率的观点,让我们假设在窗户清洗合同中你给了加里一个不错的价格,当你违反合同时,加里外出并按现行市价 3500 美元雇佣了一家替代的洗窗公司(我们怎么知道现行市价？回顾第二章关于市场价值的讨论)。

加里的期待利益损失是 500 美元,你知道为什么吗？因为他用 3000 美元交换到了价值 3500 美元的窗户清洗服务。这样,他的预期收益(C)是 500 美元,从你这里他没有得到任何收益(尽管他也没有信赖成本)。违约之后他的状态(A)是零。抛开寻找一个替代性洗窗公司的成本,他的损失是 500 美元－0,即 500 美元,这会把加里置于和合同正常履行时完全相同的境地。他花费了 3500 美元清洗了窗户。现在他的窗户干净了,在得到你的 500 美元赔偿金后,他总共花费了 3000 美元,正好是如果没有你的违约时他所处的利益状态。

但是现在来思考一下你的账目,如果你履行和加里的合同,你会得到 2000 美元的收益(记住在 3000 美元的合同中你会花费 1000 美元)。如果你违反了与加里的合同而去清洗旺达的窗户,你的总利润将会是 4500 美元,比你遵守先前的承诺多出 2500 美元。为什么是 4500 美元?同样的你有 1000 美元的支出,但是这次你所履行的是 6000 美元的合同,这将给你带来 5000 美元的利润,在你必须向加里支付 500 美元的赔偿金之后,最终的利润为 4500 美元。

你现在理解了为什么经济学家会认为,在这个案例中违反合同是合理的,因为它是有效率的。注意加里的情况并没有变得更糟(抛开诉讼带来的恶果),你的情况也有好转。[①] 与此同时,你的服务提供给了出价更高的用户,即这个案例中的旺达。经济学家称之为效率违约,并且会鼓励你这样做。(如我们所言,道德学家会劝阻违约,因为这需要你违背诺言。)

并不是所有的违约都是有效率的——但是当市场运行良好拥有充分竞争时,我们不会看到太多无效率的违约。在我们最后所假设的那个窗户清洗的例子中,设想除了你违反与加里的合同为旺达工作的价格是 3100 美元之外,其他事实都相同。当你违反合同时,加里有权得到 500 美元的赔偿。你从旺达那里得到 3100 美元,支付 1000 美元的成本,然后向加里支付 500 美元,剩下了 1600 美元。记住,如果你不违约,最后你将会得到总共 2000 美元的利润。

这样,如果你理解了这些数字,你将不会选择去违反和加里的合同,除非根据新合同,你所得到的额外收益超过了你必须支付给守约方的赔偿金。在这个案例中,旺达必须提供比加里的合同价格高出 500 美元的报酬。(在现实生活中,如果你在乎你的名誉,其数值可能还不止这个。)这样对你来说违反合同才是值得的。

[①] 依据卡尔多-希克斯的效率概念(参见第二章),并不需要加里不会变得更糟——只需要获胜者的收益超过失败者的损失。没有一方变得更糟的事实意味着交易出现了"帕雷托效率"。

例 5

使用与本节初的例子相同的事实：你和加里有一个有效的合同，旺达提出一个以 6000 美元去为其做相同工作的要约。然而加里是你最好的回头客之一，对你来说违反和加里的合同是有效率的吗？即使违约是有效率的，你会有什么理由不去违反和他的合同呢？

解释

乍一看，违反合同是有效率的，因为成功者的经济收益超过了失败者的任何损失。（的确，如果损害被完全的补偿，加里并没有变得更差而你却变得更好。）但仍然有两个理由你会选择不去违反与加里的合同，尽管这样做是有效率的。首先，像你这样了解加里，你会感到一种道德的约束不去违反合同。即使你缺乏道德良知，违反合同也并不一定符合你的经济利益。如果只看单笔交易，违反合同具有经济合理性，但是如果你与加里有长期的合作关系，现在违约可能会损害你在加里（及类似的守约者）心中的信誉。没有了信誉，当加里下次需要洗窗服务时，他将会去寻找其他的公司服务而不是你的了。换句话说，经济理论假设，加里对你的履行还是其他服务商的履行并不关心，只要你对他在合同中的损害进行了赔偿。但是在现实生活中，加里可能远非无动于衷，特别是当他知道你违反合同是为了获取一个更好的交易时。无论一个人是在乎违约的道德性还是仅仅关注纯经济收益，违反合同的人为因素都是非常重要的。如果违约导致的声誉成本超过了违约的收益，违反合同将是无效率的。

4.3　间　接　损　失

回忆一下沃斯伯格诉帕特尼案（Vosburg v. Putney，3.5 部分中的"薄头盖骨原告"案）中的被告，不幸踢中一个已经有医学疾病的孩子。这一踢本来只会导致轻微伤害而不可能引起诉讼，但却使原告无法使用那条腿，并且被告面临一个巨额赔偿的判决。

侵权法的规则是不论损害是否能预见,[①]被告都有责任赔偿原告因被告的行为遭受的全部损失。如果这条规则也在合同中应用,很可能会大大增加合同成本。

为了理解为什么,思考一下在英国具有重大影响的哈德利诉巴克森德尔案(Hadley v. Baxendale [1854] 9 Exch. 341),你可能会在你的合同法课上遇到。原告经营一家磨坊,该磨坊中的机械机轴断裂导致工厂停工。原告与被告订立合同,由被告将该机轴带给机修工进行修理。被告迟延运送机轴违反了合同,工厂也因此额外多关闭了几天,导致原告利润损失,原告对此起诉要求赔偿。就像在沃斯伯格案中那个不幸踢中脆弱的原告一条腿的被告一样,在哈德利案中,被告也不幸地违反了一个与经济脆弱的原告所订立的合同。

然而,哈德利案的法院却选择了一条与沃斯伯格案的法院不同的道路,它陈述了以下规则:

> 当双方当事人订立一份合同而一方违反时,另一方根据合同可以得到的损害赔偿,必须是被公平合理地认为要么是违反合同自然导致的损害(也就是根据事物通常发展的过程),要么是被合理地认为这些损害是双方在订立合同时可预见的,因为违约所导致的可能结果。

法院认为原告不能得到所失利润的赔偿,因为它们不是充分可预见的:

> 在这里,损坏的机轴被送回来是作为置换新机轴的模型,工厂停工的唯一原因是需要一个新机轴,利润损失事实上是由于没有按时将新机轴送回引起的,而这又是因为迟延运送被用作模型的损坏机轴而引起的。但是,很显然,在众多的案件中,工厂主通过一个承运人将坏机

[①] 当然这是一个过于简单化的表述,正如我们在上一章中所看到的,有时候近因规则、纯粹经济损失规则或者一些其他侵权法规则的限制,会允许被告逃脱一部分由他们引起的损害的赔偿责任。

轴交给第三人,一般情况下这个结果多半都不会发生;而这些特殊情况的风险在这里绝不能由原告转移给被告。①

因此哈德利案的这条"规则"把合同的损失划分为两部分,一部分是"自然损失",原告可以要求赔偿;另一部分是"间接损失",只有在损害是可充分"预见"的情况下,原告才可以得到赔偿。

这些"自然"损失(更多的被称之为"一般"损失)与间接损失之间的分界线经常并不完全清晰。多布斯教授提出了一个很好的初步区分:"一般损失用于衡量原告有权拥有的事物的损失……间接损失是用于衡量其他事物的损失,原告对此并不享有权利,但是,它可以产生收益,或者可以避免损失。"(多布斯,§3.3(4))②

例如,如果你违反了和加里之间的为他洗窗的合同,合同的价值损失构成了他的一般损失。在之前的例子中,这些一般损失是500美元,或者是你被提供的服务价格(3000美元)和市场交易价格(3500美元)之间的差额。这个例子中似乎没有间接损失。但是假设加里三天内无法找到替代洗窗的人,在此期间加里没有与三位客户达成买卖协议,他们进入加里的展示厅,但因为窗户太脏而决定不予购买。这些丧失的买卖就是间接损失——加里很难从你这里得到赔偿,除非在订立合同时这些损失就是可以预见的,也就是说,除非你在订立合同时知道(或者应当知道)加里会因为你的违约而遭受这些损失。③ 如果你在订立合同时意识到了这些潜在的损失,你可能会

---

① 这个观点的部分似乎与案件的开始部分相冲突,开始部分提到,"原告的雇员告诉(被告的)店员,工厂停工了,因此机轴必须立刻派送……"参见哈德利诉巴克森德尔案(Hadley v. Baxendale,[1854] 9Exch. 341),同时参见唐纳德 C. 兰格沃特(Donald C. Langevoort):《公司内部代理法:坦率与知识的问题》[Agency Law Inside the Corporation: Problems of Candor and Knowledge, 71 U. Cinn. L. Rev. 1187,1188 n. 9(2003)]"哈德利诉巴克森德尔案在事实问题上是让人迷惑的,因为在铁路公司是否'知道'工厂的特殊需求这一点上相互矛盾。它的工作人员已经被明确告知,但是不清楚的是,在当时是否充分的告知了其负责人。"

② 以下4.5中讨论的是《统一商法典》关于间接损失的定义。

③ 即使在这种情况下间接损失能够被合理的预见,加里可能还会面临一个问题:证明这些损害具有合理的可确定性,这是我们在6.1中将要讨论的一个必要条件。注意,特殊的损害赔偿需要在联邦法院的起诉中特别申明。参见《联邦民事诉讼法程序规则》9(g)。

要求加里额外增加费用来补偿你可能违约时所面临的更大风险。

哈德利案确立了一个默认规则,即没有证据表明被告知道(或者应该知道)原告遭受特别损失的风险时,违约方就没有义务赔偿原告所遭受的由于违约所导致的这些特殊损失。它之所以成为默认规则,是因为除非当事人对此进行了讨论,否则即作为规则存在(本章下一节将会讨论违约金和其他各方可能讨论的合同救济措施)。关于间接损失的默认规则将会降低合同成本。如果缔约当事人真正就此进行讨论,大多数缔约方会选择这一规则。的确,合同各方将"无间接损失"条款纳入标准合同文本变得很普遍,其目的在于确保即使被告实际上知道原告在被告违约时将遭受特殊损失,也不会对此提起诉讼。下面是联邦快递(FedEx)公司运输合同的部分条文:

> 我们将不会为超过运输货物的声明价值的任何损失负责,无论是直接的、附带的、特殊或间接损失……不论我们是知道或应该知道这些损害可能会发生,包括但不限于收入或利润损失。

如果"无间接损失"可以作为合同索赔的默认条款,那为什么它不能作为侵权索赔的默认条款呢?原因在于大部分民事侵权都不是一个双方当事人自愿进入的交易(思考沃斯伯格案中被踢到腿的原告)。在侵权的世界中,商讨的费用——也即经济学家所称的交易费用——异常昂贵,所以当事人不会就默认条款进行磋商。因此,在侵权案件中选择默认规则显得非常重要(比合同关系更重要)。如果侵权领域的交易成本不那么昂贵,大部分人将会选择这一法律:允许在侵权领域主张间接损失赔偿("薄头盖骨原告"规则)。

合同中的间接损失规则有一个非常重要的例外。让我们暂时回到最初洗窗的例子中,假设加里在你完全地清洗窗户后违反了合同,拒绝支付给你3000美元。

我们在这个事实基础上加入几个新的事实。假设你在签订合同之前对加里说:"我们能签订这个合同对我而言是一件不错的事,如果我不能在我的员工清洗完窗户后得到你支付的报酬,我将会因为没钱支付商业租金而被赶出我的办公室。"在加里拒绝向你支付报酬后,你被从办公室赶出,并因此丧失了一些很好的交易机会。

除了起诉加里请求他支付合同约定的价格这一一般损失之外(承诺的价格和收到的价格之间的差额,在这里是 3000 美元),你也会考虑起诉索赔因此所遭受的其它损失:即由于加里的拒付而导致的间接损失。加里很难主张这些损失是不可预见的,因为你已明确告知加里如果他不按时支付你将遭受的损失。因此,加里看似掉入了你的陷阱,要付出比 3000 美元合同价款高出很多的金额。

对加里幸运的是(但对你来说很不幸),合同中的间接损失规则有一个重要的例外:如果违约仅仅是不支付金钱,非违约方将不得请求间接损失赔偿,相反,非违约方只能请求一般损失赔偿(没有支付的钱),加上根据同期法定利率计算的利息,参见梅娜特诉辛格公司案[Meinrath v. Singer Co., 87 F. R. D. 422(S. D. N. Y. 1980)]。

拒付金钱这个例外本身也受到一些例外的限制,最重要的是一个被保险人诉承保人恶意拒绝支付保险单利益的诉讼。"被保险人无权仅仅因为对方拒绝或者迟延支付而索赔,但如果承保人拒绝或迟延支付是出于恶意,即知道这样是有责任的,原告就可以起诉索赔的不仅仅是利息,还包括间接损失、精神损害和惩罚性赔偿等的赔偿"(参见莱科克,第 62 页)。法律将这些案件视为侵权而不仅仅是违约,允许间接损失的赔偿。

这些区分有道理吗?如果在合同中间接损失的关键判断因素是可预见性,那为什么加里不用向你支付那些在缔约时便可清晰预见的额外损失?特别是当你违反合同时,你却应该向他支付由你引起的间接损失。也许是考虑到这种做法可以结束关于在拒绝金钱支付的案件比其他的案件有更多的"可预见"的争议。由于规则的可操作性的考虑那么就可以允许法院用不同的方式对待你和加里吗?

也许解决涉及拒付钱款案件的最容易办法是,假定没有收到钱款的非违约方会直接走出去向其他人借钱并支付他们的费用,直到违约方支付赔偿金。这个理论的一个问题是,有些非违约方,可能正好陷入严重的财务困境而无法借到钱,或者以高于现行利率的方式借到钱(因为他们有不良信用)。请注意那些必须支付高额利息的非违约方一般都不能得到该部分的赔偿。(同上)

最后,为什么在恶意保险案件中存在例外中的例外呢?如果把保险合同看作是非常特殊的,(原告特别脆弱,或者说原告只是买了一份"内心的安宁",而不仅仅是进入到一个商业交易当中。)这一规则将不难理解。不可否认的是,涉及间接损失赔偿案件中的法律规则、例外、例外的例外,应当终止对于处于类似地位的非违约方区别对待的做法。

例 6

海伦娜正准备从纳什维尔搬到芝加哥。在芝加哥,她与伊凡签订了一份当日生效的租金为每月 1500 美元的一年期公寓租赁合同。她告诉伊凡她要回到纳什维尔,并立即将家居用品运过来。海伦娜回到纳什维尔收拾自己的行李,以 4000 美元将她的东西用一辆卡车运到芝加哥。当海伦娜到达芝加哥时,她发现伊凡已经将该公寓以每月 2200 美元的价格租给了别人,租期为一年。她只能在酒店暂住一周,每晚花费 125 美元,为了储存她的生活用品又花费 300 美元。经过不懈的寻找,她找到一间与伊凡公寓差不多的公寓,并以每月租金 2000 美元签订了一年的租赁合同。她起诉伊凡违约,法院认为伊凡构成违约并应当应向海伦娜支付赔偿金。海伦娜有权获得多少赔偿金?请解释。

解释

可以看到这个案例同时存在一般损失(公寓的损失)和许多因为违约带来的间接损失。我们从一般损失开始,首先需弄清海伦娜的期待的状态(C)。

海伦娜签订了一份月租金为 1500 美元的租赁合同,可其市场价是每月 2000 美元。(每月 2200 美元的租赁合同是市场价格的一些相反证据,但这可能是一些新的租客支付的超过合同价格的价格,事实告诉你每月 2000 美元是这种类型公寓的市场价格。)海伦娜于是期待每月 500 美元的收益(市场价格 2000 美元－合同价格 1500 美元),并长达一年,也即 6000 美元,这

第四章 合同损害赔偿 79

是她的一般损失。

下一个问题是海伦娜能否获得间接损失赔偿,因为这是一个合同纠纷而不是侵权纠纷,只有在合同订立时合同当事人能合理预见这些间接损失时,海伦娜才能获得赔偿。海伦娜告诉伊凡她将从纳什维尔把行李运过来,期待她能尽快搬进公寓。有争论的是,陪审团会发现因为伊凡的违约导致海伦娜遭受的额外损失,是合同当事人合理可预见的。

在考虑间接损失时,我们需要回答海伦娜是怎样因为违约而境况变得更坏的。解决这个问题最好的办法是先来看看所有的潜在损失,然后逐一分析每一项能否获得赔偿:

a. 4000 美元的运输费。它们不能获得赔偿,不论伊凡是否违约,海伦娜都将支付同等的运输费,因为这是从纳什维尔搬到芝加哥的费用。没有迹象表明因为违约会让海伦娜多支出运输费用。

b. 一周的每晚 125 美元的酒店住宿费。这些损害应该作为补偿性赔偿金得到赔偿。由于伊凡的违约,她支付了如果没有伊凡的违约本来不该支出的 875 美元的酒店账单。

c. 300 美元储存费用。这个花销也是间接损失,如果没有违约行为,海伦娜将不会支出。如果伊凡遵守他的承诺,海伦娜就能立刻搬进第一个公寓,而避免这笔额外的花销。

海伦娜在违约后的状态(A)等于−1175 美元(酒店费用 875 美元和储存费用 300 美元),海伦娜的期待利益损失是(C−A),即 6000 美元−(−1175 美元),为 7175 美元。

例 7

俄勒冈银行承诺贷款给多伊尔和他的一个商业项目 100 万美元,贷款时银行意识到多伊尔陷入了金融困境,银行也知道多伊尔在申请贷款时已经无法安全地进行其他融资。在银行同意贷款后,银行经理改变了这个决定。多伊尔无法在其他地方获得贷款,结果是他无法采伐他土地上的木材,导致利润损失 10000 美元。多伊尔有权获得这些利润的损失赔偿吗?

解释

在这个案例中,损失的利润属于间接损失赔偿的范围。原告所面临的一个困境是,这些间接损失可能是被告无法充分预见到的。虽然看上去银行可以预见到,如果多伊尔无法取得贷款,他将面临一个商业困境,但银行似乎并没有关于这项特别损失的具体信息。

即使抛开可预见性的问题,还存在一个问题:违反一个借钱的合同是否落入到违反一个支付金钱的合同范畴当中。在后者,间接损失赔偿的唯一类型是按照现行法定利率支付利息。在多伊尔诉俄勒冈银行一案中[Doyle v. Oregon Bank,764 P. 2D 1379(Or,Ct. App. 1988)],俄勒冈州一上诉法院,拒绝就类似于多伊尔案情形中的原告,能否对由于被告违反贷款合同而遭受的间接损失请求赔偿这一问题作出决定。莱科克认为,多数法院允许原告获得违反贷款合同的间接损失,只要这些损失是充分可预见的。所以,这是另一个例外中的例外。

4.4 违约金和其他救济的合同限制

在上文关于间接损失的讨论中,我介绍了默认规则的概念(你可能已经在你的合同法课程中学到了),这条规则规制当事人之间没有另行特别约定的合同。上文所摘录的美国联邦快递公司的规则——事先放弃对间接损失的赔偿责任,无论美国联邦快递公司是否知道投递人要在一定时间内送交包裹的特殊需要——是一个合同约定条款优先于默认规则的例子。

合同条款改变默认合同救济规则是非常普遍的,除了间接损失免责条文外,合同经常会包含律师费条款(规定胜诉方需支付败诉方的律师费),有时还包含除间接损失外的其他救济限制。

就任何合同约定而言,一项可以改变非违约方可得的救济措施的条款,可能会在特殊情形下遭受质疑:不合理或者违反公共政策。你可以回忆合同法课上所学到的,当事人可以提起程序不正当的诉讼,或在一些案例中实质不公正的诉讼。程序性主张要看这一条款是如何提交给当事人的。一个单方的救济规定隐藏在已经打印好的格式合同文本中，(合同的基础是要么接受要么离开，没有机会讨价还价，就像美国联邦快递公司的合同。)这可能会因为程序上的不正当而被废止。为了避免这种诉讼，合同起草者会设法确保那些麻烦的救济条款在合同中是显眼的，并且用易于解释的语言表达出来。

对救济措施的限制以实质不公正为由进行反驳更加困难。这些主张不是基于各方当事人是如何对默示救济规则进行协商，而是基于该协议的公正性。比如，加州最高法院以实质性不公正为由，撤销了一个雇佣合同中的规定，该规定要求雇员对雇主的不法解雇行为进行仲裁，但没有要求雇主对可能发生的针对雇员的主张进行仲裁。参见阿门达里兹诉心理健康服务基金会案[Armendariz v. Found. Health Psychcare Servs., Inc., 6 P. 3d 669 (Cal. 2000)]。你可以在 18.1 中找到更多不公正的案例。

有时关于合同救济措施的限制是法规规定而不是法院判决。比如，《统一商法典》第二部分(我们将在下面的部分详细讨论)，规定对因为生活消费品造成的人身伤害的间接损失予以限制很明显是不合理的，但是关于商业损失的限制却并非如此(《统一商法典》第二部分 719 条第 3 款)。另一个例子，加州的一条法规规定，如果合同只约定在合同争议中获胜的一方有权获得律师费，那这个合同将被解读为该条款应该适用于各方当事人[《加州民事法典》：Cal. Civ. Code § 1717(West 1998)]。

合同当事人用来规避合同默示救济规则最重要的手段是"违约金条款"，这些条款规定，一旦一方当事人违约，赔偿金的数额是确定的(或者规定一些确定赔偿金数额的计算公式或者计算基准)，排除陪审团根据一般规则确定赔偿金的数额。

比如说，戴夫与某州签订一份修建高速公路的合同，约定戴夫将会获得 500 万美元的劳动报酬，完工日期为 2012 年 1 月 1 日。合同还约定如果戴夫迟延完工一个月，他必须支付给该州 10 万美元的赔偿金。戴夫最终迟延了三个月，该州只支付了他 470 万美元，根据合同中的违约金条款扣除了

30万美元。戴夫主张该州遭受的损失远低于30万美元,且主张违约金条款是不能强制执行的。

在思考法院是否会认定该条款不能强制执行之前,让我们首先想想为什么该州要约定这一条款。两个原因:迫使戴夫去完成工作和惩罚他工作的迟延。如果戴夫知道他完工每迟延一月将确实面临10万美元的损失,他多半会尽全力按照合同约定准时完工。

这种"强制"对戴夫来说并不是不公平的。戴夫和该州自愿签订合同,为了交换他对该条款的同意,戴夫可能能够要求得到某种利益:他也许得到了获得更多金钱的承诺,这样他就可以雇佣更多的工人,以确保能够按时完成工作。

该州想要在合同中约定违约金条款的另一个理由是,在这个案子中很难去计算实际的损失。违约金条款可以消除陪审员评价合同利益的不确定性。该州的一条高速公路未能按时营运,究竟给该州造成多大的损失?很难给其一个确定的数字,特别是考虑到原告证明该损害需达到合理确定的要求(更多的相关讨论在6.1部分)。没有一方可以确定戴夫迟延时的责任范围。

考虑到违约金条款的这些好处,很奇怪法院为什么通常不愿意去执行它们。法院可能将其视为对确定一个救济的司法权力的一种干预。《合同法第二次重述》356(1)阐述了更加现代的观点:

> 任何一方当事人违约所造成的损害赔偿,都可以在合同中予以约定,但必须是根据因违约造成的预期或实际损失,以及考虑到证明损失的困难所确定的一个合理数额。一个不合理的巨额违约金条款是无法强制执行的,理由是将其作为一种惩罚的公共政策。

因此,现代法律根据当事人将违约金条款纳入合同的原因,将违约金条款划分为能强制执行和不能强制执行两种类型。如果原因是强制或惩罚(违约金条款可能会被认为存在"明显不当"),则该条款就是不允许的;如果违约金条款是善意试图事先设定损害赔偿的数额,就会被允许。当然,在实践中要划分这两种原因有时候并不容易,意味着各方当事人必须就违约金条款的可执行性提出诉讼。具有讽刺意味的是,根据《统一商法典》(U.C.C.)的规定,合同当事人为此就不得不提出实际或预期损失的证据,而这恰恰是其事先将违约金条款纳入合同所要尽力避免的事情。

在这个标准下,像建造高速公路这样的案子,只要其赔偿金的数额不是特别巨大,就会很简单。参见戴夫·古斯塔夫森公司诉州政府案[Dave Gustafson & Co. v. State,156 N. W. 2d 185(S. D. 1968)]。

但是需要注意规则的家长主义倾向:假定该州同意支付给戴夫一笔丰厚的报酬,用来交换在合同中约定极高数额的惩罚性条款,以确保戴夫能按时完成工作。根据《合同法重述》及戴夫·古斯塔夫森公司案,这种限制是不能强制执行的,即使他们在签订合同时小心翼翼,甚至各方对合同中的惩罚性条款进行了充分的讨价还价。当违约金条款不能强制执行时,非违约方会根据合同法的默认规则得到救济。

还有另一个对违约金限制的重要问题,通常派生于《统一商法典》第二部分:当对救济的限制"在根本目的上失败"时会发生什么?我们将在本章的最后一节进行讨论。

例 8

假设与我们当初设想的戴夫诉州政府案相同的事实(涉及高速公路建设合同),除了该州用丰厚的报酬去促使戴夫完成工作,而不是违反违约金条款的可执行标准。该州仍然希望高速公路在 2012 年 1 月 1 日完工,因此各方在合同中约定以下条款:"戴夫需在 2012 年 3 月 1 日前完成全部工作,酬劳为 300 万美元。如果戴夫提前完成工作,他将会得到奖金,比规定时间每提前一个月,将获得 100 万美元的奖金,上限为 200 万美元。"

这个条款可以执行吗?如果可以,它能实现与最初的违约金条款一样的作用吗?

解释

这个约定很可能被认定为可执行,因为它是给提前完工一笔奖励而不是给迟延完工一个惩罚。对惩罚性条款的禁止性规定并不适用,因为对于逾期完工并没有规定处罚。在某些方面,最初的惩罚性条款和奖金条款是相同的:如果戴夫在 2012 年 1 月 1 日完成工作,不论根据哪个条款,他都将获得 500 万美元。但在有些方面它们是不同的:根据原始违约金条款,如果戴夫在 2012 年 1 月 2 日完工,他将构成违反合同,但是根据奖金条款,直到 2012 年 3 月 2 日都不是违约。通俗地说,奖金条款只会提供胡萝卜(一种激励)而不是大棒(一种惩罚)。如果戴夫真的迟延了,没有在 2012 年 3 月 2 日完成工作,合同中的奖金条款并不会激励他按时完工。相反地,原始的违约金条款在每次戴夫延迟时都将会增加赔偿金。

例 9

詹姆斯与承包人基卡签订一份厨房改造合同。对詹姆斯来说,改造在 6 月 1 日前结束非常重要,因为他打算在 6 月 10 日邀请他的老板和公司最重要的客户在家共进晚餐。詹姆斯告诉基卡按时完工的重要性,并说:"我的工作就取决于它!"他们起草了一份合同,约定基卡改造工作的报酬是 2 万美元,并特别约定:"时间是本合同的关键,如果在 6 月 1 日前不能完工,基卡将支付 1000 美元的赔偿金,同时延迟每一天,都要比前一天增加一倍的赔偿金。"基卡在 6 月 15 日完成改造工作。因为基卡的违约,詹姆斯无法在家中举行晚宴,也因此被老板解雇。法院认定基卡因为延迟而违反了合同,詹姆斯有权获得多少赔偿金?

解释

合同中的该条款毫无疑问会被推翻,因为惩罚太过严厉。在 14 天之后,惩罚金 1000 美元加上每天翻倍,将会增加到 8192000 美元!显然该条款的目的是迫使基卡按时完成工作,但是一旦该条款无法实现其目的,法院将不会允许如此严厉的后果。

如果法院驳回了违约金条款,詹姆斯会得到他的一般合同损害赔偿。首先,思考他的期待的状态(C),詹姆斯期待的和实际得到的之间的差异在于,他能够在 14 天前进入他的厨房,但这很难确定其价值。也许詹姆斯可以主张,因为在那段时间他只能在饭店吃饭而不是在家里,因此多支出了特定数额的金钱。

但是詹姆斯也可以主张间接损失赔偿。(假设合同中并没有约定如果合同的违约金条款被推翻,则禁止这些间接损失赔偿——如果你是合同制定方,这样的约定总是值得加入到合同当中。)在这个案例中,詹姆斯可以主张他失去工作是由于基卡改造厨房迟延直接造成的。根据哈德利规则,基卡似乎要为这些额外的损失负责,因为詹姆斯已特别告诉他如果厨房不能按时完工他将失去工作。也许基卡认为这是一种过于夸大,或者陪审团看到让基卡承担詹姆斯失去工作的责任会非常严酷,因此会认定这些损失并不是充分可预见的,詹姆斯并不能得到这些损害赔偿。

4.5 《统一商法典》第二部分中的合同损害赔偿问题

注意:本章比许多老师在救济法课程中的讲授细节更多,你也许想要略过这一章或者只想阅读与你的课程有关的部分。但是即使在课程中你不学习这些内容,阅读《统一商法典》的方法也可以帮助你理解课程中的基础问题,同样,阅读重要的资料对你的国家司法考试非常重要。

《统一商法典》第二部分调整全美国境内的货物买卖。[①] 它调整着国内所有的动产买卖合同,从一块口香糖到一台超级计算机。在此,本章的最后一节,我们讨论《统一商法》典具体的损害赔偿规则。

4.5.1 买方的救济

《统一商法典》§2-711条(以下简称§2-711条)规定了买方救济的一

[①] 路易斯安那州已在自己的民法典中规定了《统一商法典》的平行规定。参见罗伯特 K. 拉斯姆森:《统一商法典疑难案件》,62 La. L. Rev. 1097, 1097 n.1(2002)。尽管《统一商法典》第二部分在美国各州统一适用,但在各州对法典的解释也有很多不同,因为有一些规定很模糊。(同上,第1105页和注释30)

般规则,这些措施包括买方从法院获得要求卖方交付货物给原告的禁令(实际履行的命令)的可能(规定在§2-716条),但我们把这个衡平法的救济推迟到本书第二部分进行讨论。在此,我们只考虑《统一商法典》第二部分的损害赔偿救济。

§2-711条给买方一个在两种损害赔偿救济之间的选择权:当卖方没有交付货物时,解除合同,或者因为卖方交付不符合合同约定时得正当拒绝货物交付。不论是哪种救济方法,买方都有权要求退款,并要求额外的损害赔偿。

(1)**替代购买**。§2-712条规定,一个买方可以在合理时间内善意购买替代物品。如果买方是诚信购买,他有权获得替代购买价格与合同价格之间的差额,连同附带损失和间接损失赔偿,扣减因卖方违约而节省的费用。

所以§2-712条的公式是:

支付给卖方的购买价格+(替代购买价格-合同价格)
+附带和间接损失赔偿金-节省的费用

比如,在有效的书面合同中丽莎向莫娜承诺,将以25000美元出售其2003版红色雷克萨斯敞篷车。该车状况良好,除了需要花费1000美元对空调进行维修。莫娜向丽莎支付了5000美元的保证金。第二天,丽莎告诉莫娜她无法向她交付该车,因为车已经在移交过程中被损毁。莫娜寻找一辆与之类似的二手车,她无法找到车况良好的2003版红色雷克萨斯敞篷车,但她找到了一辆2004版银色雷克萨斯敞篷车,售价为28000美元。丽莎在购买该车之前花费了50美元进行汽车排气检测。假定法院认定莫娜购买银色雷克萨斯敞篷车构成一个合理的"替代购买"。如果是这样,那么莫娜可以获得:

　　5000美元　(支付给卖方的购买价格)
+3000美元(替代购买价格和合同价格之间的差额)
+50美元(获得替代购买的附带费用,关于附带损失的定义见下文)
-1000美元(节省的费用:空调修理费无需支付)
=7050美元(总计损害赔偿)

§2-712 条包含的损失计算方法,其目的与期待利益损失（C－A）的计算目标完全一致：将非违约方置于与卖方没有违约时完全相同的地位。最主要的区别在于,不再使用一些损失的间接市场计算方法（比如说一个 2003 版车况良好的红色雷克萨斯敞篷车价值的专家证言）,来确定被承诺的和实际得到的之间的差异；而 §2-712 条则允许通过替代品的购买作为确定市场价值的一种代替。

（2）**市场损失**。根据 §2-713 条,买方可以请求赔偿自己知悉对方违约时标的物市场价格与合同约定价格之间的差额,以及附带损失和间接损失,扣除因此节省的费用。市场价格由履行地,或者在拒收货物或者合同撤销的场合,由收货地的价格决定。

所以 §2-713 条的市场损失计算公式为：

向卖方支付的购买价格＋（货物交付地的市场价格－合同价格）
＋附带损失和间接损失－节省的费用

比如,假设与莫娜和丽莎的前述事实相同,但是在丽莎违约后,莫娜决定花费 50000 美元购买一辆新的红色雷克萨斯敞篷车。法院认定丽莎违约,但是认为莫娜的购买行为并不构成 §2-712 条规定的有诚意的"替代购买",因为新的敞篷车与合同中约定的二手车差距过大。

没有权利主张"替代购买",莫娜可能会寻求 §2-713 条规定的损害赔偿。为了计算这里的损害赔偿额,我们需要一条额外的价格信息：在违约时汽车交付地该车的市场价格。让我们假设市场价格是 29000 美元。[①] 用这些数字,莫娜可以主张：

5000 美元（她的保证金）
＋4000 美元（买方知道违约时的市场价格和合同价格之间的差额）
＋0 美元（在这个例子中没有附带损失和间接损失）
－1000 美元（节省的费用：不再需要空调维修费）

---

① 这一数字假设了丽莎低于市场价格出售汽车。为什么她会这样做？首先,她可能并不知道当下的市场价格；其次,她或许知道市场价格但为了尽快交易而降低了价格（也许她因为别的事而急需用钱）。

=8000美元（总计损害赔偿）

再次注意这种计算方法目的在于让莫娜得到其期待利益。例子同时表明有时非违约方的替代购买会比§2-713条规定的市场价格更低（在其他案例中会更高）。

接受货物后的救济。除了这两种方法之外，§2-714条规定，当买方接受了与合同约定不相符的货物，（如何去确定这种情况发生的时间，与其说是一个救济问题，还不如说是一个合同本身的问题，）并且已经发了不合格的通知，买方仍可以获得"以合理的方式确定的"违约损害赔偿，加上间接损失赔偿。同时，当买方证明违反了保证时，买方可以从卖方获得"接收货物时、地所接受货物的价格与按照保证该货物的应有价格之间的差额，除非有特殊情况表明遭受了与此不同的损害。"

举例说明，假设在莫娜和丽莎的例子中，丽莎没有告诉莫娜汽车的空调需要维修，相反丽莎告诉莫娜汽车的空调（连同车的其他部分）没有任何问题。莫娜接受了交付的汽车，根据《统一商法典》，法律认为莫娜已经"接受"了买卖汽车的合同。一旦有了接受，莫娜将被允许得到§2-714条规定的损害赔偿。她可能的损害赔偿为修空调的费用1000美元，这看起来似乎是最便宜的方式去补偿莫娜"接收货物时、地所接受货物的价格与按照保证该货物的应有价格之间的差额。"

附带损失和间接损失。以上三种救济办法中的每一种，买方都可主张附带损失和间接损失赔偿。《统一商法典》§2-715条第（1）款将附带损失定义为，"合理发生的对于依法拒收货物的检查、接收、运输、保管和看护费用；任何合理的商业费用；在"替代购买"场合发生的费用和佣金，以及与迟延或其他违约相关的任何合理费用。"《统一商法典》§2-715条第（2）款将间接损失定义为，包括"一般的或者特殊的需求和要求所派生的各种费用，而这些是卖方在订立合同时有理由知道的，并且不能通过替代购买或其他的救济得到填补。"间接损失还包括任何违反保证所造成的人身伤害或财产损失。

值得注意的是，《统一商法典》允许通过合同约定排除间接损失赔偿，在这种情况下间接损失不能得到赔偿,除非这种排除极不合理。(《统一商法典》§2-719 条)。然而,正如上文所提到的《统一商法典》将人身伤害引起的间接损失的排除,看作是显而易见的不合理。参见《统一商法典》§2-719 条第(3)款。

例 10

内德同意从易趣网上以 1500 美元买一台状况良好的老式弹球机,价格包括送货上门的费用,以货到付款的方式支付。奥赛罗拒绝交付弹球机,内德在当地的商人那里找到了同样的弹球机,并以 1400 美元的价格买下了它,但他额外支付了 50 美元的运输费。如果内德有损失赔偿金的话,他能主张多少?

解释

内德无权要求任何损害赔偿。看上去他已经通过向其他商人购买相同的货物实现了"替代购买"。利用本章前述的公式,内德看上去并无损失:

支付给卖方的购买价格+(替代买卖的价格-合同价格)

+附带损失和间接损失-节省的费用

0+(1400 美元-1500 美元)+50 美元(运输费用)-0=-50 美元

没有损害。

例 11

事实与例 10 相同,但这次内德提前向奥赛罗支付了 1500 美元。如果内德有权请求损害赔偿,赔偿额是多少?

解释

看起来内德有权请求 1500 美元的损害赔偿。奥赛罗可能会辩称,如果机械地使用上述公式,他只赔偿内德 1450 美元的损失(1500 美元-100 美元+50 美元-0=1450 美元)。然而,那样将会把内德"替代购买"的益处转移给奥赛罗——违约方。在这一案例中,内德只能根据《统一商法典》§2-711 条的规定要求退款,而不能主张"替代购买"。参见联合半导体国际有限公司诉脉冲星组件国际公司案[Allied Semi-Conductor Int'l Ltd. v. Pulsar Components Int'l, Inc., 907 F. Supp. 618, 632(E. D. N. Y. 1995)。

"违约方援引无权威性的观点,主张如果买方替代购买的价格比支付给违约卖方的价格更低,违约卖方有权在买方恰当拒收和退货时保留一部分买方所支付的价款。在这种情况下,受害的买方并没有承受作为卖方违约的后果之一——替代购买的损失,作为一项明确的法律授权,卖方的责任限制在收到的购买价款。"]

例 12

事实与例 10 相同,但是奥赛罗承诺售给内德的弹球机的公平市价为 1800 美元,如果内德有权请求损害赔偿的话,他能主张多少?

解释

这是一个在真实世界中不太可能发生的场景,因为在本案例中,有两个卖方(奥赛罗和新卖家)愿意以明显低于市价的价格出售弹球机。在此种情况下,内德都有一个选择权:首先,因为他实现了替代购买,他可以利用《统一商法典》§2-712 条规定的公式(如我们在例 10 中所知道的)计算,他没有遭受损失。

另一方面,内德可以根据§2-713 条规定的公式计算损害赔偿金:

向卖方支付的购买价格+(交货地的市场价格-合同价格)

+附带损失和间接损失-节省的费用

0+(1800 美元-1500 美元)+0-0=300 美元

注意我们并没有加上内德在替代购买中支出的运输费,只有依据§2-712 条的规定主张替代购买时他才有权主张。

奥赛罗也许会争辩,内德事实上进行了替代购买,因此损害必须按照更有利于奥赛罗的§2-712 条来进行计算。但对§2-712 条的官方评论解释,"替代购买并不是一种对买方的强制性救济,买方有权选择替代购买和根据§2-713 条规定的未交付的损害赔偿"(《统一商法典》§2-712 条,官方评论 b)。

例 13

农场主帕姆同意以每头 700 美元的价格购买昆西的六头奶牛,昆西承诺这些奶牛很适合育种,并交付了奶牛,帕姆支付了 4200 美元。第二天,帕姆给奶牛做了兽医检查,发现它们都不能生育。帕姆通知昆西并要求撤销对奶牛的接受(我们假设根据合同法她被允许这样做)。她告诉昆西把奶牛运走,昆西推迟了一周才将奶牛运走。帕姆支付了 200 美元以照看奶牛一周。一头可繁殖奶牛的市场价为 700 美元,不可繁殖的奶牛市价为 300 美元。帕姆原本计划用这六头奶牛繁殖其他的奶牛,并期望通过出售它们的幼崽获得 5000 美元的利润。帕姆能获得多少赔偿?(假设根据《统一商法典》的规定,她有权拒收这些奶牛。)

解释

因为帕姆撤销了接受行为,且没有迹象表明她实现了替代购买,她有权依据§2-713 条获得损害赔偿。首先,她有权主张得到支付给卖方的购买价款,即 4200 美元。她从货物的市价和合同价之间的差异当中并没有任何收益,因为它们是一样的。(昆西以市价出售货物,帕姆现在也可以走出去以市场价进行替代购买。)请注意不可繁殖的奶牛价值 300 美元与§2-713 条的计算公式无关。

帕姆也可以主张赔偿照看她合法拒收货物的附带费用 200 美元。但 5000 美元的利润损失不能作为间接损失而得到赔偿,因为这些损害不能被认为是"包括一般的或者特殊的需求和要求所派生的各种费用,而这些是卖方在订立合同时有理由知道的,并且不能通过替代购买或其他的救济得到填补。"这是法典中植入的减少损失规则。在违约后帕姆并不能一味地消极等待,如果她仍旧想要饲养奶牛的幼崽,她本该走出去并购买其他的奶牛来饲养。案件事实告诉我们没有任何节省的费用。帕姆总损失是 4400 美元。

例 14

一些事实与最后一个例子相同,但假设帕姆并没有进行检查,因此在六个月内没有发现奶牛无法繁殖。接下来她通知昆西货物不符合合同约定,但是后者并没有理会。帕姆花费 1000 美元的饲养费。她将奶牛以每头 400 美元的价格送到屠宰场。帕姆可以主张多少的损害赔偿?(假设根据《统一商法典》的规定,她接受了商品且不能撤销她的接受。)

解释

在这个案例中,因为帕姆接受了货物,她只能根据§2-714 条的规定主张救济。帕姆能够获得"以合理的方式确定的"违约损害赔偿,加上附带损失和间接损失赔偿。同时,当证明违反了保证时,帕姆可以从卖方获得"接收货物时、地所接受货物的价格与按照保证该货物的应有价格之间的差额,除非有特殊情况表明遭受了与此不同的损害。"

在这个案例中,帕姆似乎有权获得 2400 美元的损害赔偿,这代表了在接收时、接收地六头奶牛本来被保证的价格(每头 700 美元)和它们的实际价格(每头 300 美元)之间的差额。请注意我们没有使用六个月后奶牛的价格(400 美元),因为§2-714 条是依据接受时、接收地的价格来确定的。

帕姆也会寻求将照看动物的费用 1000 美元作为附带损失进行赔偿,把期待利益损失 5000 美元作为间接损失进行赔偿。对于 1000 美元来说,因为帕姆没有"合法地拒绝"货物,这些损失似乎不属于附带损失。为了得到期待利益损失赔偿,将会有一个很重要的问题,那就是帕姆能否合理地阻止这些损失的发生。比如,如果她能够及时发现这些奶牛不可繁殖,这些损失将不能作为间接损失得到赔偿。

请注意,如果帕姆可以把额外的 5000 美元作为间接损失得到赔偿,则昆西会要求陪审团扣除所节省的费用。因此,如果奶牛可以繁殖,帕姆原本需要支出 800 美元去饲养它们,这一数字将被列入她能获得的实际收益。

4.5.2 卖方的救济,包括营业额减少的卖家

正如《统一商法典》第二部分给买方规定了一个救济选择权一样,卖方在与违约的买方交涉时也有一些选择权。《统一商法典》§2-703 条规定,卖方面对买方无正当理由拒收货物、错误撤销接收行为,或者无法按约支付货款时可以解除合同、停止交付货物,然后转售货物和请求损害赔偿(§2-706 条)、请求不接受货物的损害赔偿(§2-708 条),或者提起支付货款诉讼(§2-709 条)。我们依次来讨论它们。

转售货物(§2-706 条)。非违约卖方的第一个选择就是向其他买方转售货物。当卖方"以善意和合理的商业方式"转售货物时,"卖方会要求赔偿转售价格和合同价格之间的差额,以及本章所允许的任何附带损失赔偿

(§2-710条),但应当减去因为买方违约而节省的费用。"(在这里你应该立刻想到与买方替代购买平行的救济)

所以§2-706条规定的计算公式为：

(合同价格－转售价格)＋附带损失－节省的费用

对前面的例子作一些改变,假设丽莎在一份有效的书面合同中向莫娜承诺,她将向其交付一辆2003版红色雷克萨斯敞篷车,价格25000美元。除了空调需要花费1000美元进行维修以外,这辆车非常完美。丽莎承诺在向莫娜交付汽车前修好空调。在丽莎有机会修理空调之前,莫娜表示她将不会支付合同价款或者接受该辆汽车,这构成了违约。丽莎花费25美元在当地的一份报纸上发布广告出售该车。她收到了一些新要约,后以22000美元的价格将该车卖给了出价最高的人,而不需要她去维修空调。

根据《统一商法典》§2-706条的规定,丽莎有权要求如下的损害赔偿：

3000美元(25000美元－22000美元,转售价格和合同价格之间的差额)
＋25美元(为广告而支出的附带费用)
－1000美元(节省的费用：不需再维修空调)
＝2025美元(总计损害赔偿)

请注意这是一种计算期待利益损失的方法,假设转售价格接近合同价格。如果合同正常履行,丽莎会将价值22000美元的汽车以25000美元卖给莫娜,产生3000美元的收益。丽莎接下来需要花费1000美元去修理空调,这意味着丽莎最后的收益将会是2000美元。莫娜违约之后,丽莎将得到2025美元的赔偿金,在支付了25美元的广告费后,她将同样得到2000美元的收益。

对拒绝接受的损害赔偿(§2-708条)。卖方无需如同§2-706条的规定一样立刻将货物转售,相反,卖方可以依据§2-708(1)的规定请求赔偿"交付货物时、地的市场价格和未支付的合同价格之间的差额,连同本章所规定的任何附带损失(§2-710条),但是扣减因为买方违约而节省的费用。"§2-708(2)也规定了另一种赔偿金的计算方法,我们很快将进行讨论。

所以§2-708(1)的计算公式为：

（合同价格－市场价格）＋附带损失－节省的费用

因此，如果莫娜违反合同花费 25000 美元去购买红色的雷克萨斯，丽莎没有转售汽车，丽萨就可以根据§2-708(1)的规定请求损害赔偿。让我们假设出售时、地该汽车（没有维修空调）的市场价为 23500 美元。在这些条件下，丽莎可以根据§2-708 条请求：

  1500 美元（25000 美元－23500 美元，转售价格和合同价格之间的差额）
 ＋ 0 美元（没有附带损失）
－1000 美元（节省的费用：无需维修空调）
＝500 美元（总计损害赔偿）

要求支付合同价款的诉讼（§2-709 条）。当买方没有支付到期的合同价款，不论是买方保留货物，还是在货物意外灭失的风险转移给买方之后货物灭失或毁损，卖方都可以提起诉讼，要求买方支付合同价款，并加上附带损失赔偿。卖方也可以得到这些损害赔偿，即使货物仍然在卖方占有当中，条件是卖方"在经过合理的努力后，不能以合理的价格转售货物，或者情况已经表明这样的努力是徒劳的。"

因此，§2-709 条的计算公式为：

合同价格＋附带损失

这样，丽莎和莫娜签订了一份有效合同，约定以 25000 美元价格将红色雷克萨斯敞篷车卖给后者，并约定由丽莎维修空调（费用为 1000 美元）。丽莎在将空调维修之后把车交给了莫娜。之后该车被雷电击中，合同法规定标的物"意外灭失的风险"此时已移转给了莫娜。如果莫娜拒绝支付价款，丽莎可以请求获得 25000 美元的赔偿，她没有附带损失。

附带损失（§2-710 条）。在前文列举的计算卖方损害赔偿的三种公式中，卖方均有权要求附带损失赔偿（尽管没有类似于买方的间接损失赔偿）。§2-710 条限定卖方的附带损失包括"与退货或转售货物相关，或因为违约而产生的任何合理的商业费用，包括买方违约后停止交付货物，在货物运输、看管和照料过程中所产生的开销或者佣金。"

假设丽莎和莫娜签订了一份有效合同，约定以 25000 美元价格将红色雷克萨斯敞篷车卖给后者。在丽莎支付了 300 美元送货服务费后,莫娜改变了主意。在汽车被退回后,丽莎又花费了 200 美元将车卖给另一个买家。90 300 美元和 200 美元花费,是丽莎可以根据§2-706 条的规定得到赔偿的附带损失。

营业额减少的卖家。一个频繁出现(特别是在救济法考试中)的问题是营业额减少的卖家。这里一个代表性的案件是诺里诉马林零售公司案[Neri v. Retail Marine Corp.,285 N. E. 2d 311(N. Y. 1972)]。在诺里案中,买方与卖方签订一份以 12587.40 美元的价格购买一条新船的合同。买方违反了合同,卖方花费了 674 美元的成本保管船只,直到可以卖给另一位买家。证据表明卖方本来可以同时卖给最初的买家和新的买家,因此卖方在初次销售中损失了 2579 美元利润。

在考虑诺里案中卖方可能受到的损失时,①注意§2-706 条和§2-708(1)规定的损害赔偿是不充分的(§2-709 条规定的损害赔偿不能适用,因为买方既没有保有货物,也没有在风险转移给买方后出现货物灭失或毁损的情形)。根据§2-706 条,转售价格与合同价格之间的差额为 0,只有附带损失 674 美元。但是这些数额的损害赔偿看上去并没有将卖方置于其应有的状态,因为卖方本可以两次销售并取得利润。本质上,该判决只是卖方的信赖利益损失赔偿(B—A,这个金额低于卖方在买方违约后所处的原状)。

同样地,假设船只的市场价格与合同价格相同,则§2-708(1)规定的损害赔偿就是不充分的。再说一次,卖方将只会得到 674 美元附带损失(信赖损失)赔偿。

因此大部分法院援引《统一商法典》§2-708(2),它规定:

> 如果依据第(1)部分所确定的损害赔偿,不足以把卖方置于一个与如同合同正常履行时卖方所处的位置,那么损害赔偿的数额就是如果

---

① 在真实的案例中,买方交付了保证金,用于抵扣买方欠卖方的赔偿金额。(根据利益返还原则,买方有权在扣除赔偿金后要求返还保证金。)但在这个例子中,我忽略这方面的事实,而关注营业额减少的卖家问题。

买方正常履行合同,卖方即可以得到的利润(包括合理的开销),加上§2-710条规定的所有附带损失、合理费用的适当补偿、扣减买方已支付的价款和合理的转售收入。

所以§2-708(2)的公式为:
利润+附带损失-残值

注意上文中的残值。①

通过§2-708(2),法院允许营业额减少的卖家,例如诺里案中的卖船一方,有权要求损失的利润和附带损失的赔偿。在本案中,将是2579美元的利益损失加上674美元的附带损失,一共是3253美元的赔偿额。

这个方法将卖船方置于其应有的状态。如果交易完成,卖方将会有2579美元的利润。在违约后,卖方能得到3253美元的赔偿金,在支付了船只保管费后,剩下了与利润相同的2579美元。

并不是所有的卖家都符合营业额减少的卖家的条件,根据一项标准,非违约方声称自己属于营业额减少的卖家"必须建立在以下三个事实基础上:(1)有能力进行额外的销售;(2)额外的销售将会获取利润;(3)如果没有买方的违约,很有可能进行额外的销售。"参见戴维斯化学公司诉迪索尼克斯有限公司案[R. E. Davis Chem. Corp. v. Diasonics, Inc., 924 F. 2d 709, 711 (7th Cir. 1991)]

例15

伊恩与考特尼签订合同,以85000美元的价格售卖他的私人飞机,约定于六月一日交付。六月一日时考特尼拒绝接受交付。伊恩立刻以86000美元的价格将飞机转售给另一位买家。该飞机的合理市场价格为80000美元。什么损失,如果有的话,伊恩能向考特尼主张赔偿吗?

---

① 我使用"残值"而不是"转售收入",是因为在法庭中,包括诺里案(Neri),都将本部分解读为仅适用于残值。参见诺里案(285 N. E. 2d at 314 n. 2)否则,如果我们真的扣除转售收入,这将消除任何利润,并使这一部分在这种情况下变得毫无意义。

解释

看上去伊恩并不能从考特尼那里得到任何损害赔偿,因为存在一个转售,因此§2-706条应当适用。回忆§2-706条的计算公式为:

(合同价格－转售价格)＋附带损失－节省的费用

因为合同价格低于转售价格,且不存在附带损失,所以伊恩并没有损失。

如果伊恩不转售,他的状况会更好吗？不会,通过转售给新买家,伊恩获得了6000美元的利益,(因为新的合同价格86000美元,比市场价格80000美元高出6000美元。)如果伊凡没有出售,他可以根据§2-708(1)主张的损害赔偿:

(合同价格－市场价格)＋附带损失－节省的费用

85000美元－80000美元＋0－0＝5000美元

伊恩可能会有5000美元的损害赔偿,加上他可以按照市价80000美元售卖的一架飞机。当他以市场价出售时,他的总收入为5000美元,而不是卖给新买家所能得到的6000美元。

显然,伊恩不能宣称自己是营业额减少的卖家。不同于诺里案中的卖方,伊恩只有一架飞机可以出售。

例16

农场主帕姆同意以每头700美元的价格从昆西那里购买六头奶牛,当时的市场价格为每头750美元,但昆西急需用钱来偿还农场的债务。昆西花费了250美元将奶牛运到帕姆的农场,但帕姆违反了合同,拒绝支付4200美元的合同价款。昆西将牛带回了他的农场,两天后,在昆西找到另一个买家之前,出现了"疯牛病"的恐慌,牛的价格骤然跌落。新的市场价格为每头200美元。与其以这个价格出售,昆西决定自己饲养奶牛。与此同时,因为帕姆的违约导致昆西没有资金偿还他的拖拉机贷款,银行收回了该拖拉机。同时因为昆西没有拖拉机收割庄稼,又损失了10000美元。昆西可以向帕姆要求多少的损害赔偿？

解释

昆西并没有转售,所以他不能利用§2-706条的规定。他似乎只能根据§2-708(1)的规定寻求损害赔偿:

(合同价格-市场价格)+附带损失-节省的费用

这里的合同价格为4200美元(六头奶牛,每头700美元),市场价格为4500美元(六头奶牛,每头750美元)。注意我们用的是出售时的市场价格,而不是之后的(市场价格暴跌至每头200美元)。附带损失为250美元(运输奶牛的费用),没有节省的费用,因此是:

(4200-4500)+250=-50美元

在这个公式中,昆西并没有净损失,因此不能主张任何赔偿。充其量,他可以主张根据§2-703条的规定,得到250美元的附带损失赔偿金。

昆西不能向帕姆主张任何的间接损失赔偿:因为帕姆的违约导致昆西没法支付他的拖拉机贷款而遭受的损失。根据《统一商法典》,卖方没有像买方一样主张间接损失赔偿的权利,因此《统一商法典》遵循了关于间接损失的一般例外,我们在本章(4.3)中已经看到。最多,一些法院将《统一商法典》解释为允许卖方得到未支付的合同价款的利息,将其作为一种"附带"损失。参见散货油(美国)公司诉太阳石油贸易公司案[Bulks Oil(U.S.A), Inc. v. Sun Oil Trading Co. ,697 F. 2d 481(2d Cir. 1983)]。

例17

与上述案例事实相同,除了昆西将奶牛交给了帕姆,他为此花费了250美元。第二天,政府命令帕姆将牛杀死来阻止可怕的疯牛病的蔓延。帕姆杀死了奶牛并拒绝支付4200美元的合同价款。昆西提起了损害赔偿之诉,结果是什么?请分析。

解释

在这个案例中,昆西将根据§2-709条的规定,提起支付合同价款之诉。回忆一下§2-709条的公式:

合同价格+附带损失

昆西将可以得到4200美元,基础在于实体合同法规定,货物灭失的风险在交付时转移给帕姆承担。但昆西不可以将 250 美元的运输费作为附带损失主张赔偿,这是即使帕姆没有违约他也必须支出的费用。如果允许昆西主张这些附加的赔偿,就会使他处于比帕姆不违约时更好的利益状态。

4.5.3 《统一商法典》第二部分对救济的限制

如同不受《统一商法典》调整的合同,适用于受《统一商法典》第二部分调整的合同中的默认规则,会受到一些限制,被明示的合同条款所推翻。事实上我已经指出,《统一商法典》规定合同可以排除间接损失赔偿,除非这种排除明显是不合理的。排除因缺陷产品导致的人身损害赔偿显而易见是不合理的。[参见《统一商法典》§2-719(3)]

另外,第二部分关于违约金的规定,反映了合同法重述的规则。参见《统一商法典》§2-718(1):"任何一方违约的违约金都可以在合同中约定,但根据违约所造成的预期或者实际损失、证明损失的难度,以及以其他方式获得充分救济的不便性和不可行性,其数额必须是合理的。确定一个不合理的巨额违约金的条款是无效的,因为这是一个惩罚。"

也许规定在第二部分中当事人可以改变默示救济规则的方法,最有趣的部分出现在对§2-719条的官方评论当中。

> 在本章中,各方当事人有塑造他们救济措施的自由,以便满足他们特殊的要求。因此限制或者改变救济规则的合理协议就会发生法律效果。
>
> 然而,恰恰是销售合同的本质决定其至少要有最低限度的救济。如果当事人想要根据本章订立一个销售合同,他们就必须接受这样的法律后果:在违反合同约定的义务和职责时,至少要有一个公平数量的救济。因此,任何试图用不合理的方式修改或限制本章规定的救济条款的约定,都将面临着被删除的命运。在此情形下,本章规定的可用的救济就能够适用,如同反对性的约定自始即不存在。同样,根据第二部分,如果一个明显公平合理的条款,因为客观情况无法实现其目的,或

者其适用会剥夺任何一方的实质性合同利益,那么就必须让位于本章规定的一般性救济规则。

这个摘要的最后一条参考指向§2-719(2),规定"假设客观情况导致一个排他性的或者特定的救济难以实现其根本目的,本法案所规定的救济就可以适用。"根据本条所发生的典型案件中,一个合同规定了在卖方违约时对救济的严格限制,例如对买方修理或更换产品的救济加以限制(决定权在卖方)。当卖方试图反复修理有问题的机器,法院会宣布此种救济"违反了其根本目的",并诉诸于其他合同条款或者本法案所规定的默认规则。

在一个修理或更换的救济无法实现其根本目的后,当合同的默认规则和其他合同条款发生冲突时,一个有趣的问题就会发生。科尔尼与特雷克公司诉雕刻大师有限公司案[Kearney & Trecker Corp. v. Master Engraving Co., 527 A.2d 429(N.J.1987)],是一个典型的案例。买方从卖方购买的计算机控制机床曾多次发生故障且无法维修。合同约定买方的救济限制在修理或者更换商品,并且决定权在卖方,卖方在任何情况下都不对引起的间接损失和附带损失负责。乍看起来,对附带损失和间接损失的限制,似乎是基于修理或更换限制的过度限制,但限制间接损失的条款实际上是在非常审慎的情况下起草的。

法院裁定当卖方不能成功地让机器运转时,修理或更换的救济就无法实现其根本目的。法院将面临的问题是,买方是可以根据§2-714条的规定主张间接损失赔偿呢,还是合同中限制间接损失赔偿的条款继续有效。在科尔尼与特雷克公司一案中,新泽西最高法院注意到了法院在这个问题上的冲突,站在卖方一边,认为对间接损失赔偿的限制是有效的,只要该限制性条款是合理的。其他法院认为间接损失的限制是无效的,由此允许买方可以得到间接损失赔偿。

请注意科尔尼与特雷克公司一案的规则,并没有剥夺买方所有的救济。根据§2-714(2),买方可以获得被担保的机器价值和实际交付的机器价值之间的差额。因此,如果卖方承诺机器设备可以做到 x,并且这样一个机器设备如果能正常工作,其价值为 100 万美元,但如果不断停工则价值为零。§2-714(2)允许买方主张相当大的损害赔偿(可能是 100 万美元－0)。

例 18

雷克斯向萨曼莎承诺交付一台高品质 CT 扫描仪用于她的高科技医学实验室,萨曼莎将支付 200 万美元的价款。他们签订了由雷克斯起草的合同。合同约定当机器不能如约工作时,萨曼莎所能适用的唯一救济是由雷克斯决定进行修理或者更换。合同进一步约定,"如果修理或更换无法实现其根本目的,买方有权获得 10000 美元的违约金。"萨曼莎支付了全部价款,但是六个月后机器不能正常工作,法院认定雷克斯没有交付合格的机器构成违约。如果存在损害赔偿,萨曼莎有权主张哪些?

解释

萨曼莎可能会根据§2-714 条要求赔偿 CT 扫描仪被保证的价值(一台可以工作的仪器)和实际交付的价值(非常低)之间的差额,加上任何附带损失和间接损失(比如说因为仪器损坏而流失的商业利润)。雷克斯可能会抗辩,救济被限制为修理或更换,但法院会根据科尔尼与特雷克公司一案的规则,认为修理或更换的救济无法实现其根本目的。

雷克斯可能会继而主张萨曼莎的损害赔偿应该受违约金条款的限制,但是根据《统一商法典》§2-718 条,法院会认为根据实际或预期损害,违约金条款看起来并不是一个合理的数额。(萨曼莎购买这个无法工作的仪器支付了 200 万美元,但她只能获得 10000 美元的损害赔偿。)或者,法院会宣布违约金条款实质性不公正。如果是这样,正如在法院否定了违约金条款的案件中,萨曼莎将可以根据§2-714 条的规定主张大数额的赔偿金。

第五章 例外:侵权中的期待利益损失赔偿和合同中的信赖利益损失赔偿

5.1 回顾常见的侵权和合同中的损害赔偿计算方式

正如我们在前两章中看到的,侵权损害的通常计算方法是信赖利益损失(B－A),而合同损害的通常计算方法期待利益损失(C－A)。(参见图5.1)

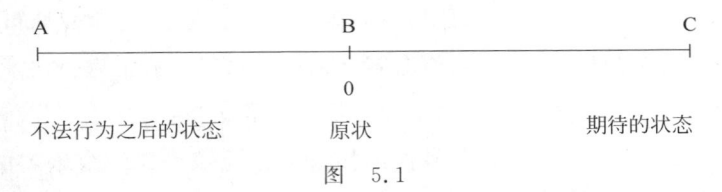

```
A                    B                    C
                     0
不法行为之后的状态      原状              期待的状态
            图   5.1
```

在这章中,我们将讨论相对少见的情形:(1)原告在侵权诉讼中寻求期待利益损失赔偿;(2)非违约方在合同中寻求信赖利益损失赔偿。然而,在讨论这些例外之前,这里有一些简洁的复习用案例,你可以通过它们思考侵权和合同案件的一般规则。

例1

蒂娜驾车过失撞到了厄休拉的脚。厄休拉花费了10000美元的医疗费,六周无法工作(作为一个秘书,她每周可以获得1000美元薪金),同时经历了严重的痛苦(事故本身使厄休拉很痛苦)。厄休拉是一位狂热的网球爱好者,医生诊断她至少在两年内无法打网球。厄休拉有权主张哪些损害赔偿?

第五章 例外:侵权中的期待利益损失赔偿和合同中的信赖利益损失赔偿 103

解释

这是一件标准的侵权案件,所以我们只能用(B－A)信赖利益损失赔偿的公式,而不能是(C－A)期待利益损失赔偿的计算公式。正如你所看到的,我们在这里绝对不会考虑期待利益损失,因为在蒂娜和厄休拉之间并没有期待的状态(promised position)。所以我们只考虑确定 A 的数值,即厄休拉在侵权后的状态。厄休拉有权请求她合理的医药费支出(10000 美元)和损失的工资(每周 1000 美元,共六周,计 6000 美元)。这里看上去不存在任何未来的医疗费用和工资损失,这使得我们无需考虑将这些将来的支出转化为现值。厄休拉还有权主张因为疼痛和煎熬遭受的精神损害赔偿,包括她将来因为疼痛和不能打网球所遭受的任何精神痛苦(这一数额需要减为现值)。就经济损失赔偿而言,她很可能获得判决前利息(prejudgment interest)。

例 2

文尼承诺向沃尔特出售一幅毕加索的画,该画的市价是 100 万美元,但是文尼同意如果沃尔特用现金支付,他可以降价到 90 万美元。沃尔特预付了 10 万美元,当事人双方签订了有效的合同,约定文尼第二天交付该画。不幸的是,这幅画在文尼家的一场火灾中被毁。(假设实体合同法规定灭失的风险由文尼承担,文尼因无法交付该画而违反了和沃尔特的合同。)沃尔特十分失望,他又花费 200 万美元从另一卖家那里购买了塞尚的一幅画。沃尔特能主张什么损害赔偿?

解释

因为这是一个合同案件,我们将会使用期待利益损失赔偿的计算方法。但不是使用一般的(C－A)的公式,而是用《统一商法典》第二部分关于买方的损害赔偿规定。(《统一商法典》第二部分可以适用,因为这个合同出售的是画,属于货物的范畴。)沃尔特有权要求退还他已经支付的价款(10 万美元)。他并不能成功的争辩他购买塞尚的画构成"替代购买"(《统一商法典》§2-712 条)——尽管它们都是画,但塞尚的画和毕加索的画价格差距很大,所以法院不会认为购买塞尚的画是替代购买。

因此，沃尔特将可以根据《统一商法典》§2-713条的规定主张以下损害赔偿：

支付给卖方的价款＋(在交付地的市场价格－合同价格)
＋附带损失和间接损失－节省的费用

　　100000 美元（购买价格）
＋100000 美元（交付地的市场价格 100 万美元－合同价格 90 万美元）
＋　　　　0　（没有证据表明存在任何附带损失或间接损失）
－　　　　0　（没有证据表明存在节省的费用）
＝200000 美元（总计损害赔偿）

请注意 C－A 的公式将会得到完全相同的结果。（计算 C 和 A 的价值，确保你理解了原因。）如果沃尔特被限制在仅能主张信赖利益损失赔偿，他将只能要回预付款 10 万美元，而不能获得失去的"交易利益"的赔偿。

5.2 侵权中的期待利益损失赔偿，特殊的欺诈案例

侵权案件中一般不会出现期待利益损失的问题。当蒂娜的车撞上厄休拉时，不存在一个"期待的状态"，这使得在图 5.1 中确定 C 的数值变得不可能。取而代之的是法院会判决信赖利益损失赔偿，以金钱判决的方式尽可能的使厄休拉恢复到原来的状态。

然而在欺诈类的侵权案件中，就存在"期待的状态"。这是《侵权法第二次重述》第 525 条对欺诈性虚假陈述的界定：

某人欺诈性地对有关事实、意见、意图或法律进行虚假陈述，目的在于诱使另一方基于信赖而采取行动或不采取行动，则他应该对陷入错误，基于对虚假陈述的信赖而遭受金钱损失的另一方承担责任。

第五章 例外:侵权中的期待利益损失赔偿和合同中的信赖利益损失赔偿

欺诈性的虚假陈述包括错误声明,这可以是一个允诺,就如同合同允诺一样。因此在欺诈案件中,至少存在基于期待利益损失赔偿的可能性,尽管这是一个侵权案件。我们用上一章的一个案例来说明。假设伊凡故意向海伦娜说谎,后者是从纳什维尔到芝加哥寻找公寓的。为了骗取海伦娜的预付款,伊凡谎称他有一间公寓,可以以每月1500美元的租金出租一年。不论伊凡的行为是否构成违反合同,根据《侵权法重述》,他的行为都构成了欺诈性虚假陈述。

回忆一下海伦娜和伊凡案例的其他一些事实。海伦娜回到纳什维尔,收拾好她的行李,并花费4000美元租用卡车将行李从纳什维尔运到芝加哥。当海伦娜到达芝加哥时,发现伊凡已经以每月2200美元的价格把公寓租给别人一年,于是她以每晚125美元的价格在酒店暂住一周,并花费300美元寄存行李。经过努力的寻找,她终于找到一间与伊凡之前的承诺相同的公寓,并以每月2000美元的租金签订了租期为一年的合同。

如果海伦娜仅可以向伊凡主张信赖利益损失赔偿,她就仅能得到一周的酒店花费(875美元)和寄存行李的费用(300美元)。这些损失都是她"白白花费的"——一个侵权欺诈性案件中经常使用的术语。这些损害赔偿将使她恢复到如果没有虚假承诺前的状态。根据信赖利益的计算公式,她无权请求赔偿被承诺的合同价格与当下的市场价格之间的差额6000美元。

在像海伦娜这样的原告以侵权而不是合同为诉因时,有些法院采取了这样的立场:她只能得到信赖利益损失赔偿(或白白花费的费用)。参见史密斯诉博尔斯案[Smith v. Bolles, 132 U. S. 125(1889)]。(莱科克,第50-52页。)在仍旧遵循这一规则的法院,为什么每个人都宁愿以侵权为案由而不指控违反了合同呢?有以下可能的原因(除了律师的玩忽职守):

- 侵权之诉可能会允许惩罚性赔偿,但合同中一般不允许。
- 侵权之诉可以更容易地主张得到间接损失赔偿,即使是违约方在订立合同/虚假陈述时所不能合理预见的。
- 合同之诉可能在证明上出现问题(例如,因为没有按照反欺诈条例的规定订立书面合同,从而导致合同无效)。

- 侵权之诉可能会比合同之诉受到更长诉讼时效的保护（即使在实践中经常是相反的）。

然而在如今的许多司法管辖区，在侵权诉讼中反对原告主张期待利益损失赔偿的规则有所缓和，法院有时会将这些欺诈案件中的期待利益损失视为是"交易利益"的损失。

《侵权法第二次重述》第549条，对欺诈性虚假陈述规定了下列救济：

（1）在欺诈侵权诉讼中，欺诈性虚假陈述的接受人，有权要求对方赔偿因虚假陈述造成的经济损失，包括：

（a）在交易中所接受物品的价格和它的购买价格或赋予它的其他价值之间的差额；

（b）接受者由于信赖虚假陈述而遭受的其他间接损失。

（2）在商业交易中接受欺诈性虚假陈述的一方，如果能证明这些损害具有合理的确定性，则有权主张额外的损害赔偿，让其得到所签订合同的期待利益。

因此，根据侵权法重述和大多数州（根据1997年报告者对第549条的注释，共32个州）的做法，海伦娜将不仅能够主张信赖利益损失赔偿，还可以根据§549(2)：当能够证明具有合理的确定性时，期待利益损失赔偿在欺诈性商业交易中会被允许。主张赔偿额外的租金差额6000美元的损失。在不同的司法管辖区，海伦娜还可以主张惩罚性赔偿。

然而在少数的司法管辖区，关于在欺诈性虚假陈述的侵权案件中，什么时候可以主张期待利益损失赔偿的法律仍然是不清晰的。同时一些州只是一般性地仅允许信赖利益损失赔偿。例如，纽约，参见拉马尔霍尔丁有限公司诉史密斯·巴尼有限公司案[Lama Holding Co. v. Smith Barney, Inc., 668 N. E. 2d 1370, 1373-74(N. Y. 1996)]。其它的州根据塞尔曼诉雪莉案[Selman v. Shirley, 85 P. 2d 384(Or. 1938)]的指引，依据每个案件的不同情况，逐渐发展出一套"弹性"标准。[同样参见查尔斯-麦考密克，《损害赔偿法手册》第 121 条(1935 年)。认为主审法官应该享有自由裁量权,以决定在欺诈案件中应用什么方法来计算赔偿金,"考虑被告可能的道德责任、陈述的确定性,和所陈述价值的可确定性"。]对塞尔曼案中"弹性"标准的强烈批评,参见德斯坦诉迈尔斯案[Goldstein v. Miles,859 A. 2d 313(Md. Ct. Spec. App. 2004)]。在德斯坦案中,法院认为,起诉欺诈性行为的原告不能得到期待利益损失赔偿,由于缺乏在当事人之间存在可强制执行合同的证据。

请注意《侵权法重述》第 549 条的标准是只允许"金钱损失"的赔偿,它丝毫没有提及原告在欺诈性虚假陈述案中能否主张精神损害赔偿。如果公平的理解,则答案是否定的。很显然,如果原告在特殊的案件中可以主张精神损害赔偿,对律师来说提起欺诈性陈述的侵权诉讼(而不是合同)将更加有吸引力。

多布斯(Dobbs)教授认为,因为欺诈性虚假陈述侵权是一个经济上的侵权(因为它经常带来金钱的损失),所以精神损害赔偿一般不可以得到[多布斯,§9.2(4)]。他认为,允许主张精神损害赔偿的案件,必须是那些精神损害的风险能够被虚假陈述的当事人所充分预见到的。这些严重的案件包括:

(1)收养有严重疾病和发育障碍的孩子;(2)同意植入增大死亡风险的心脏瓣膜机械;(3)隐瞒性病或谎报健康状况而发生性关系;(4)无法看到全尸体,因为脸被蛆吃掉了,实际上是因为殡仪馆不想整理尸体。

参见麦康基诉怡安保险集团案[McConkey v. Aon Corp. ,804 A. 2d 572,593 (N. J. Super. Ct. App. Div. 2002)(多布斯概述)]。在麦康基案中法院认为"在欺诈案件中没有达成精神损害赔偿合理性的司法共识"。[104](同上)

例 3

泽维尔在电视上出售一款健身器——"减脂机",承诺它"保证能在 30 天之内把腰围减少数英寸。"约科以三期分期付款每期 39.99 美元购买了减脂机,并按照指示予以使用。约科使用了 30 天,但是她的腰围并没有减少。事实上,这个产品设计有缺陷,导致她的背部受伤,由此花去医疗费 1000 美元。泽维尔订立的合同,限制卖方的责任只是根据自己的选择对产品进行维修或更换。相似的在 30 天之内使用相同次数就能够减去约科几英寸腰围的健身机,需要花费 500 美元。约科能主张什么损害赔偿?

解释

这是一个出售商品的合同,根据《统一商法典》§ 2-721 条的规定,欺诈性虚假陈述的受害者可以获得非欺诈违约时可得的所有救济。因此,即使合同中存在把泽维尔的责任限制为维修或更换的条款,这在本案中并不能限制赔偿金。首先,约科因为缺陷产品受到的损害在任何侵权诉讼中都可以主张,尽管存在责任限制条款[参见《统一商法典》§ 2-719(3)]。因此,1000 美元可以得到赔偿。

其次,泽维尔作出了一个该产品 30 天内能将使用者的腰围减去数英寸的公开保证,但是却没有实现。所以约科有权得到被保证的产品(500 美元)与她收到的产品(可以说是 0)之间的差额。无论是维修还是更换,都不能使产品达到所保证的品质,因此关于将责任限制为维修或更换的约定将无法实现其根本目的。

即使约科将会被限制在信赖利益损失赔偿和医疗费的赔偿,她也可能会起诉侵权。在这里信赖利益损失为 119.97 美元(三期分期付款每期为 39.99 美元),加上 1000 美元的医疗花销。但是如果她提起侵权诉讼,她很可能得到精神折磨或痛苦的精神损害赔偿,以及惩罚性赔偿。

例 4

菲利普在罗斯公司担任保险服务的经理一职,A&A 公司找到他想要他离开这个职位,去 A&A 公司担任保险业务的董事,每年的酬金增加 20000 美元。菲利普问 A&A 公司的首席执行官弗兰克,是否打算在近期要将公司卖给一个更大的保险公司,弗兰克告诉菲利普没有这个计划,但这是一个谎言。弗兰克想要菲利普加入,使公司业务成型之后增加对购买者的吸引力(也就是,他想在感恩节之前将火鸡养肥)。菲利普作为一位任意的雇员担任了新职务,并在弗兰克声明的基础上,向公司的全体员工保证公司并不会被出售。六个月后,弗兰克告诉菲利普他将 A&A 公司卖给了一家更大的保险公司,菲利普有一天的时间搬出他的办公室。菲利普感到很震惊,因为他已经将弗兰克的谎言告诉了太多人,以至于他无法在保险公司再找到工作。现在他是一名数据顾问,只能拿到在 A&A 公司一半的薪水。假设菲利普可以证明弗兰克和 A&A 公司有欺诈性虚假陈述,他能够主张什么损害赔偿?

解释

这个事实基于前述的麦康基一案。菲利普是作为一名任意员工被雇佣(意味着公司可以随时解雇他而不用承担责任)。因此根据合同法,他似乎没有对方违约的诉由。弗兰克的欺诈行为使得菲利普可以撤销(或解除)合同,如我们将在第十四章看到的,但在这里并不是一个有用的救济。

假设菲利普可以证明欺诈性隐瞒侵权成立,法院对他是否能得到期待利益(或交易利益)损害赔偿有不同的意见。一些法院会认为,因为没有可执行的承诺(例如雇佣的承诺),原告将只能主张信赖利益损失赔偿。

菲利普打算索赔过去和未来的薪水损失,这是他基于对弗兰克做出的公司不会被出售的承诺的信任,放弃他原来的工作所遭受的损失。陪审团就必须要去决定工资的损失,这也许会让菲利普恢复到他在没有发生不法行为时应有的状态。这里信赖利益和期待利益损失赔偿之间的差别显得特别重要。

假设菲利普在罗斯公司的薪水是每年 10 万美元,在 A&A 公司的年薪为 12 万美元,在数据录入公司的薪水是每年 6 万美元。就减少的工资而言,信赖利益损失将会计算,如果他没有接受 A&A 公司的工作,他的情况会好多少。因此就信赖利益损失而言,我们将比较菲利普继续在罗斯公司工作的薪水和他的数据录入工作公司的薪水之间的差距。我们似乎不会比较他在 A&A 公司的薪水和数据录入工作的薪水之间的差额,这种比较用在期待利益损失赔偿的计算上更为适当:如果继续在 A&A 公司的新岗位上工作,他的薪水会是多少? 这个位置和他最后在数据录入工作的位置上有何不同?

如果菲利普起诉侵权,他也希望得到因为欺诈的精神损害赔偿,但许多法院都会驳回菲利普的这种损害赔偿要求。这看上去是一个经济交易,不像是那种欺诈或违约将会导致严重精神损害的合同(例如殡葬业服务合同)。

在实际的麦康基一案中,法院允许原告得到过去收益的损失、未来收益的损失(需要适当折抵为现值)赔偿和惩罚性赔偿(法院支持了 500 万美元的惩罚性赔偿)。法院撤销了陪审团做出的 200 万美元的精神损害赔偿,认为即使新泽西法院同意原告在虚假陈述侵权中可以得到这类赔偿,本案也没有足够的证据去支持它们:"没有证据表明原告遭受了一段其所宣称的长时间痛苦,或他的日常工作或生活被中断。"

5.3　合同中的信赖利益损失赔偿

正如在侵权案件中原告主张期待利益损失赔偿是不常见的一样,合同案件中原告只主张信赖利益损失赔偿也是不普遍的。因为信赖利益损失赔偿比期待利益损失赔偿数额更少,也不是原告方所主张的——除非是在期待利益损失赔偿不可得时作为一种退路。相反,被告方将会主张原告应该得到不超过信赖利益损失的赔偿金。

有三种情况法院会判决在合同中得到信赖利益损失赔偿而不是期待利益损失赔偿:
- 非违约方在合同索赔中存在实质性问题,例如缺乏约因或反欺诈法所要求的书面形式。
- 将损害赔偿额限制在一个较小的数额有强制性的公共政策原因。

第五章 例外:侵权中的期待利益损失赔偿和合同中的信赖利益损失赔偿

- 非违约方很难证明期待利益是合理可确定的。

我们逐一来考察这些情况。

实质性合同索赔中存在的问题。 在众所周知的里基茨诉斯克索恩案中[Ricketts v. Scothorn, 77 N. W. 365(Neb. 1898)],一位祖父看到他的孙女在一家商店工作,便对她说:"我的孙子中没有人工作,你也不必去工作。"然后祖父给了孙女一张价值 2000 美元加上年利息 6%的本票(在当时是一大笔钱)。在他还未支付本票时便去世了,孙女对祖父的遗产提起诉讼。有关遗产权利人提出了一个实质性的合同抗辩:祖父的承诺欠缺约因,这看起来只像是一个礼物。

法院认为,孙女对祖父承诺的信赖创立了禁反言,从而阻止遗产权利人将缺乏约因作为抗辩理由。

在里基茨案中,允许孙女得到全部的 2000 美元和利息,将使她获得了合同中的期待利益。即法院允许孙女得到如果该合同得到约因支持时她本应获得的金额。

信赖代表了一种在承诺无效和合同有效(作为交易工具)之间的中间路线。例如,假设在孙女得到本票之后,她辞掉了工作并从银行借款 200 美元用于生活开销,直到她的祖父进行支付。(记住在 1890 年代,这些钱非常多!)200 美元就是她的信赖利益损失。

在这种情况下,法院决定应该什么时候支持一般的期待利益损失赔偿,还是不太慷慨的信赖利益损失赔偿呢?对于这个问题,《合同法第二次重述》有一定的影响力。90(1)条写道:

> 允诺人合理地期待该允诺会引起受允诺人或第三人采取行动或自我克制,而实际上该允诺已经引起了特定行动或自我克制,那么这个允诺就具有约束力,如果只有执行该允诺,才可以避免不公正的话。对违约的救济应当被限制为是公平正义的要求。

对本节的评论 D 项进一步阐述:

在本章中有约束力的承诺就是一个合同,通过一般的救济全面执行合同往往是适当的。但影响任一救济是否都可以适用的事实因素,也同样会影响救济的特点和范围。特别是,救济有时候会被限制为利益返还,或者根据受诺人的信赖程度而不是承诺本身来确定赔偿金,或具体救济。(参见第84、89条;比较《侵权法第二次重述》第549条,关于欺诈的损害赔偿。)除非存在允诺人的不当得利,损害赔偿不能让受承诺人处于比承诺履行后更优的地位(参见第344、349条)。在将承诺作为一个礼物的场合,一个间接损失赔偿的判决会让承诺人承担一个比履行承诺更重的责任,这往往是不适当的。

因此,合同法重述的方法,是给法院一个自由裁量权去把原告的索赔限制在信赖利益损失,如同"正义的要求",正如将信赖看作是约因的替代。

当合同当事人未能满足反欺诈法的要求时,对信赖利益损失赔偿的可得性,《合同法重述》采取了相似的立场。根据第139条,信赖可以作为书面的代替从而满足反欺诈法的要求,但是法院必须将救济限制为是公平正义的要求。尽管这个重述的部分内容很有影响力,但并不是所有的法院都采用它或者完全采用它。例如在阿拉斯加,违反了一个不符合反欺诈法要求的雇佣合同,原告可以得到信赖利益损失赔偿,但是,如果违反了一个不符合反欺诈法要求的不动产买卖或租赁合同,则原告不能得到信赖利益损失赔偿。参见瓦尔德斯渔业发展协会诉阿拉斯加输油管道服务公司案[Valdez Fisheries Dev. Ass'n v. Alyeska Pipeline Serv. Co. ,45 P. 3d 657,669(Alaska 2002)]。

将赔偿金限制为信赖利益损失的政策原因。沙利文诉奥康纳案[Sullivan v. O'Connor,296 N. E. 2d 183(Mass. 1973)],是因为政策原因在合同案件中使用信赖利益损失赔偿而不是期待利益损失赔偿的代表性案例。原告是一名艺人,与被告一个外科整形医生签订了一份鼻子整形合同。被告向原告承诺术后会有一个更漂亮的鼻子,但是原告却变得比她在手术之前

第五章 例外:侵权中的期待利益损失赔偿和合同中的信赖利益损失赔偿　　113

的状态更糟。① 她承受着手术后的疼痛、折磨和精神痛苦。她起诉医生侵权(医疗事故)和违反合同——特别是违反更好看的鼻子的承诺。② 在医疗事故索赔上,陪审团作出了有利于医生的裁决,但在合同违约索赔上,却作出了有利于原告的裁决。(这些裁决并不相互矛盾,医生可以在手术中遵守了通常的注意标准,但仍然违反了他做出的提供一个好鼻子的承诺。)此刻只考虑原告鼻子的现状(把精神损害放到一边不谈),我们可以看到一个期待利益和信赖利益计算之间的不同之处(参见图 5.2)。

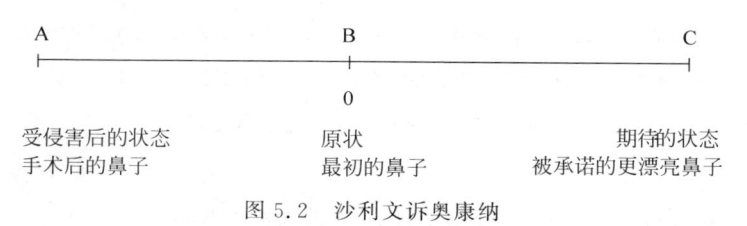

```
A                    B                      C
├────────────────────┼──────────────────────┤
                     0
受侵害后的状态        原状                   期待的状态
手术后的鼻子          最初的鼻子             被承诺的更漂亮鼻子
```

图 5.2　沙利文诉奥康纳

赔偿信赖利益损失(B—A)是补偿原告足够的金额,以使她从手术后的坏鼻子能够恢复到原来的状态;赔偿期待利益损失(C—A),是让原告获得她期待的状态(更好看的鼻子)与最后的状态(手术后更糟的鼻子)之间的差额,将她置于如同合同被正常履行时一样的状态。

初审法官允许原告得到信赖利益损失赔偿,但双方都持反对态度。医生希望只偿还她最初的手术费用(他的收益,适用利益返还),而不支付任何疼痛和痛苦的赔偿金。原告想要得到期待利益损失赔偿,但在上诉中放弃了此诉求。

法院认为信赖利益损失赔偿在本案中是适当的补偿方法。注意这不是

---

① 根据法院,"原告的鼻子原先是直的,但较长并且凸起。被告承诺通过两次手术减少它的凸起并稍微缩短它,这样将与原告的五官更加协调和更加美观。实际上原告不得不接受三次手术,她的外观比以前更糟。她鼻子的正中央有一条凹线,变成了蒜头鼻;从正面看,鼻梁至中点变得扁平且很宽,鼻翼两端也失去了对称性。"沙利文案,296 N. E. 2d at 185。

② 在浏览本案的事实时,你可能会想起一个更早的、相似的合同案例,霍金斯诉麦基案,[Hawkins v. McGee,146 A. 641(N. H. 1929)]。在所谓的"多毛手案"中,被告医生向原告承诺将他的畸形手变成正常的手。在霍金斯案中,法庭允许原告得到期待利益损失赔偿,即要求获得期待的状态与现实之间的差额。

一个像我们之前讨论过的不能被强制执行的合同案件。当事人对手术签订了有效的书面合同。相反的,法院给出了将此种案件中的赔偿限制在信赖利益损失赔偿的政策原因:

> 考虑到医学科学的不确定性和每个病人在身体和心理状态方面的差异,医生很少诚信地承诺某种具体的结果。因此,即使是一般诚实的医生,也不会真的做这样的承诺。当然医生带有乐观色彩的意见是另一回事,也许确实会有治疗价值。但是病人可能会将这样的意见在他们的脑海中转换成坚定的承诺,尤其是当他们最后失望时,而且会在那个意义上举证以获得陪审团的同情(同上,第186页)。

担心微薄的利益返还方法(退还医生的费用)不能提供足够的阻却,期待利益损失赔偿可能过于苛刻,阻止医生的鼓励性语言,法院决定通过中间道路即信赖利益损失赔偿来解决。

法院也反对被告认为疼痛和痛苦不能赔偿的主张,认为问题转向了特定合同当事人的内心:"因为违约带来的痛苦和折磨超出了医疗合同中治疗措施的预期范围,这种情形如同违约导致病人的情况恶化一样,应该是可赔偿的。"(同上,第189页)

让我们更进一步的研究期待利益和信赖利益之间的区别。为了让事情更加具体,多少有些人为的假设。我们假定如果鼻子手术成功,原告必须接受两场手术,每场手术的痛苦价值10000美元。然而,因为前两场手术不成功,她必须接受第三场手术。假设陪审团将第三场手术的痛苦定为15000美元,将得到一个更糟的鼻子的精神损害定为50000美元。原告将所承诺的漂亮鼻子估价为10万美元,(减掉为了实现完美鼻子的两场手术的痛苦20000美元,和合同中约定的5000美元的手术费,期待利益为75000美元。)我们将如何计算原告能获得的赔偿额呢?(a)期待利益损失赔偿;(b)信赖利益损失赔偿。

让我们先通过考虑原告期待的状态来开始计算其期待利益损失。如果

第五章 例外:侵权中的期待利益损失赔偿和合同中的信赖利益损失赔偿　　115

手术成功,原告将会获得承诺的鼻子价值 100000 美元－20000 美元(头两次手术的痛苦价值)－5000 美元(合同价格)＝75000 美元。所以 C＝75000 美元。A 的价值(侵权后的状态)由以下损失组成:

- 20000 美元(头两次手术的痛苦)
- 5000 美元(合同价格)
- 15000 美元(第三场手术的痛苦)
- 50000 美元(得到更糟鼻子的精神损害)

总计在零以下,为－90000 美元。总计损害赔偿:75000 美元－(－90000 美元)＝165000 美元(参见图 5.3)。

```
A                              B                         C
├─────────────────────────────┼─────────────────────────┤
                              0
受侵害之后的状态                 原状                     期待的状态
手术后的鼻子                    初始的鼻子               被承诺的更漂亮的鼻子
－15000美元(第三场手术的痛苦)                             75000美元(100000美
－50000美元(得到更糟鼻子的精神损害)                       元收益-头两次手术的
－20000美元(头两次手术的痛苦)                            痛苦20000美元和手术
－5000美元(手术费用)＝                                  费用5000美元)
－90000美元
```

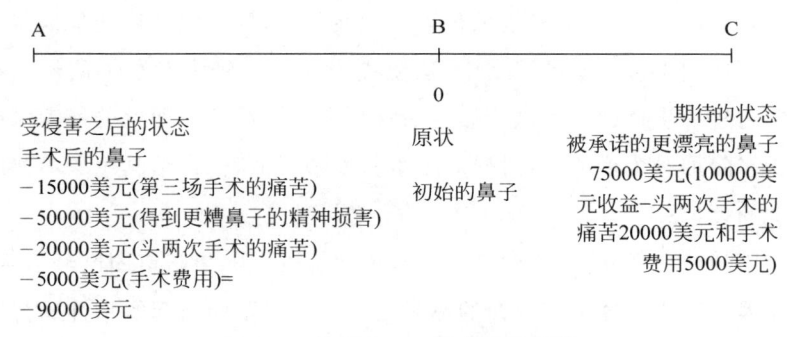

图 5.3　沙利文——损害赔偿详览

注意这 165000 美元的损害赔偿,是如何将原告的地位恢复到如同医生按照承诺完成手术之后的应有的状态的。如果合同按约完成,原告将会获得 10 万美元的收益和 25000 美元的"花销"(手术的硬性成本和前两次手术痛苦的软性成本)。她将得到 75000 美元,价值体现在原告手术后漂亮的鼻子上。

现在考虑 165000 美元的损害赔偿判决。原告首先用 25000 美元来补偿她最初预期的"花销",还剩余 14 万美元。接下来的 65000 美元用于对原告第三场手术的痛苦和拥有糟糕鼻子的精神折磨的补偿——这两种花费都是因为被告方的违约造成的。这样她还剩下 75000 美元,正好是如果被告遵守承诺时她所能获得的,不同的是原告获得的这 75000 美元是现金,而不是一个改进的漂亮外貌。

现在考虑另一种信赖利益损失的计算方法。记住,信赖利益损失赔偿的目标旨在将原告置于没有合同时,她本应该所处的地位。赔偿计算公式为(B-A),或者 0-(-9 万美元),即 9 万美元。如果一开始就没有订立合同,原告将不会支出 5000 美元的手术费用、遭受前两场手术的痛苦(20000 美元)[①]、遭受第三场手术的痛苦(15000 美元),或者因为拥有糟糕的鼻子所感受到的精神痛苦(50000 美元)。这些损失总计 90000 美元。在信赖利益损失的计算方法中,原告将不会获得补偿合同的可得利益 75000 美元的赔偿金。

关于确定性的问题。法院有时会判决非违约方获得信赖利益损失赔偿,而不是期待利益损失赔偿的最后一类案件是,原告很难证明他期待利益的价值。沙利文诉奥康纳一案中,法院提出这一点作为只给予信赖利益损失赔偿的进一步理由:"尝试给假定治疗顺利完成后原告所处的或者可能所处的状态附加一个价值,有时候对于事实发现者而言,会给其想象力构成一个特别的负担。"

应用到沙利文案,这个观点是没有说服力的。如果陪审团已经给疼痛、痛苦和因为期待的鼻子和现在的鼻子之间存在差距而引起的精神痛苦确定了价值,也为期待的鼻子确定一个价值会更困难吗?但也有其他的案例,确定性是一个很大的问题,因此诉诸于信赖利益损失赔偿而不是期待利益损失赔偿看起来就更加合理。

就这一点而言,考虑科普兰诉美国巴斯·罗宾一案的事实[Copeland v. Baskin Robbins U.S.A., 117 Cal. Rptr. 2d 875(Cal. Ct. App. 2002)]。巴斯·罗宾想要出售一家冰激凌厂,凯文·科普兰有兴趣购买。他们进行了谈判,并签署将真诚进行谈判的协议。科普兰明确告诉巴斯·罗宾,这次交易的一个关键是,巴斯·罗宾应当购买大量的自己工厂生产的冰激凌(三

[①] 正如沙利文一案法庭的注解:"事实上真正具有争议的是,'合同约定'的折磨和痛苦。如果治疗取得了所承诺的效果,这也是确定要发生的——在(信赖)理论上也应该赔偿……因为如果治疗失败,那么这些折磨将会是'白费'的。换句话说,对这种浪费的赔偿是为恢复原状所要求的。"沙利文案,296 N.E. 2d at189。

第五章 例外:侵权中的期待利益损失赔偿和合同中的信赖利益损失赔偿　　117

年大约700万加仑)。最终,巴斯·罗宾不同意从科普兰那里购买冰激凌,这次交易没有达成。法院认为,"就像在炎热的夏日,大量的香蕉冰激凌一样,'数百万美元'的期待利益融化了。"意识到他无法承担如下的风险:购买工厂而没有达成出售冰激凌的协议,科普兰提起违约之诉。

法院否决了约定真诚谈判的合同是不可执行的观点,(因此,正如沙利文案一样,各方当事人有一份有效的合同。)并认为科普兰不能得到因为违反这样的协议而产生的期待利益损失赔偿。"原告不能得到期待利益(利润)赔偿,因为无从知晓该协议的最终条款,甚至是否会有一个最终的协议"(参见科普兰案,117 Cal. Rptr. 2d at 885)。相反,损害赔偿"是根据原告因为信赖被告的真诚协商所遭受的损害进行计算的。这种计算方法包括原告在进行谈判时所支出的费用,还包括或不包括原告失去的其他交易机会成本"(同上)。在实际的案例中,原告没有尝试去证明他存在任何信赖利益损失,因此法院判决他不会获得任何赔偿。

例5

一些事实与里基茨案相同,但假设在祖父做出承诺之后,孙女去银行贷款2000美元购买一栋房子。当祖父未能支付时银行驱逐了孙女。她变得无家可归,住在大街上,染上了许多疾病并花费了4000美元的医疗费用。在一个适用《合同法第二次重述》§90的司法管辖区,如果孙女有权主张损害赔偿,她能主张哪些?

解释

回忆一下《合同法第二次重述》§90,救济会被限制为是公正的要求。在这个案例中,一个法院会决定正义要求执行整个合同("通过一般救济进行全面执行是适当的。"同上,评论d)。然而,此处的合同是支付金钱的承诺,一般的期待利益损失赔偿将会限制在取得承诺的金钱数额,加上市场利率的利息——本案中是2000美元加上利息。

孙女可能会主张获得信赖利益损失赔偿——这将包括因为祖父违约所导致的医疗花销。一个法院基于以下两个原因,确实不愿意判决支持这些赔偿金:首先,根据哈德利案,这样的损害看上去并不是祖父的违约所能预见的结果;第二,对《合同法第二次重述》的评论认为,"在将承诺作为礼物的案件中,很少会判决间接损失赔偿,而使承诺人的负担远比履行承诺更重。"

例 6

一些事实与沙利文诉奥康纳一案相同,除了假设在外科医生承诺给原告一个美丽的鼻子之前,原告告诉医生:"我必须拥有一个更漂亮的鼻子,我被承诺在一个与汤姆克鲁斯演对手戏的电影中饰演主角,这取决于我的鼻子整形手术,而使它有一个更漂亮的外观。他们将会为我饰演的角色支付20万美元。如果电影取得了成功,我将会变成电影明星,这可以使得我在未来赚得数百万美元。"不幸的是,在不成功的手术之后,原告失去了她的电影角色。现在这一切是否改变本案中损害赔偿的计算?

解释

在法院只允许信赖利益损失赔偿的范围内(在沙利文案中确定的公共政策原因),这些附加的事实不会改变损害赔偿的数额。我们不会将失去的机会当做是信赖的费用,相反,它们属于期待利益的部分。将原告置于原始状态只需要赔偿三场手术痛苦的价格、手术的费用,以及一个难看的鼻子所带来的精神痛苦。

如果原告可以得到期待利益损失赔偿,那么这些附加的事实可能会影响赔偿的数额。本质上,原告会争辩因为合同的承诺,她的期待的状态会很好。这些可能会呈现为间接损失(发生在首次违约,制造一个美丽鼻子的失败手术之后)。损失的20万美元薪酬会被作为间接损失得到赔偿,因为原告对外科医生的声明表明这些损失、潜在的利益都是合理可预见的。然而,一些法院认为,考虑到风险的承担,当违反合同会带来不合比例的损失时,这些损失将无法得到赔偿。参见邮政出版公司诉西利一案[Postal Instant Press, Inc. v. Sealy, 51 Cal. Rptr. 2d 365, 373 (Cal. Ct. App. 1996)];同时参见《合同法第二次重述》§351(3):"一个法院将把赔偿金限制在可预见的损失,而排除利润损失的赔偿,通过仅允许信赖利益损失赔偿,或者法院认定在特定的情形下正义是如此需要,从而避免不合比例的赔偿。"与未来职业

第五章 例外:侵权中的期待利益损失赔偿和合同中的信赖利益损失赔偿

前景相关的损害看上去过于不确定,因而无法赔偿,我们将在下一章考虑其原因。

例 7

一些事实与科普兰一案相同,但假设巴斯·罗宾与科普兰签订了一份有效合同,约定科普兰以 200 万美元购买冰激凌工厂。巴斯·罗宾承诺在三年以上的时间内以超过科普兰成本 1 美元的价格购买至少 700 万加仑的冰激凌,此处的"成本"在合同中有一套庞杂的计算公式。在科普兰合法占有工厂之后,对工厂运营投入资金之前,巴斯·罗宾宣布将不会从他那里购买冰激凌。(在实体合同法中此种预期违约行为构成合同违约。)在后来的三年中,科普兰努力出售冰激凌,他一共向其他卖家出售了 300 万加仑的冰激凌,每加仑赚得 1 美元的利润。科普兰有权主张什么损害赔偿?

解释

当事人签订了有效的书面合同,没有任何政策的原因将科普兰的损害赔偿只限于信赖利益损失赔偿。因此,如果他可以证明所受的损失具有合理的确定性,即可主张期待利益损失赔偿。同时,因为这是一个货物买卖合同,《统一商法典》第二部分能够适用。因为买方违约,所以卖方可以诉诸其违约救济。

一种可能性就是科普兰将根据《统一商法典》§2-706 条的规定主张赔偿合同价格与零售价格之间的差额,加上附带损失并减去所节省的费用。根据合同科普兰能赚得 700 万美元,在违约后,他卖了足够多的冰激凌,但只得到了 300 万美元的利润。科普兰被留下 400 万美元,加上与赚得新的 300 万美元的销售有关的任何附带费用,减掉他生产价值 300 万而不是 700 万加仑的冰激凌而节省的费用。(一些花销是合同价格公式中"成本"的组成元素,一位经济学家必须谨慎思考如何正确的计算出这些花销。)

此外,科普兰可能会主张他属于营业额减少的卖家。特别是他将试图证明他不仅有生产与巴斯·罗宾合同中约定的冰激凌的能力,而且在巴斯·罗宾违约后也有能力出售新冰激凌。如果他可以满足营业额减少的卖家的条件,他将可以得到"如果买方履行合同卖方将能够获得的利益,再加上任何的附带费用",减掉因为买方拒绝货物而产生的货物残值。《统一商法典》§2-708(2)。科普兰根据这种确定方法可以得到700万美元的赔偿,不存在因没有生产700万加仑冰激凌而产生任何附带费用(他不能期待他生产另外300万加仑冰激凌的成本),也不存在任何买方拒绝收货而产生的货物残值。

第六章　确保应有的状态：审视确定性、减少损失、损益相抵和平行来源规则

到目前为止，我们已经确立损害赔偿意味着要将原告恢复到一个应有的状态，最后四章的许多讨论都涉及赔偿规则是如何尽力实现这一目的的。在本章中，我们讨论四个问题，以完成我们关于赔偿金和应有的状态标准的相关讨论：

1. 陪审团在确定原告遭受的损失数额时，确定性要达到什么程度？
2. 原告必须采取什么步骤以减少损失？
3. 我们应该如何对待因为被告的不法行为，原告所避免的费用和损失？
4. 我们如何对待平行来源——也就是，原告在受到被告的伤害时获得的保险和政府补贴？

6.1　确定性要求

通常认为，原告需要证明自己的损失具有"合理可确定性"，这个观点在民事诉讼的背景中并不必然。民事诉讼的主导标准是原告必须用优势证据来证明其案件表面上符合条件——"更有可能"标准是一个比刑事案件中适用的"排除合理怀疑"标准更低的标准。正如根据优势证据标准，原告必须去证明案件的其他要素（例如，被告在过失侵权中违反了注意义务，或者在合同案件中违反了合同），原告必须用同一标准证明损失是案件表面上符合条件的必不可少的一个元素。[①]

[①] 我们已经看到这条原则的两个例外。第二章首先提到，原告有时会得到象征性赔偿金（比如1美元），当他不能证明遭受了实际（补偿性）损失，这些象征性赔偿金经常是一种对原告和被告的权利向世界的"宣言"，或者是以之作为获得惩罚性赔偿或者律师费的正当理由。其次，第三章提到原告起诉诽谤侵权，当他们不能（或不希望）证明实际损失时，有时可能会得到"推定损害赔偿金"。

在侵权案件中，法院需要的证据数量根据原告所寻求的是经济损失赔偿还是非经济损失赔偿而有所变化。例如，在原告寻求工资损失和医疗费用赔偿的范围内，法院通常会坚持要求提供损失的证据，包括过去的损失、根据市场利率计算的关于未来花销及其估值的专家证言。然而，在原告主张疼痛、受折磨或者精神损害赔偿的范围内，法院将不需要任何关于损害赔偿数额确定性的证据，但陪审团仍然会合理的确信原告是遭受了这些类型的损害，如果允许原告得到非经济损失赔偿的话。比起以不确定性为理由限制非经济损失赔偿，法院有时会根据"冲击良心"的标准去降低这些赔偿的数额，或利用其他规则去限制非经济损失赔偿的数额。

在合同案件中，法院对损害确定性的证据要求会更高一些。《合同法第二次重述》第 352 条规定："未经合理确定性证明的损害不能得到赔偿。"对这一部分的评论强调，合同案件相比侵权案件需要更大程度的确定性。

确定性原则经常出现在涉及非违约方将损失的商业利润作为损失要求赔偿的合同案件中。一个典型案例是 RSB 实验室服务公司诉英国标准协会集团案[RSB Lab. Servs. Inc. v. BSI Corp. , 847 A. 2d 599(N. J. Super. Ct. App. Div. 2004)]。在该案中，原告经营一家"出血站"，一间医生可以将病人的血液或将其他体液抽出用于实验室分析的工作站。（病人可能从来没有听说过医生用来指称这种设施的术语！）这种商业模式是成功的，原告决定转型为全方位服务的医疗实验室。原告取得了必要的许可证，并且拥有基于现有的出血站业务而存在的一大批潜在客户。

原告与被告签订了购买实验设备的合同，其中最重要的是一台翻新的"日立 704"机器，用于检测血液中化学物质的失衡。最终，被告无法使得所交付的"日立 704"正常工作，因此违反了合同。原告放弃了全方位服务实验室的计划，起诉被告的违约行为。陪审团认为被告构成违约，问题在于损害赔偿数额的确定。

一位会计作为原告方的专家证人出庭为损害赔偿额作证。专家查看了现在运营出血站的书面材料，获得有关竞争对手盈利性的数据，并进行了一些其他方面的工作，从而来估算如果原告运营全方位医疗实验室他可能获得的利润数额。陪审团裁决大约 255000 美元的赔偿金，包括所损失的利润，律师费（合同允许）、花费和判决前利息。

在上诉中，案件争议的焦点是，全方位服务实验室是出血站业务的延续还是一项新的业务？对于不熟悉确定性规则法律问题的人来说，这个问题看起来似乎有点奇怪。为什么原告能否得到所失利益的赔偿，转化为原告的损失是来源于一项新业务还是既存业务？

答案是少数的司法管辖区之一新泽西州，有一条自己的规则，那就是新业务不能要求所失利润的损害赔偿。这些少数的司法管辖区认为这些损失过于具有推测性，违反了确定性的要求。这是一个古老的关于确定性要求的观点，大部分司法管辖区和合同法重述都不认可，[①]见《合同法第二次重述》第 352 条。对于 RSB 一案中的原告，幸运的是新泽西州上诉法院认为，全方位服务实验室属于之前出血站业务的一种继续，因此原告可以得到利润损失的赔偿。然而对于新泽西州的其他原告，不幸的是法院重申了新泽西州所谓的"新业务规则"，否决了来自第三巡回法院的案件，预测新泽西州最高法院会颠覆这一规则。因此，除非新泽西州最高法院另有其他规则，否则似乎开始新业务的原告都不能在适用新泽西州法律的法院里，证明他们利润损失赔偿的主张。

在拒绝适用新业务规则的大多数司法管辖区，主张得到从新业务中遭受利润损失的原告，都不能在损失证明问题上搭便车。辩护律师会再三给陪审团强调确定性的要求，用各种理由来争辩为什么原告主张赔偿的新业务所失利润过于具有推测性。这样在多数的司法管辖区，一种主张是否过于具有推测性，是陪审团根据个案决定，而不是像新泽西司法管辖区一样完全依据自身的规则一概予以拒绝。

[①] 同样地，《统一商法典》§2-715 条评论 4（关于附带损失和间接损失）规定："提供间接损失范围的证明责任由买方承担，但是关于救济的自由管理部分反对任何的确定性规则，这些规则几乎都需要几乎数学般精准的损失证据。损失可能是在特定的环境下以合理的方式予以确定的。"第二部分的规定可以适用于 RSB 合同案，因为是一个货物买卖合同。新泽西州采用了 §2-715 条。参见《新泽西州法典加注释》：N. J. Stat. Ann. §12A:2-715（West）但是评论并不是法规的一部分，§2-715 条本身并不必然排除新泽西州的新业务规则。

例1

尤尼拥有一家销售最新流行时装的公司。有时他能获得很好的效益,但其他时候他的生意实在不怎么样(如果他不能预测最新的流行趋势)。尤尼雇佣了承包商泽娜去重新改建他的公司。泽娜承诺在三个月内完工,然而她延迟了,最终花费七个月才完成重建工作。泽娜没有按时完工构成违约。尤尼可以得到他的利润损失赔偿吗?如果可以,他将如何证明这些损失?

解释

尤尼有一个持续存在的业务,所以即使在少数的司法管辖区域内(例如新泽西州),自身的新业务规则并不能阻止他主张利润损失的赔偿要求。尽管新业务规则不能适用,但尤尼是否能够证明他的损害具有合理的确定性也是未知的。尤尼过去的商业表现是利润损失的最好判断依据。因为他的生意有时候可以赚钱而有时不能,泽娜的律师将有机会向陪审团争辩,该案中损害赔偿的确定过于具有推测性。尤尼的律师将不得不提出一些论据,来证明为什么在因为泽娜的违约而不能开门营业的这四个月中,尤尼的业务是能够赚到利润的。

例2

当玛希亚·米勒的新汽车撞到墙上时,她和她的乘客都受到了严重的伤害。根据米勒的陈述,汽车的油门被卡住了,因此不可避免的撞上了挡土墙。这辆汽车构成一个全损。当米勒在医院恢复身体时,她的父亲是一个律师,联系了好事达保险公司(米勒汽车的承保人)的代理人马尔金。米勒的父亲告诉马尔金,玛希亚希望占有该汽车以便让专家检测汽车的缺陷。她的父亲认为他女儿可以向汽车制造商主张产品责任。马尔金告诉米勒和她的父亲,好事达保险公司希望暂时保管汽车,他们计划让专家来检查汽车缺陷,因为他们预测事故中受伤的乘客将会向公司索赔。最终当事人达成了协议,米勒将对汽车的占有转移给了好事达保险公司,以便后者准备对乘客索赔的抗辩。作为交换,好事达保险公司承诺将保管汽车,并且为米勒进行专家检测提供方便。这个口头协议的存在没有任何争议。然而,在专家

第六章　确保应有的状态：审视确定性、……损益相抵和平行来源规则　　125

对汽车进行检测之前,好事达保险公司违反了协议,将汽车卖给了一家废品回收厂,在那里该车被拆卸和处置。米勒起诉好事达保险公司,主张因为好事达违反了保留汽车以便专家检测的协议,她将被剥夺对汽车生产商提起产品责任诉讼的机会。如果米勒有损害赔偿,她能因为好事达的违约而主张哪些呢?

解释

这个案件中的事实陈述摘自佛罗里达州上诉法院的一个意见,参见米勒诉好事达有限公司案[Miller v. Allstate Ins. Co. ,573 So. 2d 24(Fla. Dist. Ct. App. 1990)]。这个案例提出了在确定性规则下一个非常困难的问题。正如米勒案法院指出的那样,已经得到确认的是,"尽管损害通常必须以合理的确定性才得以确立,……当确立损害赔偿的困难是由被告造成时,他应该承担由自己的过错行为所造成的不确定性风险"(米勒案,573 So. 2d at 28)。所以如果一个纵火犯烧毁了原告的房子,并且损毁了他的所有物品,该纵火犯就不能在侵权诉讼中,以原告无法以合理的确定性来证明他的财产损失的价值为由进行抗辩。

然而,这个案件更加复杂,因为原告汽车的破坏并没有剥夺她的财产,而仅仅是让她失去了一个向汽车生产商主张产品责任的机会。我们不知道被毁损的汽车是否存在缺陷。相对比,在纵火犯的案例中,毫无疑问的是大火造成了原告的损失,唯一的问题是这些损失的市场价值。

在米勒案中,法院允许原告得到其所失去的主张产品责任的机会的损害赔偿。然而不清楚的是,陪审团到底会如何确定这个机会的价值。判决原告得到产品责任诉讼(原告仅有胜诉的机会)的全部价值,看起来要将原告置于比应有的状态更优的位置(她被剥夺的是一次机会,而不是确定的权利)。

另一种可能的与应有的状态标准一致的判决赔偿金的方法,是去评估如果原告在产品责任诉讼中胜诉,他本来可以得到的赔偿金的价值,并乘以原告可以成功证明产品责任案件的可能性比例。例如,如果原告能够从产品责任案件中得到 10 万美元的赔偿金,并且陪审团相信她有 30% 的机会赢得案件,那么她的损害赔偿额将会是 10 万美元乘以 0.30,即 3 万美元。但是被告可以合理地质疑,这一标准是否与通常适用于民事案件的优势证据标准相一致:看一下 30% 的数字,我们不能不说她原本承受这些损失的可能性更大。总而言之,这是一个非常困难的问题。

6.2 减少损失的要求

6.2.1 可以避免的损失:规则和经济合理性

在评估损害赔偿时,法律认为原告已经采取了合理的措施来避免进一步的损失,而不论其是否真的这样做。这种"能避免的后果"或"减少损失"规则帮助被告最小化其必须支付的赔偿金。当它被原告错误的理解或者适用时,就会导致做出使原告处于比应有的状态更低的赔偿金判决。

举一个简单的例子,假设爱丽丝过失将贝亚撞倒在街上,贝亚的右腿有一些割伤和擦伤。也没有用抗生素软膏来涂抹这些割伤和擦伤,什么都没有做。贝亚最终引发了顽固性的感染,为了阻止感染保住生命只能将右腿截肢。

乍一看,贝亚可能和沃斯伯格案(参见第三章)中因为被告的脚踢而失去腿的原告没什么区别。在那里我们说,被告必须支付他所造成的全部损害,因为"薄头盖骨"或"蛋壳脑袋"规则:你应当以你发现原告时的原样来对待他。尽管原告尽力寻求医疗救护,但他仍然失去了腿的使用。沃斯伯格案中的原告得到了他所遭受的一切损失的赔偿。

然而在设想的爱丽丝和贝亚案中,额外的伤害本来是可以被贝亚避免的,但是并没有。在这种情况下,法院会认为——如果爱丽丝的律师提出这个问题——贝亚只能主张那些不可避免的损害赔偿。因此,没有去减少损失会阻止贝亚得到赔偿金以使其恢复到应有的状态。举一个数值的例子,假设陪审团认定贝亚失去一条腿(加上非经济损失)的损失为 50 万美元。

第六章　确保应有的状态：审视确定性、……损益相抵和平行来源规则　127

如果我们考虑贝亚在侵权后的状态，为－50万美元。然而，如果陪审团相信贝亚通过合理的减少损失的措施，她很可能会避免失去腿，并且如果她减少损害，她将遭受1000美元的损失，那么她将只可以得到1000美元的损害赔偿。这使得她处于－499000美元（A－）的状态——远离原本的状态B。参见图6.1

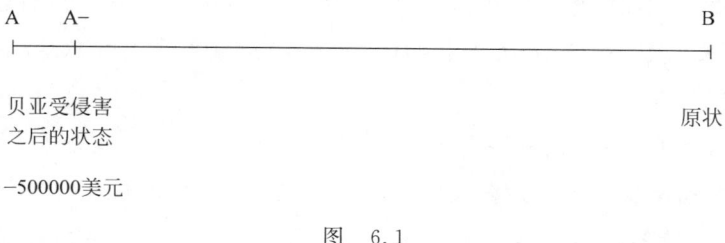

```
A    A-                                              B
├────┼──────────────────────────────────────────────┤

贝亚受侵害                                          原状
之后的状态

－500000美元
```

图　6.1

尽管有时候说原告负有"减少损失的义务"，但这个术语很令人困惑。如果贝亚没有采取合理的措施减少她的损害，爱丽丝将不会被贝亚起诉。但是当被告提出这个问题时，损害赔偿的法律要求陪审团将贝亚视为她已经减少损失了，贝亚有强烈的动机去减少损失。（除了侵权损害赔偿的可能性之外，贝亚有非常强烈的动机去采取合理的措施减少损害，因为损害赔偿并不能充分替代她失去的腿。因此，我们会期望贝亚照顾好她的腿的健康。）

我们可以容易看到，允许原告得到原本可以合理避免的"赔偿金"，会对被告形成潜在的不公平。但是该规则同样有一个效率方面的合理性：只要原告提前理解了这条规则，就不会使原告变得更糟，但会使被告变得更好。① 为了说明这点，思考一下减少损失的典型案件，罗金厄姆县诉路通桥梁公司案[Rockingham County v. Luten Bridge Co., 35 F. 2d 301 (4th Cir. 1929)]。罗金厄姆县和路通桥梁公司签订了一份建造一座桥梁的合同。在桥梁公司为工人和材料支付了1900美元价款后，该县说他们要违反合同。

---

① 不仅仅是卡多尔−希克斯效率（参见第二章，脚注2），因为胜利者的收益超过失败者的损失，同样也是一个帕累托改进，因为没有一方变得更糟，但至少有一方变得更好。

他们不想再修造桥梁,因为他们改变了自己的发展计划,因此不想再为"无处可去的桥"支付任何价款。

然而,即使在该县告诉桥梁公司关于违约的事情之后,路通桥梁公司继续修建该桥。桥梁公司随后起诉该县要求支付18000美元,这是原告主张其已经完成工作的报酬。

让我们假设桥梁公司建造桥的总花费是10000美元,如果没有违约,桥梁公司可以获得8000美元的利润(18000美元-10000美元),这是桥梁公司期待的利益状态。

现在,假设我们没有减少损失规则,并且桥梁公司已经完成了它的工作。评估桥梁公司的总损失,它的期待的状态(在图6.2中的C)为8000美元,或者在违约前的预期利润。不法行为后的状态A,为-10000美元,也即公司建造桥梁所花费的费用。它的总计损失是(C-A),或者8000美元-(-10000美元),即18000美元。在收回它自己支出的费用(10000美元)后,桥梁公司的总账目会显示出8000美元的利润。另一方面,该县要为修建一座无处可去的桥支付18000美元。

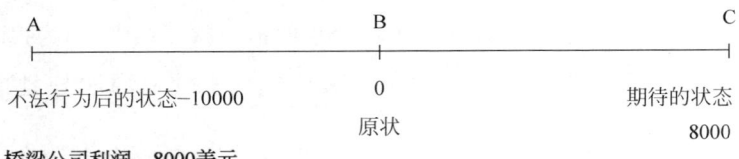

```
A                          B                          C
|——————————————————————————|——————————————————————————|
不法行为后的状态-10000        0                         期待的状态
                           原状                          8000

桥梁公司利润:8000美元
县的花费:18000美元
```

图6.2 在无减少损失规则下桥梁公司的损害

现在思考一下县与桥梁公司同样的情况,除了这次有减少损失规则。桥梁公司听说违约之后(在它花费了1900美元之后——它的信赖成本)立刻停止了施工,并及时提起了损害赔偿诉讼。

正如在上个例子中,桥梁公司期待的状态(C)为8000美元,为违约前的预期利润。不法行为后的状态(A)为-1900美元,即公司在听到违约消息之前的建桥花费(参见图6.3)。它的总损失为(C-A),也即8000美元-(-1900美元),为9900美元。在收回它自己的花费后,桥梁公司的账目会显示为利润8000美元。另一方面,该县为部分修建的一座无处可去的桥支出了9900美元。

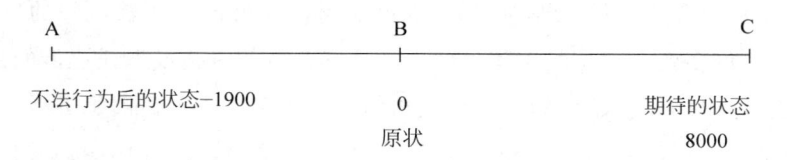

```
A                      B                      C
|——————————————————————|——————————————————————|
不法行为后的状态-1900    0                     期待的状态
                       原状                    8000
```

桥梁公司利润：8000美元

县的花费：9900美元

图6.3 在减少损失规则下桥梁公司减少损失时其可得的赔偿金

这个例子证明了减少损失规则的经济效率。不论是否存在减少损失规则,桥梁公司最后都能获得8000美元的利润。然而,减少损失规则节省了该县8100美元,这代表了在该县告诉桥梁公司违约事项之后建造一座无处可去的桥的花费。这条规则是有效率的,因为它不仅使非违约方(了解该规则)处于相同的地位,而且可以极大的帮助被告。

罗金厄姆县一案的结果证明,如果原告没有减少损失,就要自己承担风险。用前面所列出的数字,法律允许桥梁公司主张损失赔偿,就如同它已经减少了损失一样,即损害是9900美元而不是合同价格18000美元。因为桥梁公司花费了10000美元建设桥梁,它最终的总账目为-100美元(它花费了10000美元建桥,只得到了9900美元的损害赔偿),而不是8000美元,这是一个昂贵的错误。

例3

查理在主街区谨慎驾驶,但他没有系安全带。丹妮拉醉酒后错误地驶入主街区,她的车头撞到了查理的车,这次事故造成查理腰部以下瘫痪,并且使其丧失了劳动能力。陪审团认为查理受损害的程度为价值100万美元。专家认为如果查理系了安全带,他将只会受到轻微的伤害,他的损失将不会超过50000美元。查理未系安全带的行为应该被认为是没有履行减少损失的义务吗？如果是这样,查理将能得到多少的赔偿金？

解释

如何处理受伤一方没有系安全带的问题是一个有争议性的话题。未系安全带可能和减少损失规则相关，也可能与侵权诉讼中比较过失的抗辩权有关（在许多州会根据陪审团对原告不系安全带的过错或责任比例的认定，来减少原告的损害赔偿额），也可能与两者都无关。参见德汉姆诉费奥里托公司案[Derheim v. N. Fiorito Co., 492 P. 2d 1030(Wash. 1972)]。其他法院（在某些案件中通过立法的立法机关）认为原告没有系安全带与减少损失规则有关。参见斯皮尔诉巴克案[Spier v. Barker, 323 N. E. 2d 164（N. Y. 1974）; N. Y. Veh. & Traf. §1229-c(8)]。

然而，斯皮尔案的法院认为，将不系安全带作为一个减少损失规则的问题，是一件时间顺序上的怪事：

> 我们承认减少损失的机会在事故发生前一般不会出现，减少损失的概念赖以建立的时间特点在大多数案件中是合理的。然而我们认为，安全带为汽车乘客提供了一种（在别的情形下）不寻常的，通常无法使用的方法，可以在事故发生前尽量减少他或她的损失。[斯皮尔案(Spier),323 N. E. 2d at 168]

这个问题对查理来说意义重大，如果将未系安全带作为没有履行减少损失的义务，若陪审团发现假使查理采取减少损失的措施，他将会只遭受50000美元的损害（而不是他的实际损害 100 万美元），查理就只能得到50000美元。

6.2.2 《统一商法典》第二部分中的减少损失规则

注意《统一商法典》的条文是如何嵌入减少损失规则的。当卖方违约而买方没有替代购买（我们将在下一节，损益相抵部分讨论替代购买），买方有权根据§2-713 条（参见 4.5.1）获得市场价格的损害赔偿。回忆公式：

支付给卖方的购买价格＋（交付地的市场价格－合同价格）

＋附带损失和间接损失－节省的费用

回忆一下第四章中的假设案例,莫娜同意以 25000 美元的价格购买价值 29000 美元的汽车。将已支付给卖方(丽莎)的价款,附带损失和间接损失、以及节省的费用抛到一边,莫娜有权主张 4000 美元的赔偿,即交付时的市场价格和合同价格之间的差额。这个公式植入了减少损失的理念。它对待莫娜如同她走出去并花了 29000 美元进行了替代购买,通过让她得到 4000 美元的损害赔偿(再说一遍,忽略§2-713 条公式中更复杂的问题),她得到了与交易相同的利益:她以总价 25000 美元购买了红色雷克萨斯敞篷车,比市场价低了 4000 美元。

当买方违反了一个受《统一商法典》第二部分约束的合同时,同样的原理也会发挥作用。当买方违约并且卖方没有立刻转售(我们将会在下一章讨论卖方转售的情况),卖方有权根据§2-708(1)的规定请求买方拒绝接受的损害赔偿:①

(合同价格－市场价格)＋附带损失－节省的费用

再次回忆第四章的假设案例,莫娜违反了购买丽莎汽车的承诺。如果莫娜同意以高于市场价 1500 美元的价格进行购买,那么丽莎有权得到那个差额(先不考虑附带损失和节省的费用)。这个公式对待丽莎好像她以(更低的)市场价格转售了汽车,即使事实上她并没有。当丽莎没有出售并从莫娜处获得损害赔偿时,她的地位将和合同正常完成时一样。她拥有汽车的价值,加上她期望从莫娜那里赚到的 1500 美元的收益。

例 4

欧内斯托生产了一款专为佛瑞德和格特鲁德的梦想之家安装的定制玻璃。佛瑞德和格特鲁德承诺为玻璃支付 10000 美元。欧内斯托收到了 5000 美元的预付款。在欧内斯托完成了玻璃制作但在移转玻璃之前,佛瑞德和格特鲁德决定离婚,法院判定因为他们不支付价款而构成了违约。欧

---

① 我们忽略了受§2-709 条调整的案例,货物被接受但尚未支付。参见本章例 4,讨论§2-709 条下的减少损失问题。在下一节中(关于损益相抵),将讨论营业额减少的卖家的问题。

内斯托无法将玻璃转售给任何人,因为它的大小和形状是按需定制的。玻璃作为废品仅值 100 美元。欧内斯托能够向佛瑞德和格特鲁德主张多少损害赔偿?

解释

这是一个可移动货物的买卖合同,受《统一商法典》第二部分的调整。回忆一下,如果卖方"不能以合理的努力并以合理的价格将货物卖出,或客观情况已经表明这些努力将是徒劳的",那么卖方就可以根据 §2-709 条的规定,提起要求支付货物价款的诉讼,虽然货物仍然在卖方的占有之中。一块定制的玻璃不能转售。§2-709 条的公式为:

合同价格+附带损失

欧内斯托已经收到了 5000 美元,他应该能够获得一个另外的 5000 美元以达到合同价格,加上任何他为了保存货物所发生的附带损失。欧内斯托的赔偿应该减去玻璃的废料价值 100 美元。

例 5

与例 4 的一些事实相同,但是佛瑞德和格特鲁德没有离婚。相反,因为欧内斯托忙于其他工作,没有按照约定期限在 7 月 1 日将玻璃窗户移交给佛瑞德和格特鲁德。同样玻璃窗户的市场价格为 10000 美元,但是需要两周时间加工和交付。7 月 1 日是佛瑞德和格特鲁德将所有的物品搬进房屋的日子,因为房间没有玻璃窗户,小偷进入了他们的房子并偷走了价值 50000 美元的东西。这对夫妻能向欧内斯托主张多少损害赔偿?

解释

再一次说明,这个合同受《统一商法典》第二部分的调整,佛瑞德和格特鲁德没有出去并进行替代购买,所以他们可以要求依据 §2-713 条的公式计算损害赔偿:

向卖方支付的购买价格+(货物交付时的市场价格-合同价格)+
附带损失和间接损失-节省的费用

毫无疑问他们可以向卖方主张返还已经支付的货款 5000 美元,市场价格和合同价格的差额为 0(欧内斯托和市场的玻璃价格都是 10000 美元)。

真正的冲突在于间接损失赔偿问题上。欧内斯托有两项理由来说明为什么他不用支付财产被偷所造成的间接损失。首先,佛瑞德和格特鲁德遭受的这些损失是无法合理预见的。当然屋里缺少玻璃可能会为犯罪制造机会,但是绝大多数人会采取措施(比如使用胶合板进行覆盖)直到找到替代的玻璃。无法合理预见的间接损失将不能得到赔偿;第二个理由与第一点相关,佛瑞德和格特鲁德没有采取合理的措施减少损失,提供一个临时屏障阻止他人进入房屋。因此他们将不能向欧内斯托主张任何超过 5000 美元贷款的赔偿。

如果佛瑞德和格特鲁德很聪明并使用胶合板进行了覆盖,这样做的费用可以算是附带损失,他们可以根据《统一商法典》§2-715(1)的"与延迟或其他违约相关的合理费用"来要求赔偿。

6.2.3 什么是减少损失的"合理的"措施？

尽管法律将原告视为采取了合理的措施来减少损失,但不要求他们采取不合理的措施来避免损失,从而帮助被告。一个关于这条原则的很好案例是麦金利诉美国政府案[McGinley v. Unites States, 329 F. Supp. 62 (E. D. Pa. 1971)]法院认为已经经历了缓解腰椎间盘疼痛的背部手术的原告,可以要求赔偿因为背部受伤而导致的未来工资损失。法院拒绝了被告的抗辩主张,被告认为原告本可以减少所受的损害,因为原告拒绝接受另外的手术以助于解决背部问题,这原本会使他可以回去工作。

法院认为原告无需通过进一步的手术以减少损失,因为手术只有 60%到 70%的成功率,而且事实上会使他的情况变得更糟。法院写道：

> 当然,这是一个确定的法律规则,如果伤害能通过简单且安全的手术被治愈或者缓解,那么拒绝接受该手术就是减少损失的问题……然而,当手术非常重大,或者有死亡或失败的风险时,这就不是真实的……原告有义务接受合理的医疗措施,关于合理性的判断只能由事实的审判者决定。(同上,第 66 页)

通常减少损失的措施简单明了。例如，如果 RSB 案例中实验室的拥有者可以轻松的买到一台不同的可在实验室使用的"日立 704"机器，不这样做就会阻止得到任何的损害赔偿（例如利润损失），而这些损失原本是通过替代购买能够避免的。换句话说，原告不是坐下来思考由被告造成的损失，而是需要走出去，更积极主动地采取合理措施去减少损失。

减少损失问题经常适用的另一个领域是，当原告未能获得替代性工作时关于工资损失赔偿的诉讼案件。在这方面一个臭名昭著的案例是帕克诉二十世纪福克斯电影公司案 [Parker v. Twentieth Century-Fox Film Corp. ,474 P. 2d 689(Cal. 1970)]，涉及到了演员雪莉·麦克雷恩。麦克雷恩和二十世纪福克斯电影公司签订了一份关于在音乐电影《大胆女孩》中饰演角色的合同。合同约定在加州拍摄电影，麦克雷恩有权选择导演。福克斯公司违反了合同，在违约之后，福克斯公司为她提供了在一部西部电影《大城市大人物》中饰演一个角色，该电影将在澳大利亚拍摄（麦克雷恩没有了选择导演的权利）。

当麦克雷恩起诉违约时，福克斯公司认为麦克雷恩没有采取措施减少损失，因为她没有接受替代性的工作。加州最高法院否决了这项主张，认为只有当替代性工作不次于被承诺的工作或者二者之间没有差别时，受雇人才必须接受这份替代性的工作以减少损失。在此案中，法院认为新的工作是不同的：没有唱歌或跳舞；不是音乐剧而是西部电影；麦克雷恩没有选择导演的权利；在澳大利亚拍摄而不是加州。

帕克案的规则主要是保护专业人士的社会地位。法院不会认为，被法律事务所错误解雇的律师为了减少损失而去麦当劳从事一份翻汉堡的工作，但是可能会认为，一个被制衣厂错误解雇的不熟练制衣工人，必须得接受麦当劳的工作。在某种程度上，这条规则是合理的，因为被解雇的律师在麦当劳工作一段时间之后，再重新找到一份律师工作，其难度显然超过制衣工人在麦当劳工作一段时间之后找到一份类似的工作。不过关于减少损失和就业的规则而言，还是有一些精英主义倾向。

例 6

希拉驾驶悍马撞翻了伊凡,造成了严重的内伤。因为伊凡的宗教信仰,他拒绝输血随后死亡。伊凡的家人对希拉提起了过失致人死亡的诉讼。无可争议的医学证据证实,如果伊凡接受了输血他将会完全恢复,只遭受15000美元的损失。法院应该允许伊凡的家人只能得到不超过15000美元的赔偿吗?其理由是伊凡没有有效减少损失?

解释

这个假设案例使得减少损失规则和宗教自由的宪法第一修正案直接发生了冲突。先不讨论宗教问题,拒绝接受救命的输血治疗会被大部分陪审团认定是不合理的选择,陪审团会认为受损害一方应当采取减少损失的措施。但是宗教自由问题使得问题变得复杂,如果陪审团认为不采取减少损失的措施是不合理的,可能意味着做出了一个决定,那就是受损害方的宗教信仰是不合理的。

在这种情况下法院关于减少损失问题的处理会产生分歧,这并不奇怪。比较芒恩诉阿尔热案[Munn v. Algee, 924 F. 2d 568(5th Cir. 1991),宗教观点与减少损失问题无关],和罗塞维斯诉纽约健康医院有限公司案[Rozewicz v. New York City Health and Hosps. Corp. ,656 N. Y. S. 2d 593(N. Y. Sup. Ct. 1997),如果拒绝是基于虔诚的宗教信仰,就没有减少损失的问题,也没有风险承担的抗辩],以及威廉诉布莱特案[Williams v. Bright, 658 N. Y. S. 2d 910(N. Y. App. Div. 1997),如果受损害方像一个"合理的信仰者"一样行动,就不存在减少损失问题]。思考伊凡是否看上去很像我们在前面章节已经看到的"薄头盖骨"原告。当你伤害了这些有宗教信仰的人,你只能"接受你所遇到的原告"?

6.3 损 益 相 抵

当原告可以采取措施避免更多的损失,但却没有这样做时会产生减少损失主张。当原告事实上采取了措施去避免损失时,会产生损益相抵的问题。在这样的案件中，这些减少损失的措施在计算原告的损失时必须考虑进去，以防止原告获得双重赔偿。

回忆一下第四章假设的洗窗户案例。你拥有一家洗窗户的公司，你和加里的玻璃世界公司签订了合同，约定由你清洗加里公司展厅外的200个窗户，加里同意在完成工作后支付3000美元。

假设在你计划清洗加里窗户的前两周，加里违反了合同，然后你接到了约翰的电话，请你在同一天在他的公司做同样的工作，并愿意支付3000美元。做加里原先的工作和做约翰的工作都将花费你1000美元，你没有很多人手，无法同时完成加里和约翰的工作。你接受了约翰的工作，并起诉加里要求赔偿损害。

在这个假设案例中，可以肯定的是尽管加里违反了合同，你无权获得损害赔偿。来看看为什么，回忆一下如果加里遵守了他的承诺，你的财务账户会增加2000美元（工作的利润：3000美元的合同价格减去1000美元的花费）。如果你起诉加里违约，乍看起来你有权获得2000美元的赔偿：期待的状态（C）2000美元与不法行为后的状态（A）——你没有从加里那里得到任何支付，或者0——之间的差额。

然而这种分析是不完整的，因为它没有把损益相抵的问题考虑进去。加里的违约释放了资源，使得你可以做其他工作。当你接受了约翰的工作，你就得动用因为加里违约才能利用的资源，所以我们在计算时必须考虑这一点，因为为约翰工作同样获得2000美元的利润，而且因为没有附带损失（例如寻找新工作的花费）或间接损失，你的损失将会是零。

这可能对你产生诱惑力，接下来会说完成约翰的工作没什么意义，内心希望陪审团判决你从起初的工作中获得2000美元赔偿（也许不工作获得2000美元比工作获得2000美元要更好）。但这是一个错误，因为正如我们在6.2中所看到的，不采取合理的措施减少损失会降低原告的赔偿金。法律将会按照你采取了合理的措施来减少损失的方式来对待你，而不论你是否这样做了。

现在假设约翰给你打电话，愿意支付你3000美元请你做同样的工作，

第六章 确保应有的状态:审视确定性、……损益相抵和平行来源规则

但因为约翰有更多的窗户,完成工作需要你花费 1300 美元而不再是 1000 美元。你接受约翰的工作看起来是合理的,因为如果你不接受,很有可能在那一天不会再找到其他工作。在这种情况下,你有权得到相当于期待的状态(C)与违约之后你最终的状态(A)之间差额的损害赔偿。参见图 6.4。

```
         B                   A                        C
         ├───────────────────┼────────────────────────┤
         0                 1700美元                 2000美元
        原状              违约后的状态              期待的状态
```

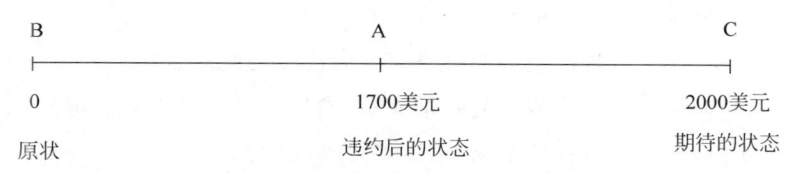

图 6.4 在洗窗案例中考虑损益相抵后的利润

在这个案例中,期待的状态(C)是 2000 美元,那是如果加里不违约你能获得的利润。棘手的部分是违约后的状态(A)。通过接受约翰的替代性工作,你的财务总账增加了 1700 美元(替代的合同价格 3000 美元与你的花费 1300 美元之间的差额)。总共的损害赔偿为 300 美元(C−A)。

你应该明白了这种损害计算方法的合理性。你从事了替代性工作,最后的财务总账目增加 1700 美元的利润。300 美元的赔偿金就会使得恢复到 2000 美元,这是如果加里不违约你原本应该所处的状态。

损益相抵不仅发生在由于被告的错误而释放了资源之时,它也会发生在因为违约而节省费用之时。事实上,我们已经在第四章一个假设的丽莎和莫娜的案例中看到,根据《统一商法典》§2-712 条的规定,这个原则会发挥作用。

丽莎在一份有效的书面合同中向莫娜承诺,她会以 25000 美元向莫娜出售一辆 2003 版红色雷克萨斯敞篷车。这个汽车外形完好,除了需花费 1000 美元修理它的空调。莫娜向丽莎支付了 5000 美元的预付款。第二天,丽莎告诉莫娜她不能交付汽车,因为汽车在移交的过程中被毁损。莫娜寻找一辆相似的二手车,她不能找到状态很好的 2003 版红色雷克萨斯敞篷车,但却找到了一辆售价为 28000 美元的 2004 版银色雷克萨斯敞篷车。在购买银色雷克萨斯前丽莎花费了 50 美元对汽车进行了排气安全检测。假设法院认为丽莎购买银色雷克萨斯敞篷车构成一个合理的替代购买。

一辆替代性的汽车购买会关注与减少损失相关的问题。现在思考一下 1000 美元的空调修理费,这是丽莎通过替代性购买能够避免的。这是一笔节省的费用,相当于是一笔能抵销的收益,在根据§2-712 条的公式计算损失时,这笔费用必须从总的损失中减去。① 丽莎可以主张:

   5000 美元(支付给卖方的价款)
  ＋3000 美元(替代购买的价格与合同价格之间的差额)
  ＋ 50 美元(替代购买的附带成本,参见上文附带损失的定义)
  －1000 美元(节省的费用:不再需要维修空调)
  ＝7050 美元(总计损失)

《统一商法典》中卖方的救济措施也可以解释减少损失规则和损益相抵问题。《统一商法典》§2-706 条规定,当卖方"真诚地且以一个合理的商业方式"转售时,"卖方可以根据本条(§2-710 条)的规定,得到转售价格与合同价格之间的差额并加上附带损失赔偿,但要减去因为买方违约而节省的费用。"

  转售收入不作为可抵销的利益进行扣减的一个例子发生在营业额减少的卖家场合,在 4.5.2 中有更详细的描述。对于营业额减少的卖家来说,转售收入不作为可抵销的利益,因为在营业额减少的卖家概念背后的整体观念是,卖方可以进行两次买卖而获得利润。应用一个《统一商法典》第二部分不予调整的例子,如果你有足够的员工同时清洗加里和约翰的窗户并赚得利润,你就可以向加里主张索赔你期望通过与加里的合同获得的 2000 美元利润。在那种情况下你不是一个双重赔偿,尽管你得到了加里的赔偿金和约翰那里的合同收益。相反,在最初的假设中,你只能做二者之中的一项工作,允许你得到两份金额将构成双重赔偿:从加里那里得到 2000 美元的赔偿,从约翰那里得到 2000 美元的工作收益,这将使你的状态比在没有违约的情况下多出 2000 美元。

例 7

  鲁道夫是一位成功的芭蕾舞舞者,直到有一天杰西抢劫了他。在抢劫

---

  ① 回忆一下§2-712 条的公式:
  支付给卖方的合同价格＋(替代购买的价格－合同价格)＋附带损失和间接损失－节省的费用。

过程中杰西开枪击中了鲁道夫的腿,鲁道夫遭受了严重的身体伤害并且再也无法跳舞。他在大城市芭蕾舞团每年的薪水是 10 万美元,当芭蕾舞盛行时每周工作 80 小时,他可能还会作为一名芭蕾舞者工作十年。他已经支付的枪伤治疗费为 50000 美元,还需要在接下来的五年接受物理治疗。他遭受了严重的精神痛苦。在休养的同时,鲁道夫写了一部风靡一时的小说,赚得了 200 万美元的版税。如果他跳舞,那么他绝对不会有时间完成这部小说。他为下部小说提前签署了 300 万美元的合同。陪审团认定杰西应当对伤害鲁道夫的侵权负责,鲁道夫能向杰西主张哪些损害赔偿?

解释

暂不考虑损益相抵的问题,鲁道夫有权得到他过去和将来的薪水损失和医疗费用(折算为现值)。可能需要有证据证明鲁道夫在未来十年作为芭蕾舞者的薪水会是多少,以及他因为枪击所丧失的未来盈利潜力。他也能够获得 50000 美元的医疗费,加上预计未来物理疗法的成本的折现值。他也能得到大量的精神损害赔偿。

这个案例中因为鲁道夫发表了小说,损益相抵的问题变得有趣起来。看上去因为枪击而释放了资源(也就是鲁道夫的闲暇时间),刚好可以用来创作小说。正如你不能同时清洗加里和约翰的窗户一样,鲁道夫也不能既跳芭蕾又写小说。所以有一种主张认为鲁道夫的损失应该减去他未来作为小说家已经获得的巨大收益(和将要获得的,折算为现值)。也许鲁道夫的律师可以说服法院,这些收益应该只能抵销未来的工资损失,而不是整个的损害赔偿(包括医疗费和精神损害赔偿)。我不清楚是否存在解决了这个问题的任何案例。

6.4 平行来源规则

假设肯在街上驾驶他的汽车,撞到了洛拉的围栏。事故造成 1000 美元的财产损失。洛拉向她的保险公司索赔,该公司扣除免赔额 250 美元后向她交付了一张750美元的支票用于修理围墙。洛拉接下来起诉肯的过失侵权，陪审团认定肯存在过失。

如果我们适用在本章前面部分的损益相抵原则，洛拉应该只能获得250美元的赔偿。如果没有肯的侵权行为，洛拉就不会收到保险公司支付的750美元的支票，因此这是一个利益。这样，保险公司的支票如同约翰支付给你擦玻璃的费用，这是在加里违反了窗户清洗的合同后，你所得到的一笔收益。回忆一下，我们必须根据损益相抵原则将从约翰那里得到的收益扣除。

但我们不能把这两种利益等同。根据平行来源规则，**保险和特定的政府补贴完全独立于侵权行为人，不能从原告的侵权损害赔偿中扣除**。因此洛拉将不仅可以保留750美元的保险金，还能得到1000美元的损害赔偿，这将使她处于比肯没有撞坏她的围栏更有利的状态。如图6.5所示，被侵害之后洛拉移动到了A点，即−1000美元。从肯那里获得的1000美元赔偿将使洛拉回到B点，即原来的状态。然而，从洛拉的保险公司获得的额外支票会使她移动到比0更优越的位置，即B+点，也就是+750美元。因此在事故之后，得到的损害赔偿以及从其它来源得到的金钱，使得洛拉的状态要比肯没有撞上她的围栏所处的位置(B点或零点)更好。

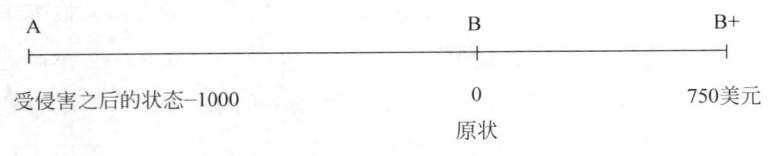

```
      A                        B              B+
  |---|------------------------|---------------|---|
  受侵害之后的状态−1000         0            750美元
                            原状
```

图6.5 平行来源规则下原告的状态

135　为什么平行来源规则允许像洛拉这样的原告获得看起来像双重的损害赔偿呢？最具说服力的答案是，该规则鼓励人们购买保险。有很多的案件，受害人没有被告可以起诉，或者被告没有财产来支付赔偿金。平行来源规则鼓励潜在的侵权受害者购买保险。

还有一个潜在的支持公平性的理由。如果我们限制洛拉只能得到250美元，这意味着是肯而不是洛拉，将获得洛拉购买的保险所带来的利益。另

第六章 确保应有的状态:审视确定性、……损益相抵和平行来源规则　　141

一方面,在加里违反了和你的合同后,是加里而不是你获得你从约翰那里得来的利益。

加州最高法院也认为该规则是正当的,因为它弥补了人身损害案件中原告根据胜诉费协议得到的赔偿金判决中的律师费部分。参见海尔芬德诉南加州快速运输区案[Helfend v. Southern California Ripod Transit Dist., 465 P. 2d 61(Cal. 1970)],但平行来源规则对于处理律师费问题似乎并没有效。

平行来源规则并不必然导致双重赔偿。例如,如果肯撞倒了洛拉而不是洛拉的围栏,洛拉寻求人身伤害赔偿,她可能得到医疗费用赔偿以及她的私人保险公司(一个平行来源)支付的医疗费用。但她与医疗保险公司的合同可能会包含一项代位求偿条款,要求洛拉所得到的用于补偿她的医疗费用的赔偿金,都必须首先支付给保险公司,以补偿保险公司为照料洛拉所支付的费用。①

因为在某些案子中原告可能会得到双重赔偿,一些州已经废除或改变了这一规则,通常是通过法令(尽管这一限制有时因违反了州宪法的规定而被挑战,参见莱科克,第 101 页注释 8)。例如,在加州,民事法典§3333.1废除了针对医疗保健提供者的医疗过错索赔当中的平行来源规则。然而,这一部分规定,原告能够要求赔偿为了取得保险利益而支付的保险费用的价值。

值得注意的是,当国会建立了补偿 2001 年 9 月 11 日恐怖袭击的受害者的基金时,它明确规定,管理基金的特别委员会一定要扣除"申请人通过其它的平行赔偿来源得到的或者有权得到的作为 9·11 恐怖袭击的补偿金的数额。"详见《航空运输安全和系统平衡法案》[Air Transportation Safety And System Stabilization Act Pub. L. No. 107-42, §（405)(b)(6)]它包括所有的平行利益,即与"911"事件有关的"所有的并行来源,包括人寿保险、养老基

---

① 这一代位条款在案件解决时会产生一些有趣的激励。原被告双方可能串通,确定一个非常少的解决争议的金额作为医疗费用的补偿,因此尽量去避免代位规则。(被告可能会同意这样做,为了整体上能少支付赔偿金给原告。)这些实践做法,至少引起了严重的道德问题。

金、死亡福利项目,以及联邦、州或地方政府的给付。"[同上,§402(4)]

在他的最后一份报告中,这个特别委员会声称,平行来源扣减的规则"被证明是该基金最具争议性的问题之一"。一些反对者大声争辩,认为这条规则"不公平地惩罚了那些通过提前购买人寿保险,或者其他保障家庭金融安全的手段而提前计划的受害者家庭,况且平行赔偿来源在过失致人死亡的案件中并没有被抵销。"《2011"9·11"受害者补偿基金特别委员会最终报告》(http://www.usdoj.gov/final_report.pdf)。特别委员会创造了一个具体的规则,"去协调无可争议的平行来源法案条款和基金给受害者家庭提供经济支持的目的,基本点在于根据他们个人的需要和情况决定"(同上)。如果你在国会,你会支持一个扣减平行来源的规则吗?为什么会或为什么不呢?

例 8

米格尔在一场由南希造成的车祸中受伤。他的健康保险公司支付了10000美元的医疗保险。在相关的时间内,米格尔支付了500美元的医疗保险费用。由于米格尔六周不能工作,因此无法获得15000美元的薪水。陪审团判决原告得到25000美元的经济损失赔偿,6000美元的精神损害赔偿。法官是否应从赔偿金中扣除由保险公司支付的医疗保险金呢?如果是,法官应该扣除多少?

解释

如果法院适用平行来源规则,则保险公司支付的医疗保险金不应被扣除,这就是平行来源规则的意义所在。因此,米格尔可以就他受伤的医疗费部分得到双重赔偿(也就是,他的医疗保险金由保险公司支付,他还会得到额外的由南希支付的赔偿金)。然而,如果米格尔与他的医疗保险公司签订的合同中包含了一个代位求偿条款,而且保险公司确实在米格尔获得支付后采取行动(并非所有的保险公司都会这么做),那么他将无法获得双重赔偿。

如果法院废除了平行来源规则,那么这些费用就必须从米格尔获得的赔偿中扣除,减掉所支付的保险费。因此,如果陪审团认定25000美元的经济损失，法官就必须从该判决中扣除9500美元（10000美元的收益减去500美元的保险费），米格尔将获得总计15500美元的经济损失赔偿（非经济损失赔偿不受影响）。

例9

罗伯特是一名军人，有权享受美国政府退伍军人事务部的免费医疗服务。当他从一个由政府运营的军人医院进行的手术中恢复时，工作人员疏忽地切断了与他连结的呼吸机的报警系统。报警系统的切断导致为罗伯特供氧的管子脱离。大约八分钟后，当这个脱离被发现时，罗伯特完全处于心搏停止状态。他大约昏迷了半小时。由于缺氧，罗伯特的大脑受到了永久性的损伤，需要呼吸机进行呼吸，和鼻胃管以获得营养和补充水分。他起诉政府医院过失侵权并且胜诉。专家估计他未来需要100万美元的医疗费，作为一名退伍军人，他可以免费得到医疗服务。法院判决罗伯特获得100万美元的未来医疗费用。罗伯特能获得这些赔偿吗？

解释

这一假设案例的事实来自于莫斯洛夫诉美国政府案［Mozlof v. United States, 6 F. 3d 461 (7th Cir. 1993)］。如果法院废除了平行来源规则，罗伯特将不能得到那100万美元赔偿，因为他未来会获得免费的医疗。更困难的问题出现在那些继续适用平行来源规则的州。回想一下，规则要求平行来源完全独立于侵权行为人。在这个案子里，美国政府退伍军人管理局既要支付医疗费用，又要支付侵权损害赔偿。

在实际的莫斯洛案中，法院判决原告可以获得损害赔偿而无需抵销。

> 然而，只是因为两个赔偿都来自被告，并不必然意味着它们是同一来源，"基金的来源可能被确定为是平行的或独立的，即使（侵权人）提供这一基金……平行来源规则的应用较少依赖于基金的来源，而较多的依赖于得到利益的特点。"因此，为了确定平行来源规则是否适用，法院已经考虑了支付的本质，以及支付的原因，而不是简单地看被告是否支付了两次。

法院认为,对于未来的医疗费用,平行来源规则应该适用。

原告可能会对公共医疗设备不满意,他可能会认为某个私人医生更优;在将来可能由于过于拥挤的环境,他甚至可能无法得到及时的照顾。这些只是一个个人在选择治疗时需要考虑的众多因素中的一部分。原告过去对政府医疗的使用不能保证他今后也会继续使用。现在他应该获得赔偿,以使他能够寻求私人医生的照顾。他不应被剥夺这个机会。

第二部分　衡平法救济

第七章 禁令和其他衡平法救济：在伤害之前阻止

7.1 介绍：作为具体救济的禁令

我们首先在第一章看到"应有的状态"这个概念：如果没有被告的不法行为，原告本来所应处的状态。本书第一部分集中在法院（有时是不成功的）如何通过损害赔偿的方式，在被告不法行为发生后，将原告恢复到其应有的状态。这部分我们将集中探讨禁令——法院命令被告（或其他人）做什么或不做什么的命令——是如何通过阻止原告受到损害，或减少损害的程度，以确保原告处于应有的状态。

回想一下那个我在第一章中提出的比较损害赔偿与利益返还的假设案例。爱丽丝从鲍勃的钱包里偷取100美元去赌场，离开赌场时她赢得1000美元。法院可以判决让鲍勃得到补偿性赔偿100美元，这会让他恢复到其应有的状态；法院也可以给鲍勃一个1000美元的利益返还判决，这会迫使爱丽丝放弃她的不当得利。参见图7.1。

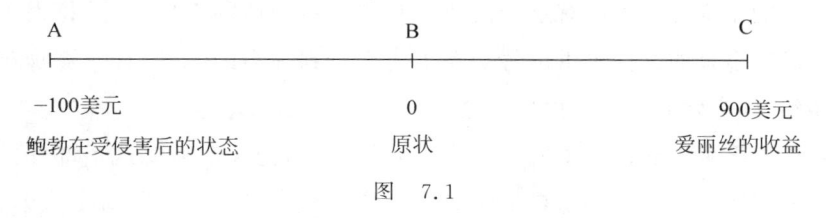

```
A                         B                      C
|-------------------------|----------------------|
-100美元                   0                    900美元
鲍勃在受侵害后的状态         原状                  爱丽丝的收益
```

图 7.1

在爱丽丝与鲍勃的案例中，禁令是无济于事的。损害已然造成，法院的命令并不能做什么（除了命令爱丽丝返还这笔钱，我们应考虑的更深远一些）。

然而，假设在爱丽丝偷钱之前，她警告过鲍勃防止盗窃（当然有些牵强，但是我们很快就会遇到一些现实的例子）。一项法院命令——或者禁令——会阻止爱丽丝偷取鲍勃的金钱，从而防止损害的发生。用图7.1来思考鲍勃的状态，一项禁令能让鲍勃处在B的位置，即原来的状态，排除他从爱丽丝那里主张损害赔偿的需要。换言之，就像赔偿金一样，一项禁令的目的在于应有的状态。与损害赔偿不同的是，禁令可以使原告保持在原来的状态，而不是将其恢复到原来的状态。更重要的是，当禁令发挥作用时，它们消除了原告在寻求损害赔偿时所面临的风险。例如，损害赔偿太难计算，或者难以找到被告，被告很贫穷或者是陷入破产。原告可能会认为最好是防止损害的发生，而不是允许损害发生再寻求事后救济。

爱丽丝为何要服从法院命令？也许她会不服从，但是大多数的诉讼当事人会服从法院的命令，比如禁令，这些受到蔑视法庭惩处权的支持（第十章讨论）。蔑视法庭惩处可以使不情愿的被告在他们不想行动的时候去行动，或者是他们想行动的时候给予抑制。（为什么在损害赔偿案件中不发出一项法院命令要求爱丽丝付钱？一般而言，涉及家庭法律问题，比如儿童抚养之外的案件，一项损害赔偿的判决不受蔑视法庭惩处权的支持，我们将在17.1中讨论一些胜诉的原告获得损害赔偿的方法。）

在律师的工具箱里，禁令是个值得拥有的好工具。事实上，你已经在你第一学年的合同法课程中在"实际履行"的标签下碰到过禁令。思考这一案例：奥斯卡与普宁娜签订合同，让普宁娜为其量身定做一个使用于奥斯卡扫帚工厂的小部件。若没有这个需要好几周才能制造的部件，工厂将无法运转。没有多余的部件可供出售。在工作进行到一半的时候，普宁娜宣布她将违约，因为她有了一个更好机会（思考4.2中的效率违约）。

奥斯卡可以起诉普宁娜要求支付赔偿金，但他确实需要这个部件。你可以看到法院发布的要求普宁娜将完工的部件交给奥斯卡的命令或禁令，将是奥斯卡的最佳救济。我们将这种救济称为实际履行。实际履行只是一个要求违约方履行承诺的指令（这一命令有时会伴随着一项要求违约方支付迟延履行赔偿金的判决）。

第七章　禁令和其他衡平法救济:在伤害之前阻止　149

注意专业术语"实际"的使用。实际履行和其他类型的禁令都属于具体的救济,让原告获得其所失去的具体东西(或一定会损失的东西)。比如,奥斯卡得到他期待的部件。实际履行不同于损害赔偿,后者是一种替代性的救济:用金钱来替代原告所失的东西。如果奥斯卡仅得到赔偿金(《统一商法典》§2-712 条规定的替代购买赔偿金,或者《统一商法典》§2-713 条规定的市场损失赔偿金。参见 4.5),其地位不如得到部件那样有利。得到赔偿金后,他不得不出去再购买一件此定制部件的替代品,或者制定一个新计划来配置其扫帚工厂的资源。同时,在损害赔偿救济,他还得承担法院错误评估其部件价值的风险。

接下来的四章,本书将探讨禁令和相关的救济,并回答下面的问题:
- 原告需要证明什么才能获得禁令?
- 法院在选择具体救济(如禁令)与替代救济(如损害赔偿)时应考虑哪些因素?
- 禁令可以被用来重组政府机构,比如监狱和学校系统吗?
- 禁令应如何修改?
- 禁令可在多大程度上约束或使第三人承担义务?
- 在什么情况下原告可以获得预先救济,如预先禁令,在案件最终判决前来阻止损害的发生?
- 法院有什么样的蔑视法庭惩处权,并且在何种情况下,当事人可以无视法院禁令而免受法院惩处?

例 1

昆西和鲁道夫相邻而居。出于礼貌,昆西告知鲁道夫他计划把他们房子之间的财产分界线附近的大橡树砍下来,以修建一座游泳池。鲁道夫认为这棵树在分界线他的那一侧(意指昆西无权砍它),他不愿将树砍掉:树为他的后院提供荫凉,他在整个夏季都可以享受。昆西坚持该树在分界线他那一侧,他有权砍掉它。

145

假定鲁道夫是对的:树确实在他的土地上。在阅读本章剩余部分和学习有关禁令的规则之前,问自己以下问题:

a. 鲁道夫是否有权在失去树之后的损害赔偿和阻止昆西砍树的禁令之间做出选择，或者法律更倾向于哪一种救济？

b. 哪一种救济使法院的负担更重？

c. 哪种救济更可能将鲁道夫置于（或保持）其应有的状态？

如果鲁道夫不依赖此树乘凉，或者不在乎树是否被砍掉，你的答案是否会改变？

解释

a. 当然对于这些规范性问题没有"正确答案"。但是，在学习适用于指令性救济的规则之前，用这个材料开始以测试自己的价值判断是有用的。许多学生将选择权留给鲁道夫，绝大多数站在鲁道夫立场上的学生倾向于选择禁令，部分原因是得到一棵可给某人后院提供荫凉的替代大树是困难的，另一部分原因在于计算失去树的损失也是困难的。

b. 这两种救济都给法院带来一些负担。于损害赔偿，法院将必须计算出损失的金额。于禁令，法院就需要认定昆西是否违反了禁令，并且因为这个原因，是否惩罚昆西对法院的蔑视。理论上很难说哪个措施更繁琐。

c. 指令性救济更有可能使鲁道夫接近应有的状态，因为前述的原因：用钱购买已经失去之物的替代品是非常困难的，计算鲁道夫因失去树而遭受的损失同样也很困难。

不过请注意，这些问题的答案至少在一定程度上取决于损失的具体情况。例如，假设这棵树没有给鲁道夫提供任何荫凉或美学价值。如果是这样的话，损失的计算就比较容易（我们不必为一颗绿阴如盖的大树的价值费心），我们也可能不那么感兴趣用蔑视法庭惩处权来支持司法救济。给予鲁道夫获得禁令的权利亦有重要的分配后果（这就是昆西为砍掉树会转移给鲁道夫多少钱）。于一项损害赔偿救济，法院设定了移除价格。在禁令存在的情况下，鲁道夫可以坚持更高的价格，特别是如果昆西确实需要移除那棵树以建造他的泳池。这意味着如果双方必须围绕鲁道夫对于禁令的权利进行谈判的话，鲁道夫会因树的移除而得到一大笔意外之财。你可以看到得到禁令的权利可以给鲁道夫潜在的谈判能力。

甚至还不清楚在这种情况下双方是否会达成协议。在"双方垄断",即只有一个买家和一个卖家的情况下(鲁道夫是唯一出售树的移除权的人,昆西是唯一想购买树的移除权的人),双方可能对树的移除不能进行有效的谈判。例如,鲁道夫可能提出过于苛刻的条件,即使树被移除符合他们双方的利益。

如果前两段的概念听起来很熟悉,这是因为它们与法律的经济分析争论相关,所分析者乃是在交易成本(谈判成本)很高时,对"财产规则"(如禁令)和"责任规则"(如赔偿金)的选择。这一领域的经典文章,请参阅吉多·卡拉布雷西(Guido Calabresi)和道格拉斯·梅拉米德(Douglas Melamed):《财产规则、责任规则和不可剥夺性:大教堂的一个观点》[Guido Calabresi & A. Douglas Melamed, Property Rules, Liability Rules and Inalienability: One View of Cathedral, 85 Harv L. Rev. 1089(1972)];罗纳德·科斯:《社会成本问题》[Ronald H. Coase, The Problem of Social Cost 3 J. L. &ECON. 1(1960)]。在"法律和经济学"领域(在本书范围以外),一场范围广泛且引人入胜的关于损害赔偿和禁令之间选择的效率的辩论正在上演。简言之,传统的经济智慧似乎是,当交易成本(谈判成本)较低时,法院会倾向于选择禁令;反之,当交易成本较高时则倾向于损害赔偿。当交易成本较低时,当事人会期望通过谈判获得一个有效的资源配置(那么这一市场交易将会决定树是否会被移除)。禁令是让市场而非法院确定违反法律权利的价格,而且当事人比法院更有可能设定一个准确的价格。相反,当交易成本较高时(就像前述昆西和鲁道夫的双边垄断情况),双方不会通过谈判达到一个有效的结果。在这种情况下,允许昆西砍掉树,然后法院设定有效的价格是更高效的。

经济分析表明,法院会根据谈判中交易成本的情况来决定采用禁令而非损害赔偿的正当性。不管这是不是法院的一个实际努力,法院在决定颁发禁令是否适当时并没有这么做。此外,在法院颁发禁令后,似乎也没有多少谈判发生。参见沃德·法恩斯沃思:《重大案件中的当事人是否会在判决后交易?大教堂内一瞥》[Ward Farnsworth, Do Parties to Nuisance Cases

Bargain after Judgment? A Glimpse Inside the Cathedral, 66 U. Chi. L. Rev. 373(1999)]。

7.2 禁令的要求、衡平法救济的起源，以及关于返还原物的说明

不管你对例 1 中提出的问题如何回答，事实是禁令并不是理所当然可以得到的。正如我们所看见的，为了获得一个禁令（而非确定另一项救济，例如补偿性损害赔偿），原告通常需要证明两件事（尽管标准可能会改变，如我们在 7.5 中所看到的）：

1. 致害倾向（Propensity）：被告很可能会陷入到原告所寻求禁止的行为中；

2. 不可弥补的损害（Irreparable injury）：一个"普通法"的救济，如损害赔偿，并不如禁令那样对原告有利。

然而，即使原告证明这些，法院也可能会拒绝授予禁令

3. 存在其他否定禁令的强有力的政策性理由。

《统一商法典》第二部分（适用于动产买卖。参见 4.5）同样限制作为实际履行的指令性救济的可获得性，虽然这比前文提到的传统普通法的构造更具开放性。《统一商法典》§2-716(1)规定了对于守约的买家而言，"当货物具有独特性或在其他的适当场合，实际履行才会被决定。"①

为什么指令性救济并不是理所当然可以得到的？答案很大程度上是几个世纪以来英国法院之间地盘之争的残余。这里不是详述故事的地方，②

---

① 对这一部分的评论解释说，这是一个"促进比一些法院在决定是否批准实际履行救济时所展示出的态度更开放"的尝试。它还强调了"无力实行替代买卖是可以适用实际履行救济的'其他适当情况'的强有力的证据。"近几年，《统一商法典》的起草人在考虑，但尚未采用的一项建议是，在非消费者合同中使实际履行救济更加容易获得。作为消费者，你不希望更容易获得实际履行救济吗？

② 详见 F. W. 梅特兰（Maitland）：《衡平法》1-7(1969 年)。

第七章　禁令和其他衡平法救济：在伤害之前阻止

但简单说来，在13世纪英国开始出现不同的法院。英国财政部的大法官分庭开始作为一个法院，被设计为来处理除了别的事以外，主要是那些声称自己无法在其他法院获得公正，因而向国王请求公正与怜悯的当事人。最终，"大法官"或者这些分庭的院长，被授予权力在适当的场合批准这种救济，受到我们现在称之为蔑视法庭惩处权的支持。

从这个起源发展到"大法官法院"或"衡平法院"，法院都可给予"衡平法救济"，包括禁令。然而大法官法院颁发的衡平法救济侵犯了其他法院的权力，最终，英国皇室禁止衡平法院给予救济，除非申请人能够证明其在普通法法院没有得到充分的救济（我们称"普通法法院"给予的救济为"普通法救济"）。

有人可能会认为这场争论与当代法律没有多大关系，特别是考虑到今天，在这场地盘争夺战几个世纪之后，大多数地方的普通法法院和衡平法院已经合并为单一的法院。比如在加州，一个人可以去高等法院寻求普通法救济如损害赔偿，或者衡平法救济如禁令。联邦地方法院也是如此，其一直都可以给予衡平法救济如禁令。

尽管如此，为了在今天能得到衡平法救济，原告必须证明她没有得到普通法上的充分救济（被称为"不可弥补的损害"规则）。[①] 7.4将讨论普通法救济"不足"的含义，但在此之前，还有一些其他的问题需要讨论。

比如，一个人如何知道什么才是一个普通法的救济还是衡平法救济？答案很大程度上来自历史。至少对于那些在法院合并之前存在的救济，问题是究竟是普通法院还是衡平法院给予的救济。那些普通法院给予的是普通法救济，而衡平法院给予的是衡平法救济。参见多布斯§2.1(1)。（"即使在今天，当两个法院体系实质上已合并时，法律人谈到普通法救济，意味着是那些传统上被认为是老的独立法院所授予的，'衡平法'救济，意味着那些独特的救济是被大法官使用的。"）

[①] "没有得到普通法上的充分救济"和"不可弥补的损害规则"是相同概念的不同表述方式。参见多布斯§2.5(1)；莱科克，第380页。

如前所述,补偿性赔偿是一种传统的普通法救济,主张禁令是传统的衡平法救济。其他重要的衡平法救济包括撤销(rescission)和推定信托(constructive trust)——第三部分讨论。违反信托的救济也是衡平法的,纵观历史,衡平法院在信托法的发展中扮演着重要的角色。

对于在法院合并前不存在的救济,将其归为"普通法"或"衡平法"的问题是比较困难的,并且具有重要的影响。比如,原告寻求衡平法救济必须满足其受到普通法无法弥补的损害的条件。美国宪法第七修正案给予陪审团在普通法诉讼中审案的权利,但不能在衡平法院的案件当中(许多州在其宪法中都有类似规定)。一个现在的法定救济是普通法的还是衡平法的,这一问题在多个方面困扰着美国最高法院,包括对陪审团审判权的决定。例如,本地第 1391 号司机团队及助手诉特里案[Chauffeurs, Teamsters, and Helpers Local No. 1391 v. Terry,494U. S. 558(1990)](运用一项两段式测试来确定原告对工会涉嫌违反公允代表义务的起诉是普通法的还是衡平法的——因此确定原告是否有权要求陪审团审判);麦汀斯诉休伊特协会案[Meteens v. Hewitt Assocs. ,508 U. S. 248(1993)]。(在原告基于"联邦职工退休所得保障条例"的规定请求救济的背景下,决定"衡平法救济"意味着什么);乳品皇后诉伍德案[Dairy Queen v. Wood,369 U. S. 469 (1962)](在一个诉讼中既提出普通法请求又提出衡平法请求,法院会首先通过陪审团审判来解决法律问题)。如果你是一个想获得如禁令这样的衡平法救济的原告,你可能不会获得陪审团审判的权利。

此外,也有很多衡平法的抗辩,被告可能只在针对原告请求衡平法救济时提出(十八章详解)。

历史的印记看起来像一个很微弱的理由,要求原告跳过"不可弥补的损害"之籓,特别是考虑到今天,同样的法院可同时给予普通法和衡平法的救济。当然,一些人认为在现代法律中,不可弥补的损害规则是名存实亡的——法院不会认真对待此规则。参见道格拉斯·莱科克:《不可弥补的损害规则的消亡》(牛津大学出版社 1991 年)。当你研究完材料后,问问你自己无法弥补的损害规则在救济法中已经发挥了,或者应当发挥什么样的

第七章　禁令和其他衡平法救济：在伤害之前阻止　　155

作用。

对禁令和衡平法救济的持续明显歧视的一个可能答案是，必须要有特别的理由才可批准具体救济，因为它们更加繁重。我们真的需要普宁娜在他很不情愿的情况下，基于蔑视法庭惩处权的威胁，为奥斯卡的扫帚工厂提供定制部件？也许法律可能更倾向于让奥斯卡在可行的情况下获得金钱来弥补其损失。

我们将在本章进一步探讨这个解释，但是需要指出的是，不同于一般补偿性赔偿的替代措施，一些普通法救济是具体的。比如，财产返还是一个具体的普通法救济：在某些情况下，原告可以用返还原物来取回被被告非法占有的个人财物（十三章进一步探讨原物返还）。因为原物返还是一项普通法救济，原告不需要证明其存在不可弥补的损害。① 正如莱科克的观点，任何对属于具体救济的衡平法救济的不可弥补的损害规则的辩护，都必须在合适的场合将原物返还（一种具体的普通法救济）的可行性视为是理所当然的。

例 2

苏珊盗走了你家珍贵的圣杯。它的市场价是 1 万美元，但你的情感价值超过 1 万美元。在你对苏珊的侵占侵权之诉中（要求苏珊支付其盗窃行为的赔偿金诉讼的正确案由），你是倾向于损害赔偿、一个要求返还圣杯的禁令，还是原物返还？你可以请求法院同时给予补偿性赔偿和禁令吗？

解释

每一种救济都兼有成本和利益。损害赔偿救济的主要成本为补偿可能不充分。正如我们在损害赔偿部分中所看到的，法院通常以市场价格为基础来确定补偿性赔偿的判决，1 万美元的市场价格不足以补偿圣杯对你的全部价值。另一方面，一些法院称为了获得惩罚性赔偿（见十五章）以惩罚

---

① 对于此部分，《统一商法典》第二部分并没有理所当然地给予守约买方原物返还的权利，根据§2-716(3)的规定，"若经过适当努力，买方无法取得替代货物，或情况合理地表明此种努力不会取得结果，或如果货物已在保留权利的情况下发运而其中的担保权益已经被满足，则买方有权取回已特定于合同项下的货物。"此权利似乎并不比前面§2-716(1)规定的实际履行的范围更广。

和阻止恶意行为,法院必须首先判决补偿性赔偿。这样,赔偿金可能是得到大额赔偿的一个好方法。当然,这需要苏珊有支付(补偿性和可能的惩罚性)赔偿金的财力资源。如果苏珊没有这个财力,那么赔偿金判决就没有意义。

禁令和返还原物救济最主要的好处是,每个都给你具体救济的权利:你可以取回被拿走的特定物。你可能不会得到惩罚性赔偿。返还财物和禁令哪个具有优先性,取决于你是否知道苏珊把圣杯放在了哪里。如果你知道圣杯存放的地方,并且比较容易到达,那么返还原物将是一个更好的救济,因为其作为一项普通法救济,你不必证明存在不可弥补的损害。在法院同意你获得原物返还的权利之后,你可以从法院获得一个指示司法长官扣押该财物的指令(更多辅助救济措施如扣押的讨论,见17.1)。

相反,如果你不知道圣杯之所在,那么返还原物对你来说作用就很小。在这种情况下,你可能希望获得一个禁令,以命令苏珊交出圣杯,或被法院以蔑视法庭惩处。如果证明圣杯是不可得到的(或许苏珊出卖了它并且无法找到),那么损害赔偿将是最好的。一旦苏珊有了财产,它们就会被司法长官扣押并出售以赔偿你的损失。

法院不会允许你同时得到损害赔偿(圣杯的全部价额)和禁令(命令返还圣杯)。这会让你双重获益。为说明原因,参见图7.2。

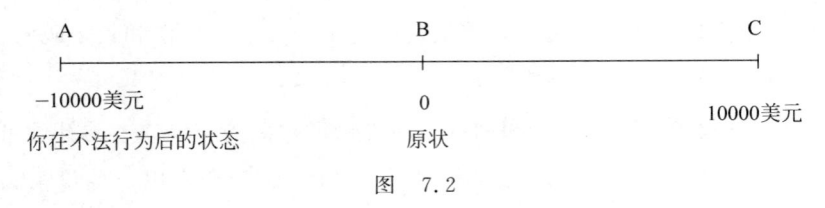

```
        A                      B                      C
        |——————————————————————|——————————————————————|
    -10000美元                  0                   10000美元
    你在不法行为后的状态         原状
```
图 7.2

不考虑情感价值(以及第一部分讨论的赔偿金的其他复杂问题),你在不当行为后的状态为A,即负1万美元。当你通过禁令追回圣杯时,你即恢复到了B点,即原来的状态(0),如果法院再判决赔偿1万美元,这将使你处于C点,即正1万美元。如此,你最终的状态将是比没有盗窃行为时更有利。

现在可能你所处的位置是完全合理的。苏珊实施了盗窃应受到惩罚，但这并非补偿性损害赔偿或禁令的目的所在，以上两者是以应有的状态标准为基础。我们可以用惩罚性赔偿来惩罚苏珊(有时利益返还亦可，我们将会在第三部分看到)。但是法院通常会让你在某一时刻选择一种救济，从而避免双重取得。

这并不是说一个人绝不会在获得禁令的同时得到损害赔偿。在这个案件中，如果你获得禁令并追回圣杯，你还有权获得因短期无法使用圣杯而造成的损失赔偿。因此，如果苏珊在1月1日偷走了圣杯，你直到3月1日才将其追回，在两个月里你饱受失去属于你的圣杯之苦。此损失或许难以估量，但是既返还圣杯又对你失去圣杯期间的损失给予赔偿并非是双重救济。

类似的概念也适用于实际履行的救济。假设普宁娜承诺把奥斯卡运营工厂需要的定制部件在1月1日之前交给奥斯卡。普宁娜违约，法院令其实际履行。当普宁娜完成部件的制作时，已经是3月1日，工厂已经停工两个月。法院通常会允许一个实际履行的判决并附以延迟履行损害赔偿——相当于在圣杯案例中短时无法使用圣杯的损失，来补偿履行延迟所造成的损失。这不会造成重复救济：如果普宁娜按期履行，奥斯卡将于1月1日得到部件，这样他就不会在1月1日到3月1日期间因工厂关闭遭受损失。在普宁娜直到3月1日还不履行的情况下，法院给予实际履行的救济，并没有完全使奥斯卡恢复到应有的状态。他依然有两个月的停工损失。只有禁令加上延迟履行赔偿金才能将奥斯卡恢复到应有的状态。

7.3 禁令的致害倾向要求及其范围

7.3.1 致害倾向，成熟，无实质争议

在深入讨论不可弥补的损害的要求之前，我们首先思考禁令的致害倾向要求，连同其适当的范围(8.1回到思考"结构性禁令")。

致害倾向规则要求,原告必须在法院签发禁令之前,证明存在一个来自被告的未来伤害的现实威胁(或来自过去的伤害行为的未来损害)。有时证明致害倾向是极其简单的,因为被告已经实施了违法行为,是一个阻止未来伤害的问题。比如,在普宁娜宣布他要违反生产定制部件的合同后,毫无疑问奥斯卡将受到损害。当昆西向鲁道夫宣布他打算砍掉他们房屋界址线上的树时,情况也是一样。这样,致害倾向有时候容易确立,无论禁令是修复性的(阻止过去伤害的未来不利结果,如在奥斯卡和普宁娜的假设案例),还是预防性的(阻止未来伤害,正如昆西和鲁道夫的假设)。

但有时致害倾向问题并不是很明确。假设昆西和鲁道夫是相处不和睦的邻居。鲁道夫看见昆西和一些承包工人在昆西的院子里,他怀疑昆西要移走那棵树(在鲁道夫的土地上)去建一座游泳池。如果鲁道夫向法院申请一个禁令以阻止将树移走,法院会要求一些致害倾向的证据,在这个案子中意味着昆西真要移走树的证据。然而,事情的真相可能是昆西并不想移走这棵树,或者昆西并不打算在取得鲁道夫的许可之前移走这棵树。①

为什么法院不能简单地颁发禁令,这样鲁道夫就可以确定昆西会在移走树之前思虑再三?(记住,昆西可能思虑再三,因为他有因违反法院命令而遭受法庭惩处的可能。)法院颁发命令的权力不会轻易使用,如果禁令可以很容易获得,那就会有一种危险:鲁道夫将会一直上法院寻求禁令。这不但给法院施加管理负担,(并且是不必要的,如果没有危险,即昆西或者鲁道夫的其他邻居不会做任何伤害鲁道夫的事,)又潜在地给鲁道夫一个在与他的邻居争执时的不公平优势。被法院错误的以蔑视法庭为由惩处的恐惧,可能会使昆西和其他人感到担心,尽管是行使他们合法的财产权利。

致害倾向问题通常以两种形式出现在法庭面前:成熟(ripeness)和无实

---

① 有时,法庭会将这种致害倾向的问题错误地贴上不可弥补的损害的标签。参见多布斯§2.5(1)。"'不可弥补的损害'或许是一个简短(且误导性)的说法,即如果原告寻求一个预防性禁令来预先阻止伤害,伤害的威胁必须是真实的。"

质争议性(mootness)。① 改编后昆西和鲁道夫的假设案例是一个成熟问题的好例子：没有足够的证据证明被告将参与违禁行为从而使得颁发禁令的行为正当。这并不是说鲁道夫寻求这样一个禁令的诉讼是不好的。为了支持昆西的成熟论点，如果昆西的律师提供一份来自昆西宣誓的承诺书，称他不会未经同意去碰鲁道夫的树，这将有利于鲁道夫。尽管此承诺并不如一个由蔑视法庭惩处权支持的法院命令，但如果昆西在签署这样的承诺书后移走了树，当鲁道夫之后起诉损害赔偿（也可能是惩罚性赔偿）时，法院将不会对昆西表示同情。

当一个被告过去从事一些有害的行为，但现在已经停止，并保证他不再参与这些行为时，无实质争议性的主张就会产生。法院在这种情况下需要做一个可信度决定，即确认被告是否有可能再次从事禁止性行为。如果被告依然有可能那样做，那么致害倾向的要求就满足了，因为存在将来侵害的现实威胁。

但是如果被告已经从事了有害行为，为何不颁发一个与先前行为相关的禁令？答案就是禁令必须是面向未来的行为，或者是面向过去行为的未来损害。对于已经造成伤害的过去行为，法院必须用损害赔偿或其他回顾型救济来处理，而不是通过禁令。

比如，假设昆西正处于从鲁道夫的地产上移走四棵树以修建泳池的进程中。鲁道夫在三棵树被移走后诉诸法院。更进一步假设三棵树中一棵的移除导致鲁道夫的车库崩塌，并且他房子的地基也受到威胁，除非昆西的地

---

① 你或许已经从宪法或联邦法院课程上熟悉了无实质争议性和成熟的概念。根据美国宪法第3条，联邦法院被授权只能听审"案件和争议。"因此，如果一个案件是不成熟的或没有实质争议的，联邦法院就没有听审的权力。然而，请勿将为了宪法目的的成熟和无争议性，与为了给予禁令而进行致害倾向满足测试的成熟和无争议性等同。一个案件可以足够成熟到符合宪法的要求，但一个法庭仍然可能因缺乏致害倾向而拒绝给予一个禁令。参见美国政府诉 W. T. 格兰特公司案［United States v. W. T. Grant Co., 345 U. S. 629,635（1953）］在那个案件中，最高法院认为原告满足了宪法标准，因为一个争议持续存在——被告会回到他旧有的方式。但它维持了一个地方法院以无实质争议性为由拒绝给予禁令的决定。"必要的决定是这里存在一些可辨识的复发性侵害的危险，应该有比仅仅使案件保持活力的可能性更重要的东西。"那个标准可能难以应用于实践，但它确实说明了宪法性和非宪法性无实质争议性和成熟的区别。

面得到加固。

鲁道夫能够：

- 获得三棵树和他的车库崩塌的损害赔偿（和可能的惩罚性赔偿，根据该州与惩罚性赔偿相关的法律）。
- 获得预防性禁令以阻止第四棵树的移除（此为一个阻止未来损害的禁令）。
- 可能获得一个修复性禁令，要求昆西对威胁鲁道夫房子地基的被移走的树的附近区域进行修整（此为一个阻止过去行为的未来不良结果的禁令）。

注意在这个救济清单中，一个禁令并不能处理三棵树的损失和车库崩塌的损失。记住，禁令只针对未来，而非过去。

例3

美国加州旧金山的帕西菲卡城有一段很长历史的对非裔美国人的官方和非官方歧视。在进行选举的时候，市政府并没有制止三K党对非裔美国选民的威胁，和阻止他们投票的行为。无可争辩的证据显示，因为白人选民多于黑人选民，并且在选举中黑人和白人投票的候选人不同，即使没有威胁，选举的结果也不会改变。法院认为市政府违反了关于城市中非裔美国选民权利的第十四、第十五宪法修正案。

非裔美国选民是否有权获得一个要求重新选举的禁令？他们有权得到别的救济吗？

解释

此例子大致来源于贝尔诉索思韦尔案[Bell v. Southwell, 376 F. 2d 659 (5th Cir. 1967)]初看起来，禁令可能对原告无用。伤害已经发生（就像在改编后昆西和鲁道夫的假设案例中已经被移走的树），而且进行重新选举不会对结果造成任何影响。考虑到社会科学家称之为"种族极化投票"，我们也可以预测，即使不存在选民恐吓，仍然将是同样的赢家和输家。

但这忽略了投票的更大象征性价值。非裔选民和所有在该地区的其他选民将生活在这样的城市，即任职到期满的官员们都是通过违宪的、种族歧视性的选举而产生的。这是过去的伤害对未来的负面影响,而一个修复性禁令可以通过一场重新选举来阻止这些未来的恶劣影响(即使那意味着选举结果不会改变)。

那些因种族原因被剥夺了选举权的原告,也可能提起损害赔偿诉讼来弥补过去所受到的尊严伤害。重新选举可减少额外伤害,但其不能消除在选举日已经发生的尊严伤害。至于这样的伤害应如何计算,思考本书第一部分的内容。

例 4

基于例 3 的事实,在下一个选举之前,非裔美国人原告寻求一项法院命令,要求帕西菲卡市政府采取措施,确保选民在自由行使其不受种族歧视的宪法性选举权时不再受到恐吓。市政府辩称不需要禁令,因为现在此问题没有实质争议(moot)。法院应如何判决?

解释

虽然对于上一次的选举,恐吓选民的问题现在的确是没有实质性争议,当下呈现于法院的问题是,市政府是否采取适当的措施以阻止违宪行为的再次发生,在下届选举中保护非裔选民不再遭受恐吓。对请求的裁决,法院将不得不考虑私人活动者再次试图恐吓黑人选民的可能性,和该市制定的阻止这样的行为在将来发生的计划的范围。法院决定是否颁发一个禁令,至少在一定程度上取决于法院对政府官员意图可信度的认定。市政府官员会用心保护选民的宪法权利吗?如果法院质疑市政府的公信力,法院可能会颁发禁令以防止未来的伤害,即来自下次选举时的新恐吓。

7.3.2　指令性救济的合理范围

假设昆西非常明确地告知鲁道夫他将移走鲁道夫地面的树,并在自己的土地上建一个泳池。在此情况下,鲁道夫就没有证明致害倾向的问题。假设他能满足禁令的其他要求(下面将讨论),双方当事人之间的交锋就会从法院是否应该颁发禁令,转移到禁令的范围上来。

思考这两个具有替代性的禁令,两者都可以防止昆西把树移走(不这样做会使他受到蔑视法庭的惩处）。

  禁令 A

  法院据此命令和判决，昆西不得移走当前位于他的房子（主街 123 号）与鲁道夫的房子（主街 125 号）之间界址线上的老橡树。

  禁令 B

  法院据此命令和判决，昆西不得移走当前位于昆西地产上或在他的房子（主街 123 号）与鲁道夫的房子（主街 125 号）之间界址线上的任何树。此外，昆西在获得鲁道夫的同意或法院的指令之前，不得在其土地上建造泳池或作其他的任何改造。更进一步，昆西不得采取任何手段去损害位于昆西土地上或位于昆西和鲁道夫房子之间界址线上的任何树，并且须一直采取积极措施，维持自己土地上或界址线上所有树的安在。

  当然，昆西会首选禁令 A，而鲁道夫则会首选禁令 B。要决定法院应选择哪一个，我们首先得问，当法院颁发一项禁令时意欲达到什么效果。如果法院目的在于应有的状态标准，可以说禁令 A 优于禁令 B，后者似乎将鲁道夫置于一个如果昆西没有威胁砍掉树，他本来应该所处的状态更好的状态。（你明白原因了吗？其一是鲁道夫获得了一个利益，那就是法院命令昆西未经鲁道夫同意或取得法院指令，不得对他的财产进行任何的改造。）

  另一方面，禁令 B 包含的一些措施，可以在应有的状态基础上得到辩护。可以说，要求昆西不得采取手段损害其地上的树，可以保护鲁道夫的应有地位（即其财产权利不受昆西的树的影响）。一些人会把这些措施看作是预防性禁令，因为它们可保护应有的状态。

  禁令 A 和禁令 B 之间的选择，在某种意义上是谁应该承担法院命令中出现问题的风险。禁令 A 将风险加于鲁道夫，因为它极少提供预防措施，有一些办法昆西可用来实现他想要的结果而不违反法院的命令，比如不给树浇水直到它死亡。禁令 B 将风险加于昆西，禁止他参与一系列的其他合

第七章 禁令和其他衡平法救济：在伤害之前阻止　　163

法活动，比如把他地上的树统统砍掉，或进行与争议的泳池项目无关的其它改造。

一些法院可能选择禁令 B，不是去保护鲁道夫的应有地位，而是服务于一个错误定义的"正义"愿望。回顾一下衡平法院的起源：这些人开始向国王请愿，要求取得在普通法院不可企及的公正结果。一些法官今天可能仍然认为，他们的衡平权力比仅仅是确保原告处在应有状态的权力更加广泛（见莱科克，第 307 页）。（"在其极端，这个传统的说法是，一旦有一个违法行为给衡平法院带来案件，法院就有一个巡回委员会来做善事。"）此外，"这种关于衡平法的灵活性和审判法官在衡平案件中的自由裁量权的讨论引起了一个著名的抱怨：依靠大法官的良心作为衡量正义的手段，就好像依靠大法官的脚来衡量长度一样。"（同上，第 308 页）

正如我们在下一章将看到的，作为一个宪法问题，最高法院已经示意在机构诉讼中（所谓"结构性禁令"），法院必须以应有的状态标准为目的，并且不要给予与原告可能受到的损害不太相关（或者完全不相关）的救济。然而在某些情况下，很难分辨目标是应有的状态的禁令 B，（但是对原告提供了一点额外的保护——预防性禁令）和一个看起来像预防性禁令的更宽泛禁令之间的区别。

例 5

再次思考帕西菲卡选举歧视案（例 3 和例 4）。你将如何起草一项适用于下次选举的预防性禁令？你认为采取哪些预防性措施能使原告处于应有的状态？

解释

这真是一个很难回答的问题。实际起草禁令不是一件容易的事。你想要一个命令，要求有歧视历史的警察部门去保护其非裔美国居民免受第三人的歧视。你需要问自己关于此禁令应该如何具体的问题。如果你把它做得太笼统，通过蔑视法庭惩处权强迫其遵从将是无用的。比如，试想一个禁令说："帕西菲卡市的警察部门应采取一切合理措施防止选民在选举日受到恐吓。"如果选民依然被恐吓，这些选民将如何证明警察部门并没有采取"一切合理的措施"?

另一方面,如果规定的过于详细,则会要求警察部门进行一些微观管理,而这超出了法院的专业知识。比如,试想一个禁令在相应部分规定:"帕西菲卡市警察部门应该采取一切合理的措施防止选民在选举日受到恐吓,包括但不限于在选举期间,每一投票站派驻两名警察。"市政府可能没有足够多的警察这样做,并且也不确定这是不是对资源的最好利用。(比如,如果城市里有种族隔离,那么把警察派驻在非裔美国人居住地区或许更有意义。)

法院也可能被诱惑以预防性措施的名义超越应有的状态标准颁发禁令。例如,思考一项禁令,部分内容是要求该市"在选举日前要求所有选举工作者参加种族敏感性训练。"这样的训练可能是个好事,但它与外部煽动者(三K党)扰乱选举活动的问题没有必然联系。这种问题需要执法部门的响应,而非敏感培训。然而,有些法官在准备起草禁令时,也会受到诱惑把一些其他规定纳入禁令中。(正如法官或陪审团可能会受到诱惑,因为各种原因给原告比他们所证明的损失更多的赔偿金。)

例 6

你会如何起草一个禁令,确保普宁娜履行其与奥斯卡的部件定制合同?

解释

命令可能会简单的要求普宁娜在一个特定日期交付部件。但是,基于项目的复杂性和法院继续介入以确保普宁娜履行协议的意愿(和需要),一个法院可能命令普宁娜在特定日期前做出一定的推进,并向法院报告进展情况。另外,法院可能会批准一些机制,允许奥斯卡检查普宁娜的进展,并在必要时向法院告知有关事项。

7.4 无法弥补的损害要求

目前为止本章的大多数例子,原告寻求禁令时对于满足无法弥补的损害要求而言,并不会遇到很大的麻烦。思考一下奥斯卡,她没有得到普宁娜

第七章　禁令和其他衡平法救济:在伤害之前阻止　　165

开始制作但尚未完成的定制部件;或者鲁道夫,他将失去昆西即将砍掉的大树提供的荫凉;或者再思考帕西菲卡市的非裔选民,他们会失去选举这一宪法权利,由于市政府没有保护他们免受三 K 党的暴力威胁和恐吓。

　　在无法弥补的损害规则下,这些都是简单的案件。在每个案件中,损害赔偿救济都不如指令性救济。金钱对于运行工厂所需要的部件、不可替代的绿荫树或珍贵的选举权来说,都不是一个很好的替代品。金钱能够提供一些补偿,显然比什么都没有强一些,但是金钱并不如禁令中所要求的具体救济那样好。

　　因为这个原因,法院通常会认为,当损失不容易被代替时,无法弥补的损害规则就会被满足。这种直觉加上每一块土地都是独一无二(并且不能被另一块替代①)的夸张观点,解释了普通法对涉及土地买卖的合同允许实际履行的原因。不可替代性的概念也出现在《统一商法典》第二部分,主张当货物是独一无二时应允许适用实际履行;在§2-716 条的评论中,提到当非违约买方不能容易的出去购买到替代品时,实际履行就是非常合适的。找到一个替代商品越困难,这是一个涉及独一无二的货物买卖合同的事实就越清晰。(这将会使我们质疑,《统一商法典》对实际履行的考虑,是否真的适用于独一无二的货物概念之外。)

　　但假设替代购买对奥斯卡来说很容易,这个部件并不是定制的,他很容易在别处找到。《统一商法典》标准建议奥斯卡不能获得实际履行的命令。取而代之的是,他被期待进行替代购买,然后起诉普宁娜要求损害赔偿。(或者,如果他没能得到替代品,正如我们在第六章所看到的,减少损失规则会将他视为已经获得替代购买。)普通法的标准看上去与之相同,虽然奥斯卡可能会争辩说损害赔偿是不充分的,因为他必须得再进行一次可能困难重重的购买活动。

　　但是想想这个规则,奥斯卡和普宁娜签订了一份合同,然而在履行中途

---

①　当一个人想到一个家庭住宅或不动产时,这个观点可能适用,但是对于可替代的房地产而言,这个观点并不正确,特别是为了投资价值而购买的不动产。对于一个投资者而言,需要 233 号的程度或许并不比 422 号多或者少多少。

普宁娜宣布她计划违约。大多数情况下,奥斯卡将不再希望普宁娜履行,并且他很高兴得到损害赔偿。他或许再也不想和普宁娜开展业务(或者甚至看见她)。当合同纠纷以诉讼告终时,双方当事人之间通常会有很大的敌意。如果奥斯卡仍然要求实际履行,一定是因为普宁娜的履行对于他而言有一些特别的价值,使得他愿意继续与她做生意。(毕竟,如果她不把部件做好,在已经迁怒于对方的当事人之间有进一步发生诉讼的风险,何必冒此风险呢?)

这一分析表明,当一个合同的非违约方要求法院给予实际履行的判决时,该行动本身通常就是无法弥补的损害规则已经得到满足的有力证据。那就是,如果非违约方试图强制违约方继续合同关系,那是因为损害赔偿与指令性救济相比,并不是一个好的救济措施。

更一般化的讲,在实际履行的语境之外,当面临被告从事违法行为的倾向时,也常常会出现这种情况:一个原告寻求指令性救济时可以很容易地证明一项普通法救济并不充分。思考一下即使在极端情况下,鲁道夫非常在意其地上的那棵树。很难想象今天的法院会认为昆西有权进入鲁道夫的土地,违背鲁道夫的意愿砍掉其一棵树,之后只需支付鲁道夫赔偿金。这样的规则似乎是对我们目前的财产权利观念,和从保护的区域驱除出外来者的能力观念的一种侮辱。因此,一个损害赔偿判决本质上不如一个禁令,即使是当事人寻求禁令除了宣示他的权利外,并没有任何别的理由。

然而在一些情况下,法院会运用无法弥补的损害规则来拒绝给予禁令,即使此时损害赔偿不是一个好的救济。下一节将提供一系列政策性理由,来说明法院为什么会决定禁止一个禁令,即使原告可以证明致害倾向和无法弥补的损害。

例 7

帕西菲卡丰田公司与厄休拉签订一份合同,约定丰田公司出售给厄休拉一辆丰田红宝石凯美瑞汽车。这是一款限量版颜色,但在其他方面是一样的。合同价格为 2 万美元,这是市场价。在当事人订立有约束力的合同之后,交付车辆之前,维克多向经销商提出要以 2.8 万美元购买此汽车。帕西菲卡丰田公司告知厄休拉其将违反合同将车卖给维克多。丰田公司查看了其计算机数据库,发现该地区再无其他红宝石凯美瑞汽车。他们愿意将一辆蓝色的、白色的或黑色的凯美瑞汽车以 1.9 万美元售于厄休拉,比市场价低 1000 美元。如果厄休拉去法院寻求一个实际履行的命令,法院会给予她吗?如果证据表明,假设法院批准实际履行,她将为了很快挣得 8000 美元利润,而转身把车卖给维克多,那怎么办?

解释

这是一个动产买卖合同,意味着由《统一商法典》第二部分调整。回忆一下根据§2-716条的规定,在货物独一无二时或在其他适当情况下(比如原告找不到替代品),法院会给予实际履行的判决。这一规则在本案的应用,取决于"限量版红宝石"的颜色能否使此标的物成为独一无二的。可以说它是,否则维克多将不会为该汽车支付这么多额外的费用,并且厄休拉也会以折扣价买一辆别的颜色的凯美瑞。法院应该判决实际履行。

厄休拉可能转身将车卖给维克多净赚利润 8000 美元,但这并不影响什么。毕竟,买方要求实际履行的权利,并不要求其在独一无二的财产上表现出一些情感或个人价值。它之所以独一无二,可能是因为其产生了更高的市场价。因为当事人为独一无二的标的物签订了具有约束力的合同,看上去《统一商法典》会让厄休拉得到汽车,并且如果她选择卖掉它,可以得到维克多支付的任何利润。

7.5 易趣网案是否为联邦法院颁发禁令设定了新标准?

如上文 7.2 所述,原告在寻求禁令时,通常必须证明无法弥补的损害和致害倾向以获得禁令,还受制于某些政策因素(于下文 7.6 部分讨论)。然而,在 2006 年易趣网诉默克专利交易公司案[eBey Inc. v. Mercexchange, L.L.C., 547, U.S. 388, (2006)],最高法院对颁发禁令的标准增添了混乱,至少在联邦法院。

在易趣网案,最高法院驳回了美国联邦上诉法院采纳的联邦巡回法院的一项决定,即专利被侵犯的专利持有人在大多数情况下都有权得到对抗侵权人的禁令。毫无争议,最高法院驳回这个自身明显违法的规则。但有争议的是,最高法院却规定了一项禁令是否应该颁发的标准。

  根据公认的衡平法原则,原告寻求永久性禁令,在法院准予此种救济前必须满足四个要件。原告必须证明:(1)遭受了无法弥补的损害;(2)普通法上可用的救济,比如金钱赔偿金不足以弥补这种损害;(3)考虑到原告和被告之间困难的平衡(balance of hardships),一项衡平法的救济是应当能被批准的;(4)公共利益不会受到一项永久性禁令的损害。

尽管最高法院认为这些都是"公认的衡平法原则",事实上,"救济专家从未听过这四项标准……法院似乎在为一个最终的禁令确立一个并不存在的'传统'标准,除非可能是为一个预先禁令。"参见道格·伦德尔曼:《易趣网诉默克专利交易公司案后审判法官的自由裁量权》[The Trial Judge's Equitable Discretion Following eBay v. MercExchange, 27 Rev. Litig. 63, 76n. 71(2007)];莱科克教授认为,这个新的易趣网案有"重大伤害的巨大潜力"。(莱科克,第426页)

尽管有这些学术批评,最高法院最近在孟山都公司诉盖斯顿种子农场案中重申了这一易趣网标准[Monsanto Co. v. Geerston Seed Farms, 130 S. Ct. 2743, 2757 (2010)]。葛根、金和史密斯教授发表在《哥伦比亚法律评论》上那篇关于这个主题的文章,批评法院或许是无意所确立的易趣网标准,也许会引起法院的重视。[马克·葛根、约翰·金和海伦·史密斯:《最高法院的意外变革吗?永久性禁令的标准》,112 Colum. L. Rev. 203(2012)。]

易趣网标准的一个具体问题是,这里第一和第二论点之间似乎没有差异,如果你读了上面的7.2部分,这一点应该很清楚。事实上,在被最高法院驳回后,原审法院如是说:"无法弥补的损害要求和普通法救济的探究本质上是一个硬币的两面,然而,最高法院将它们分别强调,是为了符合最高法院所概括的四项因素标准。"默克专利交易公司诉易趣公司案[MercExchange,L. L. C. v. eBey Inc. ,500 F. Supp. 2d 556,569(E. D Va. 2007)]。

易趣网标准的另一个问题是,如何处理困难的平衡和公共利益标准。困难的平衡标准通常适用在预先禁令案件中,正如我们将在第九章所看到的。在被告抗议对于自己过于困难,或者公共利益与禁令的颁发严重冲突时,这些通常都是被告提出的抗辩(参见伦德尔曼,前引书,第 82-88 页),原告没有事实基础去反驳。也不清楚在孟山都案之后,"对公共利益的好处不能作为支持签发禁令的因素,但是损害公共利益却是不颁发禁令的绝对理由。"这一点是否仍然如此。(道格拉斯·莱科克:《现代美国救济法》,2012 Teacher's Update 35)

例 8

帕西菲卡保护协会(以下简称 PPS)申请永久性禁令,禁止大开发有限公司(以下简称 BDC)从其最近购买的地产上移除具有历史意义的大橡树。BDC 想砍掉树为一个 1000 万美元的开发项目让路。PPS 辩称这棵树受到保护古树的州法律的保护。假设 PPS 可以证明该树受法律的保护,PPS 和 BDC 都没有证据证明,禁止砍掉这棵树的禁令将会给 BDC 造成很大的困难,也没有任何一方提出任何证据,证明保护或砍掉这棵树是否符合公共利益。法院应该如何裁决 PPS 的禁令申请?假设法院在授予永久性禁令时适用易趣标准。

解释

虽然目前尚不清楚法院应如何裁决此案,但 PPS 没有提供事关当事人的困难平衡和公共利益的证据,这一点并不对自己有利。根据易趣网标准,原告对这些问题负有举证责任(尽管传统上通常被认为这些都是由被告提出和证明的抗辩)。但是如果有足够的证据证明具有无法弥补的损害或普通法上没有适当的救济办法(同一个因素,但最高法院在易趣网案中却作为两个因素列出),法院仍有可能批准禁令。即使无法弥补的损害应该很容易证明，(毕竟，如何能用损害赔偿来替代一棵具有历史意义的树?)但根据易趣网标准，在本案中这种损害的证据不足以支持一个禁令的颁发。

7.6　法院拒绝禁令的其他政策理由

前面的部分表明，当原告面临一个可能侵犯原告权利的被告时，他申请禁令而不是接受损害赔偿，这通常是有一个很好的理由：损害赔偿并不像衡平法提供的并得到蔑视法庭惩处权支持的实际履行救济那样好。

但法院有时会以无法弥补的损害规则的语言为借口，以政策性理由拒绝一项禁令。更直接的，法院有时会明确以政策性理由拒绝禁令，甚至承认原告已经证明了无法弥补的损害和致害倾向。

莱科克教授在他的著作《无法弥补的损害规则的消亡》中，提供了许多很好的例子，说明法院滥用无法弥补的损害规则，实现的结果是我们许多人都认为是基于政策的理由。参见莱科克：《无法弥补的损害规则的消亡》，第60-192页。更引人注目的是他在范·瓦格纳广告公司诉 S & M 企业案中[Van Wagner Advertising v. S & M Enterprises, 492 N. E. 2d 756(N. Y. 1986)] 的论述。①

在瓦格纳案中，曼哈顿市中心隧道附近一幢大楼的所有者将空间租给范·瓦格纳广告公司，让其在建筑的东边墙上竖立广告牌。该空间面对隧道出口(无疑是一个很好的广告牌地点)。租赁期限为三年，但可以选择另外延长七年。范·瓦格纳竖起一个广告牌并转租给另一方三年。租期临近时，建筑物的主人把建筑物卖给了新的主人，并声称取消和范·瓦格纳的合同。新的所有者想拆除此建筑(包括广告牌)和其所购买的附近的一些房产，以便在该区域建造一个新的大型住宅商业开发项目。

---

　　① 尽管这对救济法课程的学生来说是一个有趣的例子，但它不像当事一方的名称 S & M 企业那样让你觉得有趣。

第七章 禁令和其他衡平法救济：在伤害之前阻止　　171

当案件提交纽约最高法院即上诉法院时，主要问题并不是建筑物所有人是否违反了合同（是的），而是范·瓦格纳是否有权得到实际履行的判决。根据我们已经看到的规则，这似乎是一个很容易的案件，法院可发出禁令：

1. 致害倾向：建筑物所有人已经违反合同并打算拆除大楼。毫无疑问，所有者所摆出的并不仅仅是侵犯瓦格纳权利的一点威胁。

2. 无法弥补的损害：对瓦格纳来说，损害赔偿并不像禁令那样是个好的救济。回想一下，有些法院将涉及不动产的合同作为实际履行的首选案件，原因是每一块土地都是独一无二的。虽然这种观点可能并不总是正确的，但这似乎是一个特别有力的例子：每天尽力从曼哈顿市中心的隧道涌出，而陷入交通堵塞的成千上万的人看到的广告价值多少？除此之外，记住瓦格纳已经转租给另一方，后者现在可以起诉瓦格纳违反租约。此外，对于财产的七年选择权的价值是多少？所有的这些因素都是得出如下结论的原因：瓦格纳满足无法弥补的损害要求。

但这不是纽约州法院所持有的观点。它首先指出，不动产合同中理所当然可适用实际履行的规则，但这仅限于买卖合同而不适用于租赁合同。它还指出"在某种程度上所有的财产都可以用货币来交换"——该观点是一个法院承认的，破坏了曾经确立无法弥补的损害规则的基础。随后它得出结论，这里没有无法弥补的损害，因为初审法院正确的决定，"这种具有'独特品质'的消亡空间的价值可以被合理的确定，而且不会给受损害的租客带来不可接受的、补偿不足的高风险。"

莱科克指出（《无法弥补的损害规则的消亡》，第 162 页）了这种对无法弥补的损害规则的分析与通常理解的不一致：

这些损害赔偿充其量是不完美的，并且可能有严重缺陷。瓦格纳失去了收取从第四年至第十年间更高租金的机会，法院也没有尽力赔偿损失。更重要的是次承租人，即订立契约在隧道口展出广告三年的广告商。他的损害似乎完全无法估量。要么他彻底失去期待利益，除了免去他需支付租金的义务外不会得到任何补偿，要么瓦格纳对广客户失去的期待利益承担责任。瓦格纳没有就那项责任获得任何赔偿,法院也没有就如何衡量广告商的损害问题发表意见。

并不是说法院对此案的结果有误。事实上,法院的结果很可能在初审法院援引的另一个理由上是正确的:被告有如此多的困难以至于瓦格纳应该被否决得到禁令的权利。法院写到:"它很好的解决了衡平法救济的强制实施本身不应该产生不公平,并且实际履行不应该是一种过度的负担。"什么负担?如果瓦格纳获得禁令,它可以阻止曼哈顿市中心一个街区的再开发。① 因此法院可能做出了正确的结论,但它(不必要地,考虑到决策的另一个理由)不经意间损坏了无法弥补的损害规则。

给被告造成的困难是拒绝给一个原告禁令的政策性理由,虽然他可以证明无法弥补的损害和致害倾向。然而,这并不一定是一个简单的论点。法院在决定原告是否有权获得禁令时,不只是简单的平衡原告和被告的困难。②

即使在被告故意违法的情况下,法院通常也会考虑到这种困难的争论而拒绝"衡平法救济"。(试问自己如果建筑物所有者在这里是一个违法行为者。正如我们在第四章所讨论的,至少有些法院不认为违约方都是违法作恶者,至少在多数情况下。)然而,在某些情况下,与给予原告禁令时其所获得的利益相比,被告会承受不成比例的损害,此时法院就可以以阻止困难为由拒绝给予禁令。

法院可能会考虑其他政策性的原因而拒绝给予原告禁令,尽管其本来满足获得禁令的其它要求。正如上文所提到的,在联邦法院,陪审团审判的权利被宪法第七修正案和许多州的宪法所保证。再次思考奥斯卡和普宁娜

---

① 一位经济学家可能会说,如果给予瓦格纳实际履行的权利,他不大可能实际地阻碍如此重大的发展。相反,这座大楼的所有者可能会付给瓦格纳一笔慷慨的款项(远超过法庭判决给瓦格纳的赔偿金),让其放弃保留广告牌的权利。关于经济分析的讨论和这种谈判的可能性,见本章例1和其解释。

② 在新的易趣网标准下,正如上文7.5讨论的,原告负有困难平衡的举证责任。

违反定制部件的合同案例,如果奥斯卡请求适当的损害赔偿,大多数州的宪法会让奥斯卡获得陪审团审判的权利,但如果奥斯卡请求实际履行,在很多州他将无权获得陪审团的审判,因为他寻求的是衡平法救济。①

奥斯卡处在一个优势地位:如果陪审团审判的权利对他足够重要,那么他可以在损害赔偿和禁令之间选择损害赔偿。但请注意,如果奥斯卡选择实际履行,这也剥夺了被告普宁娜获得陪审团审判的权利。因此,法院可能会驳回奥斯卡实际履行的请求,因为这剥夺了被告获得陪审团审判的权利。

许多被告可能乐意接受法官审判(法官审判而非陪审团审判)。在我对涉及衡平法救济而被告要求陪审团审判的案件进行研究的过程中,我发现在很多案件中,一个大公司的贷款方会寻求控制一个贫穷的被告或失败的小企业的财产。你可以理解为何在此情况下被告想要得到陪审团审判的权利。

在许多司法管辖区,像普宁娜那样为获得陪审团审判的投诉会被置若罔闻。见国家城市银行诉阿卜杜拉案[National Bank v. Abdalla,722 N. E. 2d 130,134(Ohil APP. 1999)]。(拒绝被告在强制执行财产的诉讼中要求陪审团审判的观点:"任何一方当事人在衡平法诉讼中都没有主张陪审团审判的权利。")

俄亥俄案的规则有一定道理。如果原告获得衡平法救济的权利,可以仅仅因为被告要求陪审团审判而被剥夺,这对寻求禁令的原告而言是一个非常恶劣的结果。然而,考虑到被告获得陪审团审判的权利,一些法院已经采取妥协立场。比如,在北达科他州,"一个被起诉的人不得被剥夺得到陪审团审判的权利,除非寻求避免陪审团审判的当事人明确和毫不含糊地表明他在寻求一个衡平法救济,而且如果他能证明他起诉中所陈述的事实,他也有确定的权利这样做。"参见创电子信用合作社诉里奇曼案[Gen. Elec.

---

① 在一些州,至少对于一些衡平法的请求,成文法规定了陪审团审判的权利。参见史密斯县教育部门诉安德森案[Smith County Educ. Ass'n v. Anderson,676 S. W. 2d 328,337(Tenn,1984)]。

Credit Union v. Richman 338 N. W. 2d 814,818 (1983)]。①

宪法第一修正案所保障的言论自由也可以作为拒绝向原告给予禁令的依据,尽管他们本来有权获得。思考一下西格尔利基金会诉佛罗里达州动物权案[Siegel v. Animal Rights Foundation of Florida, 867 So. 2d 451 (Fla,APP. 2004)]的事实。戴维·西格尔经营着位于佛罗里达州的分时度假公寓。为了吸引顾客,他雇了"虎眼制作"进行每周两次的动物演出。佛罗里达动物权利基金会在西格尔的住所和经营场所开始投书运动和抗议,宣称其通过表演虐待动物。他以诽谤和诋毁为由提起诉讼。

初审法院最初拒绝了预先禁令的请求,但当抗议继续时,法院给了禁令。(这是一个预先禁令而非永久性禁令的事实,与我们的目的无关。假定法院认定动物权利组织事实上进行了诽谤和诋毁。)禁令中的相关条款:

> 被告希瑟·雷斯彻和佛罗里达动物权利保护基金会、他们的佣人、雇员、代理人和或为了他们的利益或根据他们的要求行事的任何人或组织,还有与他们一起积极共同行动或参与其中的人(下文称"被告"),应立即停止侵害干扰原告有利的业务关系,不得直接或间接的以口头或书面形式发布如下的声明:
> "戴维·西格尔虐待动物"
> "戴维·西格尔容忍虐待动物"
> "现在在西门动物虐待中心演出"
> "戴维·西格尔支持虐待动物"
> "西门支持虐待动物"
> "西门支持虐猫者"
> "戴维·西格尔支持粗鲁地对待动物"
> "西门支持粗鲁地对待动物"

---

① 自里奇曼案后涉及到北达科他州在衡平法案件要求进行陪审团审判的权利的更多复杂问题的讨论,参见爱德华 E. 埃里卡森:《衡平案件中陪审团审判的权利》,69 N. D. L. Rev,559(1993)。

第七章 禁令和其他衡平法救济:在伤害之前阻止 175

"现在在西门动物虐待中心演出"和

"西门拒绝停止虐待动物"给

(1) 原告实际的或潜在的,在原告的佛罗里达分时度假村入口处或里面的任何一个地方的客户和他们的客人。"客户"指的是被原告直接或间接地邀请,购买或租赁任何西门度假胜地或者有限公司的一个分时单元的所有人。"客人"是指被西门度假胜地有限责任公司的客户邀请的所有人。"邀请"指因为西门度假胜地有限责任公司的任何广告、营销或促销活动而来西门度假胜地的人。

(2) 在西格尔家所在地的入口处,或里面的戴维·西格尔的邻居。①

通过一场2:1的投票,佛罗里达上诉法院认为,该禁令对言论的事先限制是违宪的,因此必须推翻。法院还推翻了禁令中限制抗议者人数和抗议者使用扩音器的数量的部分。持反对意见的法官认为,禁令的部分内容是合宪的,因为有充分的证据表明部分陈述是诽谤性的(被告承认没有证据表明西格尔本人或他的公司西门有"虐待动物"的行为),并且被告的行为构成对西格尔的骚扰。

宪法第一修正案对指令性救济的防御,并不会让西格尔处于无法救济的状态。如果他能证明被诽谤,他将得到损害赔偿。但是在一个诽谤案件中的损害赔偿,即使是对名誉损失的"推定赔偿金"(参见3.4),很少像禁令那样对原告有利:无法知道西格尔的潜在客户有多少被动物权利抗议活动吓走,或者有多少这样的客户,如果没有被这些声明所阻止就会与西格尔成交。原告是有一种救济,但可能是一种远不如禁令的救济。

---

① 就禁令的起草和范围而言,你如何评价这个禁令?思考一下如果被告雇了一架飞机飞越西格尔的营业场所和住地,飞机悬挂着一张受尽折磨的大幅动物照片,并伴随着鲜艳的标语:"戴维·西格尔和西门都想让动物死,死,死!!!!"这是不是违反禁令?如果这不违反,你怎样重写禁令以更有效地涵盖这种行为?你应该明白具体和一般之间的权衡。如果很具体,被告不大可能声称其行为没有违反禁令,但是如果过于具体,则产生了一个违反禁令的精神但并不违反其字面规定的"漏洞"。法庭一般不会因违反禁令的精神而认定为蔑视法庭。解决这个问题的最好方法(尽管是一个并不完美的方案)是提供实例,并添加一些通用语言如"或类似的毁谤西格尔对待动物的语言"。

个人服务合同是法院有时拒绝颁发禁令的另一个政策性领域。思考贝弗利·格伦音乐公司诉华纳通信公司案［Beberly Glen Music v. Warner Communcations，Inc.，224 Cal. Rptr. 260，260（App. 1986）］。

1982 年，原告贝弗利·格伦音乐公司与当时默默无闻的歌手安妮塔·贝克签订了一份 EXA 合同。贝克小姐为贝弗利·格伦录制了一张比较成功的专辑，票房收入超过 100 万美元。然而到 1984 年，被告华纳通信公司为贝克小姐提供了一个更加优惠的职位。因为她与贝弗利的合作有一些困难，她接受了华纳公司的要约，并通知原告不愿再履行合同。贝弗利·格伦随之起诉贝克小姐。

加州上诉法院指出，提供个人服务的合同无法被实际执行是一个普遍规则。"如果这样做，就违背了宪法第十三修正案关于禁止强制劳役的规定。"这样，贝弗利·格伦将不会获得要求安妮塔·贝克为他们录制音乐专辑的禁令。

然而，回避法律禁止的一个常见迂回方式是，非违约方可以寻求禁令，禁止被告为他人提供个人服务。"结果是，通过否定被告获得谋生手段的方式，迫使他自愿回到他的雇主那里。事实上这是它唯一的目的，因为，除非被告和解和尊重合同，否则原告即使得到禁令也将一无所获。"[1]

贝弗利·格伦案的法院认为，一项加州的法令禁止实施对贝克的"否定性"合同，[2]但其他法院支持这种合同。参见纳索体育诉彼得斯案［Nassau

---

[1] 支持在个人服务合同中使用"消极"禁令的典型案件是拉姆利诉瓦格纳案［Lumley v. Wagner，42 Eng. Rep. 687(1852)］，涉及歌剧歌手违反在歌剧院献唱的合同。

[2] 一个法理基础完全类似的出自蒙大拿州的案件，参见雷耶尔广播公司诉克莱默案［Reier Broadcasting Co. v. Kramer，72 P. 3d 944(Mont 2003)］。《加州民事法典》，CAL. CIV. CODE § 3423(e) 已经修改，允许法庭只在以下情形才可给予这种否定性禁令，为了"一个提供服务的书面合同，承诺的服务是特殊的、独一无二的、与众不同的、非凡的，或具有智慧特征，以上特征赋予了其独有的价值，其损失在法律诉讼中通常不能得到合理或充分的赔偿"，而且对于人身服务的补偿符合法规中赔偿金额计算的两个复杂公式之一。从表面上看，目前还不清楚加州立法机关为什么会用这些复杂的计算公式。也许有一些来自行业的压力，要求其包含或排除某些类型的合同当事人。

第七章 禁令和其他衡平法救济：在伤害之前阻止   177

Sports v. Peters,352 F. Supp. 870(E. D. N. Y. 1972)]。（支持一个禁令,禁止一个与国家冰球联盟队签约的职业冰球运动员去为竞争对手世界冰球联盟效力。）然而,很难找到大量现代案例分析这些消极禁令的使用,这表明原告可能不会经常寻求它们。一个原因是这样一个消极禁令是不必要的,因为禁止为竞争对手工作现在通常包含在不竞争契约中,并且今天的诉讼集中在这些契约是否是可执行的,或是否与公共政策相冲突。

法院的负担是法院拒绝指令性救济的最后一个政策原因。在这方面,思考迪亚斯诉凯-迪克斯大农场案[Diaz v. Kay-Dix Ranch,88 Cal. Rptr. 443(APP. 1970)]。一批合法的加州农场工人,担心来自墨西哥的非法工人的竞争,从而寻求禁令对抗三个私人牧场,"要求被告对就业申请人的公民或移民身份进行一些合理的调查,并将之作为聘用的前置程序。"上诉法院维持原审法院拒绝给予禁令的原因之一就是法院承受的负担。

> 如果被告被禁止,加州的其他农场经营者也同样要被禁止。这些禁令的网会覆盖农业种植者。一个高级法院可能被要求签发几十份这样的禁令。正如该法院所预见的,这些禁令在实际操作时,农场经营者或其领班将使每个新工人通过一个相对简单的询问,并签署一份法律文件……农场经营者和其领班将被集中起来,决定每个新工人的地位,合法或者非法……违反禁令将使得雇主受到蔑视法庭的惩处,被处以罚款或监禁……合法工人或其他服从者将会举报貌似违反禁令的行为,蔑视法庭的传讯将被发出,司法听证也会举行。在就业高峰季,农业区的高等法院将对蔑视法庭的指控,和调查的形式及充分性做出裁决。覆盖加州农业区域的多重禁令将具有一个法定规章的累积效力,而这些规章是由高级法院通过蔑视法庭听证会来执行的。原告寻求的指令性救济将会使农场经营者面临沉重的管理负担（如果可承受）；让法院面临沉重的（如果可忍受）执行责任。

法院得出结论,"依据人类的任何价值尺度进行独自权衡,农场工人的需要远比雇主背负禁令的预期困境更迫切。此外,联邦行为的效率,使得天平并不会向指令性救济倾斜。"

注意法院对禁令制度的判断——给予法院"沉重的(如果可忍受)执行责任。"究竟多繁重是适当的呢?这个问题很可能没有一个单一的答案。然而,答案不仅在于禁令给法院多大的负担,还在于禁令所寻求推进的社会政策有多重要。基于这一点,想想在南方公立学校针对废除种族隔离的禁令。正如我们将在下一章所见到的,这些禁令使法院负担繁重,有些持续了几十年,并要求法院进入学校政策层面的微观管理。然而,许多人会认为,鉴于消除种族隔离的价值,禁令给法院带来的沉重负担仅仅是一个微不足道的代价。

总之,法院有时会基于政策的原因拒绝给予禁令,即使原告能够证明存在无法弥补的损害和致害倾向。以下是本节讨论的政策原因的不完全清单:

- 给被告带来过度的困难
- 保护被告的陪审团审判的权利
- 第一宪法修正案的事项
- 涉及关于劳动或奴役的限制
- 法院的负担

正如在瓦格纳案中,警惕法院会认为原告不满足颁发禁令所需要的无法弥补的损害这一要求。法院在拒发禁令时,有时会更注重不成文的政策理由,而不是现已消亡的"大法官之手"——似乎是拒绝给原告提供其目的在于直接实现(至少比损害赔偿更直接)应有的状态的具体救济。当事人不应畏惧直面无法弥补的损害和政策的争论。

例 9

与西格尔动物权利案的事实相同,但假定有确凿的证据表明动物权利保护者没有财产。这意味着如果陪审团判决西格尔损害赔偿,他将无法得到赔偿金。如果是这样,这改变了法院是否应给予禁止动物保护言论的禁令的分析吗?

解释

被告没有财产的事实是西格尔面临的无法弥补的损害的另一因素：损害赔偿不足以使原告恢复到应有的状态。这是否会侵犯宪法第一修正案所规定的言论自由权，是个很难回答的问题。一方面，如果被告没有财产，西格尔就不能获得任何救济：宪法第一修正案排除了一个可以使他恢复到应有状态的禁令，并且任何损害赔偿都不能得到。另一方面，在决定这一案件时，将无法收取赔偿金作为决定性因素，会产生不安的衍生后果。讨论类似的主张，参见威林诉马泽科恩案［Willing v. Mazzocone, 393, A 2d 1155(Pa. 1978)］，莱科克《无法弥补的损害规则的消亡》，第 164 页］写到："法院正确的看到了这点，即如果不能禁止富有的发言者就不能禁止贫穷的发言者：'把言论自由权置于个人财富之上'是不可容忍的。"

例 10

一个委托人来向你抱怨，其在州立监狱的兄弟的情况（其兄弟终身监禁且无假释可能）。委托人相信，并且你通过仔细调查，认为监狱的状况违反了美国宪法的很多规定，包括宪法第八修正案规定的禁止"异常酷刑"的规定。你应该起诉请求损害赔偿还是禁令，是两者还是择其一？

解释

你的第一个想法，可能会考虑针对过去伤害的损害赔偿，和针对改善未来情况的指令性救济。但无论哪种请求都会带来很复杂的问题。首先，最高法院根据美国宪法第十一修正案，禁止对州提起损害赔偿诉讼，仅允许指令性救济（一种反向的"无法弥补的损害"规则）。艾德曼诉乔丹案［Edelman v. Jordan, 415 U. S. 651, 677(1974)］。州政府官员个人若妨害了委托人兄弟的宪法权利，将被依据 42 U. S. C § 1983 的规定提起损害赔偿诉讼（通常被称为"1983 部分"诉讼案件）。

对抗监狱系统的指令性救济是可能的，而且正如我们将在下一章所看到的，因犯过去在联邦法院提起过许多重要的集体诉讼，以要求对监狱进行改革。然而，这些诉讼现在受到了监狱诉讼改革法案(PLRA)的限制，该法案将可能获得的救济类型予以严格限制（参见 18 U. S. C. § 3626）。PLRA

还要求提起诉讼的因犯在起诉前须穷尽行政救济[42 U.S.C. §1997e(a)],最高法院近期解释了这个对抗囚犯的条款,见伍德福德诉恩戈案[Woodford v. Ngo,548 U.S. 81(2006)]。下一章将更深入思考PLRA如何限制未来的救济。

更一般的观点:如果你打算起诉一个政府被告,寻求损害赔偿或者禁令,你最好仔细检查宪法和法律在此类案件上的限制。

例11

威尔金森住在维斯塔地区,在那里所有房屋都要遵守一个买卖公约的规定。契约中有一项是禁止在这块土地安置"活动房屋",除非房屋(1)符合联邦及州关于房屋安全的要求;(2)符合新墨西哥建筑工业司(CID)的所有规章和标准。威尔金森将其地产赠给其女儿简·布朗,她想在土地上安置一个活动房屋。布朗知晓此公约,她联络了一家公司(首选),其产品符合公约要求,但这家公司有一份九个月的候补房屋订单。然后她就从另一家符合联邦及州要求的公司那里购买了房屋,但并不满足新墨西哥建筑工业司一些相对较小的标准。业主协会立即提出抗议。史密斯没有拆除房屋,然后协会提起诉讼。初审法院发现首选公司的房屋和布朗购买的房屋之间的差异无关紧要。拆除房屋将花费2.5万到3万美元。整个房子的购买价格是6万美元。

假定布朗的房屋违反公约,这一点没有疑问,唯一的问题是一种救济。法院应支持协会的请求给予其禁令拆除房屋,还是只给予协会损害赔偿?

解释

这里致害倾向不存在问题。布朗已经将房屋安置到了土地上,违反了当地的限制性公约。看起来无法弥补的损害也不存在问题。假定这些公约中的限制可能是出于审美或安全的考虑。无论哪种方式,都很难衡量协会和其他业主因布朗未遵守限制性公约而遭受的损失。

然而,有三个政策性原因使法院可能会拒绝禁令。第一个原因是被告的负担。拆除房屋的成本很高,尤其考虑到房屋本身的成本。被告的困难在这里是个有力的要求,即使对于一个基于衡平法行动而在给予救济时享有一定自由裁量权的法院。布朗知晓限制性公约,她甚至采取措施去遵守。然而因为她不愿意等,遂有意违反了公约。法院可能不会同情她的困境。(然而,把她的困境和瓦格纳案中被告的困境相比。她的行为是否比违反广告牌合约的卖主的行为更恶劣?)

第二,法院可能会认为公约本身不公平,至少对于一个希望将接近于符合协会标准的活动房屋安置在土地上的业主而言。在衡平法院依据衡平法希望达到"公平"的范围内(即作公平的事),就有拒绝给予禁令的理由。

最后,这或许是被告而不是原告希望得到陪审团审判的一个案件。被告可能认为,陪审员很可能会同情一个业主,他与一个看上去以非常严格的方式执行其规则的协会对抗。有时候这样一个协会的人会消遣权力,为了自己的利益执行规则而非出于任何逻辑。

这个假设的案件事实是基于阿拉贡诉布朗案[Aragon v. Brown,78 P. 3d 913(N. M. 2003)]。在实际案件中,初审法院驳回了禁令请求,理由是该公约"不合理,不应在衡平法上强制执行"。一个新墨西哥州最高法院的派出法庭推翻了该判决,认为这项规定不违反公共政策,"对于土地使用的限制性公约是否合理的一般性考察,在考虑是否给予禁令以强制执行该公约时,并不是一个恰当的考察。"

持不同意见的人认为初审法院拒绝给予禁令是正确的:"该协会未能向法院表明,通过排除那些功能上与许可的房屋几乎一致的房屋,具有任何真实的、具有一点合法性的目的。"

多数人的观点没有讨论陪审团审判的权利,也没有被布朗要遵守禁令就得付出代价的金额所打动。

第八章　对禁令的进一步讨论

　　第七章阐明了禁令颁发的基本规则：禁令是前瞻性的法院命令，旨在阻止未来的伤害（预防性禁令），或过去的伤害对未来的不良影响（修复性禁令）。一个原告请求禁令，必须证明被告已经实施——或者至少存在一个现实的实施威胁——禁止的行为（致害倾向），并且一项如损害赔偿的普通法救济对原告来说不如一个禁令更有效（无法弥补的损害）。即使那样，法院有时也会因各种政策性理由拒绝颁发禁令。法院通常会调整一个禁令判决以使得原告可以保持其应有的状态（应有的状态标准），但有时法院会更进一步，颁发一个通过更广泛的措施保护其应有状态的禁令（预防性禁令）。在一些情况下，法院在颁发禁令时会以更开放的视角看待自己的角色，并以衡平法的名义颁发内容广泛的禁令（使得人们想起原来大法官自由裁量权的形象）。

　　在这一章，我们思考三个救济法中的高级论题：(1)在公共机构诉讼中指令性救济（结构性禁令）的合理范围和同意令的相关问题；(2)修改现存禁令的标准；(3)第三人与指令性救济相关的权利和义务。第九章着眼于初步禁令，包括预先禁令、临时性限制令、禁令保证金。第十章考察蔑视法庭惩处权，法院用之来执行禁令。

8.1　结构性禁令

8.1.1　结构性禁令，应有的状态以及巡回慈善委员会

　　正如我们在前面的章节所看到的，原告可以在私法和公法的诉讼中寻求禁令。当奥斯卡请求法院命令普宁娜实际履行合同，即要求普宁娜生产其承诺的部件，奥斯卡寻求的是一个只为他的私人目标服务的禁令。但当

帕西菲卡市的选民寻求禁令,要求警方在其前往投票点进行选举时为其提供保护以应对三K党的恐吓,此禁令就是一种公法的诉讼形式,其受益者超越了一个私人团体。

从布朗诉教育委员会案[布朗Ⅱ,Brown v. Board of Education(Brown Ⅱ),349,U.S. 294(1955)]开始,民权运动者将指令性救济作为一个促进社会大规模变革的重要公法工具一以应用。布朗Ⅱ案要求法院使用指令性救济废除南方学校的种族隔离:"布朗Ⅱ案法院授权地区法院不仅要改革教育行政管理的各个方面,而且要修改'在解决上述问题时必要的地方性法律法规'"[马歇尔·米勒:《警察暴行》,17 Yale L. & Pol'y Rev. 149,194(1998),引用布朗Ⅱ]。

废除种族隔离的学校制度需要时间,并且它需要一个更复杂的系列禁令,而不是一个像要求普宁娜在6月1日前将定制部件交付奥斯卡这样简单的命令。欧文·费斯(Owen Fiss)教授提出了"结构性禁令"的概念,用以指称在民权诉讼中重构政府制度所必需的一系列禁令。正如费斯的解释:

> 民权禁令有多种形式,但没有一个像结构性禁令那样重要:非常正式的媒介,司法机构可以凭之而改组正在运行的官僚组织以使它们与宪法相一致。结构性禁令代表了对我们从民权经验中得到的救济性法律原理的最独特贡献。并且尽管结构性禁令应用于各种案件——居住、精神健康,以及监狱——但它起源于民权诉讼的事实却从未被遗忘。结构性禁令在民权案件中得到了最权威的表述,尤其是在那些涉及学校种族隔离的案件,并且根据这些案件,结构性禁令已经合法化了。[欧文·费斯:《个人主义的魅力》,78 Lowa L. Rev. 965(1993)]

结构性禁令在沃伦法院时代发展成熟,在那个时代,学者向法院请求解决社会问题,特别是种族歧视问题。① 这类诉讼有很多成功的案例,但是这

---

① 除了费斯的作品,特别是其《禁令》(1972年)、《民权禁令》(1978年)之外,艾布拉姆·蔡斯(Abram Chayes)有一部著名的作品,对法院通过结构性禁令促进社会变革中发挥的作用进行了辩护。参见艾布拉姆·蔡斯:《公法诉讼中的法官角色》,89 Harv. L. Rev. 1281(1976)。

些诉讼也让联邦法院深陷于政府机构的微观管理中——有时结果是好坏参半。

联邦地方法院聚焦这些案件多年,许多当事人在案件审结之前都已换人(甚至死亡)。尤其是早些年,部分禁令重组政府机构的方式并不与应有的状态标准相联系(更接近于第七章讨论的大法官的"巡回慈善委员会")。这是一个被一些学者辩护的角色,但是近年来却遭到最高法院的反对。正如费斯的解释,"结构性禁令的命运……与民权运动联系在一起。20 年间该救济在权力和范围上都有所增加,从 1954 年开始一直持续到 1974 年。从那时起,它就一直受到攻击。"(同上,第 965 页)

斯旺诉夏洛克-伦伯格教育委员会案[Swann v. Charlotte-Mecklenberg Board of Education, 402 U. S. 1(1971)],是一个最高法院在 1974 年之前如何对待结构性禁令的很好例子。在此案中,地区法院颁布了一项影响深远的强制性校车计划来结束学校的种族隔离,这得到了最高法院的支持。有争议的是,该计划远远超出了应有的状态,因为该计划使得学校的整合状态,远远超过了取消种族隔离时学校所应处的状态:即使没有法律上的(正式的,政府授权)隔离,很多南方学校将因为住房事实上的自愿隔离而继续保持隔离状态。斯旺案中最高法院支持的强制校车接送的救济把原告置于一个比如果没有政府歧视更好的状态。这并不是说结构性禁令救济是不合理的(一个你自己可以做出的本能判断),只是说结构性禁令没有严格的与应有的状态标准相联系。

米利肯诉布拉德利案[Milliken v. Bradley, 418 U. S. 717(1974)],标志着最高法院对结构性禁令救济的态度转变。在那个案件中,法院驳回了一项在底特律结束学校隔离的救济——这包括校车从底特律和邻近郊区接送孩子们——这并未被认为是违宪。法院认为,当可以证明只有一个地区(即一个地区内)违法时,适用一个跨地区(即地区之间)的救济是不适合的。

近几年来,米利肯的系列案件在最高院胜诉。思考一下堪萨斯城,密苏里公立学校的种族隔离诉讼。在诉讼开始 18 年(!)后,最高法院第三次考虑初审法院救济层面的决定。这一历程使得最高法院拒绝地区法院最近的救济令,这一救济令除了别的事情之外,要求增加税收来为改善学校制度提供大量资金。见密苏里诉詹金斯案[Missouri v. Jenkins(Jennkins Ⅲ),515 U. S. 70(1995)]。①

地方法院命令对学校制度进行重大改进,使得该学校系统对离开该地区而去私立学校的白人学生更有吸引力("废除种族隔离吸引力"的目的)。法院的一项命令要求每年花费超过2亿美元,包括资助:

> 高级中学,每个教室都有空调,一个报警系统,15台微型计算机;2000平方英尺天文馆;温室和植物园;一个25英亩的农场,有容纳104人的空调会议室;一个联合国语言翻译连线的模拟;有广播功能的电台和带有编辑和动画实验室的电视演播室;温控廊道;电影剪辑室;一个3500平方英尺无生柴油机械房;1875平方英尺小学动物教室,用于动物园项目;游泳池;以及许多其他设施。

通过5:4的投票,最高法院驳回了地区法院采取的救济措施。多数意见认为该救济与违宪的范围联系不适当,因此与应有的状态无关。("救济的本质……是由违宪的性质和范围决定的。")违宪的是公立学校政府下达的种族隔离,而不是一旦法院下令废除种族隔离,白人学生(及其家人)离开公立学校的私人决定。②

多数人考虑的相关问题似乎是:如果堪萨斯政府没有有意基于种族而隔离学生,那么学生在堪萨斯城的学校系统中将会处于怎样的状态?多数意见认为,这些学生很可能不会处在种族融合和资金充足的公立学校系统内,因此地方法院无法命令这种救济。换言之,多数意见认为,是法院命令

---

① 密苏里诉詹金斯案[Missouri v. Jenkins(Jenkins Ⅰ),491 U. S. 294(1989)],考虑律师费。密苏里诉詹金斯案(Missouri v. Jenkins(Jenkins Ⅱ),495 U. S. 33(1990)],考虑法庭命令增税可否用来作为废除种族隔离的救济。

② 多数意见同时认为,在某种程度上,地方法院正在设法吸引学校系统边界外的学生,这是不当的将跨州的救济适用于州内的问题,违反米利肯诉布拉德利案(Milliken v. Bradley)的规则。我们将在8.3回到对这个问题的讨论。

废除种族隔离导致白人学生流失,而非种族隔离本身导致的,因此法院不能强加像磁铁一样的救济(即非常吸引人的公立学校计划)来吸引白人学生返回。

反对者不同意这一点,他们相信是废除种族隔离的成本最终导致白人流失。

缴纳财产税的白人孩子的父母,看到在 1985 年墙上的手迹,很可能会认为不可避免的清除成本将导致无法容忍的税率,很可能会选择搬走以逃避。地方法院的救济令还没有到位。白人流失是由种族隔离还是废除种族隔离造成的？这种区分没有意义。

詹金斯Ⅲ(持反对意见的金·苏特)。

不管是多数人或持不同意见者是否对詹金斯Ⅲ有更好的论证,近年来最高法院的多数派已经明确地表示,法院应将救济的目标定位于应有的状态。比如,在刘易斯诉凯西案[Lewis v. Casey,518 U. S. 343(1996)],一个监狱改革案,地方法院发现一名囚犯因监狱图书馆未能提供特殊的服务而遭受损害,"因为他是文盲,图书馆应当为囚犯提供其所需要的特殊服务,以避免他的案子被驳回。"然而地方法院命令对州监狱图书馆实施多种制度改变,包括增加"为非英语为母语的人、关禁闭的囚犯和大量囚犯的特殊服务"。最高法院认为,图书馆帮助不当的两个例子的证据,"明显不足以作为图书馆全系统违法和全系统实施救济的基础。"

尽管这些最高法院最近的结构性禁令案件大多发生在下级法院给予原告的救济比应有的状态更优的情况下,最高法院也确认当法院给予的救济比应有的状态更少时也适用同样的原则。比如,在美国诉弗吉尼亚案[United States v. Virginia,518 U. S. 515(1996)]中,美国第四巡回上诉法院认为国营弗吉尼亚军事学院(VMI)违宪的歧视女性,因为它仅有招收男性的招生政策。但下级法院也建议弗吉尼亚可以通过建立一个"平行的""弗吉尼亚妇女领导学院"(VWIL)来解决这一宪法性问题。

最高法院驳回了这一提议的解决方案，因为下级法院"没有查究所提议的解决方案……是否将那些被拒绝享受弗吉尼亚军事学院好处的妇女们置于'如果没有歧视她们将会占据的位置'当中。"最高法院驳回救济的理由是，拟议的妇女方案"与弗吉尼亚军事学院的种类不同，并且在有形和无形的设施方面都不平等"。比如，没有办法让新设的弗吉尼亚妇女领导学院去复制因为是弗吉尼亚军事学院的校友而带来的利益——那是一个隶属于"老男孩"的网络。

首席大法官伦奎斯特（Rehnquist，1924—2005）在他的反对意见里，同意弗吉尼亚军事学院的性别录取政策是违宪的，但他反对救济措施可以包括创建一所独立的女子学校。他还写到国家不必要创建一个"女性的弗吉尼亚军事学院克隆体"，让学校成为"同等口径"就足够了。他得出结论："一个机构可能在计算机方面强势，另一个可能在文科方面很强。"

尽管这些信号来自最高法院，宽泛的结构性禁令传统依然在法学家之间得到支持，[①]并且涉及机构诉讼的下级法院的法官有时会在结构性禁令案件中继续"进行衡平"，超越了应有的状态标准。然而今天的一个法官如果那样做，会面临被最高法院推翻的更高风险，更倾向于以"应有的状态"名义写一个更宽泛的救济，将更宽泛的救济描述为目标在于实现应有的状态的"预防性措施"。

最高法院在结构性禁令上的最新态度，也许是对一项严格的"应有的状态"标准更加宽容。在布朗诉普拉塔案［Brown v. Plata, 131 S. Ct. 1910 (2011)］，法院以5∶4的投票结果，支持三位法官的法庭在已经持续很长时间的加州监狱诉讼案中，释放加州囚犯以缓解监狱人满为患问题的决定。违宪行为源于监狱卫生保健制度的严重欠缺，肯尼迪大法官（Kennedy，

---

① 一些法学家认同欧文·费斯1979年反对结构性禁令案件中的应有的状态标准的观点："结构性救济的目的不是在某种意义上通过裁剪原则消除'违法'行为，而是要消除该组织对宪法价值造成的威胁。只有在一种前瞻性、动态性和系统性的意义上理解，'违法'的概念才可以被用来描述救济的目的。"欧文·费斯：《前言——正义的形式》，97 Harv. L. Rev. 1, 47—48 (1979)。反对费斯救济观点的学者，对于给予法官这种开放性的制定不受被告过错行为程度限制的救济权力表示担忧。

1936—）写下了意见，法院其他的四位自由派法官附议。持异议者认为该救济与错误并不匹配，并且认为过早释放囚犯会损害公众利益。①

例 1

你是一个联邦地方法官，你刚刚确认一家国营精神病院，由于不充分的护理而侵犯了病人的宪法权利。你将如何开始应用结构性禁令来补救违宪行为的程序？一旦禁令付诸实施，你将如何监控其是否遵守了你的命令？

解释

作为联邦地方法官，你可能对精神病医院的运作知之甚少。法院有时会指定"特别助理"来帮助评估问题和拟定解决方案。在极端情况下，法院事实上会任命专家来临时管理医院。救济对防止违宪行为究竟有多大效果，很大程度上取决于案件中的律师。老道的原告律师通常是有效执行结构性禁令的关键。此外，被告的合作或反抗可能影响结构性禁令的执行速度。政府律师可以采取措施减缓或破坏改革的进程。

持续监控正在执行的结构性禁令也构成一个对法院的挑战。至少，在这些案件中，法院通常会要求当事人提交定期报告，并举行听证会以评估取得的进展。当执行法院的命令出现问题时，法院通常会修改它的命令，以便更好地实现其救济。再次，老道的原告律师在成功实施结构性禁令方面会发挥关键性作用。

例 2

假如你是一位美国最高法院的法官，正在审查地方法院对詹金斯Ⅲ案提出的救济方案，你会支持还是反对？解释理由。

解释

显然，对于这个"思考"题没有正确或错误的答案。相反，这个问题的目的是让你去思考，你是否认为法院在决定重组政府机构的公法诉讼时，应该将救济的目标定位于应有的状态标准，还是应该拥有更广的"衡平"权力来改

---

① 斯卡利亚（Scalia，1936—2016）大法官以他典型的夸张的方式开始了他的异议，"今天法庭肯定了一个可能是我国历史上法院颁布的最激进的禁令。"

善机构和社会。坚持应有的状态的风险是法院最终给予原告的救济不充分——一方面,由于法院制定促进社会变革和充分防止过去损害对未来不利影响的权力有限,这就会给予原告的救济低于其应有的状态。我们称这一问题为"救济不足"。超过应有的状态的风险是,法院给予的救济完全与被告过错行为无关,从而加重被告(还有我们将要看到的潜在的第三人)的义务来解决并非直接起源于被告过错行为的问题。我们称这一问题为"救济过度"。

毫不奇怪,承担这些风险的意愿与政治偏好相关。自由主义者更愿意给予比应有的状态更多的救济以避免救济不足,保守主义者愿意冒救济不足的风险,以免在解决社会问题时给政府被告带来不公平的负担。思考最高法院的自由主义者是詹金斯Ⅲ案的反对者,而法院的一些保守主义者在弗吉尼亚军事学院案中持反对意见。[托马斯大法官(Thomas,1948—),因其儿子就读过弗吉尼亚军事学院,他回避该案。]

8.1.2 同意令

一些重组政府机构的公法诉讼不是以对抗性的审判和判决结束的,而是伴随案件的和解而结束的。在公法诉讼中,和解往往体现在同意令,这是由双方当事人草拟的法院命令,就像一般的禁令,是以蔑视法庭惩处权为后盾的。

为什么是同意令而不是一个简单的私人和解协议?和解协议是一种契约,不受蔑视法庭惩处权的支持。违反和解协议通常需要重新起诉。相反,同意令的引入使得联邦法院持续介入案件,并能确保法院监督当事人的进展。

近期在同意令上的一个很好的例子,是在美国司法部调查并宣称洛杉矶警察局侵犯洛杉矶居民宪法上的权利之后,洛杉矶警察局在2000年签署了一个同意令。该令持续了五年,但在五年期结束时,它的一些核心要求(包括建立一个计算机追踪警务人员纪律记录的数据库)尚未得到执行,导致同意令被延长至少两年。[①] 同意令的要求在五年期间内没有全部实施,

---

① 林斯基等:《洛杉矶警察局依然需要管制》,《洛杉矶时报》,2006年5月3日。

这表明制度性的改革是多么困难。

同意令是解决(并且执行)政府机构诉讼的有益工具,但它们引起了两组关切。

首先,同意令可以用来约束继任政府部门遵守某些他们可能并不同意的政策。参见迈克尔·麦康奈尔:《为什么举行选举?应用同意令使政策与政治变革隔离》(1995 U. Chi. Legal F. 295)。比如,在洛杉矶警察局的案子中,赞成同意令的美国司法部是由比尔·克林顿(其希望一个强有力的救济)为首的民主党人领导。然而在 2006 年,当同意令到期时,此时司法部是以乔治·布什为首的共和党人领导,其不希望延长同意令,但法院还是延长了。[1]

其次,同意令从一开始可能是共谋的产物,因为(在监狱的背景之外,我们即将看到)没有这样的要求,即一项同意令应局限于一个使原告处于应有的状态的救济。假设你是堪萨斯市的学区负责人,参与密苏里诉詹金斯案,你尽力对抗法院要求提高财产税以资助你教区的大量新项目,并为你的教师加薪的命令,是多么的困难?初审法院的命令最终为堪萨斯市穷苦不堪的公立学校系统所带来的东西,很可能在政治上很难实现用大量公共资金注入以建立学校系统。

由于这种共谋的危险,它常常留给政府的其他部门(詹金斯诉讼中的州政府)或其他私人组织去反对达成对原告和(名义上的)被告都有利的同意令。

在当事人赞同同意令并且没有人反对时,法院并不被要求确保协议所能做到的,比使原告处于应有的状态更多。毕竟,被告可以通过向原告提供超过原告索赔数额的更多金钱来解决一起交通事故。但是,在结构性禁令诉讼中公共利益会受到威胁,因此救济过剩可能对其他人产生影响(例如,纳税人将为堪萨斯城的学校系统买单)。

---

[1] 吉姆·牛顿:《洛杉矶警察局"勇士警察"考验城市的意愿》,《洛杉矶时报》,2006 年 7 月 16 日。

例 3

你是帕西菲卡警察局的一名律师,该警察局被控告因过度使用武力以及存在许多非法逮捕而侵犯了帕西菲卡公民的宪法权利。你的案件已经摆在联邦地方法院的一个十足的自由主义者法官面前,他已明确表示法院极有可能认定该局确实侵犯了帕西菲卡市居民的权利。你的当事人希望法院尽可能少地推动改革。你是赞成(1)将案件提交审理,(2)允许签署同意令解决案件,或者(3)与原告达成和解协议?

解释

这是一个很难抽象回答的问题,因为它要求你对可能从原告那里得到的和如果案件开庭审理,法院可能会施加的救济进行比较。什么是原告乐于接受的解决问题的方案,将受到原告律师自己对初审法院可能施加的救济措施的观点的影响。

问题的一个简单部分是在和解协议和同意令之间进行选择。你的当事人更愿意采用和解协议而不是同意令。如果之后原告认为你的当事人违反了该和解协议,原告可能不得不提起一个新的诉讼(指控违反合同),不能依靠蔑视法庭惩处权。联邦地方法院的法官将在同意令的期限内一直保持介入状态。

8.1.3 国会将如何限制救济:以监狱诉讼改革法案为例

虽然结构性禁令诉讼起始于废除学校种族隔离的背景下,多年来,有大量的诉讼案件却涉及囚犯抗议监狱的条件。刘易斯诉凯西案(Lewis v. Casey),即前述的图书馆援助案,代表了这些控告中较少有的间接结果的一个案件。一个更多间接结果的案件是霍托诉芬尼案[Hutto v. Finney, 437 U. S. 678(1978)],其涉及阿肯色监狱的恶劣条件。给出这些案件中提到的一个令人不安的例子,在一个州监狱中"惩罚性隔离"的囚犯面临以下条件:

> 囚犯们平均四个人,有时多达 10 个或 11 个挤在一个 8×10 英尺的没有窗户的牢房里,除了一个水源和一个可以从牢房外冲水的厕所

外没有任何设施。晚上给囚犯们床垫令其铺在地板上。尽管有些囚犯患有传染性疾病,如肝炎和性病,每个早晨床垫被拿走堆到一起,然后晚上又随机分配到每个牢房。被隔离的囚犯每天接受少于 1000 卡路里的热量;他们的饮食主要包括 4 英寸的"可怕物质",一种将肉、土豆、油、糖浆、蔬菜、鸡蛋和调料弄成糊状然后在锅里烘烤的混合物。

最高法院支持了地方法院一项命令的一部分,即将囚犯的惩罚性隔离限制在 30 天以内。多数意见认为,"破败的牢房和暴力氛围,一部分归因于人满为患和日积月累不断的摩擦造就的根深蒂固的仇恨。30 天的限制有利于改善这些条件。"

那时的大法官(后来的首席大法官)伦奎斯特(Rehnquist,1924—2005)异议称,"没有一个普通人不会被法院陈述的当前盛行的堪萨斯监狱系统的条件所打动。"但他不同意这项救济:"地方法院命令将惩罚性隔离的最高期限限制为 30 天,绝不与任何违反宪法的条件相关。"

在霍托案中,最高法院的多数意见认为,限制惩罚性隔离的时间作为预防性的措施有利于维护应有的状态;持异议者认为过错和救济之间的联系太弱,以至于无法说明救济措施的正当性——它把多数意见视为仅仅是实现法官自己所理解的正义。伦奎斯特(Rehnquist,1924—2005)法官是正确的吗? 如果他是,那是否意味着多数人的意见错误? 后一个问题我们每个人必须根据自己的判断进行决定。

监狱诉讼一直是 20 世纪后期的一个重要因素,[①]它提供了一个很好的案例,可以研究国会在机构诉讼的背景下可能对法院救济施加限制的类型。

[①] "在 1984 年(数据可访问的第一年),全国 903 个州立监狱(包括四十三个州,每个州至少一个,和哥伦比亚特区)中有 24%向联邦司法统计局报说它们遵照法院的命令运作。1983 年(这些数据存在于看守所中的第一年),全国 3338 所看守所(除了四十五州中有两个外,在其他州,包括哥伦比亚特区,至少每个州有一个)中的 15%报告了法院命令。在大型设施诉讼中诉讼当事人一直特别活跃——或特别成功。法院命令下的监狱收纳了全国 42%的州立监狱囚犯,法庭命令下的拘留所关押着全国 44%的囚犯,并且对于拘留所和州立监狱,全国最大的设施中有大约一半是在法庭命令的约束之下。"玛格·施兰格:《超越英雄的审判:作为诉讼的机构改革诉讼》,97 Mich. L. Rev 1995,2004(1999)(书评)。

1996年,国会最终以通过《监狱诉讼改革法案》①(PLRA)的方式介入,以限制与监狱有关的诉讼。该法案给监狱诉讼带来了很多障碍,包括一项囚犯在向法院起诉前必须穷尽行政救济的要求[42 U.S.C.§1997e(a)],这是一项最高法院最近解释为对伍德福特诉恩戈案[Woodford v. Ngo,548 U.S.81(2006)]中对囚犯不利的规定。

最重要的救济限制出现在18 U.S.C.§3626,题名为"根据监狱条件的适当救济"。(a)(1)(A)部分似乎确立了一个狭隘的应用于监狱条件诉讼的应有的状态标准。

> 在任何有关监狱条件的民事诉讼中,预期救济不得超过为了纠正对特定原告或原告们联邦权利的侵犯这一必要范围。法院不得给予或批准任何的预期救济,除非法院认为这种救济受到严格的限制,是为了纠正对联邦权利的侵犯而做的必要扩展,并且是影响最小的纠正联邦权利被侵犯的必要手段。法院应充分重视该项救济对公共安全或对刑事司法系统运作造成的任何不利影响。

这项规定似乎使囚犯的委托律师更愿意代表囚犯签署同意令,因为同意令所给予的救济会比§3626(a)(1)(A)允许的宪法底线更多。但是§3626(c)似乎排除了这一选项:"在任何有关监狱条件的民事诉讼中,法院不得进入或批准同意令,除非其符合(a)部分规定的救济限制。"换言之,就像法院最后下达的命令一样,同意令提供的救济不得超过宪法底线。然而《监狱诉讼改革法案》允许当事人签署不是同意令的和解协议(因此缺乏法院监督和蔑视法庭惩处权的保护)。该法案还改变了禁令的修改规则,这是本章下一部分的主题。

《监狱诉讼改革法案》的目的似乎是限制监狱条件诉讼的数量,以及联邦法院下达或批准的救济的范围。但它有这种效果吗?施兰格(Sch-

---

① 《监狱诉讼改革法案》,Pub. L. No. 104-134,110 Stat. 1321(1996)。

langer)教授总结道：

> 通过大幅度扩张寻求终止法院命令的矫正性司法的迂回进路，为进行一个法院命令的诉讼插入一个困难的行政穷尽障碍，以及压榨寻求法院命令的支持者的资金，《监狱诉讼改革法案》导致法院命令对监狱和拘留所的管理大幅度下降。然而，即使在《监狱诉讼改革法案》之后，在最终的矫正普查中法院命令的发生率仍然相当高。各州间的变动持续增加，并且在一些州，监狱和拘留所继续经历着大量的禁令管理。

玛格·施兰格：《长期的民权禁令：监狱和拘留所法院命令的个案研究》，81 N.Y.U.L.Rev,550,602(2006)。

《监狱诉讼改革法案》的重要影响超越了监狱范围："当国会考虑《联邦同意令公平法案》，计划在政府禁令诉讼的另一个领域适用与《监狱诉讼改革法案》相似的限制性规则时，这一点有特别重大的意义。"(同上，第557页)

例 4

如果你是国会议员，你会支持《联邦同意令公平法案》或其他类似的立法吗？除了其他事项外，该立法将禁止联邦法院执行让原告获得比宪法底线更多救济的同意令。为什么支持或不支持？

解释

你对这个问题的回答很可能反映出你对例2的反应。这两个问题的目的，都是为了让你思考联邦法院的法官，在面对被州官员证明存在违宪的制度的改革诉讼中，应该在多大程度上受到信任。如《监狱诉讼改革法案》和拟议的新的联邦立法所附加的限制，表明国会怀疑法院在制定禁令或批准同意令时，会更乐意坚持对应有的状态标准进行一个限缩的解读。施兰格教授的研究表明，这样的立法可能会限制成功诉讼的数量。你愿意以防止救济过剩的名义冒救济不足的风险吗？同样，这个问题可能与你的政治观点有关，即对政府解决社会问题可以给予多大的信任。

例 5

回到例 1 的情景，你是一位联邦法官，负责监督一家国营精神健康机构的违宪诉讼。双方达成了一项协议，这将极大改善医院的条件，包括为机构里的大多数病人建造私人房间。你不认为这项救济是宪法要求的解决医疗机构违宪问题的救济措施。你会被允许批准同意令吗？你会这样做吗？

解释

《监狱诉讼改革法案》不适用于监狱条件诉讼以外的情况——因此它并不会对你赞成同意令造成任何障碍。通常情况下，如果双方当事人同意一项救济（并且没有反对的干预者），法院就会批准同意令。法官倾向于喜欢诉讼的解决（主要原因是它清除了其他案件的备审目录），而且没有任何迹象表明和解与公共利益相违背。多数法院可能会签署同意令，即使它给了一个比法官在诉讼结束时会给的更好救济。但最高法院最近表明，必须在同意令和原告从一开始提起诉讼所寻求保护的"联邦利益"之间存在一种联系。此外，同意令必须"促进起诉所依据的法律的目标"。弗雷诉霍金斯案[Fre v. Hawkins, 540, U.S. 431, 437 (2004)]。所以上诉法院可能会推翻一个同意令，如果其与案件中所宣称的联邦过错完全无关的话。

8.2 现存禁令的修改

不仅仅在涉及结构性禁令的案件中，尤其在这些持续多年的案件中，法院经常被要求修改或延伸禁令以应对新的或变化的情况。法院也会这样做，在上文描述的洛杉矶警察局同意令的案件中，因为被告没有遵守法院原来的命令。通常情况下，被告未能遵守禁令并不会受到蔑视法庭的惩处（因为原告不能证明存在对法院命令的故意违抗）；相反，法院将颁布一套新的要求被告遵守的命令。

联邦法院修改禁令（和同意令）的典型案件是一个先于《监狱诉讼改革法案》监狱条件的案件，即鲁弗诉萨福克街区监狱案 [Rufo v. Inmates of

Suffolk County Jail，502 U.S.367(1992)]。鲁弗案改变了先前的法律使当事人更容易寻求修改，例如当一方希望重新审理一个已经做出终审判决的案件时。(正确的程序是当事人根据《联邦民事诉讼程序规则》60(b)提出修改意向。)

鲁弗案为修改禁令或同意令的理由提供了一个非详尽的清单：
- 当发生变化的事实情况导致遵守法令会更加繁重。
- 由于不可预见的障碍，使得法令被证明是行不通的。
- 当执行未修改的法令会损害公共利益。
- 当法定的或决策性法律改变时，导致法令意图所防止的事项变为合法。
- 如果双方当事人基于对法律的误解而达成协议。

最高法院在弗雷诉霍金斯案[Frew v. Hawkins，540 U.S.431(2004)]中重申了鲁弗案的"弹性标准"，说明当州被告被牵涉，"联邦制的原则要求一线负责管理该项目的州政府官员被给予活动自由和实质性的自由裁量权"。此外，"联邦法院必须行使其衡平法上的权力，以确保当该禁令或同意令的目标实现时，免除政府义务的责任应当立即回归到州和他的官员……如果州确定有修改禁令或同意令的理由，法院应做出必要的修改，但是，如果没有这样做，则该命令应按其条款执行。"

法院在霍恩诉弗洛雷斯案[Horne v. Flores，557 U.S.443(2009)]中更加强调了这一点。问题涉及联邦地方法院在一个集体诉讼案件中拒绝修改一个禁令，该案涉及亚利桑那州不遵守要求各州"在学校采取适当行动来克服语言障碍"的联邦法律。法院的五个保守派法官批评了地方法院和第九巡回法院，因为当地方政府要求将针对这一问题的禁令进行修改时，这两个法院并没有能够应用鲁弗案的灵活性标准。霍恩的观点包含了对修改禁令的正当性的冗长讨论，它称之为"制度改革诉讼"，强调了本章前面提到的一点——共谋和锁定改革的危险，将会束缚继任的民选官员："这种禁令将政府和地方官员约束于他们前任的政策偏好，将'不正当地剥夺未来官员法定的立法和执行的权力'"。(同上，引自弗雷案)

根据霍恩案中持异议意见的法官，多数人为了"机构改革诉讼"而改变了鲁弗案标准（虽然多数意见和异议者就这一术语实际意味着什么不能达成一致）："法院还表示，在'机构改革诉讼案中'，法院也必须考虑如下的需要：不要把法令的效力维持得太长；考虑'敏感的联邦制问题'，以及谨慎行事，以避免同意令成为私人原告和政府之间以牺牲立法程序为代价的串通。"（同上，布雷耶法官，反对意见。）布雷耶（Breyer，1938—）法官问道，"法院是否提出了一个正确而又可行的方法来分析规则60（b）（5）的动机。"（同上）。莱科克认为，"甚至从鲁弗案来看语调非常不同，法院似乎迫切要求对机构改革案件进行简单而早期的修改。"（莱科克，354页）

《监狱诉讼改革法案》对监狱条件诉讼中的同意令有自己的规定，允许州重新审查所有现存的关于监狱条件的禁令或同意令，如果禁令或同意令给了监狱原告们超过宪法最低要求的救济的话。《监狱诉讼改革法案》规定，如果救济被批准或给予时缺乏一个法院认定的如下特点：即这个救济局限于狭义的范围、没有超越纠正侵犯联邦权利的必要范围，并且是纠正侵犯联邦权利行为所必须的最不具侵犯性的手段。被告或受到影响者"有权立即终止任何预期救济。"[18 U.S.C. § 3626（b）（2）]。但是如果法院认为此禁令符合这些要求，其就不会被终止。

例 6

尽管一个美国最高法院的案例对囚犯使用双层床是否违反了第八修正案关于禁止残酷与不寻常惩罚的规定悬而未决，帕西菲卡市和居住在帕西菲卡监狱的囚犯签署了一项同意令，以解决囚犯在监狱条件上的诉讼。该同意令的条款之一是禁止使用双层床。

a. 在《监狱诉讼改革法案》之前，一个初审法院可以批准这样的一个同意令吗？

b. 在《监狱诉讼改革法案》之后，一个初审法院可以批准这样的一个同意令吗？

解释

（a）法院可以批准同意令。在《监狱诉讼改革法案》之前并没有这样的要求：即同意令所提供的不能超过宪法的底线。可适用的联邦权利是不确定的，所以即使在弗雷标准之下，一个地方法院可以正当化其命令是为了保护在诉讼中所争议的联邦权利的，这看上去也没有问题。

(b)《监狱诉讼改革法案》也不必阻碍一个地方法院赞同同意令的这个方面。如果问题不确定并且在最高法院面前，那么该项同意令禁止使用双层床，就没有超越联邦法律的要求。

例 7

与例 6 相同的事实。假设一审法院签署同意令，这是在国会通过《监狱诉讼改革法案》之前达成的。经过最终的审判，最高法院认定双层床并不违反第八修正案。政府决定采取行动修改同意令，允许给囚犯双层床。

a. 在《监狱诉讼改革法案》之前，该地方法院该如何裁决？
b. 在《监狱诉讼改革法案》之后，该地方法院该如何裁决？

解释

(a) 这些是鲁弗案的事实，在实际案件中最高法院允许修改。最高法院在鲁弗案中表明，单是法律的变化并不能为重新审查同意令提供依据，并且也没有同意令必须符合宪法最低标准的要求。然而，法院表明，如果治安官认定"同意令的当事各方相信对审前被拘留者实施单独羁押是宪法的要求，这种对法律的误解可成为修改同意令的基础。"这里似乎没有"误解"，只是对最高法院最终的意见不确定。

解决这种不确定性是否允许当事人在事情不确定的时候终止他们已达成的协议？如果是这样，解决问题的动机将会降低。为了明白原因，请考虑这一点：原告需要一个包括 X、Y、Z 的整体解决方案，被告愿意提供 X 和 Y，但不愿提供 Z。原告同意谈判而不进行诉讼。原告预期是法院会判给其 X+Z，但没有 Y，且原告喜欢 X+Y 超过 X+Z。双方同意 X+Y。最高法院随后认定 Y 并不是联邦法律所要求的，然后地方法院修改了禁令，去掉了 Y，仅给原告留下 X。如果诉讼原告得到的结果会更好，这将会给他们留下 X+Z，而不是现在的只有 X。

(b) 根据《监狱诉讼改革法案》，即使当事人签订有由法院通过同意令执行的有约束力的解决协议,该州也可能申请立即终止该协议,理由在于宪法的底线已经改变,而同意令给予的救济超过了这一底线。鲁弗案的被告在国会通过《监狱诉讼改革法案》后恰好采取了这样的方法修改同意令[参见萨福克监狱囚犯诉劳斯案(Inmates of Suffolk County Jail v. Rouse, 129 F. 3d 649 (1st Cir. 1997)]。正如这个例子所展示的,原告解决这些案件的动机会越来越少,因为如果或者当法院进一步将囚犯的权利限制在某些最低限度的监狱条件上时,被告们可以重新要求审查这些同意令。

例 8

作为国营精神健康机构的居民提起诉讼的最终判决的一部分,一审法院命令在五年内建造一个新医院,预期成本 2000 万美元。两年后,在施工开始之前,该区试图修改禁令,理由是目前的建筑成本将是预期成本的两倍,达到 4000 万美元。成本上涨的部分原因是通货膨胀,部分原因是意外的房地产繁荣导致建筑的人力成本增加。法院是否应该修改命令?

解释

该区辩称事实条件的变化使得法院命令的执行变得更加繁重(价格翻倍),由于建筑成本的增加实际上并没有被当事人所预见。原告可能辩称有些通货膨胀可以被预见,而且仅仅是费用的增加不能成为改变法院判决的依据。在弗雷案和霍恩案的规则下,法院将不得不对该区修改命令的要求予以相当程度的重视。

在很大程度上,这个问题将取决于该区所提出的备选方案。如果该区不能提出另一个救济宪法问题的方案,法院将不会命令修改。换言之,如果事实上此项救济依然是维护宪法权利的必要手段,则仅仅证明该项救济极为昂贵是不够的。比如,如果该州可以证明,其可以通过改造现有的设施而不是建立一个新的设施,就能够更经济地解决存在的宪法问题,法院可能会非常认真的对待修改请求。

8.3 禁令和第三人

在一个典型的私法判决中,一个禁令对第三人没有多大影响。例如,当法院命令普宁娜实际履行,要求其为奥斯卡生产部件时,这个命令可能对第三人(所谓第三人,我指的是非本案当事人的个人)影响很小。相比之下,在公共利益诉讼中,成千上万的非当事人可能会受到影响。

比如,在斯旺案中,法院做出的一项校车救济命令影响了很多的学生,他们并不是本案的当事人,但却是此救济的一部分。自斯旺案以来,最高法院不断限制一项禁令可能给第三人增加负担的程度。比如在米利肯案中,如上所述,法院驳回了一项跨地区救济来解决在底特律一个地区所发生的学校种族隔离问题。

与米利肯案有些不同,在希尔斯诉高特罗案[Hills v. Gautreaux, 425 U.S. 284 (1976)]中,最高法院认为第三人在追求联邦救济方面承担重大责任。在那里,法院认可美国住房和城市发展部(HUD)有能力在芝加哥市以外的地区采取救济行动,以解决芝加哥住房管理项目的种族歧视问题。救济的一部分是向贫困的芝加哥居民提供代金券,以支付芝加哥郊区的住房费用。"仅针对美国住房和城市发展部的命令将不会迫使不愿意的地区去申请这些项目的援助,但仅仅会强化规则,以引导美国住房和城市发展部确定用联邦基金去帮助那些当地批准的项目。"地方政府将面临着巨大的负担,因为作为法院对美国住房和城市发展部的命令的结果,他们将面临新的贫困居民的涌入,这些居民可能需要大量的社会服务。

不清楚高特罗(Gautreaux)规则在詹金斯Ⅲ案之后是否仍然是一个好的规则。回想一下,最高法院在詹金斯Ⅲ案中驳回专为堪萨斯市学区所设计的救济,原因之一是它对邻近学区带来的影响。但是在高特罗案,影响仅仅是间接的:堪萨斯市学区的磁铁项目旨在从四郊吸引"流失的白人"学生。

詹金斯Ⅲ案中多数意见认为,这个目的在于"取消种族隔离增加吸引力"的救济给流失生源的郊区学区带来了太多负担。持异议者指责多数意见在默默地推翻高特罗案的规则。在这一点上,第三人在结构性禁令诉讼中承受负担的程度并不明确,但今天的法院显然比过去更关心保护联邦制(州权利)的价值。如果高特罗案发生在今天,并不清楚最高法院的多数意见是否会做出同样的判决。

禁令给第三人带来负担的程度仍不明确,更清楚的是有关对第三人的直接命令的规则;这些命令必须是"次要的和辅助性的"。这样,即使由一个非过错方提交季度报告也可能过于过分。参见建筑承包商协会诉宾夕法尼亚州案[General Building Contractors Association v. Pennsylvania, 458 U. S. 375(1982)];亦见巴尔的摩邻人公司诉 LOB 公司案[Baltimore Neighborhoods Inc. v. LOB, Inc., 92F. Supp. 2d 456, 472(D. Md. 2000)]。公寓协会可以被责令为建筑提供通道,允许通过改进以符合《美国残疾人法案》和《公平住房法案》的要求,法院将命令定性为"次要的"和"辅助性的"。

虽然直接命令听上去比间接负担更为繁重,但是对绝大多数第三人而言这种区别没有意义。考虑一个想要留在附近一所学校的学生:此学生会发现,填写临时书面文件要比按照校车计划到另一所学校上学轻松得多。

例 9

一个联邦地方法院发布命令,要求对帕西菲卡的学校进行强制整合,该市白人居民(包括警察局长)对此予以反对。该地区法院能够命令帕西菲卡市警察局协助整合学校吗?

解释

确定无疑的是,如果警察局是城市的一部分,并且该市已被裁定为违宪,那么法院就可以命令警察局执行初审法院的命令。

更棘手的问题是,当警察局不是一个确定的违法行为者,而是相反,像詹金斯Ⅲ案中郊区的学区一样,是一个负担沉重的无辜第三人。莱科克(365 页第 7 行)提到评论员在这个问题上的辩论。有些人采取的立场是,如果没有不当行为的裁决,警察就不能被命令向法院提供协助。但是莱科克也引用邦在章诉布朗案[In re Boung Jae Jang v. Brown, 560 N. Y. S. 2d

307(App. 1990)〕，认为初审法院具有强制执行其命令的固有权力，警察有义务在法院命令这样做时执行法律。

法院建议，其规则不得延伸至警察局以外的当事人，特别是法院对其未行使管辖权的当事人："我们不认为警察局执行法律的职责，取决于其作为当事方正式参加每一个程序，在这些程序中他们最终被要求从事某种类型的执法活动。"

关于这个案件，有趣的是它不仅仅只是关注负担：法院命令警察将示威者维持在距离商店入口处至少 50 英尺之外。为什么这不仅仅是一个被一般建筑承建商协会（General Building Contractor Association）案所禁止的次要和辅助性的命令？答案或许是，根据直接命令，警察也会受到不同的对待。

第九章 预先禁令和其他初步救济

9.1 初步救济简介

本书迄今考虑的所有救济都来自于法院的最终判决,即在审判或处分动议(如简易判决动议)之后,法院做出的一个支持一方当事人的判决。[①]然而,有时一方当事人需要在最终判决前获得救济。思考以下三个场景:

- 你代表帕西菲卡保护协会,你刚刚收到信息,明早八点一个破冰球将击倒旧时代酒店,你认为此酒店是一个历史性的标志性建筑,应当受到该州法律的保护而不被破坏。你想获得一个禁令以阻止该酒店的毁坏。
- 威廉在一次与赞德拉的交通事故中受到严重伤害,他再也无法工作且耗尽了所有积蓄。他对赞德拉提起诉讼,但同时他已无钱维持基本生活。
- 伊薇特和赞恩是商业伙伴。伊薇特认为,由于近期赞恩严重的心理障碍,导致其生意遭受严重的经济损失。伊薇特想解除合作关系,并且挽救至少是她在合伙企业财产中的份额。

在这些案件中,等待最终的判决(这可能是在提交诉状后的几年里)可能会使得决策来得太晚:旧时代酒店或许已被毁坏,威廉可能被宣布破产乃至流落街头,赞恩可能挥霍掉合伙的财产。

这些案件中的原告真正想要的是初步救济:一些法院在最终判决前做

[①] 上一章提到了"同意令",这是由地区法院签署并通过法院蔑视法庭惩处权保障实施的当事人达成的和解协议。这些同意令都体现在最终的判决当中。

出的可以帮助原告的命令。然而,问题是在终审判决之前,法院不知道原告事实上是否有权获得其所寻求的救济。假使该州法律并不将酒店作为历史性标志给予保护,或者陪审团认为交通事故的原因是威廉的过错而不是赞德拉,或者赞恩是理智的,将会怎么样呢?至少,所有给予初步救济的法院,都必须考虑在给予初步救济时发生错误的风险。

在这一章中,我们将讨论与最常见的初步救济类型(如预先禁令)有关的规则,以及法院处理错误的风险的方式。在 17.2,我们将讨论接管和冻结机制,它们可以将伊薇特从失去理性的赞恩手里解救出来。但是在我们继续讨论之前,值得指出的是,在多数审判中,法律一般不允许威廉在他与赞德拉的诉讼中寻求"预先赔偿"。也就是说,对于赔偿金的支付,法律并没规定可以有初步救济的方式。

为什么威廉的待遇会比历史保护协会或伊薇特更糟。答案似乎也是历史性的。

> 反对提前损害赔偿的规则通常被认为是绝对的或几乎是绝对的。此规则有时被解释为无法弥补的损害规则的一个自然推论:如果原告只寻求金钱赔偿,最终判决后的损害赔偿将是一个充分的救济。该观点有时是正确的,但有时则相反,比如如果原告在此期间遭受严重的经济困难。事实上,这条规则似乎是普通法与衡平法规则区分下的一个不合理产物。

莱科克:《无法弥补的损害规则的消亡》,第 112 页(1991 年版)。①

除了历史的原因之外,法院没有形成提前赔偿的做法有两个实际的原因。首先,初步救济请求使得法院通过两次审理(首先是初步救济,然后进行终审判决)而增加了负担,并承受第一次审理出错的风险。在真正的无法弥补的损害的案件中(我们不能拆除具有历史意义的建筑),让法院这台机

---

① 莱科克教授指出了一个这一规则的例外,"要求终止定期付款的案件"。(同上)

器运行两次是值得的,但是为了像金钱这样的可替代产品则是不值得的。①或许像威廉这样的"经济特别困难"的案件很少见。即使在伤害非常严重的侵权案件中,原告通常可以通过其医疗保险公司或通过国家获得医疗服务。等待最终判决的原告往往可以在此期间借款。特殊情况下,这有时会影响到将来的赔偿,如果原告给出借人一个很高的经济风险,就会有很高利率的利息。②

其次,与事后纠正错误发布的禁令或破产接管命令相比,法院在事后纠正错误给予的"提前损害赔偿"将更加困难。如果法院在最终判决之前令赞德拉先支付威廉一定数额的金钱,然而最终判决是赞德拉并不承担责任,威廉或许已经用完(或藏匿)他现在需要还给赞德拉的钱。相反,法院可以用如禁令保证金(见下文9.3)这样的措施,来保护错误颁发的预先禁令中的被告。也许,法院可以考虑在原告能够提供保证金的案件中允许提前损害赔偿救济(类似于被告为避免在上诉期间支付赔偿金而提交的上诉保证金)。但如果原告能负担得起这样的保证金,他可能就不需要提前救济了!

总之,在多数情况下,给予提前损害赔偿的社会成本似乎超过了这样做的好处,除非在不这样做时会造成严重的经济困难。在后一类案件中,如果法院在最终的判决中裁定被告事实上不应向原告支付任何赔偿金,原告很有可能已花掉了从被告那里得来的钱,并且无法偿还被告。

本章其余部分将讨论与预先指令性救济相关的三个问题。我们从法院发布预先禁令时所用的标准开始,接下来我们转向禁令保证金,最后我们会聚焦临时限制令,包括与通知有关的事宜。

---

① 可替代产品是指容易交换和在质量上相同的货物。因此,如果你有100美元的钞票,而我有两张50美元的钞票,它们是可以替代的。我对拥有我的100美元的货币还是你的货币并不在意。

② 正如4.3所述,当被告未能按时付款时,非违约方不得就所欠款项利息以外的其它间接损失要求赔偿。因此如果威廉在等待审判期间变得无家可归,他的牙齿因为一次街斗被击落,赞德拉并不会为威廉修复牙齿承担责任。相反,如果威廉胜诉,他只能得到他应该得到的一般损害赔偿金(未付款项)再加上法定利率的利息。如果威廉是一个高信用风险的冒险者,并且只能以一个很高的利率借款,他将无法得到那个更高利率的赔偿。

例1

在阅读本章剩余部分之前,测试一下你的直觉。思考帕西菲卡保护协会诉旧时代酒店的案子,法院在决定是否给予初步救济以防止旧时代酒店在最终判决前被毁坏时,应考虑哪些因素?

解释

第七章解释了当法院考虑给予一项永久性禁令时,必须考虑如下的事项:致害倾向(被告从事禁止行为的可能性)、无法弥补的损害(法院无法通过损害赔偿或其它普通法救济完全弥补原告损害),以及政策上的考虑(例如给予法院的负担)。

这些因素在预先禁令阶段也很重要,但必须结合所寻求救济的初步性质加以考虑。当你考虑法院在评估初步救济请求时应采用的标准时,它们可能属于以下三类:

a. 原告在实体上胜诉的可能性(包括在对相关事实进行审理时,充分考虑对致害倾向、无法弥补的损害以及政策考虑的评估)。

b. 错误的风险(如果法院在初步性评估中犯错,被告或原告会发生什么情况)。

c. 公共利益。

如果你自己想到了这些准则,那么恭喜你!这些是法院在决定是否给予初步救济时所考虑的三个基本准则。如果你没有想出这些因素也别担心,下一节将详细讨论这些准则。

例2

再次思考帕西菲卡保护协会诉旧时代酒店案(来自例1)。假设你发现爱思米拆除公司明天早上将利用破冰球拆毁酒店。法院能够命令爱思米公司不拆毁建筑物吗?(注意:这个问题需要熟悉前一章的材料)

解释

这个问题的目的是让你思考前一章最后部分的材料,即禁令和第三人。如果爱思米公司不是当事人,按照一般建筑承包商的规则,爱思米公司除了遵守"次要的和辅助性的"命令外,其不能被要求得更多。不管这意味着什么,在法院进一步下达命令之前,避免毁坏酒店对爱思米公司来说可能并不是一个太沉重的负担。但是可能有一种方法可以避免提起这个"第三人"的问题。如果有可能将爱思米公司认定为一个违法者,那么在法院进一步采取程序之前,法院下达一个禁止拆除酒店的命令是没有任何问题的。

9.2 预先禁令

回到帕西菲卡保护协会诉旧时代酒店案中。你现在在一个不友好的法官面前试图获得一项预先禁令,以禁止在最终判决之前毁坏酒店。你需要证明什么?

在我们转向考虑你为了得到预先禁令需要证明什么这一问题之前,通过思考如果你以帕西菲卡历史保护法阻止该酒店被毁坏为由,正在寻求一个禁止其被破坏的永久性禁令,你将要证明什么?这个问题开始是非常有用的。为了寻求永久性禁令,你必须证明:

1. 致害倾向。你需要证明存在一个现实的伤害威胁。这个因素实际上分为两部分。首先,你必须证明旧时代酒店实际上受到该州禁止毁坏法律的保护;其次,假设其受保护,你必须证明被告极有可能毁坏酒店。

请注意,这两个问题所需的证据种类非常不同。例如,被告打算拆毁酒店或许是没有争议的,唯一的问题是一个法律解释问题:该州的法律是否保护旧时代酒店?[①] 另一方面,如果争议涉及可信度,法官可能需要听取证人的证词,然后才能认定被告是否打算拆除大楼。

2. 无法弥补的损害。为了最终判决的目的考虑这个问题,历史协会

[①] 如果这是案件的核心,并且它是一个纯粹的法律问题,那么法庭将预先禁令的听证与案情的审理结合起来,并只做出一个最终判决是很常见的。参见《联邦民事诉讼程序规则》65(a)(2)。

(假设其有权代表——一个联邦法院课程的问题)面临无法弥补的损害似乎没什么问题。损害赔偿远不如保存建筑物好：一个人不能用钱建造一座具有历史意义的"新"建筑。正如我们将看到的，当涉及到初步救济请求时，无法弥补的损害问题就更复杂了。

3. 其他政策考虑。在某些案件中，诸如法院的负担问题或宪法第一修正案所关注的问题可能就会出现。

当原告寻求预先禁令而不是永久禁令时情况有何不同？首先，因为要求是初步的，原告证明其案件所需的证据不像最终判决所需要的那么多："预先禁令的目的只是为了维护当事人的相对地位，直到对案件事实进行最终审判。鉴于这一有限目的，而且如果要维持这些地位，往往需要仓促行事。相较于对案件的最终审判，一个预先禁令的授予通常是基于不太正式的程序和不太充分的证据。因此一方当事人不必在预先禁令的听证会上充分证明其案件。"参见得克萨斯大学诉卡梅尼施案[University of Texas v. Camenisch, 451. U. S. 390, 395(1981)]。

正如在终审判决后发布的永久性禁令，法院在考虑一项预先禁令的请求时也会涉及致害倾向、无法弥补的损害及其他政策考虑。① 但在预先禁令的情况下，这种考虑会有所不同，因为法院尚未判决被告是一个违法行为者，并且存在法院可能错误给予或拒绝一项预先禁令的风险。

通常情况下，法院最为关注的问题是原告在实体上胜诉的可能性(这就是站在永久性禁令的角度，对致害倾向、无法弥补的损害和政策考虑等问题进行初步审查)、错误的风险和公共利益。尽管有诸多文字规定，最高法院近期以这样的方式阐述了标准："寻求预先禁令的原告必须确定他能够在实体方面胜诉，在没有预先禁令时他会遭受到无法弥补的损害，平衡的天平会倾向于他，并且禁令符合公共利益。"参见温特诉国家资源保护委员会案

---

① 或许你还记得第七章讨论的佛罗里达州动物权利基金会诉西格尔案。法庭认定禁止动物权利抗议者在被告的商业和住宅前高举标志牌的禁令违反了宪法第一修正案。该案件涉及初步的而非永久性的禁令。在那里法院以政策性理由为依据禁止了预先禁令。

[Winter v. National Resources Defence Council, Inc., 555 U. S. 7, 20 (2008)]。① 正如我们将看到的，在许多法院的原告，相较于寻求改变现状的禁令，有比较容易的机会获得一个维持现状（或至少看上去是维持）的禁令。

法院和其他人有时将法院在决定一项预先禁令的请求时所经历的平衡过程，看作是一个困难的权衡。这种平衡不同于法院有时在终局禁令中进行的平衡。回顾第七章，当被裁定负有责任的被告面临禁令所带来的极为严重的困难，而这种困难大大超过了禁令给原告带来的好处，法院就会否决该项禁令（回想瓦格纳和广告牌）。但是，证明一个被裁决的不法行为者将会经受一些困苦，这不足以否定胜诉的原告对永久性禁令的要求。②

但由于在预先禁令阶段犯错误的风险——被告尚未被裁定为违法行为者——法院必须更仔细平衡双方的困难。重要的是，为了防止错误分析的风险而在思考每一方的困难时，我们只关心在原告寻求预先禁令和最终判决这个期间内可能发生的无法弥补的损害——我们并不关心最终判决后会发生的无法弥补的损害。

因此来看图9.1，原告在T_0时提出预先禁令的请求，最终判决会在T_1时做出。对于预先禁令，我们只关心原告或被告在T_0至T_1这段期间所面临的无法弥补的损害。在预先禁令阶段，法院并不会考虑在T_1或其后发生的无法弥补的损害。对于在最终判决时发布的永久性禁令，法院会关心T_1到未来的无法弥补的损害。

思考一下在帕西菲卡保护协会诉旧时代酒店案的背景下给予预先禁令

---

① 在每个寻求预先禁令的案件中，原告是否需要证明所有的因素，或是否采用"按比例增减"的方法，仍然存在争议。在温特案中，异议者金斯伯格（Ginsburg,1933—）法官从历史的角度写到，"法庭以'按比例增减'的方式评估了衡平救济的请求，有时给予救济是基于较高的胜诉可能性，但损害的可能性较低。这个法院从未排斥这一提法，我不相信今天法院会这样做。"同上，引自第392页（引文省略）。下级法院保留了按比例增减的方法，根据温特案，寻求预先禁令的当事方必须在每项因素上至少证明一些内容。参见落基山脉联盟诉科特雷尔案[Alliance for the Wild Rockies v. Cottrell, 632 F. 3d 1127 (9th Cir. 2011)]。

② 如7.5所述，易趣网案可能为永久性禁令提出了一个新的标准，包括原告提出的关于"平衡困难"的证据的新要求。

210　第二部分　衡平法救济

```
         T₀                    T₁
      请求预先禁令            最终判决
```

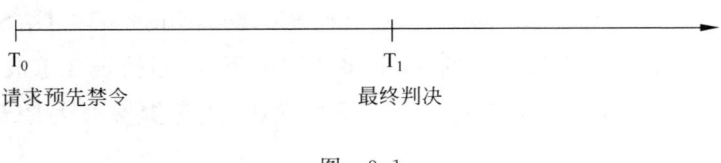

图 9.1

的相关规则。如果法院不下达预先禁令,且其这样做是错误的(因为法院最终裁决,旧时代酒店受到州历史保护法的保护),原告将遭受严重的无法弥补的损害。建筑物将会被拆除,也没有别的办法会将其恢复为一个历史性建筑。

相反,如果法院给了预先禁令,且其这样做是错误的(因为法院最终裁决,旧时代酒店不受州历史保护法的保护),被告会受到一些损害(或许是无法弥补的损害)。比如,想象一下,被告计划一个新的房地产开发,这一拖延将使被告付出大量的金钱(甚至可能使被告承担对爱思米公司和其他承包商的违约责任),以及其它的不便,很可能整个项目会告吹。

在考虑各方所面临的损害后,我们可能会赞同原告面临的损害大于被告所面临的,因为建筑是不可替代的,但金钱却相反。但这是一个太过于简单的分析。首先,如果项目被延误被告将面临数百万美元的损失,你的答案可能会发生改变。衡量一个具有历史意义的建筑物的损失是很难的,但在某一时刻法院可能会认为迟延项目对被告的伤害太大。如果最终判决结果是预先禁令本不应该发布,协会可以支付数百万美元的损害赔偿,尽管如此,或许法院在审查无法弥补的损害时并不会考虑到这一点。

此外,如果法院猜测错误,那么仅仅对各方的损害进行比较的分析就会忽视案情在实体上胜诉的可能性。如果原告最终胜诉的可能性有95％而非5％,则法院会更愿意批准一项禁令。

因此我们先假设预先禁令被错误的拒绝,原告将蒙受建筑物灭失的损失,我们的估价是100万美元,但如果预先禁令被错误批准,被告将蒙受5万美元的延迟费用。进一步假设,如果法院对案情进行了调查,估计原告胜诉的可能性——在这个案件中,该州法律实际上阻止该酒店被毁坏——是

10%。原告胜诉的可能性较低的事实,必须纳入到法院的平衡考虑当中。

波斯纳(Posner)法官提出了一数学公式来综合考虑两方面的因素,即实体上胜诉的可能性,和各方从一个错误的禁令中遭受的损害。

> 仅在 $P(H_p)>(1-P)H_d$ 时应当授予预先禁令。这里的 P 指原告在整个审判中胜诉的概率[因此(1-P)是被告胜诉的概率],H_p 是指原告将遭受的无法弥补的损害,除非在审判前给予预先禁令以维持现状,H_d 是如果给予预先禁令,被告将遭受的无法弥补的损害。(理查德·波斯纳:《法的经济分析》,第 595 页,2007 年第 7 版)[①]

换言之,根据波斯纳的公式,法院是通过将各方胜诉的概率乘以如果法院在预先禁令阶段判断错误时该方将面临的损失,来计算如果法院出错,每一方当事人将遭受的预期损失。

将这一公式应用于上述旧时代酒店的实例,得出的结论是法院应该给予预先禁令。

P,原告在案件中胜诉的概率是 10%。

H_p,如果预先禁令被拒绝原告将遭受的无法弥补的损害是 100 万美元。

1-P,被告在案件中胜诉的概率是 90%。

H_d,被告将遭受的无法弥补的损害至多[②] 5 万美元。

相乘,$P(H_p)=10\%\times 1000000=100000$,大于 $(1-P)H_d=90\%\times 50000=45000$,因为 100000>45000,预先禁令应被给予。

如你所见,这个公式对输入的数字非常敏感。例如,如果法院对原告的损害衡量为 40 万美元(而非 100 万美元),或者被告的损失为 15 万美元(而

---

① 考虑到公众的利益,它的价值(用金额表示)可以被适当添加到公式的任何一边。

② 我说"至多",是因为可以说这 5 万美元不是无法弥补的损害,也没有任何无法弥补的损害。如果没有无法弥补的损害,则法官波斯纳公式下的禁令应该授予,因为被告方的方程等于 $90\%\times 0=0$。

非 5 万美元)。法院的结论将是不应下达此禁令。

　　这个公式有助于让法院及当事人关注正确的因素,但其重要性可能被夸大。事实上,此公式给法院平衡困难的过程提供了科学正确的虚假光环,而实际上往往更多的是凭感觉的分析,而并非严格的计算。参见美国医院供应公司诉霍普特产品有限公司案[American Hospital Supply Corp. v. Hospital Products, Ltd. ,780 F. 2d 589,609(7th Cir. 1986)]。(反对意见指出,在一个案件的多数派意见中,波斯纳法官提出了数学判断方法。对预先指令性救济的传统判断"可能没有显示出多数意见要求的'精确',但这种'精确'与指令性救济的基本原则是对立的。衡平,正如多数意见承认的,涉及对许多无法量化的因素的评估。")

　　在现实中,法院经常会发现不可能给公式中代入合适的数字,尤其是我们处理的大都属于是"无法弥补的"损害的案件,原因在于估值的难度过大。试想一个像旧时代酒店一样的历史性地标建筑的灭失。它的保护对于社会或公众的价值,法院如何给它一个数字呢？或者假设延误会使被告在新的开发项目中损失合伙人的费用,法院会如何评估所损失的利益？最后,法院除了就案情做出初步裁决,并且就法官在充分研究案情后改变主意的可能性进行自我评估之外,如何评估在实体上胜诉的可能性？

　　在这最后一点上,值得思考波斯纳法官对最高法院在布什诉戈尔案中下达的中止命令的分析。中止是上诉法院命令暂停执行下级法院的命令或判决。准予中止的标准非常类似于颁发预先禁令的规定,因为中止只是初步命令,其效力仅在上级法院决定上诉的是非曲直之前。参见罗斯特克诉戈德堡案[Rostker v. Goldberg,448 U. S. 1306,1308(1980),布伦南,在议事室]。①

　　也许在美国历史上最著名的中止命令,是在 2000 年佛罗里达州选举总统的争议过程中下达的。佛罗里达州选举的获胜者将成为下任总统(由于

---

　　① 当一方当事人寻求中止执行金钱判决(如损害赔偿判决)时,在等待上诉期间,通常需要缴纳保证金向原告付款的上诉保证金。参见例如,《加州民事诉讼程序法典》§ 917.1(提出了中止对金钱判决的上诉所需要"承保"的规则和数额)。本文指的是不涉及货币判决的中止命令。

选举人团的运作)。民主党人艾尔·戈尔和共和党人乔治·布什在法院就重复计票工作进行诉讼,在约 600 万的投票中布什领先 537 票。① 于 2000 年 9 月 8 日星期五,佛罗里达州最高法院下令对佛罗里达州境内的所有漏选票进行重新计算。参见戈尔诉哈里斯案[Gore v. Harris,772 So. 2d 1243 (Fla. 2000)]。次日,美国最高法院中止了命令,参见布什诉戈尔案[Bush v. Gore,531 U. S. 1046(2000)],法院在两日的简要和口头争辩之后,推翻了佛罗里达最高法院的决定,结束了重新计票,导致乔治·布什当选。参见布什诉戈尔案[Bush v. Gore,531 U. S. 98(2000)]。

在后来发表的分析中,波斯纳法官(在此系列诉讼中都不是法官)认为,艾尔·戈尔在中止重新计票的决定中所受的损害,远大于拒绝中止对乔治·布什的损害。确认佛罗里达总统选举人的时间临近,而决定中止计票则意味着计票工作可能永远不会完成,而戈尔也永远不会有可能在重新计票中领先。相比之下,如果佛罗里达法院宣布戈尔获胜,而最高法院随后推翻这一结果,布什则会冒着给他的选举合法性蒙上难以评估的"阴云"的风险。

尽管戈尔面临更大伤害(让我们把它定为 100 万美元,而布什是 100 美元②),波斯纳法官得出结论,认为法院同意中止是正确的,因为戈尔胜诉的概率是零。(参见理查德·波斯纳:《打破僵局:2000 年大选,宪法和法院》,第 164—165 页,2001 年。)换言之,波斯纳法官认为,最高法院同意给予中止令时,大多数法官已经做出肯定性的判断:戈尔会在实体上败诉;100 万乘以 0 仍然是 0,布什的预期损失是低——在本案是 100 美元(1×100 美元)——也超过了 0。

我们可能会认为波斯纳法官的立场是超法律现实主义的立场,但看看他的估计是多么敏感。如果法院在决定中止时,戈尔在结束简要的口头辩

---

① 关于佛罗里达州争议的更多细节,参见理查德·哈森:《最高法院和选举法:从贝克诉卡尔到布什诉戈尔的公平审判》,第 41—46 页,2003 年。

② 当然这些数字是任意的,但在如下的意义上它们是有用的,即表明停止重新计票对戈尔的伤害(失去总统职位)比允许重新计票对布什造成的伤害要大得多(在这个数值例子中,大于 1000 倍)。

论后,有 1% 的机会改变一位法官的想法(最高法院在中止和最终的救济案件中的裁决为 5∶4),波斯纳法官的公式告诉我们,最高法院应拒绝给予中止令。①

最后,很重要的一点说明是关于现状和强行性及禁止性禁令。在德州大学的案例中,最高法院将预先禁令的目的写为,"仅仅是为了维护当事人的相对地位,直到对案件进行审理。"预先禁令一般应维持现状是许多法院和律师的坚持。但在某些情况下,原告希望得到肯定的救济(法院命令被告做某事),而非仅仅维持现状。

麦康奈尔法官在植物慈善联盟中心诉阿什克罗夫特案[O Centro Espirita Beneficiente Uniao Do Vegetal v. Ashcroft, 389 F. 3d 973, 1015(10th Cir. 2004)]中提出了对维持现状的支持:"一个法院应将自己的权力用于批准有效果的救济,重要的一件事是,通过阻止当事人在诉讼过程中作出单方面和无法弥补的改变;另一件事是法院在有时间对案件进行实体审理之前,迫使当事方在实践中进行一些重大改变。"②

大多数法院还认为,原告在寻求如下禁令时必须符合更高的标准:强行性禁令,或者命令被告做某事从而改变现状,而不是禁止性禁令,或命令被告不做某事。此外,这一点与现状点之间存在联系:在多数情况下,禁止性禁令很像是维持现状,而强行性禁令最有可能改变现状。③

---

① 100 万美元的 1/100 是 1 万美元(H_d),这大大超过了布什的 99 美元(99%×100 美元)(H_p)。
② 什么是"现状"? 这是一个"在当事人发生争议之前,毫无争议的最后的状态。"公园和娱乐部诉集市世界案[Department of Parks and Recreation v. Bazaar Del Mundo, 448 F. 3d 1118, 1124,(9th Cir. 2006)]。但是,认识现状并不总是一件容易的事。波斯纳法官在评论麦康奈尔法官在植物中心案的意见时写道:"现在可能是,(麦康奈尔法官提出的想法)最好是建立在逐条判断的基础上,而不是以法官决定何种事态应被视为现状的能力为基础来制定一项规则。"参见芝加哥联合工业有限公司诉芝加哥市案[Chicago United Industries Ltd. v. City of Chicago, 445 F. 3d 940, 946,(7th Cir. 2006)]。
③ 然而,当现状是诉讼之一时,这并非不可避免。例如,当一个请求游行许可的团体满足该市的所有要求时,一个市政职员通常会立即考虑该要求并签发许可证。然而,职员却拒绝立即考虑一个政治上不受欢迎的团体提出的游行许可申请。该团体可寻求预先禁令,要求职员立即考虑许可申请。这将是个强行性的禁令(它要求职员去做某事)。但不无争议的说,它维持了现状,即职员通常立即考虑游行许可的要求。

既有案例确实表明,原告在提出强行性预先禁令时面临更高的负担,参见路易威登·马利蒂公司诉杜妮和柏克公司案[Louis Vuitton Malletier v. Dooney & Bourke,454 F.3d 108（2d Cir. 2006）],但法院在适当情况下会给予强行性的预先禁令,即使这意味着对现状的改变。甚至连麦康奈尔法官也指出:"近几十年来,多数法院——所有联邦上诉法院——都认识到在某些情况下,维持现状显然会给申请人造成无法弥补的损害,其在实体上得到支持的可能性很低,因此预先禁令是适当的,即使这要求与现状的背离。"（O Centro,389 F.3d at 1013,McConnell,J.,Concurring）

为了避免颁发"不受欢迎"的强行性禁令,法院有时会使用禁止性的语言发布强行性禁令。例如,在宾厄姆诉俄勒冈州学校活动协会案[Bingham v. Oregon School Activities Association, 24 F. Supp. 2d 1110（D. Or. 1998）]中,初审法院裁定,根据《美国残疾人法案》,一所高中必须允许一名学生参加一个体育小组,尽管该州有关资格条件的规则看上去排斥该学生。但法院在预先禁令当中并没有命令学校允许学生参加体育活动,而是使其具有禁止性的特征:"可以通过一个禁止性的命令来提供救济,即禁止被告对原告、原告的教练,或原告根据本法院裁决参与体育项目施加任何限制。"①（同上,第1115页）。撇开语义不谈,非常清楚的是,这是一个将原告包括在体育项目中的肯定性命令。

例3

另一个选举法的例子:2003年,足够多的加州选民签署请愿书,以启动对州长戴维斯的"罢免"选举,这种选举在加州历史上是首次。多项诉讼对罢免选举的不同方面提出质疑。其中一项诉讼称,依据布什诉戈尔案,在进行一次全州范围内的罢免选举时,一些县的选民使用过时的打卡投票机（同样的机器在2000年佛罗里达州的争论中变得如此臭名昭著）,而其他的选民使用的是更可靠的投票机,这违反了美国宪法的平等保护条款。由于罢

---

① 值得称赞的是,法庭补充说:"无论如何,即使是根据强行性禁令的更高救济标准,我也认为原告有资格获得预先禁令的救济。"同上,第1115页。

免计划在 2003 年 10 月进行，美国公民自由联盟在选举前两个月（即 8 月），提出一项预先禁令的申请，要求推迟选举，直到加州的选举官员可以更换打卡机（这本应发生在 2004 年 3 月，根据一项较早的同意令，此时州政府计划停止使用打卡投票机）。初审法官拒绝了预先禁令的要求，除其他因素外，法官认为原告不可能在案件中胜诉，因为他们误解了最高法院在布什诉戈尔案中适用中止所需要的条件。也有一场争论，涉及有多少选民会因为使用打卡投票机而投票失败。地方法院耗时两周来否认该动议，美国公民自由联盟求助第九巡回法院。第九巡回法院的一个小组在选举前一个月即 9 月初听取了辩论。到那时，竞选活动（无论是赞成还是反对，以及一旦罢免成功时的更换候选人）已经很顺利的展开。

在决定是否给予该禁令时，第九巡回法院应考虑哪些因素？其该如何决定该案件？

解释

因为时间上的敏感性，与选举有关的纠纷通常是在快速结案理念的基础上向上诉法院提出言辞上诉后，需要决定预先禁令的申请。上诉法院面临的第一个问题是复审标准。人们常说，上诉法院审查初审法院对预先禁令的裁决，所依据的是相当惯用的"滥用自由裁量权"标准。但这在选举中有点误导，因为许多案件都是基于纯粹的法律问题，而上诉法院则认为初审法院在不正当的法律基础上决定问题时滥用其自由裁量权：上诉法院一般不遵从初审法院对适用法律的解释，因此在许多案件中，复审可以是广泛的，而不是顺从于下级法院。

在考虑是否批准预先禁令时，第一个问题是在实体上胜诉的可能性。第九巡回法院首次审理该案时，一个由三名法官组成的合议庭认为原告可能胜诉：仅仅在加州一些县使用这些不可靠的打卡机，违反了布什诉戈尔案确立的选民平等保护原则，西南选民登记教育机构诉雪莱案［Southwest Voter Registration Education Project v. Shelley, 344 F. 3d 882 (9th Cir. 2003)］作出这一决定的合议庭包括一些较为自由的第九巡回法院的法官，他们由于种种原因，可能会支持对布什诉戈尔案的这种解读和延缓罢免选举的前景。在这样做的过程中,第九巡回法院推翻了一个拒绝禁令的较保守的联邦地方法院法官的意见。

这个案件立即被全席审理,一个由 11 名法官(保守派超过自由派)组成的合议庭,不同意原上诉法院对布什诉戈尔案的解读,虽然该合议庭并没有正式驳回此解读。(西南选民登记教育计划诉雪莉案全席审理。"我们以前没有机会思考在这里所提出的真正的平等保护主张。该法院合议庭一致认为这项主张具有实体法律依据,这意味着该主张会受到许多法学家的质疑。")①

然而,法院认定第九巡回法院第一合议庭给予禁令是错误的,因为它没有充分考虑公共利益:

> 如果定于 2003 年 10 月 7 日的罢免选举被禁止,可以肯定的是加州和它的公民将遭受严重的财产损失,因为由于相信选举将在宣布的日期进行而投入了大量的资源。时间和金钱花在准备选民信息册和选票,邮寄选票,并雇佣和培训调查人员。公职人员被迫将他们的注意力从他们的官方职责转移到竞选活动中。候选人按照最初宣布的时间表,向选民传达了他们的信息,将他们的信息校准到当时的政治和社会环境。他们根据现行的竞选捐款法筹集资金,并基于对 10 月 7 日举行选举的信赖而支出资金。潜在的选民已经关注候选人的信息并做好了投票的准备。成千上万的不能现场投票的选民已经投了他们的票,他们同样信赖选举将在州宣布的时间如期举行。这些时间、金钱,以及行使公民权利的投资不能退还。如果选举被推迟,已经投了票的公民将被正式告知投票无效,他们必须再次投票。简言之,确定进行选举时存在的现状不能恢复,因为这次选举已经开始。(同上,第 919 页)

公共利益当然是很重要的,但公共利益在此案中却模棱两可。投票机

---

① 法庭接着说,地方法院法官在认定不存在布什诉戈尔案的违法时,并没有滥用自由裁量权(这是一个奇怪的裁决,因为这是一个法律问题,并且地方法院的法律意见尚没有资格受到这般重视),但是根据联邦表决权法案,原告的主张却有强力的理由。

不太可能计算为有效选票(美国公民自由联盟声称)的话,对在投票机投票的选民会造成怎样的损害？第九巡回全席审理法院认为:"当然,我们也必须考虑到原告所代表的利益,他们有理由担心使用打卡系统会剥夺某些必须使用该系统的选民的投票权。但此时,这只是一种推测的可能性,即任何这样的拒绝都会影响选举结果。"(同上,第919—920页)

这种分析是错误的,因为没有简单的选举后救济办法。这种损害的确无法弥补。事实上,选举后的统计显示,在洛杉矶县(打卡县)超过5%的选票不是对这次罢免的有效投票,与之相比在阿拉梅达县(使用电子投票机)只有0.74%的选票。如果选举结束,就没有办法统计出没有在打卡机上正确记录选票的投票数。第九巡回法院可否使此选举无效而后命令重新选举——这是一个比由三位法官组成的合议庭的延迟命令更具有侵入性的救济？对加州的公民幸运的是,罢免选举还没有结束,所以第九巡回法院没有必要去考虑一种可能的解决打卡问题的选举后救济。

这一近期的现实世界的案例向你展示了波斯纳公式在回答法院是否应该发布预先禁令的问题上是多么受限制,以及平衡考量是多么的变动不居。事实上,平衡方程随着时间而改变。在8月7日,当美国公民自由联盟在联邦地方法院提起诉讼时,公众对罢免选举的投入相对较少,但到了9月中旬,当第九巡回法院审理案件时(第二次),这些公共利益是巨大的。不仅双方都存在公共利益问题,在事实(与其他投票设备相比,打卡机有多不可靠)和法律(平等保护条款在投票时要求什么)方面都存在很大的不确定性。此外,这一切都发生在高度紧张的政治氛围中,那里法官们的政治倾向看上去至少与他们对预先指令性救济的正当性的看法有一定关系。

例 4

你在奥斯卡与普宁娜的长期争端中(毕竟这一诉讼从第七章就开始了)是奥斯卡的代理人,因为普宁娜没有如约生产出奥斯卡工厂运营所必须的部件。普宁娜则辩称,是奥斯卡先违反了合同,因为奥斯卡没有支付其承诺的价款,也没有给普宁娜生产部件的规格。奥斯卡的工厂关闭了,他希望你获得预先禁令,以要求普宁娜继续生产部件。你将需要什么样的证据来支持你的委托人的初步救济提议?

解释

这是一个涉及争议的细节类型问题,与例 3 的争议不同,它与公共利益无关(除非奥斯卡的工厂正在生产公众所需要的东西并且在别处买不到)。你需要去收集证明奥斯卡在实体上可能胜诉的证据,并且他在 T_0—T_1 时间段所面临的无法弥补的损害将大大超过普宁娜的损害。

当然,就案情实体的可能性而言,你需要一份原合同的复印件,加上任何其他的书面证据比如收据、银行结单、信件,以及电子邮件。如果能得到奥斯卡的宣誓书和其他任何材料,可以证明奥斯卡很可能可以证明违反合同的是普宁娜而非奥斯卡,那也是很有用处的。

获得证明无法弥补的损害的证据是十分必要的。也许你可以找到一个工厂工程师或其他员工,他们可以签署一份宣誓书,以证明该部件对于工厂的运作至关重要。其他人可能需要写一份关于市场上其他地方缺少该部件的宣誓书。最后,任何能够证明在最终判决之前继续生产该部件不会对普宁娜造成任何无法弥补的损害的证据,都将是有用的(虽然你可能没有任何这样的信息)。

普宁娜可能会提出一个观点对抗奥斯卡,即法院应该采用一个更高的标准,因为奥斯卡正在寻求一个强行性禁令,要求普宁娜生产该部件,而不是一个禁止性禁令,命令普宁娜不做什么。(似乎是对奥斯卡以法院应当阻止普宁娜不继续生产部件为理由,寻求禁止性禁令的一个变形。)尽管如此,如果奥斯卡胜诉的可能较大,并且困难的平衡也对他有利,法院为何会仅因为他要求的是积极救济就拒绝给予预先禁令呢?

最后,在思考如何将奥斯卡案件提交法院审理时,起草一份供法院签署的建议命令是非常有用的。这份建议应被认真起草,并根据应有的状态标准进行调整。如果有必要的话,应该很容易通过蔑视法庭惩处权来执行,也不能充斥不明确的语言。如果你在联邦法院,该命令必须遵从《联邦民事诉讼程序规则》65(d)。

每一个签发禁令的命令和限制性命令都应说明签发的理由；应具体规定；应合理地详细描述被限制的行为，而不是引用起诉书或其他文件；只对诉讼中的当事人、他们的职员、代理人、佣人、雇工、律师，以及那些因为个人服务或其他方式与前述主体共同行动，或积极参与而收到命令的实际通知的人，具有约束力。

花一些时间并尽力写出法院命令。这并非如你想象的那么简单。

9.3　禁令保证金，禁止离境令

如我们在 9.2 部分所见，促使进行预先禁令分析的主要因素是不确定性和出错的风险。对预先禁令的平衡分析是法院处理风险的方法之一，禁令保证金是预防风险的另一个方法。根据《联邦民事诉讼程序规则》65 条(c)，"限制性命令或预先禁令不得发出，除非申请人提供担保，其数额由法院核定，用以支付相对人可能因错误的命令或限制而遭受的损失或产生的费用。"

禁令保证金通过向原告转移部分风险的方式来减少不确定的风险。保证金的意义在于，如果法院在最终判决中认定没有理由采取指令性救济的话，用于向被告支付在给予预先禁令和最终判决期间所产生的损害赔偿。

为了了解禁令保证金如何改变原告的动机，从而减少不确定的风险，让我们回到帕西菲卡保护协会诉旧时代酒店的案例。假设协会认为保留这家酒店的价值是 10 万美元，从预先禁令点到最终判决点，阻止酒店拆除工程将导致被告因延误产生 40 万美元的费用。

如果没有禁令保证金，原告在决定是否寻求预先禁令时就不会考虑被告的费用。(法院大概会这样做以平衡权利。)然而，假设法院要求协会购买价值 40 万美元的禁令保证金，该协会将会去一个担保公司，其可能会要求协会移转 40 万美元的财产给担保公司。另外，在写保证金时还需要支付额外的服务费(我们把服务费定为 2 万美元),不论协会能否在最终判决中胜诉,这笔服务费都不会退还。

该协会会同意购买禁令保证金还是会放弃预先禁令?答案很可能取决于协会对其胜诉概率的评估。如果协会认为在最终判决中其有 10% 的胜诉概率,它在保证金上的预期损失是 90%(被告胜诉的概率),即保证金价值 40 万美元乘以 90%,等于 36 万美元,再加上 2 万美元的服务费,共 38 万美元。协会将不会寻求预先禁令,因为 38 万美元的费用大大超过了保护酒店的 10 万美元价值。

相反,如果协会认为其有 95% 的胜诉概率,那么其很可能决定继续寻求禁令,即使它必须要购买保证金。在这种情况下,其预期损失是保证金价值 40 万美元的 5%(被告胜诉的概率),是 2 万美元,再加上 2 万美元的服务费,共 4 万美元。协会很可能会寻求预先禁令,因为 4 万美元的费用少于保护酒店的 10 万美元价值。①

禁令保证金有利于被告,而精明的辩护律师会尽其所能获得保证金,以足额弥补在法院错误地批准原告要求预先禁令的请求时,他们的委托人所蒙受的损失。禁令保证金也可能阻止原告寻求预先禁令,尤其是在原告的理由不够强大,或被告在 $T_0—T_1$ 期间(参见图 9.1)的预期损失较大的案件中。

禁令保证金的主要社会问题是他们会阻碍公益诉讼,甚至是私人诉讼,当贫穷的原告所面对的被告会因为预先禁令的颁发而遭受重大的损失时。

例如,假设协会的财产很少,但其估量旧时代酒店的价值为 100 万美元。在这种情况下,协会最好是去寻求禁令,即使在前述条件下协会胜诉的概率只有 10%。但协会可能没有财产支付保证金。事实上,即使协会有信心(95%)胜诉,它仍然面临难以筹措到足够保证金的难题。

---

① 这个例子假设协会对风险持中立态度。如果协会选择风险规避,其在要求购买禁令保证金的情况下,很可能不太愿意寻求禁令。

出于此原因,法院有时会放弃保证金的要求。① 例如,第一巡回法院提出的一项两部分标准:

> 首先,至少在非商业案件中,法院应该考虑被申请人可能遭受的损失,以及保证金要求给申请人带来的困难。商业案件中的申请人——商人,制造商和其他人——可以被假定为有能力承担大部分的保证金要求,所以对于他们而言困难是不重要的因素。其次,为了不过度限制一项联邦权利,也应考虑保证金要求对权利实现的影响。衡量影响的一个标准是比较申请人和被申请人的地位。当申请人为个人,而被申请人是机构且对申请人有某种控制权,相较于双方都是机构或个人,保证金的要求会有更多的不利影响。

克劳利诉地方82号家具与钢琴搬运案[Crowley v. Local No. 82, Furniture & Piano moving, 679 F. 2d 978, 1000(1st Cir. 1982), rev'd on other grounds, 467 U. S. 526(1984)]对非商业案件中的原告,相较于小企业申请禁令来对抗大公司的案件中的原告更宽容,这公平吗?

一旦保证金成立,多数法院认为,初审法院无权决定是否允许胜诉的被告得到与保证金金额相同的赔偿金。参见科尼-德拉尼有限公司诉资本发展委员会案[Coyne-Delany Co. v. Capital Development Board, 717 F. 2d 385(7th Cir. 1983)]。但是在这种情况下,原告并不对被告超过保证金的损害承担责任,即使被告能够证明损害超过了该数额。然而在一些州法院案件中,当原告出于恶意寻求预先禁令时,因一个错误发布的预先禁令而引起的损害金会超过保证金的数额。参见单方面水射流系统公司案,[Ex parte Waterjet Systems Inc. , 758 So. 2d 505, 513)(Ala. 1999)]。

注意,在可以通过禁令保证金保护被告的损害的范围内,在法院决定是

---

① 思考这种自由裁量权是否符合《联邦民事诉讼程序规则》65(c)的规定,要求保证金"是一个由法庭核定的适当数额"。为了论证它是一致的,人们必须采取一个立场,即零可以是一个适当的数额。

否发布预先禁令而进行的困难平衡过程中,看上去就很少存在"无法弥补"的情形。

关于初步救济和保证金的最后一个问题是,在极少数情况下,法院会颁发一项预先禁令,以禁止一个人离开某司法管辖区,等待进一步诉讼。这样的禁令通常需要原告寻求禁止离境令(拉丁语"不要让他走出来")。协助执行此类命令的一个方法是,要求被告提交一份禁止离境令保证金,如果被告离开司法管辖区,保证金将被没收。

联邦政府有时会在被告欠税,并且看上去准备离开这个国家时寻求禁止离境令和保证金。今天更普遍的是有关监护权诉讼的禁止离境令。思考一下法里斯诉杰尼根案[Faris v. Jernigan, 939 So. 2d 835(Miss. App. 2006)]。丈夫与妻子离婚后监护权纠纷激烈,其中包括母亲提出的对孩子的性虐待控告,但被法院驳回。法院最初将孩子的监护权给了妻子,但在发现妻子在关于丈夫对待孩子的问题上存在实质误导性陈述之后,将监护权又给了丈夫。

妻子搬出了该州,法院要求妻子提交 5000 美元禁止离境令保证金,以便能让孩子能在一夜之间去州外看望妻子。妻子提交了保证金,但没有归还孩子。法院判决妻子蔑视法庭刑事制裁,并下令没收该保证金。妻子归还了孩子,并向当局自首,因故意蔑视法庭被监禁 13 个月。妻子被释放后,法院对其限制越来越少,并允许其频繁探视。妻子再次请求孩子到州外看望她,法院允许此种探望,但是只有在提交新的 4 万美元的禁止离境令保证金之后(再加上在蔑视法庭和监护权诉讼中丈夫支付的 4 万美元的律师费)。

上诉法院维持了 4 万美元禁止离境令保证金的要求,驳回了妻子提出的金额过高的主张:"考虑到妻子过去愿意放弃 5 千美元的禁止离境令保证金,以及导致丈夫遭受超过 7.5 万美元的律师费和其他费用的相关诉讼,该保证金金额是适当的。"

例 5

爱丽丝代表一个非盈利社区协会,在联邦法院获得一项预先禁令,禁止贝蒂新商业发展项目的建设,理由是这种发展将构成一种妨害行为。贝蒂坚持认为该地产并非妨害行为。妨害行为是一个事实问题,最终要求法院考虑证人的证词。

a. 法院是否要求爱丽丝提交一份禁令保证金?

b. 如果法院没有要求提供保证金,联邦法院最终判决贝蒂的项目不是妨害行为,贝蒂是否会得到因延误而导致的损害赔偿?

解释

(a) 一些法院根据《联邦民事诉讼程序规则》65(c),会说一定数额的禁令保证金是必须的。在克劳利分析或类似的分析后,其他法院会认为爱丽丝的困难太大,并且无保证金才可以满足公共利益,或者一个很小数额的保证金。同样地,在决定是否放弃保证金要求之前,法院可能会想要更多地了解当事人的财产状况。试问你自己,如果你是法官并且有权力这样做,你是否会放弃保证金要求。如果你的回答是肯定的,如果爱丽丝胜诉的概率只有10%,这会有什么影响?如果你的答案是否定的,爱丽丝胜诉的概率高达90%,这又会有什么影响?

(b) 通常来说,如果没有保证金,将不会对因延迟产生的费用承担责任。参见曼特管理公司诉圣贝纳迪诺市[Manta Management Corp. v. City of San Bernardino,44 Cal. Rptr. (3d 35,41),App. 2006,非公开。"在多数情况下,如果预先禁令因不当授予而被撤销,则原被申请方只能通过对禁令保证金或保证人提起诉讼来追回损失。如果在发布预先禁令时并没有把保证金作为基本条件,或者保证金金额不足以赔偿被申请人,被申请人只有在恶意指控的独立诉讼中胜诉,才可以得到损害赔偿,即通过证明禁令是恶意取得的并且没有合理的理由。无论是加州关于禁令的成文规则还是联邦法律都是这样规定的。"]。

曼特案在这些事实方面提供了一个有趣的变化。被告开展了一项业务,并将其转变为一个以裸体跳舞为特点的"成人卡巴莱歌舞表演"。圣贝纳迪诺市认为成人歌舞表演违反了有效的地区法,并寻求禁止营业的禁令。被告辩称地区法违反了宪法第一修正案,不能被执行。

法院准予预先禁令,并且该市没有被要求提交禁令保证金,因为州法律规定市政府享有保证金的豁免。上诉法院后来裁定,预先禁令的批准是不正当的,因为地区法违反了宪法第一修正案。

被告于是控告市政当局,要求其承担业务停止期间遭受的损失。上诉法院认为,即使没有禁令保证金,被告事实上也可以获得损害赔偿,尽管一般规则将被告的赔偿金限制在保证金以下。它将上述"恶意指控"的例外情形与该市侵犯被告宪法权利的情形相类比。法院称,在这两种案件中,侵权行为使得允许被错误禁止的被告获得超过禁令保证金金额(如果有的话)的损害赔偿的做法正当化。

例 6

与例 5 相同的事实,但假设法院要求爱丽丝和她代表的协会提交 5 万美元的保证金。法院后来在最终判决中认定贝蒂胜诉,她要求得到因项目延误导致的损害赔偿。如果贝蒂能证明她蒙受了(a)2 万美元的损失,她能得到多少的损害赔偿呢?(b)损失 6 万美元呢?

在多大程度上爱丽丝可以依据她诚实且合理地相信其对贝蒂的诉讼是正当的,从而来对抗贝蒂对保证金的支付要求?

解释

(a)贝蒂可以在保证金项下全额追回 2 万美元,只要她能证明她的损失是合理的确定的。参见美国任天堂诉刘易斯·格德卢布玩具案[Nintendo of America, Inc. v. Lewis Galoob Toys, 16 F. 3d 1032, 1038(9th Cir. 1994)]。①

(b)贝蒂最多只能追回 5 万美元的保证金,除非她在一个单独的恶意指控的诉讼中能够证明,爱丽丝没有合理的理由提起诉讼,或者爱丽丝恶意寻求禁令。参见对例 5(b)的解释。

无论贝蒂是主张 2 万美元还是保证金 5 万美元的全部,爱丽丝善意地提起诉讼并不构成从保证金中赔偿对方的有效辩护。贝蒂有权得到只要能够合理确定地证明最高可达保证金金额的损害赔偿。

---

① 有关合理确定性要求的更多信息,见 6.1。

9.4 临时限制令

如果你真的是代表帕西菲卡保护协会的律师,正寻求阻止破冰球明天早晨拆毁旧时代酒店的行为,你需要比正义的车轮(通常是获得预先禁令)跑得更快。在有些地方,法院从审理预先禁令的请求到发布禁令,可能需要数月的时间。

可获得的最快的救济类型是临时限制令(或 TRO)。颁发一项 TRO 的标准和发布预先禁令的标准基本一样,参见比尔丝诉尼古拉案[Bieros v. Nicola,857 F. Supp. 445,446(E. D. Pa. 1994)],但由于情况紧急和通常临时限制令持续的时间较短,法院会在比预先禁令所要求的证据更少的情况下发布一项临时限制令。换言之,如果你为了紧急命令而在午夜时刻唤醒一个法官,你通常是请求法官发布临时限制令而非预先禁令。

预先禁令和临时限制令有几个显著的差异。

1. 通知。《联邦民事诉讼程序规则》65(a)(1)规定,法院在通知相对人之前不得发布预先禁令。相反,《联邦民事诉讼程序规则》65(b)规定:

> 法院在未向相对方或其代理人发出书面或口头告知时不可以发布临时限制令,除非:
> (1)宣誓书或经核实的起诉书中的具体事实清楚地表明,在相对方可以提出反对意见之前,动议方将会遭受直接的和无法弥补的伤害、损失或损害;
> (2)动议方的律师以书面形式证明为了发出通知所做的任何努力,以及不应要求发出通知的理由。

法院一般要求寻求临时限制令的一方,作为一个宪法上的必要事项,向相对人提供某种形式的非正式通知,①至少在有可能进行通知,且缺少不予通知的正当理由时。

2. 可上诉性。根据28 U.S.C.§1292(a)(1),预先禁令的命令在联邦法院是可上诉的。相反,准予或否定临时限制令的命令通常不可上诉。参见赖特、米勒和凯恩:《联邦的实践和程序》,第2947页(2006年)。然而,根据28 U.S.C.§1292(b),法院拒绝修改临时限制令的,可以作为中间命令而提起上诉。该条规定授予上诉法院自由裁量权以审查不可上诉的命令,即当地方法院"认为该命令涉及法律问题,存在意见分歧的实质性基础,并且对该命令立即上诉可能实质性推进该诉讼的终结。"此外,正如我们将看到的,临时限制令持续超过28天就是可上诉的。

3. 期间。在对案件作出最终判决之前,预先禁令可以一直有效。与此形成对比的是,一项未经通知而颁发的临时限制令,"从法院规定的开始日期后到届满——不超过14天,除非在此之前,法院基于正当理由将其延长相同期限,或相对方同意延长。延期的理由必须记录在案。"《联邦民事诉讼程序规则》65(b)。这样,未经通知的临时限制令可以持续不超过28天。

相关规则没有规定经通知发出的临时限制令可持续多长时间。通知或未经通知发出的临时限制令超过28天会变成什么?它是自行失效还是演变为一项预先禁令呢?② 第65条的条文不是很明确,并且司法先例也有些模糊不清,尽管法院似乎在遵循转变的基本原理。参见莱科克书,第66页。为第七巡回法院撰文的波斯纳法官,最近认为如果一项临时限制令"被地方法院确认生效超过了20天,且没有经当事人的同意,则该命令将被认为是预先禁令,因此可以提起上诉,否则一个地方法院可以通过简单的延长临时限制令的权宜之计来规避……上诉权。"参见芝加哥联合工业公司诉芝加哥

---

① 在这一点上,参见卡罗尔诉安妮公主理事长案(Carroll v. President of Princess Anne, 393 U.S. 175(1968))。卡罗尔案在第一修正案背景下讨论了这一问题,但根据正当程序条款,这类通知(在正常和可能的情况下)似乎是必要的。

② 正如我们在第十章所看到的,这个决定对于违反了一个已经生效超过28天(或者如果不延期,则会持续14天)临时限制令的诉讼当事人有重大的影响。如果临时限制令仍然有效,违反它会导致蔑视法庭惩处。但是,如果命令失效,就没有蔑视法庭的可能性。

市案[Chicago United Industries Ltd. v. City of Chicago,445 F. 3d 940,943 (7th Cir. 2006)]。① 它可能对《联邦民事诉讼程序规则》的起草者有意义,以澄清这一基本问题。

例 7

你是帕西菲卡保护协会的律师,你正在认真准备申请临时限制令的议案,其目的在于阻止明早 8 点旧时代酒店被拆毁。你真诚地相信如果你通知了旧时代酒店的律师,他们的客户会在临时限制令听证之前带来破冰球,从而既避免违反任何的法院命令又改变了现状。你能够寻求一项未经通知的临时限制令吗?你应在支持你的临时限制令的请求文件里写什么?

解释

规则本身并不要求通知,只要求解释为什么没有通知。一份由你签署的宣誓书,表明你相信如果通知对方,对方将会在临时限制令颁发之前采取行动,这就足够了。如果你没有向对方发出通知,你应该要求法院发出一个短期命令,紧接着进行第二次听证,通知对方,这将允许法院在延长或者改变临时限制令之前听取争议双方的意见(此时不存在利用破冰球违反法院命令采取行动的风险)②。

可能不会有很多的现实场景,相对方在收到旨在维持现状的听审通知后,会采取行动并改变现状。(此类案件最常见的是在家庭暴力场合下的临时限制令,在此情形下,如果原告在听证前发出通知,告知对方自己在申请

---

① 法庭认定,这种对临时限制令持续时间超过 20 天(现在 28 天)的处理,统一适用于发布时经过通知或没有经过通知的临时限制令。对未经通知而签发的临时限制令适用该规则,"会使地方法院可以签发一个无限期的预先禁令,而被告没有任何上诉可能,只简单地通过将预先禁令称为一个临时限制令,并在颁发其之前郑重通知被告即可。此外,通知后发出临时限制令,特别是在听证的情况下,在程序和功能上甚至更像是一项预先禁令,而不是一项未经通知和听证的临时限制令。因此,如果只有后一种临时限制令在 20 天(现在 28 天)后可以上诉,这将是一个相当大的悖论。"同上,第 946 页。

② 《联邦民事诉讼程序规则》65(c)在相关部分规定:"如果命令是在未经通知的情况下发出的,则预先禁令的提议必须尽早提出以进行听证,该听证优先于其他所有事项,除非是听证同一性质的较早事项。在听证中,获得命令的一方必须提出此动议;如果不这样做,法庭必须解除该命令……在两天内,向未经通知而获得命令的一方发出通知——或法庭规定的较短时间内通知——相对方可能会出庭,推动命令失效或修改。法庭必须像正义所要求的那样迅速审理和裁决动议。"

第九章　预先禁令和其他初步救济　　229

"分居"令，则会将原告的生活和福祉带入危险境地。)即使在法院发布临时限制令之前技术性地改变现状的一方，也不会构成蔑视法庭(参见下一章)，这样做不会使该方当事人受到负责处理因争议引发的未来诉讼的法官的喜爱。

如果你真的要在午夜唤醒法官来获得一项临时限制令，那最好是非常重要的。多数情况可以等到下一个工作日，并且一个律师使用特别程序获得在正常业务过程中可能获得的救济，他将冒着将决定该案件的法官和律师以后可能带来的其他人的关系疏远的风险。

无论在分析判断还是现实中，临时限制令的请求看上去是什么样的？要根据地方法院的规则进行组织并不得与之冲突。尤其是法院必须迅速作出决定时，你将下述事项向法院说明得越清楚，就越好。请明确：

- 谁是诉讼中的当事人？
- 法律问题是什么？
- 为什么立即需要初步救济？（包括对寻求救济的当事人立即和无法弥补的损害的讨论）
- 为什么原告会在实体上胜诉？

记住，法院不能在发出通知前签发一项临时限制令，除非其"从宣誓书或经核实的起诉书中所呈现的具体事实清楚地表明，在审理相对方或其律师提出的反对意见之前，申请人将遭受直接的和无法弥补的伤害、损失或损害。"[《联邦民事诉讼程序规则》第 65(b)]包括必要的宣誓书、相关法规与规章、合同或其他有关文件的复印件。你也要认真准备一份法院命令的建议供法官签字。

第十章　禁令的执行:蔑视法庭惩处权

10.1　蔑视法庭惩处权介绍

原告可以从禁令中获得的一个重大利益(包括预先禁令和临时限制令,和这些可以适用于其他衡平法救济的其它好处),使法院的命令得到了蔑视法庭惩处权的支持。然而,当我们说到蔑视法庭惩处权时,我们实际上在说法院的三种不同的权力:(虽然某些司法管辖区的法院并不拥有第三种权力)

1. 蔑视法庭的民事强制。这是法院施加罚款、拘留的权力,以强制被告执行法院的命令。

例如:在奥斯卡诉普宁娜部件合同实际履行案中,法院在终审判决中要求普宁娜将机械部件于1月1日移交给奥斯卡,但普宁娜并没有这样做。法院强制普宁娜每天缴纳1000美元罚款直到其执行法院的判决。普宁娜在五天之后将机械部件移交,但必须为其不服从法院命令的行为缴纳5000美元的罚款。

2. 蔑视法庭的刑事制裁。这是法院惩罚被告故意不执行法院命令的权力。

例如:同样在奥斯卡诉普宁娜案中,法院要求普宁娜于1月1日移交机械部件,虽然普宁娜的工厂里有机械部件,但普宁娜故意拒绝移交,法官认定,毫无疑问普宁娜有意违反法院的命令,因此处罚金20000美元。

3. 蔑视法庭的民事赔偿。即法院对于没有遵守法院命令的被告,使其对原告承担损害赔偿的权力。

例如:在同样的奥斯卡诉普宁娜案中,法院要求普宁娜将机械部件于1

月 1 日移交给奥斯卡,普宁娜一直到 1 月 10 日都没有这样做。奥斯卡证明由于普宁娜延期执法院的命令,他遭受了 40000 美元的损失,法院可以命令普宁娜赔偿奥斯卡 40000 美元的损失。

我们可以依次思考每一种因蔑视法庭而采取强制措施的权力,然后思考另外的两个问题。首先思考"平行禁止规则",这可以防止被告以法院的禁令违法或者不正确为由,来为自己免受蔑视法庭的刑事制裁进行辩护;其次,我们考虑第三人是否可以因为违反法院的命令而被认定为藐视法庭。

虽然这三个因蔑视法庭而采取强制措施的权力是不同的,但有时法院会很难确定某强制措施究竟属于哪种类型,或者将一个命令贴上"蔑视法庭"的标签,当该命令并不是完全符合三种类型中的任何一类时。此外,正如我们将看到的,如果民事强制措施的数额足够高的时候,法院有时会需要额外的刑事程序保护,而这只有在刑事制裁时才需要。

例 1

马克驾驶一辆福特皮卡车发生了翻车事故。后马克对福特汽车公司提起了产品责任损害赔偿诉讼。一个联邦地方法院在确定福特公司的律师劳伦斯违反了两项诉前命令后,发布了一项制裁措施。该命令的内容是禁止福特公司提供马克在酒后驾车并且在事故发生时没有系安全带的证据。法院判令福特公司及其律师劳伦斯向马克和地方法院支付罚款,以赔偿马克不必要的支出和律师费,以及赔偿地方法院选任陪审团的费用。法院还认定劳伦斯藐视法庭,故意违反与酒精使用有关的诉前命令,撤销了其特许出庭资格(这使他能够在一个州的法院出庭,尽管他不是该州律协的会员),并永久禁止劳伦斯在美国蒙大纳地方法院的米苏拉分区法院作为律师出庭。

法院施加了哪些类型的蔑视法庭的命令?

解释

该案例基于 2005 年来撤诉福特汽车公司案[Lasar v. Ford Motor Co.,399 F.3d 1101(9th Cir. 2005)]这对你而言是一个很好的案例,在我们进一步了解法院用来区分不同类型的蔑视法庭惩处规则之前,可以先测试一下我们的本能。分析这个案例,注意该命令可以分为三部分:

a. 赔偿马克的律师费及支出的金钱。这看起来像是蔑视法庭的民事赔偿，因为其是因劳伦斯违反法院命令而对马克进行的赔偿。

b. 赔偿法院浪费时间的损失。这很难被看作是蔑视法庭的民事赔偿，因为其目的是补偿法院而非原告，而且补偿金将会到政府手里。然而，法院提出的目的是赔偿而非惩罚，所以它看起来法院并不需要证明其出于故意的证据，被告也不能以任何方式逃避罚款，这意味着它并不像是蔑视法庭的民事强制。在真实案例中，第九巡回法院认为，这是一种蔑视法庭的民事强制，不适用具有更大保护力度的刑事程序。确实，赔偿金是进了政府的口袋，但它是为了补偿法院因此而花费的时间成本。法院的结果有一定的意义，但是考虑到蔑视法庭的不同定义，那个结果并不是一个典型的措施。

c. 撤销其特许出庭的资格。这看起来具有惩罚性：法院惩罚被告不执行法院的命令。在真实的案件中，第九巡回法院认为这是蔑视法庭的刑事制裁，但法院认为处罚相对较小，因此被告并没有得到刑事诉讼的全面保护："只要初审法院没有施加严厉的刑事处罚，正当程序并不要求地方法院进行全面的审判"（同上，第 1112 页）。法院认为本案中终身禁止的制裁是不正当的，因为法院在考虑施加这一禁止的处罚之前没有发出通知。因此，它还没有到判断施加终身禁止是否需要全面审判的问题——假设提前做出了对潜在处罚的充分通知。

这里的启示是：虽然我们可以研究三类蔑视法庭的强制措施，但是有时候要说明法院对被告施加的是哪一种措施却很难。因为对被告的保护根据法院所施加的强制措施的类型而有所不同，因此，制定一些分类的规则是有必要的。本章其余部分对此将进行说明，但困难的情况仍然存在。

10.2 蔑视法庭民事强制

蔑视法庭的民事强制是经常在电影中出现的蔑视法庭的强制措施类型，电影中通常表现为顽固的入狱记者，其宁愿走进拘留所也不愿透露受保护的信息源的姓名。近几年,已经有一连串的真实案件,最著名的案件是朱迪思·米勒,是纽约时报的一名记者。

米勒从布什政府的某人那里知道了一名中央情报局侦探的名字,在陪审团调查是谁泄露了信息之前,她被调查该信息泄露者的美国检察机关传唤,要求其在一个大陪审团面前说明是谁泄露了信息。米勒拒绝证明,然后被关进拘留所 85 天。在收到她的信息源,即当时担任副总统的迪克·切尼的参谋长刘易斯·利比(Lewis Libby)的人身保证(她可以自己决定这样做)后,她同意作证。在她作证后,一位联邦法官解除了蔑视法庭的命令,米勒被释放。见 2005 年 10 月 13 日,大卫·约翰斯顿在纽约时报发表的一篇文章:《纽约时报记者的蔑视法庭强制措施被解除》。

接着利比在被指控作伪证和妨碍司法公正后辞职,因为就他自己是否将中情局侦探的名字透露给米勒以及其他记者,涉嫌在大陪审团面前撒谎。见 2006 年 6 月 3 日,尼尔 A.刘易斯在纽约时报上一篇名为《法院驳回了利比要求多份文件的诉讼请求》的文章。他在法院被判四重罪,布什总统减轻了其刑罚。

当然,记者只是在被法院因蔑视法庭而被罚款或拘留的人当中最为典型的一部分。根据你的政治立场,你可能会认为米勒是一个女英雄或者恶棍,但是有一些被认定为蔑视法庭的人,对于我们大多数人来说都是恶棍:设想一下,犯罪组织成员在获得豁免后拒绝检举其同谋者,或处于监护权纠纷中的父母非法绑架小孩并将其带到一个隐秘的地点。在这些情形中,许多人都会理解法院使用蔑视法庭惩处权强制透漏重要信息的努力。

以下是关于蔑视法庭民事强制的显著特征:
- 其意义在于强制而非惩罚,虽然那些因拒绝遵守法院命令而送进拘留所的人感觉就是惩罚。
- 已经被发现蔑视法庭的人可以自己决定其何时被释放。蔑视法庭的民事强制将无期限持续。决定米勒被拘留 85 天而不是 82、92 或 0

- 天的,是米勒作证的决定。①
- 有时拘留所并不是实际的强制场所,因为被告必须自由才能做某些事情。例如,如果普宁娜拒绝制造小部件,并且她的存在对于其制造是必要的,那么因为蔑视法庭而被拘留,似乎很难被视为是强制履行义务的有效方式。在这种情况下,使用罚款可能会更有效地强制普宁娜履行。但如果普宁娜制造了小部件,却隐藏了它并且拒绝转移给奥斯卡,那么对其予以拘留可能会起作用。

在蔑视法庭民事强制的背景下,两个主要的法律问题可能会出现。首先,当被告不能或已经证明不愿意遵守法院的命令时,第一个问题就会产生。第二个问题涉及特殊的民事强制个案,在这个案件中法院要求通常仅仅在刑事诉讼中才适用的保护程序。

没有威压的禁锢。 在某些情况下,蔑视法庭的民事强制措施已经丧失(或从未有)强迫蔑视者的能力,因此必须停止不当的惩罚。参见前述的阿克托罗案(Acceturo,576 A. 2d at 903)。这个标准给法院造成了一个困难的局面,因为被告总是有说谎的动机,说监禁已经失去了强制力量。有关这个问题的听证会,使当事人有机会说服法院解除蔑视命令,因为进一步的监禁将证明是徒劳的。

这变成一个可信度的问题。"由于涉及一个预测,并且该预测涉及到这样一些不确定事项,诸如对特定个人持续监禁的可能结果,我们认为地方法官对于达成自己结论所需要的程序,以及其结论的实体依据,都拥有不可辩驳的自由裁量权。"参见西姆金诉美国案,[Simkin v. United States,715 F. 2d 34;38 (2d Cir 1983)]。其他法院要求,举行一个法官决定可信度的听证会。

---

① 在某些法院,包括在联邦一级,当大陪审团18个月任期结束时,因拒绝作证而被处蔑视法庭的强制措施必须结束(参见《美国联邦法典》28 §1826)。虽然蔑视法庭强制措施可以与新任的大陪审团一起重新开始。参见关于阿克托罗事项调查的州大陪审团诉泽林斯基案[Matter of State Grand Jury Investigation re Acceturo v. Zelinski,576 A. 2d 900,904 (N. J. Super. 1990)。"毫无疑问,作为正当程序,(一个关于蔑视法庭的强制措施是否继续有效的听证会)必须在不迟于18个月的监禁期内举行,因为这是法庭可能施加蔑视法庭刑事制裁的最高处罚。"]

一个有趣的案例是卡特纳诉塞德尔案[Catena v. Seidl, 343 A. 2d 744 (N. J. 1975)]。尽管卡特纳已获得豁免,不因他的证词而被指控,但他仍然拒绝就有组织犯罪活动作证。卡特纳被关押了将近2年,他73岁且身体状况很差,他提议将自己释放,理由是蔑视法庭的强制措施已经失败,拘禁已变成了一种惩罚。

起初,初审法院简单地决定,卡特纳必须被监禁,除非他同意作证。然而新泽西州最高法院要求举行关于卡特纳动议的听证会,以便决定"继续监禁卡特纳,是否具有很大的可能性会实现规定了其义务的法院命令的目的。"(同上,第746页)

"初审法院注意到了卡特纳的年龄(73岁)、健康状况,以及自1970年3月以来的监禁状况。法院审查了卡特纳提出的保持沉默的原因(卡特纳提出,他相信自己有着不能被剥夺的隐私权),虽然这并不可信,但法院还是认为,无论卡特纳的真实原因是什么,他都表现得如此的固执,初审法院认为他永远不会回答任何问题。"(同上,第746—747页)新泽西州最高法院维持了初审法院释放卡特纳的判决,尊重了地方法院的可信度判定。

异议人士认为,大多数人都受到有组织犯罪沉默法案的保护,相信卡特纳是通过自己一贯的合法努力获得释放——没有任何精神病的证据——这意味着卡特纳还没有满足证明他不再通过持续监禁而承受强制的要求。

当然,卡特纳的案件使那些因为蔑视法庭而被拘禁的其他人获得希望,即只要监禁足够长的时间,法院最终会将他们释放。卡特纳在释放后活了很久,静静地在佛罗里达州博卡兰退休,并在98岁时无病而终。[①] 但是等待法院对于许多当事人来说是一场赌博,在法院认真地考虑释放的动议之前可能会有几年的时间。事实上,一些法官可能会同意异议者的观点:当事人越频繁地通过提起法律诉讼来获得释放,说明当事人越在乎监禁,有动机通过遵守法院的命令而获得释放。

---

① 感谢洛约拉法学院图书馆馆长莉莎·舒尔茨(Lisa Schultz),她跟踪整理并提供卡特纳的死亡纪录。

在民事强制程序中的类似刑事保护。在蔑视法庭刑事制裁的情况下,一系列的程序性保护措施应当被适用,比如,如果罚金数额足够大或监禁的时间足够长,被告则有权获得陪审团的审判。这些保护一般不适用于蔑视法庭民事强制的情形,但最高法院认为有时可以这样做。在国际联盟、联合矿工工人诉巴格威尔案[International Union, United Mine Workers v. Bagwell, 512 U.S. 821(1994)],一个工会因为涉及劳工争议而被法院禁止参加某些活动。法院举行了一场听证会,确认工会违反了该禁令77次,并对其予以罚款。法院接下来宣布了一套将来罚款的命令:每次暴力违反该禁令,将被罚款可达10万美元。初审法院随后举行了蔑视法庭的听证,法院要求提供排除合理怀疑的证据,但并没有交给陪审团审判。法院认定工会应缴的罚款额共计6400万美元,其中一部分应支付给公司,另一部分支付给州政府。虽然工会和公司和解了,但州政府仍然要求其承担5200万美元。

最高法院认为,初审法院用来评估蔑视法庭的罚款的程序违反了正当程序的要求,因为没有给予工会充分的刑事程序保护。在一个法院从来没有充分的解释,用以达成结论所应考虑哪些因素的混乱观点中——虽然法院强调的"复杂的事实发现"和大量的罚款——将该罚款定性为"刑事",因此在没有充分刑事程序保护的情况下被法院确定是不正当的。(金斯伯格(Ginsburg,1933-)法官在其附和意见中,提出了一个能够认定该罚款具有刑事性质的更为简单的标准:因为该罚款是交给了州政府而不是交给了原告。)

最高法院关于巴格威尔的决定,意味着在某些涉及蔑视法庭民事强制的案件中,法院将必须对被告提供刑事程序的保护。但是在哪些案件中呢?美国第十巡回上诉法院在 F.T.C.诉库肯德尔案[F.T.C. v. Kuykendall, 371 F. 3d 745(10th Cir. 2004)]中给出了答案。全席审理法院反对这样的观点,即严重蔑视法庭民事强制裁决或复杂的事实引发对被指控蔑视法庭的被告提供额外的刑事程序保护。案件本身涉及的是蔑视法庭的民事赔偿,而不是蔑视法庭的民事强制,但是其语言适用于两种措施。在巴格威尔案之后主要的问题是"被告被指控的蔑视法庭强制措施是刑事的还是民事的",(这有什么用呢?)法院拒绝就巴格威尔的标准作出一般解释。相反,第十巡回法院宣布了一条明确的规则,即"如果在蔑视法庭程序中所寻求的制裁仅仅是用于补偿受到伤害的消费者,该程序就是民事性质的"(同上,第752页)。在民事强制听证会上,"由于该案是民事补偿案件,举证责任是清楚的,涉及关于责任的令人信服的证据,和关于损害的优势证据。我们认可地方法院对于证据问题的解决方案。"(同上,第767页)

在巴格威尔和库肯德尔案之后,许多公开的问题仍然是关于哪些"民事"的蔑视法庭强制程序实际上是"刑事"的,并且哪些保护措施应当适用于这些案件。

例 2

嘉莉和唐纳德离婚了,他们有一个小孩艾米丽。法院已将艾米丽的监护权判给了嘉莉,但唐纳德有周末看望权。该离婚非常痛苦。在一个周末结束时,唐纳德没有将艾米丽送回到嘉莉处。法院命令唐纳德透露艾米丽的位置,但唐纳德表示,他不知道艾米莉在哪里,虽然航空公司的记录显示,他在艾米丽失踪的那个周末去过加拿大。法院可以对唐纳德适用民事强制措施来使他说出艾米利的位置吗?

解释

法院必须首先做出一个可信度的决定,即唐纳德事实上知道艾米丽的位置,并且他说自己不知道是在说谎。如果法院做出这样的决定,则肯定可以尝试用蔑视法庭民事强制使唐纳德告知艾米丽的位置。他是否可以被强制还是不清楚的。

有时候并不需要蔑视法庭者的合作。如果有关于艾米丽位于美国境外的信息,美国签署的一个国际公约,以及联邦法律都规定,应当将被不正当带出国界的儿童交回。参见斯科特·史密斯:《国际掳拐儿童救济法的规则与应用》[42 U.S.C. § 11601 et seq., 125 A.L.R. Fed. 217 (1995)]。

如果唐纳德真的不知道艾米丽在哪里,该怎么办呢?当然在那个案件中,他将不能(而不是不愿意)遵守法院的命令。如果唐纳德真的不知道艾米丽的位置,法院就不能强制他。问题是唐纳德是否可以就这个事实说服法院。这个例子表明,在这种情况下,我们对初审法院做出可信度判断的能力充满信心,它关系到被告的人身自由。

例3

杰克经营着一个以裸体舞蹈为主题的"成人"业务,科斯特市通过了一项区划法令禁止其开展。杰克提起确认之诉(见第十六章),要求法院宣布区划法令违反《宪法第一修正案》。城市反诉,要求颁发禁止杰克从事违反区划法令经营业务的禁令。法院认定该法令符合宪法并颁布了禁令,禁止杰克经营违反区划法令的"性取向业务",且要求杰克为其非法行为每天支付1000美元的罚款。杰克关闭了他的裸体舞蹈业务,并在数日后以穿着完美的"脱衣舞娘"形式重开业务。杰克经营了68天,被法院在藐视法庭的听证会上罚款68000美元。假设法院认定这种行为违反了禁令的相关条款,那么这种罚款是藐视法庭的民事强制措施还是刑事制裁?(在哪种情况下,杰克有权获得刑事程序保护,包括陪审团审判的权利?)

解释

这个例子是基于杰克公司诉科斯特市案[Jake's Ltd. v. City of Coates, 356 F. 3d 896 (8th Cir. 2004)]。虽然罚款是为了强制杰克遵守规定——这使得其看上去似乎是藐视法庭民事强制措施——第八巡回法院认为巴格威尔案的规则,是要求法院给予杰克额外的刑事程序保护,包括陪审团审判的权利。"首先,禁令是复杂的,因为它禁止杰克从事区划法令所禁止的任何类型的以色情为主导的业务,而不仅仅是杰克在他提出地方法令违反第一宪法修正案的挑战中,曾经承认存在一个以色情为主导的裸体舞蹈表演。"(同上,第902-903页)其次,"第二个因藐视法庭命令所施加的68000美元的罚款,与这种藐视法庭民事强制救济截然不同。罚款是实质性的,它支付给了法院而不是补偿科斯特市,这是'确定的和无条件的',也就是说,它不能被融通"。①(同上,第903页)

---

① 法院认为,杰克原本有一个很好的抗辩理由,那就是禁令是违宪性的模糊不清的,但杰克没有提及这个论点,法院也因此没有提出。法院还认为,该禁令违反了《联邦民事诉讼程序规则》第65条规定的禁止将其它文件纳入——在本案中,是地区法令——的规定。

虽然法院宣称应用了巴格威尔案的两个因素,但其第二部分的分析是奇怪的。毕竟,在事实锁定之后看,法院关于罚款的说法并不能适用于所有为了强制履行命令的罚款。

不清楚的是,这起案件和库肯德尔案,最终要求所有的因藐视法庭而支付给法院的罚款,是否应当受到刑事程序保护的约束。

10.3 藐视法庭刑事制裁

藐视法庭刑事制裁适用于惩罚藐视者的过去行为。这也是电影里的素材。想想经典电影《我的表哥温尼》,法官因为温尼对法官的不尊重而认定其藐视法庭。

法官哈勒:我不喜欢你的态度。

温尼:还有什么新鲜事吗?

法官哈勒:我会认为你藐视法庭。

温尼(对比尔):现在有个讨厌的惊喜。

法官哈勒:你说什么?你刚刚说什么?

温尼:嗯?我说了什么?[①]

当法院处罚这种"轻微藐视"时并没有太多的程序要求:当在法庭上当场出现藐视行为时,可以立即予以处罚。正如最高法院在巴格威尔(Bagwell)案中所解释的,"藐视法庭惩处权的必要性已经到达了顶峰,当不听命令的行为威胁到法院立即执行诉讼程序的能力,例如证人拒绝作证,或者一方扰乱法庭秩序……这样,在法庭上出现的小的、直接的藐视行为,通常是可以经过简易程序裁决,以'维持法庭秩序和审判程序的完整性'。根据法院在立刻强制服从和恢复秩序方面的实质性利益,且因为是在当场藐视法庭,减少了进行广泛事实调查的必要性和被错误剥夺的可能性,简易程序就

---

① 《我的表哥温尼》(二十世纪福克斯1992年)。

是可接受的。"

当法院应用蔑视法庭强制措施去处罚一个被告被指控在法庭外的藐视行为时，①则应当采取刑事程序保护措施[参见多布斯§2.8(4)]。通常会委派一名独立的检察官起诉，起诉方必须排除合理怀疑地证明：被告人故意违反法院的命令。②

在涉及监禁6个月以上，或罚款数额较大的案件中，被指控犯有藐视法庭罪的被告有权获得陪审团的审判。罚款需要多大呢？在巴格威尔案的脚注5中，法院写道："数额巨大的蔑视法庭刑事罚款"需要一个陪审团。他引用到，在以前的一个案件中，在对工会罚款10000美元的情况下，并没有陪审团的审判。而联邦法律则将需要陪审团审判的"轻罪"标准界定为罚款金额超过5000美元。关于需要陪审团审判的准确金额仍然不确定。

蔑视法庭民事强制和刑事制裁并不是相互排斥的。像杰兰特·卡特纳（Gerardo Catena）这样的蔑视者，在发现进一步的监禁已经不再对其具有强制性，因而结束蔑视法庭民事强制而被释放之后，可能会面临着刑事制裁，以作为其蓄意违反法院命令的惩罚。莱科克提供了一个法院在蔑视法庭民事强制之后施加了刑事制裁的真实案例："苏珊·麦克杜格尔（Susan McDougal），著名的不配合法庭的证人，拒绝在肯尼斯·斯塔尔对克林顿总统的调查中作证，因蔑视法庭被监禁整整18个月。然后他被指控有蔑视法庭罪和妨碍司法公正的行为。陪审团不认为是妨碍司法公正，但坚持认定其构成蔑视法庭罪。"（莱科克，第782页）

例4

在听取了奥斯卡与普宁娜争议的案情之后，法院裁定普宁娜违反了合同，由于普宁娜未能交付机械部件，使得奥斯卡遭受无法弥补的损害，奥斯

---

① 巴格威尔规则要求额外的程序保护，即使是对于那些轻微的蔑视行为。"比如，如果一个法院延迟惩罚一个直接的蔑视行为直到审判完成，则正当程序要求必须尊重蔑视者的权利，听证会应当举行。"

② 多布斯解释说："在与民事案件不同的刑事案件中，举证责任在于起诉人，需要证明被告人有罪，这一证明必需排除合理怀疑。犯罪需要有违反命令的动机和能够遵守规定的能力，所以检方必须表明，被告有能力遵守但是却故意违反了法令。"多布斯，§2.8(4)，第204至205页。

第十章 禁令的执行:蔑视法庭惩处权 241

卡因此有权获得实际履行的命令。初审法院命令普宁娜在1月1日之前为奥斯卡制作小部件,但普宁娜并没有这样做。1月10日,法院又举行了一次听证会,警告普宁娜如果在1月10日之后不为奥斯卡制造小部件,第一天将支付罚款100美元,之后每天的罚款都是前一天的两倍,直到她生产了小部件。假设普宁娜在1月15日来到法院,还没有生产小部件。法官对这前五天罚款3100美元(100+200+400+800+1600),然后又给了她五天的时间来制作小部件。法官告诉她如果她不这样做,法院会再加罚款,这次将是对不服从命令的惩罚。1月20日,普宁娜回到法院,她告诉法官她正试图尽可能快地制作小部件,但她还没有制好。然后,法院发现普宁娜确实没有按照合同中的要求生产小部件,额外罚款了7000美元。对于第二罚款,普宁娜将如何为自己辩护?她对第一次罚款有抗辩理由吗?如果罚款被维持,她后来生产了小部件,她还可以要回她的钱吗?

解释

普宁娜可能有一些很好的理由反对对其强加第二次罚款。这7000美元的罚款看起来是惩罚性的(尽管它部分目的确实是为了强制普宁娜履行合同)。如果罚款是刑事的,那么有必要排除合理的怀疑认定普宁娜故意违反法院的命令。但是请注意,法院并没有做出这样的认定。相反,调查结果只是普宁娜确实违反了法院的命令。没有故意,普宁娜就不需要受到刑事处罚。此外,因为罚款的数额,如果法院决定罚款的数额巨大,则她有权获得陪审团的审判。一个针对个人的7000美元罚款,可能是,也可能不是足以引起陪审团审判的足够大的刑事罚款。

第一个3100美元的罚款看起来像是一个旨在强制履行而不是惩罚的数额。法院可能会认定是强制性的,而不是惩罚性的,因此像刑事程序一类的规则不能适用。标准就不是排除合理怀疑的证据标准,而应该适用更低的"清晰和令人信服的证据"标准。

但如果普宁娜可以证明她不能遵守法院的命令(因为她试图生产小部件,但根本无法做到这一点),强制性罚款看上去就不太合适。这需要法院来确定可信度。但是,如果普宁娜无意中违反了命令——设想她过失地没有按时完成小部件,那原本是可以制造出来并准时交付的——那么她仍然需要承受蔑视法庭的民事强制措施,而这并不需要故意。

如果普宁娜最终遵守了法院的命令,她也无法收回她的钱。但请注意,在遵守命令后的支付不再是激励其未来遵守命令。最后,民事强制罚款看起来很像是法院所确定的刑事制裁罚款。

例 5

朱迪,一个报纸的记者拒绝向联邦大陪审团透露,是谁泄漏了机密信息给她。她因此被处以蔑视法庭的民事强制措施,被关进监狱直至她透露信息来源为止。她告诉法官,她永远不会透露信息来源,并以她已被关在监狱长达 6 个月以上为由要求一个陪审团进行审判。(回想一下,在联邦法院,因为未能在大陪审团面前作证的蔑视法庭民事强制措施最多只能持续 18 个月。)那么她是否有获得陪审团审判的权利?

解释

朱迪没有权利要求陪审团审判。请记住,这是旨在让朱迪遵守法院命令去作证,而不是惩罚她的民事强制措施。朱迪在口袋里"装有监狱大门的钥匙",这意味着她可以在不到 6 个月的时间内被释放,如果她同意作证的话。

这再次展示了对区分不同类型蔑视法庭强制措施的讽刺性。朱迪可能会在监狱中度过 18 个月,无法得到所有的诸如陪审团审判权等的刑事保护。但面临 6 个月监禁的刑事制裁的某人,却能得到全面的刑事程序保护,包括陪审团审判权。即使法院的目的是强制她作证,但 18 个月的监禁对于朱迪来说也是一种惩罚。

10.4 蔑视法庭民事补偿

道格·伦德尔曼(Doug Rendleman)在《蔑视法庭民事补偿:当被告违反禁令时给予原告的救济》(1980 U. Ill. L. F. 971)中认为,"蔑视法庭民事补偿是指当被告因违反禁令而对原告造成损害时,所给予原告的金钱补偿。"通过这种方式,蔑视法庭民事补偿更像是赔偿金而不是禁令。正如伦德尔曼(Rendleman)解释的那样,"法院利用蔑视法庭民事补偿将原告尽可能地恢复到侵害前的状态"(同上,第972页)。如果这听起来很熟悉,那是因为它反映了本书第一部分所讨论的补偿性赔偿的目的。不同之处在于,蔑视法庭民事补偿看起来更多受到时间的限制,仅用来补偿在法院发布禁令期间和被告遵守禁令期间所发生的可衡量损害。

因此,如果普宁娜没有遵守实际履行的命令,并且她迟延履行法院禁令导致奥斯卡遭受40000美元的利润损失,那么蔑视法庭民事补偿可以让奥斯卡恢复那些损失的利润。与其他形式的强制措施不同,这里的钱是支付给原告而不是法院。基于在颁布禁令和蔑视法庭确定这一特定时间段的损害,其也具有可追索性。它并不适用于在禁令发布之前发生的损害。

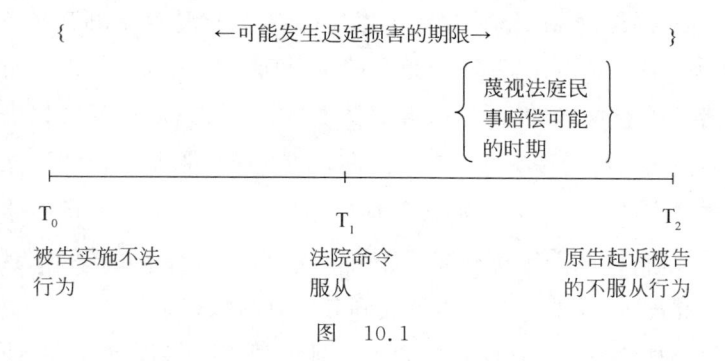

```
      {      ←可能发生迟延损害的期限→      }
                              ⎧蔑视法庭民⎫
                              ⎨事赔偿可能⎬
                              ⎩的时期  ⎭
     ├──────────────┼──────────────┤
     T₀             T₁             T₂
   被告实施不法      法院命令         原告起诉被告
   行为            服从            的不服从行为
```

图 10.1

图10.1对比了蔑视法庭民事补偿与延迟损害赔偿。在 T₀ 处,被告从事不法行为。在我们现在的例子中,这是普宁娜没有按照承诺的时间提供小部件的时候。在 T₁ 处,法院发布了实际履行令要求被告遵守。在这个案件中,法院命令普宁娜移交小部件。在 T₂ 时,原告起诉被告不服从法院命令。在允许蔑视法庭民事补偿的司法管辖区,奥斯卡可以寻求在 T₁-T₂ 期间所发生的损害赔偿(但是他不能寻求 T₀-T₁ 期间发生的损害赔偿)。

在蔑视法庭民事补偿并不适用的司法管辖区,奥斯卡可以寻求在 T₀-

T_2 期间发生的迟延履行损害赔偿。① 在 T_0-T_2 的整个时间段,因普宁娜的延迟履行,奥斯卡遭受了额外的损失。

伦德尔曼已经注意到了蔑视法庭民事赔偿的"讽刺性":法院判处一项禁令,因为在不可弥补的损害规则下,它认为损害赔偿并不是对原告的充分救济。然而,禁令并没有使原告恢复到原来的状态,所以给予赔偿金就是为了这个目的。

解决这个讽刺的方式是,认识到通过蔑视法庭民事补偿的金钱判决是第二好的解决方案。原告的首选是要求被告遵守禁令,第二选择就是这种损害赔偿。

最后,给予这种损害赔偿并不意味着禁令的发出是没有必要的。为了理解这一点,让我们说,当普宁娜未能按照承诺提供小部件(一段时间内这个部件不能从别的卖家那里获得),奥斯卡不得不关闭他的工厂,遭受了 30000 美元的损失。在此时,法院可以作出判决,确认普宁娜有义务赔偿奥斯卡 30000 美元的损失,并命令她立即给奥斯卡移交该小部件。当普宁娜一周之后还没有这样做时,奥斯卡遭受了另一个 40000 美元的损失。蔑视法庭民事补偿救济允许奥斯卡获得这些损害赔偿。但是这仍然不能把奥斯卡恢复到应有的状态。普宁娜必须移交小部件,否则奥斯卡将继续承受损失。因此,最后强制普宁娜移交部件的禁令,与迟延损害赔偿和蔑视法庭民事补偿一起配合,才能让奥斯卡恢复到其应有的状态。

虽然蔑视法庭民事补偿在概念上与延迟损害赔偿没有什么不同(只是计算在法院发布禁令之后的较短时间内的损失),但陪审团无权审理这些损害赔偿;相反,某些司法管辖区,他们会使用"明确而令人信服的证据"标准,在法官面前进行证明(同上,第 978 页)。因为蔑视法庭民事补偿会剥夺被告通过陪审团的审判来寻求救济的权利,一些司法管辖区不允许原告通过蔑视法庭强制措施寻求这种损害赔偿,而是要求对迟延损害赔偿采取一个

---

① 作为一个民事诉讼程序,要求延迟履行损害赔偿,要与实际履行的请求同时进行。既判力规则可能排除一个迟后的损害赔偿要求。参见麦格根集团诉孟山都公司案[Mycogen Corp. v. Monsanto Co.,51 P. 3d 297(Cal. 2002)]。

单独的诉讼来主张(同上,第 983-984 页)。

在某些司法管辖区,原告通过使用蔑视法庭强制措施的方式来得到这些损害赔偿,确实是获得了一项好处:法院可以使用诸如监禁的威胁或额外的罚款等强制性方式,要求被告遵守该命令。相反,正如我们在第十七章中所看到的,普通的金钱判决一般不能通过法院的命令来收取。①

例 6

将奥斯卡诉普宁娜的例子稍微变化一下:普宁娜未能按照承诺提供小部件(该部件奥斯卡在一段时间内不能从另一个卖家那里获得),导致奥斯卡关闭工厂并遭受 30000 美元的损失。他的律师提起诉讼,仅要求法院发布命令普宁娜移交该小部件的禁令。审判后,法院命令普宁娜移交小部件,普宁娜立即履行了该命令。奥斯卡可以以蔑视法庭民事补偿收回 30000 美元的损失吗?

解释

不,奥斯卡的损失并不是由于普宁娜违反禁令而造成的,所以他不能获得这些赔偿。这些损失是在发出禁令之前因履行延迟而造成的。普宁娜在禁令发布后立即履行了义务,所以奥斯卡没有可以通过蔑视法庭民事强制来恢复的损失。

奥斯卡有权获得 30000 美元的迟延履行赔偿金,(将他恢复到应有的状态,同时还伴有禁令。)但不是通过蔑视法庭的程序。不过,在许多司法管辖区,奥斯卡的迟延赔偿金支付请求,需要作为普宁娜违反合同的基础诉讼的一部分。根据既判力的民事诉讼程序原则,一个延期赔偿的诉讼必须伴随实际履行的请求,一个律师没有将迟延履行损失赔偿请求和实际履行的请求一起提起,会构成渎职行为。

例 7

你是奥斯卡的律师。除了例 6 中提到的损失之外,由于普宁娜未能遵

---

① 有些法庭允许原告通过民事补偿性强制措施收回被告所得的收益,这是利益返还措施,而不是一个补偿措施。

守禁令,奥斯卡遭受了另外 40000 美元的延误损失。在你的司法管辖区范围内,你可以选择在蔑视法庭民事补偿程序中提起附带诉讼来获得赔偿,也可以选择单独提起损害赔偿诉讼。你会怎么选择?

解释

对这个问题的回答,将会显示出这两个诉讼程序的显著差异。例如,如果你认为奥斯卡将从陪审团的审判中获益,所面临的是较低的"优势证据"标准,那么你可能会因为单独的损害赔偿诉讼而受益。另一方面,如果你认为这些额外的损失难以通过一般的损害救济措施获得赔偿,那么你可能更喜欢选择蔑视法庭的路线。在奥斯卡诉普宁娜案中,有关涉及律师费用补偿的州法律或者合同条款是另一个需要考虑的因素。

10.5 平行禁止规则
（更多是蔑视法庭的刑事制裁）

回忆一下例 3,在该例当中,杰克寻求一项宣告性判决,即禁止他的"成人"业务运作的城市区划法是违宪的。如果杰克违反了城市区划法,但实际上该法律因为违宪而被废,那么杰克就不能因违反区划法而被合法起诉。事实上,如果杰克因违反区划法令而被刑事起诉,他可以通过主张法律的违宪性,来作为对抗刑事起诉的辩护理由。[①]

相反,假设初审法院宣布区划法令合宪,并颁布了一个禁令,禁止杰克从事违反禁令的行为。杰克对初审法院发布的禁令向上诉法院提起上诉。如果他在上诉期间不遵守初审法院的命令而违反了禁令,则将会被认定为有责任,并可能遭受蔑视法庭的刑事制裁。假设之后上诉法院认定初审法院错误,事实上是禁令违反了宪法。杰克可以在蔑视法庭刑事制裁程序中,

---

[①] 虽然杰克可以去州立法院或联邦法院寻求宣告该城市区划法违宪的判决,但是一旦州提起了刑事起诉,联邦法院就不会停止这种诉讼。参见杨格诉哈里斯案[Younger. v. Harris,401 U. S. 3 7(1971)]。关于这个问题的更多内容在第十六章第三节。

以禁令违宪为理由来为自己辩护吗？

答案是否定的,用于解释这个概念的原则是平行禁止规则:"一个违反禁令的人,而该禁令事后在上诉中因为错误而被推翻,仍可能会因为不服从命令而被施加蔑视法庭的刑事制裁,尽管该禁令事后被推翻。"[多布斯,§2.8(6),第213页。]这被称为平行禁止规则,因为这项规则禁止当事人在刑事诉讼附带程序中攻击禁令的有效性。平行禁止规则要求的适当诉讼程序是,对规定禁令的命令直接提起上诉。杰克应该等待上诉的结果。

请注意第一和第二两种场景之间的区别。在第一种场景下,杰克主张违宪的诉求胜过合法颁布的法律。第二种情况下,杰克主张违宪的诉求并不能胜过法院颁布的禁令。为什么会有这些不同呢？

最高法院在沃克诉伯明翰市案[Walker v. City of Birmingham, 388 U.S. 307(1967)]中解释并维护了平行禁止规则,这是一起由计划于耶稣受难日在阿拉巴马州伯明翰市举行民权游行(包括马丁·路德·金博士)而引起的案件。一个州法院发布了一项禁止游行示威的单方面命令(是一项在没有通知抗议者有权反对的情况下发布的命令),但人们还是继续游行。当他们后来因为蔑视法庭而遭受刑事制裁因此被监禁时,游行者提出了法院命令的违宪性。法院认为,平行禁止规则阻止提起抗辩。

最高法院肯定这一规则,认为其维护了法院权力和法律文明本身:

> 在本案中阿拉巴马州所遵循的法治反映了这样一种信念,即在公正的司法管理中,不论地位高低,无论他的动机如何,无论种族、肤色、政治和宗教信仰,没有人可以成为自己案件的法官。这个法院不能确认请愿人有宪法上的自由去忽视法律的所有程序,并将他们的战斗带到街上。人们可能会同情请愿者所负担的过重义务。但是尊重司法程序是实现法治文明必须付出的一个很小的代价,仅此就会为宪法自由赋予永恒的意义。(同上,第320—321页)

法院建议,对抗议者而言更为适当的程序是,遵守法院的禁令并立即在阿拉巴马州法院寻求上诉救济。事实上，法院认为如果这样的一个要求遭到"拖延或挫折"，抗议者也许会违反禁令但不会受到刑事处罚。

最高法院在判决中提到，在"延迟或挫折"之外，平行禁止规则在违反基础禁令方面还有两个其他的例外：

- 法院没有对争议的管辖权。如果一个法院没有对争议的管辖权，则不能适用平行禁止规则。但法院有权来检查自己的管辖权，当法院确定自己有管辖权时，其发布的命令就是有效的。
- 禁令显而易见是无效的，或只是"虚伪的有效性"。当法院发布明显无效的命令时，禁令就可以被忽略。在理论上而不是实践中，这可能是一个很大的漏洞。在沃克案中法院发布的命令看起来公然违宪（审理沃克案件的法院指出，"禁令本身的广度和模糊性，毫无疑问将使该禁令遭受重大宪法问题的质疑"）。但法院并没有对沃克案中的禁令适用"显而易见无效"的例外。如果在那里都不能适用，不清楚在何时可以适用。

有些人批评了平行禁止规则及其例外，因为在维护法院的完整性方面不一致，也没有充分保护其它的宪法价值。① 例如，为什么当法院发布一个违宪的命令（但不是显而易见的无效）时，平行禁止规则可以适用，而当法院无管辖权而发布命令时，平行禁止规则就不可以适用呢？难道管辖权比维护宪法第一修正案更重要？

例 8

在奥斯卡诉普宁娜案中，法院命令普宁娜在 1 月 1 日前为奥斯卡制作小部件。普宁娜没有这样做，1 月 15 日，法院认定普宁娜迟延履行法院命令的行为使奥斯卡遭受了 10000 美元的额外损失。法院给予奥斯卡 10000 美元的蔑视法庭民事补偿。普宁娜没有支付，她争辩在开始法院命令其进行实际履行是错误的。然后，上诉法院推翻了基础案件，认为是奥斯卡而不

---

① 对于早期的批判性观点，参见道格·伦德尔曼（Doug Rendleman）:《无效的命令》,7 Ga. L. Rev,246(1973)。

是普宁娜违反了合同,因此普宁娜不必生产小部件。在平行禁止规则下,奥斯卡仍然能够收回 10000 美元吗?

解释

不可以,平行禁止规则仅适用于蔑视法庭的刑事制裁,而奥斯卡的判决则来自蔑视法庭的民事补偿。该规则的目的是保护法院的完整性,而允许奥斯卡收回 10000 美元将会使私人原告因错误禁令而受益,这并不是保护法院完整性的体现。

例 9

BigCorp 为了阻止 MegaCorp 出售其"蓝莓"掌上电脑,在联邦法院起诉了后者,BigCorp 主张 MegaCorp 侵犯了其拥有的某些专利。MegaCorp 在法院上特别出庭陈词,辩称法院从未对该公司拥有管辖权。法院发布临时限制令,命令在法院审查管辖权期间 MegaCorp 不得出售"蓝莓"手机。MegaCorp 违反这一命令而销售"蓝莓"手机,被法院指控承担因蔑视而生的刑事责任。随后,法院认为它确实对 MegaCorp 没有管辖权,并驳回了 BigCorps 的起诉。MegaCorp 可否在蔑视法庭刑事制裁审判程序中,以初审法院对其不具有管辖权为由来为自己辩护呢?

解释

不,正如我们所指出的,法院有权裁定管辖权的问题。MegaCorp 必须服从初审法院的命令,或从上诉法院那里就管辖权问题寻求紧急裁决,也许可以通过上诉来否定法院的禁令。

例 10

一批提供生殖保健服务的医疗机构和医生,于 2012 年 3 月 22 日提起诉讼,状告包括杰拉德和迈克尔等在内的 68 名被告,要求对方支付因阻塞进入堕胎诊所的通道而发生的各种州和联邦费用。原告寻求临时限制令和预先禁令,要求在堕胎设施周围建立有限的缓冲区,以防止被告从事旨在破坏通往引产设备道路的非法活动。4 月 15 日,初审法院对 68 名被告发布了一项临时限制令,禁止他们进入某些生殖健康诊所周围的"缓冲区"。4 月 29 日举行的现状会议上,法院驳回了被告的异议,并在预先禁令确定之前延长了临时限制令。在 5 月 18 日,杰拉德和迈克尔在一个受保护的诊所周围的"缓冲区"内抗议,他们认为临时限制令是违宪性的模糊不清,并且违反了他们的第一宪法修正案规定的权利。如果杰拉德和迈克尔被以违反临时限制令为由,被指控承担蔑视法庭的刑事制裁,他们有什么辩护理由吗?

解释

这个例子是基于针对杰拉德·克劳福德和迈克尔·沃伦的蔑视法庭刑事制裁的审理程序(In re Criminal Contempt Proceedings Against Gerald Crawfordand and Michael Warren,329 F. 3d 131)(2d Cir. 2003)。平行禁止规则似乎禁止杰拉德和迈克尔的辩护。临时限制令是一种命令,当事人必须以遵守预先禁令或永久禁令的同样方式遵守这一命令。杰拉德和迈克尔认为临时限制令违反了他们的宪法权利,这并不是一个辩护。除非该命令"显然无效"或仅基于"虚伪的有效性"而签发(不适用于沃克案中显然无效的命令),否则诉讼当事人必须服从。关于法院对杰拉德和迈克尔的管辖权也没有问题。最后,没有任何事情表明,他们在寻求否定临时限制令的实体裁定方面遇到了"拖延和挫折"。根据《联邦民事诉讼程序规则》第 65 条,杰拉德和迈克尔可以反对蔑视法庭刑事制裁的最有力根据是临时限制令必须在(最多)28 天后废止,这意味着他们在行事时没有违反任何命令。虽然有一个最高法院的案件支持这一观点,奶奶鹅食品公司诉当地 70 号汽车卡车司机兄弟会案[Granny Goose Foods, Inc. v. Brotherhood of Teamsters and Auto Truck Drivers Local No. 70,415 U. S. 423,442—443(1974)]。认为未公开持续期限的临时限制令在 28 天(然后是 20 天)后废止。现在大多数法院似乎遵循最高法院在桑普森诉默里案[Sampson v. Murray,415 U. S. 61(1974)]中的观点,那就是持续超过 20 天(现 28 天)的临时限制令将变成可以被上诉的预先禁令。在这个例子所反映的真实案件中,对于第二巡回法院来说非常重要的是,在桑普森案和之前的案件,但不是在奶奶鹅食品公司案,被告已经注意到临时限制令已被延期,而且有机会申请废止临时限制令。在实际的案例中,第二巡回法院认为,认定杰拉德和迈克尔违反临时限制令是适当的。(涉及关于临时限制令的信息,请参见 9.4 部分)

10.6 蔑视法庭和第三人

我们已经在第 8.3 部分看到，法院可能对第三人（即非诉讼当事人，或未被判定为违法者的诉讼当事人①）的要求仅限于"次要和辅助"的命令。但是，第三人是否可以因为违反轻微和辅助的命令而被认定为蔑视法庭呢？《联邦民事诉讼程序规则》第 65 条（d）的规定，禁令只对实际收到法院命令通知的当事人有约束力，②他们可能是当事人、当事人的上司、代理人、佣人、雇员、律师或与当事人或其代理人进行积极的共同行动或参与的人员。因此，至少有一些第三人可能会因为违反法院命令而认定为蔑视法庭。

即使没有明确的法律规定，通知是作为宪法正当程序的一个条件所要求的，否则，有人可能会在对命令一无所知的情况下，被指控违反命令而承受蔑视法庭的强制措施。其次，通知是作为蔑视法庭刑事制裁的一个证据要素而被要求的：没有故意违反法院命令的证据，任何人都不能被认定为蔑视法庭而遭受刑事制裁。而一个人不可能故意违反一个他不知道的命令。

一个更困难的问题是，如果第三人不是一方当事人的高级管理人员、代理人、雇员、律师，或积极协同行动或参与行动的人，法院是否可以因该人违反法院命令而认定其蔑视法庭？肯定性的典型案例是 1972 年第五巡回法院的美国诉霍尔案（United States v. Hall，472 F. 2d 261（5th cir. 1972））。在霍尔案中，一个联邦地方法院除了在命令中明确列出的特定目的外，禁止任何人进入一些高中的地界。这个命令只是一个更大的废止种族隔离诉讼的一部分。埃里卡·霍尔并不是诉讼的一方当事人，但是却被法院的命令所涵盖，当他进入学校明显是为了"通过学生的抵制和其它活动来阻止（学校）的正常运作"（同上，第 263 页）时，他被法院认定为蔑视法庭而需要承担

---

① 如 8.3 部分所述，第三人可能会负担更多的限制。
② 这里命令的通知与法庭决定发布禁令的听证通知是不同的。我们将在后面讨论第二点。

刑事制裁。

第五巡回法院认为,霍尔可以因为蔑视法庭而被起诉,即使他不符合《联邦民事诉讼程序规则》第65(d)规定的任何标准。审理霍尔案的法院认为,法院具有对霍尔发布命令的固有权力,因为他的行为"危及到法院在双方当事人之间作出有约束力的裁决的基本权力"(同上,第265页)。法院还通过宣告其具有发布对物禁令的权力来支持其裁决:"联邦法院可发布对所有人有约束力的禁令,只要这些人接触了需要司法裁定的财产,而不论通知与否"(同上,第265—266页)。第65条没有提到对物禁令,但是其在第65条之前已经存在,而且霍尔案件的法院认为法院拥有发布这种禁令的固有权力。

第五巡回法院回避了霍尔所提出的正当程序抗辩。正如我们在9.4中所看到的,宪法正当程序要求,如果没有一个很好的理由可以不给予通知,就应当将决定颁发临时限制令的听证会通知给对方。虽然霍尔在命令发布后、违反命令前已经知道了法院的命令,但他仍然没有收到法院召开决定是否发布命令的听证会的通知,[对于霍尔为什么没有得到通知,也没有提出任何满足第65(b)的理由。]法院认为由于该命令在发布后四天内被违反,因此该命令被划分为不需要另行通知的临时限制令。① 这可能是正确的,但是,并没有回答霍尔提出的宪法性的反对意见,即在命令发布之前,没有给霍尔一个让其参与听证的机会。

霍尔案的范围尚不清楚,有些法院对于将未被第65(d)条列明的第三人认定为违反法院命令,从而承受蔑视法庭的刑事制裁表示怀疑。参见计划生育金门诉加里波第案[Planned Parenthood Golden Gate v. Garibaldi, 132 Cal.Rptr. 2d 46(App. 2003)];美国医生协会诉赖纳特和杜蕾案[Doctors Association, inc. v. Reinert &Duree, P. C., 191 F. 3d 297(2d Cir. 1999)],但霍尔案仍然会被法院引用来确定一项原则,即在一些案件中,第

---

① 正如我们在最后一章将要看到的那样,第65条(b)将没有通知而发出的临时限制令的时间限制在10天之内,尽管在适当的情况下,这样的命令还可以再延长10天。

三人可能会因为违反法院命令而被指控为构成藐视法庭罪。

例 11

与霍尔案的事实相同,但是假设霍尔的朋友奥列茨既没有在初审法院的命令中被提到,也没有为其提供副本。奥列茨从霍尔处听到有关地方法院的命令(除了列举出来的有限的目的外,禁止任何人进入学校场所),奥列茨也因为进入校园安排学生抗议活动,被指控犯有藐视法庭的罪名。奥列茨有义务承担藐视法庭的刑事制裁吗?

解释

奥列茨可以提出两个理由为自己的藐视法庭的刑事制裁辩护。首先,他可以争辩法院必须将他选出作如下的对待,要么给他听证会的通知,将他列入应遵守命令的名单,或亲自向他提供命令。这条辩护的界限将一个审理美国诉帕乔内案[U. S. v. Paccione, 964 F. 2d 1296(2d Cir. 1992)]的第二巡回法院小组分为两派。多数人认为,只要他实际得到了该命令的通知,第三人就可以被追究藐视法庭罪,没有必要将第三人在命令上列出或将命令送达第三人。一位异议法官不同意这一看法,认为至少根据该命令的条文,该命令必须能够适用于非当事人,或者非当事人必须与诉讼中的被告一起行事。在霍尔和奥列茨的例子中,他们可能积极的共同行动。如果法院有权约束霍尔,即使奥列茨是第三人,法院也可以约束奥列茨,尽管这似乎并不属于规则65条的文意。

奥列茨可能提出的另一个抗辩理由是,他需要收到关于法院命令的官方通知,而不是从他的朋友霍尔那里非正式地听到。但这个观点很可能会失败,《联邦民事诉讼程序规则》65(d)(2)规定,可以"通过个人服务或**其他方式**"予以通知。(黑体为作者所加)

例 12

普宁娜的妹妹妮娜,知道普宁娜已经被命令立即把小部件移交给奥斯卡。妮娜知道普宁娜不想这样做。在没有和普宁娜商量,但是知道她的姐姐可能会赞同的情况下,妮娜潜入普宁娜的工厂隐藏了这个小部件。她没有告诉普宁娜小部件在哪里,普宁娜诚实地告诉法官她不知道这个小部件在哪里，所以她不能移交。妮娜可否被认定为蔑视法庭需承受刑事制裁呢？

解释

该命令对普宁娜、代理人以及那些与普宁娜共同行动或积极参与的人都有约束力，只要他们实际收到法院的通知。本案中，妮娜实际上已经知道了法院的命令：她知道法院命令普宁娜移交部件。问题的焦点转化为，法院可否认为妮娜是"代理人"，或者与普宁娜一起积极行动的人。本案中，妮娜似乎是独立于普宁娜工作，这会使其可以不遵守法院的命令。但是法院可能不这么认为，要求你的兄弟姐妹帮助你摆脱困境是很诱人的，这正是这里所表现出的情形（即使事实上并非如此）。即使妮娜正在独立工作，根据霍尔案的规则，法院也可以命令妮娜移交部件以实现判决的目的，如果妮娜不这样做，则会被判蔑视法庭需承担刑事制裁。

在任何情况下，即使法院不认定妮娜蔑视法庭而需承担刑事制裁，也可以要求妮娜出庭并透露小部件的位置。这似乎是一个对于第三人的"次要和辅助"的命令。当然，妮娜必须收到听证会和命令的通知。如果妮娜拒绝遵守命令，可以对她施加蔑视法庭强制，直到她同意透露小部件的位置为止。回想一下，杰兰特·卡特纳是一名自己得到豁免，但仍然拒绝作证而关押了五年的证人。

第三部分 利益返还

第十一章　一份耕耘一份收获：
利益返还和不当得利规则

11.1　利益返还简介

在一个经典的星期六晚上的电视商业模仿秀节目中，一位丈夫和妻子争论一种新产品"Shimmer"是地板蜡还是甜点。主持人雪佛兰·蔡斯宣称两者都是，她将一些喷洒在妻子的拖把上，一些喷洒在丈夫的奶油糖果上，就此这对夫妇宣称："味道很棒，而且看着光泽闪亮！"

利益返还很像"Shimmer"——不是因为它是"你从未体验过的超棒光泽"——而是因为它有两个不同的功能。利益返还既在原告没有其他救济办法的案件中发挥实体法的作用（类似于侵权和合同），同时，也是对某些侵权行为和违约行为的替代救济办法。从这个角度来说，它与本书中提到的任何其他救济措施都不同，也使学生们的阅读材料变得较为困难。［参见《法律重述三：利益返还和不当得利》（RTR）*］。第七章引言："用'利益返还'一词来表达不当得利返还请求和相应的救济这两种意思的尴尬，意味着整体上重要问题的简单划分，从其术语来看并不总是非常明确的。"

我说的原告不会有其他救济措施的案件是什么意思呢？思考这样一个真实的案例：我的一位朋友——一位法律教授去撤销一个还有 1250 美元的银行账户，当银行给她一张数量等于账户余额的支票时，一位银行的员工出现了一个错误（很可能按了"00"键而不是"0"键），支票的金额成了 125000 美元。我的朋友自然地退回了支票（你会吗？）并要求银行开一张记载正确

---

* 以下简称《重述》，译者注。

金额的新支票。但是假设她没有退回 125000 美元的支票，而是兑现了它，并将 125000 美元放在了保险柜内。银行不能起诉我的朋友违反合同（没有归还错误支付的金钱的合同义务）或侵权（她的行为可能不符合侵占或者任何其他侵权行为的实质性要件）。利益返还成为银行寻求返还超额支付（125000 美元的支出减去实际债务 1250 美元）的实质性基础。让我的朋友保持额外的 123750 美元则构成不当得利，损害了银行的利益。

这个银行支票的例子表明，在没有其他防止不当得利的方法时，利益返还是如何为一个诉讼提供理由的。此外，利益返还还可以为一种救济请求提供依据，该救济是通过计算在一个侵权或违约诉讼中被告所获得的收益而确定的，且该案件中损害赔偿作为一种选择是可以得到的。假设安妮塔偷了布里安娜价值 200 美元的数码相机，后以 150 美元的价格将其卖给当铺，并将资金用于赛马场投注并获胜。原先的 150 美元现在价值 1000 美元。当布里安娜起诉安妮塔的侵占侵权行为（适用于这种盗窃的侵权行为）时，她会要求赔偿损失约 200 美元。①

然而，法律也会允许布里安娜享有选择性的利益返还请求权，其计算根据是安妮塔的收益 1000 美元。当然，布里安娜会优先选用这种救济而不是提出损害赔偿要求。正如我们将在第十三章中所看到的，法律将允许布里安娜追踪"她"的财产，从相机到当铺的现金，到赛场获得的获胜奖券，再到其在赛场获得的用奖券换取的现金。

如果在本书的其他部分一无所获，你应该知道关于利益返还的以下两个基本点：

- 利益返还是关于不当得利的救济。一般来说，如果没有证据证明被告不正当的获利，那么就不会有利益返还。我们需要考虑两个方面，一是被告获利意味着什么，二是法律什么时候将这种获利界定为"不当"。

---

① 本书的第一部分解释了在计算布里安娜损失时的复杂性。

第十一章 一份耕耘一份收获:利益返还和不当得利规则

- 作为一个救济的问题,利益返还是给予原告一个基于被告的收益而不是原告的损失的判决。当被告没有收益时,利益返还就是一个不当的救济。当被告有收益时,可能会有其他的方法来计算和确定收益,有时候这会在当事人之间产生争议。当被告有其他债权人,和被告陷入破产时,原告能否得到被告的收益就会变得非常复杂。

利益返还在另一方面很像"Shimmer",就像丈夫和妻子对于什么是Shimmer以及应该如何使用存在意见分歧一样,对于利益返还是什么以及它如何发挥作用,存在着大量基础性的争议。例如,在救济法的学者中存在一个争论,那就是在侵权或者合同案件中提出的要求追回被告收益的诉讼,究竟是基于利益返还的实体性法律单独所提起,还是原本属于侵权或合同的案子,而这些案件中利益返还只是众多救济措施中的一种。参见詹姆斯·罗杰斯:《侵权行为利益返还及利益返还法第三次重述》,[42 Wake Forest L. R. 55(2007)]。这个辩论不是实质性的,例如,双方当事人可以协商同意,作为利益返还的救济方法,布里安娜可以从安尼塔处收回1000美元。但是,一个非常重要的实践价值在于如何确定这一诉讼的诉因:这取决于一个人如何在司法中回答这个问题,即该案件既可以作为侵占诉讼被提起,原告"放弃侵权诉讼并主张利益返还"①,也可以是根据利益返还的实体法来提起。不同的特征也可能会影响到时效期限。

在这一领域还有对其他基本问题的争论,例如解除和变更合同的救济是否被正确地认为是利益返还法的一部分;如果被告没有不当得利,是否还会有利益返还的救济;甚至是该领域应该怎样命名。② 还有刑事"利益返还",但那是在刑事诉讼程序中的一种赔偿形式,我们将在本书中忽略。

---

① 这只是一个简单的晦涩术语,指向原来的利益返还令状,表明原告想要收回被告的收益,而不是自己的损失。

② 对于一些基本问题的批评,请见彼得·皮尔克斯:《给美国的信:利益返还重述》,《全球法律前沿》(第2期)第3卷,(2003),http://www.bepress.com/gj/frontiers/vol3/iss2/art2.

《重述》§1,评论 e)

　　混乱和分歧的部分原因在于,利益返还作为一个领域,在历史上并不是作为统一的实体法律体系(如侵权和合同)或救济(如损害赔偿和禁令)而存在。相反,普通法和衡平法院发展出了一系列我们现在认为属于"利益返还",且具有多种类型的规则和救济方法。你可以从你的合同课程中回想起这些概念之一,比如按劳付酬。这项原则允许那些为无强制履行力的合同提供劳务的工人,寻求其服务的合理价值。

　　由于在普通法院和衡平法院合并之前,这两类法院都发展出了这些规则,所以有的利益返还的救济是普通法的,而有的是衡平法的。这种区别对于部分利益返还案件,特别是在第十三章中涉及的"追踪"救济是非常重要的。在有些案件中,原告会主张具体的利益返还,要求返还从他或她那里得到的任何东西。在其他案件中,利益返还诉求的结果可能是一个金钱判决。最后,在某些情况下,被告对某种财产会拥有合法利益。

　　现代的利益返还法可以追溯到1937年由美国法律研究院出版的《利益返还法第一次重述》,第二次利益返还重述项目始于80年代,但一直未能完成,第三次利益返还重述和不当得利的草稿刚刚完成,可能会对法院如何处理这个话题有影响力。本章从新的第三次重述当中引用了大量的例子作为说明。这些例子是有用的,即使你的教授没有涉及第三次重述。我把一些关于第三次重述处理问题的细节放在脚注中,如果你的教授没有涉及第三次重述的话,你可以跳过或者忽视。

　　本章的其余部分将重点介绍利益返还的实体法。被告人什么时候不公正地获得收益,而使得原告可以主张利益返还的救济?为什么法律有时会允许原告得到超过她损失的利益,而这显然违反了第一章所规定的应有的状态原则?最后,在哪些侵权和合同案件中,原告请求利益返还而不是请求损害赔偿更为有利?

　　第十二章和第十三章将着重讨论在不当得利的案件中,如何衡量被告所获利益的范围。第十二章将讨论衡量收益的基本问题——例如我们从谁的视角衡量被告的收益?例如,在按劳计酬诉讼中,我们是根据原告服务的合理价值,还是附加到被告财产上的价值来衡量。如果被告将不合理占用的原告物品与自己的物品混合在一起,而产生了一个有价值的东西,那怎么办?应该分配利润吗?如果要分配,将如何进行呢?

第十三章将转向推定信托,衡平担保和其它旨在使被告的收益回归原告的利益返还办法。公平的利益返还救济办法如何在被告破产时,帮助原告获得收益并享有优先权?本章包括"追踪"被告收益的材料。最后,第十四章考虑合同解除和变更的合同救济办法,如上所述,一些学者将其视为利益返还法的一部分。

例 1

我们假设与安妮塔和布里安娜的例子相同的事实,但这一次假设安妮塔拿到了 150 美元,但在比赛中输得只剩下 50 美元,布里安娜更愿意选择损害赔偿救济,还是利益返还救济呢?

解释

是的,利益返还的问题很难,所以我会从一个简单的问题开始。当然,布里安娜宁愿选择损害赔偿,因为在这些案件事实基础上,被告的收益小于原告的损失。但这个例子是为了再一次强调先前提出的一个基本观点:在利益返还可以作为救济办法的案件中,原告只会在被告人的收益超过自己的损失时才更愿意选择它,而不是损害赔偿。

例 2

与我们前述法律教授和银行案相同的事实,但这一次,假设法学教授拿了所有的现金,并把其放在保险箱内。那个保险箱以及法律教授所有的其他财产,都被一场大火烧毁。银行是愿意选择损害赔偿呢,还是利益返还?

解释

这是一个有陷阱的问题。回想一下,在先前的银行假设案例中,银行没有可用来追回任何赔偿金的侵权或者合同理由。唯一的选择是利益返还救济。法律教授的所有财产被毁灭的事实,意味着银行很难通过利益返还救济的方式从法律教授那里得到任何东西。不过,银行至少能够得到一个数额为 123750 美元的胜诉判决,一旦法学教授有了财产,就能够从他那里得到该笔财产。

例 3

卡门从迭戈的钱包中偷走了 1000 美元并且占有了这些现金。迭戈会选择侵占的侵权损害赔偿呢，还是利益返还？

解释

在这种情况下，由于被告的收益等于原告的损失，所以迭戈可能并不关心是选择损害赔偿还是利益返还。在特定的司法管辖区，可能有选择一种救济而不是另一种的理由。例如，一般不会判处惩罚性赔偿，除非也有补偿性赔偿的判决（见第十五章）。在某些司法管辖区，惩罚性赔偿不适用于利益返还请求。因此，如果迭戈有强烈的惩罚性赔偿要求，他可能会更愿意在这些司法管辖区选择损害赔偿救济。此外，对于不同的请求可能会有不同的时效限制。根据诉讼的时间，如果其中一个权利要求超过了时间限制，那么迭戈可能会选择另一个诉因。

例 4

测试您对"不当"得利的直觉：艾拉在餐厅用餐时突然心脏骤停，她陷入昏迷并孤身一人。

(a) 心脏外科医生菲利斯博士在旁边的桌上，他实施了心肺复苏救回了艾拉的生命。菲利斯博士后来向艾拉发了一张 1000 美元的账单。菲利斯博士是否能够以利益返还的方式要回 1000 美元或者其他东西？

(b) 与(a)相同的事实，但菲利斯不是医生而是一名会计师，几年前学习过心肺复苏。菲利斯博士是否能够以利益返还要回 1000 美元或者其他东西？

解释

法律为这些问题提供了一个"正确答案"（我们也会在下一节中看到），一般情况下，是医生而不是会计将得到自己提供专业紧急服务的"合理价值"。然而对于你来说，更为重要的是考虑你认为什么是对的。艾拉不向菲利斯医生支付任何费用是"不当"吗？她是医生而不是会计师是重要吗？如果依据利益返还应该支付金钱，那应该如何估价？是根据菲利斯博士的通常价格,还是该地区的通常费用?还是被拯救了的艾拉的生命价值?

请注意,我们无法通过合同法解决这些问题,因为艾拉失去了意识,她不能理性地同意接受菲利斯博士的帮助(也没有任何人如配偶在那里,可以代表她表示同意)。你可能会说,(如果你还记得你的合同课程中的某些内容,)法律应该如同他们之间存在合同一样对待艾拉和菲利斯。我们应当将其称为"准合同"。如果你还记得这个术语,那么恭喜你——但是这并不能解决不当得利的定义问题。"准合同"恰恰是利益返还请求的另一个术语。[254] 如果法律认为艾拉应该被视为他和菲利斯之间存在合同,那是基于这样的一个判断,即艾拉不向菲利斯付钱会构成不当得利。关于这些问题的更多内容将在下一章讨论。

11.2 "不当得利"的含义:何时可以请求利益返还?

11.2.1 概述

不是被告的每一个错误都涉及到被告的收益。例如,当格温不小心驾驶他的玛莎拉蒂碾过霍雷肖的脚,导致霍雷肖遭受10000美元的损害。格温的行为无疑是错误的,符合侵权法中的过失,但是霍雷肖不会考虑试图通过利益返还从格温处获得赔偿,原因很简单,因为格温没有从他们的互动中获利。没有获利,也就没有利益返还的有效主张。

同样,被告的每一个收益并不是都涉及不当的行为。伊万掉入水中,珍妮扔给他一个救生圈拯救了伊万的生命。伊万获得了很大的收益,但如果珍妮根据伊万的收益来要求伊万补偿时,她的请求不会得到支持。正如我们将看到的那样,法律一般规定,好的乐善好施者不会因为帮助一个陌生人而得到赔偿。没有不当得利,就没有有效的利益返还的请求。

霍雷肖诉格温案是一个更容易理解的案件,因为通常确定被告是否获利不是一个问题。相比之下,在伊万和珍妮的案件中,法院则需要判断,何时被告以原告的损失为基础的获利是不当的。关于正义的判断是实体利益返还法的核心。

本节探讨该实体法的一些基础知识。救济法的课程关于利益返还的实体法有不同的范围,有的仅仅聚焦于第十二至十四章中所描述和分析的利益返还的救济办法。但是,即使这些课程只强调利益返还的救济方面,这一部分仍然是非常有用的,因为现有的救济办法有时会有赖于对不正义本质的理解,这构成原告利益返还索赔的基础。

放下一些细节,接下来的几个小节将会解释一些重要的案件类型,在这些案件中法院会认定不当得利,并允许原告通过利益返还请求恢复。

11.2.2　基于错误而给予的利益

请求利益返还的救济,往往是由于原告对被告的错误付款或利益转移造成的。银行与法律教授的假设案例就符合这一类:法律教授对于这些钱没有合法的权利基础(至少对超过银行所欠的1250美元之外的部分),法院可以很容易地决定法律教授必须把钱退还给银行。

我们不想让所有的错误交易都导致利益返还的请求。《重述》提供了以下简单的示例,即虽有错误但不允许利益返还的请求:"相信她的侄子会很好地利用它,捐赠者将其一个产业作为礼物赠与侄子,但是侄子管理不善,造成捐助者的强烈遗憾"(参见《重述》§5,评论 b,illus.7)。与法院一贯的做法相一致,《重述》拒绝捐助者在某些利益返还理论下撤销交易的权利。

在决定哪些错误可以提供利益返还请求的依据时,《重述》认为转移财产的人必须在转移发生时出现了事实或法律上的错误,并且转让人不应该承担错误的风险(《重述》第5条)。是最后一个术语——谁承担错误的风险——会考虑正义原则的应用。

为什么法学教授必须还钱,但侄子却可以保留产业?理论上的答案是银行不用承担错误的风险,而捐赠者/姨妈应当承担风险。当然,这仅仅是

第十一章 一份耕耘一份收获:利益返还和不当得利规则

将不公正的问题简单地转化为风险承担问题。①

在决定谁承担错误的风险时,部分答案取决于让与人犯错误时的过失状态。但是问题要比这复杂得多。银行给法律教授太多的钱肯定存在过错,但是,如同银行与法学教授的案例一样,粗心大意还不足以否定银行的利益返还请求。相比之下,捐赠者在将产业作为礼物赠送时,有意识的错误判断足以否定利益返还的请求。

这个问题可能会有赖于各方当事人的相对可归责性。如果昌茜园丁来修剪彼得的草坪,但却错误地修剪了保罗的草坪,法院对于是否应该支持昌茜对于保罗的利益返还(基于修剪服务的价值)请求的决定,取决于保罗是否知道昌茜犯了这样一个错误,并袖手旁观而不告知昌茜这个错误。如果保罗知道,那么修剪服务的合理价值就可以通过利益返还得到恢复;如果保罗不知道,法院很可能会说昌茜是不幸的。

评估各方的相对可归责性,在涉及改善不动产的错误案件中最为复杂。考虑这个假设:肯和利亚姆是住在农村的邻居。肯对于他们的财产之间的边界线犯了一个过失的错误,他在利亚姆的土地上建了一个谷仓,他原本是打算建在自己的土地上的。谷仓的建筑花费了10000美元,且利亚姆的财产价值增加了至少10000美元或者更多。

正如银行诉法律教授的案例那样,原告(肯)错误地给被告(利亚姆)以利益。如果法律教授保留现金是不公正的,那么利亚姆要保有谷仓也就是不公正的。但是在涉及不动产的情况下,出现了两个在银行诉法律教授的案例中不存在的问题:估值和流动性的问题。②

在估值方面,在客观与主观价值之间可能存在一个差距。如果肯错误

---

① 《重述》采取的立场是,这种风险可以通过当事人的协议(明示或默示)予以分配,或当转让人在行为时"知道相关情况"时,分配给转让人[《重述》第五条,评论 b,(2)]。大概捐助者/姨妈应该承担错误的风险,因为她在转移产业时,并不能确信侄子能够管理好它。

② 正如《重述》所解释的:
估值是一个问题,因为不动产改善的客观价值与业主实际认识到的价值(这可能受到诸多主观因素的限制)之间没有必要的联系。即使增加的价值可以确定,其相对的非流动性——相对于货币利益——意味着利益返还的判决,可能要求业主支出的款项并不是其所拥有的,或不会选择支出的。《重述》§ 10,评论 a。

地将谷仓建立在利亚姆的土地之上，这可能会增加土地的价值，但对于没有使用谷仓的意图，或打算在不久的将来出售土地的利亚姆来说，可能并没有直接的主观价值。至于非流动性，可能谷仓增加了两万美元的财产价值，但如果利亚姆除了房子外没有其他财产，那么迫使业主搬离，为他并不需要的谷仓付款也是相当苛刻的。

由于这些问题在不动产案件中比较普遍，因此在错误改变不动产的案件中，法院可以采取救济措施来确保公平。例如，法院可以推迟肯对谷仓的赔偿要求，只有在利亚姆出售房子时才要求其付款。①

例 5

亚当在贝塔公司投保人身险，保险金额为 5000 美元，嘉莉是指定的受益人。海难遇难者的尸体被认定为是亚当的，但贝塔公司和嘉莉都未对身份识别的准确性提出质疑。在收到亚当死亡的正式证明后，贝塔公司支付嘉莉 5000 美元，但随后发现亚当还活着。那么贝塔公司可否以利益返还为由从嘉莉处要回 5000 美元呢？

解释

该案例出现在《重述》第 5 条评论 a 说明 1 中。在这个案件中，法院可以得出不同的结论，这取决于法院如何决定谁应该"承担错误的风险"，或谁的行为更具有可归责性。法院也可能会受到流动性问题的影响。在这一点上，嘉莉是否还应该将钱归还保险公司？

对于它的价值是什么，《重述》在说明 5 中表明了自己的观点，那就是这种错误源自那种允许利益返还的错误，我们可以看到，这很像银行诉法律教

---

① 《重述》规定，一个人错误地改善了另一个人的不动产或动产，则他可以取得利益返还请求权仅仅是"为了防止不当得利的必要。一个对错误改善财产的救济措施，如果要强制业主进行交换，那这种措施将受到限制，以避免对业主造成过度的不公正。"（第 10 条）

与上述讨论的"损失的风险"一样，《重述》赋予法院很大的自由裁量权。在这些案件中，法院可能会审查相对可归责性和其它因素，以决定利益返还是否是阻止"不当"得利的"必要"。在这种情况下，《重述》的立场是，在决定"什么构成对所有者的过度不公正，而什么又构成当事人的实质正义"这些问题时，善意、通知，以及当事人的过错，是重要的参酌因素。（第 10 条，评论 e 项）本条也赋予法庭选择救济方式的资格，比如禁止原告强迫出售财产。

授案中的付款。然而这个观点与《重述》同一部分的说明 4 相反,涉及一个在亚当原因不明消失后的类似付款。解释 4 认为保险人"决定支付是根据如下理由:(1)A(亚当)死亡的可能性,(2)相对于进一步调查和诉讼的预期成本,保险单的数量较少。"如解释 5 所示,保险人付款后亚当活着出现。在解释 7 中,《重述》采取的立场是,由于保险公司在"有意识地忽略有关情况"的背景下行动,因此应该承担错误的风险,从而剥夺了保险人的利益返还请求权。不清楚《重述》为什么会区别对待这两种情况,而该对比也说明了法院如何以非常不同的方式处理类似的案件。

例 6

玛丽亚与南希签订合同,在玛丽亚认为属于南希的土地上建一个棚屋。玛丽亚花费 5000 美元建造了棚屋,但南希还没有付款。事实上,奥托是土地的真正所有者,他并没有许可南希建造棚屋。奥托赶走了南希,拆掉了棚屋并把土地卖给佩内洛普。土地的出卖价格没有受到被拆掉棚屋的影响。玛利亚能否以利益返还为由请求奥托支付 5000 美元或者其他数额?

解释

这个例子也是基于《重述》的一个说明,根据普通法和《重述》,答案都是不能。(《重述》第 10 条,评论 g,解释 17)记住一个我们先前提到的规则:没有获利就没有利益返还。本案中,奥托并没有因玛丽亚的行为而获利。奥托并没有从出售给佩内洛普的房产中因为玛丽亚的行为而得到任何额外的资金。玛丽亚可能会对南希提出合同请求或者利益返还的请求,而不是对奥托提出。

如果奥托没有拆掉棚屋,而且事实上从佩内洛普那里因为棚屋而得到了额外的价款,在这种情况下,玛丽亚将能够从奥托处获得由棚屋所增加的价值。如果奥托既没有拆掉棚屋也没有卖掉他的财产,那么法院就不得不去确定奥托事实上是否因棚屋的存在而获利。如果他确实获得了利益,法院必须就以下事项做出决定:一是如何评估这一利益,二是现在是否应当强迫奥托付款。很可能的情形是,玛丽亚会得到一个利益,那就是只有在最终出售了奥托的财产后,她才能收回其利益。

11.2.3　转让人有瑕疵的同意或批准导致转移的利益

前一节讨论了错误交付和利益返还救济的可能性。我们所关注的救济涉及财产损失或财产转移。在一些涉及错误的合同案件中,错误提供了合同解除(或撤销)的基础。例如,如果叔叔打算向侄女转交其终身产业(life estate,是指权利人终身享有的不动产,一旦其死亡则权利转移给继承人以外的其他人。译者注),法院可以允许撤销赠与后的利益返还救济。

关于合同解除的更多细节我们将在第十四章中讨论。但是现在来审视可以为解除合同提供依据的有瑕疵的同意或批准的类型,是非常有意义的。这包括存在欺诈、误传、胁迫、不正当的影响,以及无行为能力等情形。

首先,考虑欺诈。例如假设侄女告诉叔叔,他签署了一份支付侄女学费贷款的本票,叔叔实际上是签字转让了其白地(Whiteacre)*的产权。法院可以在发现欺诈之后解除交易,并将产业归还叔叔。如果侄女已经出卖了该财产,则叔叔将能够利用利益返还从侄女那里要回其出售收益。或者,在某些情况下,他也能够从新的买家那里取回该财产。(《重述》第 13 条)

有些法院甚至会在无意的虚假陈述情况下允许适用利益返还(同上)。所以,如果侄女诚实地相信(并告诉叔叔),叔叔的贷款担保对叔叔"没有约束力",那么合同有可能因为无意的、然而非常重要的对事实的虚假陈述而被撤销。

或者,假设侄女告诉叔叔,他必须签字移交他的财产权益,否则她会打断他的腿。法院一旦得到叔叔是在胁迫的情况下作出承诺的证据,就会取消该交易(《重述》第 14 条)。同样,如果侄女照顾叔叔,并采取不正当的影

---

* Whiteacre 和 Blackacre 是英美法中虚构的概念,指称财产权的特定标的物。在讨论或者说明问题时,如果需要一个案例辅助,则案例中第一次出现不动产时用"Blackacre",第二次出现时用"Whiteacre"指称。(译者注)

响让他签字转移他的财产权益,法院可以撤销交易。(重述第 15 条)①

最后,如果侄女在叔叔出现精神问题时让叔叔签字并转移财产给她,法院将以缺乏行为能力为由解除交易,除非转让人在转让前重新获得行为能力并批准了交易。(《重述》第 16 条之 1)②

例 7

昆西和丽塔是兄妹,是母亲遗产的唯一且平等的继承人。昆西和丽塔已故母亲的一位朋友索尼娅告诉昆西,他的母亲有很少的个人财产。于是昆西为了妹妹放弃了对他母亲的个人财产的利益。但事实是索尼亚、昆西和丽塔都不知道,昆西和丽塔的母亲有一个保险箱,里面装满了价值数百万美元的钻石。索尼娅找到了钥匙,取回了钻石,并以 200 万美元的价格出售。昆西可以从索尼娅那里主张并得到一半的钻石价值吗?

解释

本案似乎并不涉及故意欺诈或虚假陈述。无论我们认为这是一个错误的案件还是一个无意的虚假陈述案(通过索尼娅),结果是一样的:法院可能会允许昆西得到利益返还。《重述》第 13 条涵盖了欺诈和无意的虚假陈述(参见《重述》第 13 条,评论 c,解释 3)。索尼娅最好的抗辩理由是,这应该被视为是一个错误的案例,昆西不顾自己的权利,有意识地放弃了他的利益(参见例子和解释 5),因此他应该承担错误的风险。

11.2.4 在紧急情况下,由有意的中间人和合同授予的利益

法院允许利益返还的前两种情况,涉及到因为错误的移转或缺乏完全的同意或授权。我们现在转向这些案件:转让方打算转让利益,然后再通过利益返还要求返还所转让的利益。

---

① 《重述》将"不当影响"定义为,在"信任关系"或"一方处于支配地位而另一方处于从属地位的关系"的当事人之间的"过度和不公平的劝说",其中"转让人的自由意思受到施加不当影响的人的意志的影响。"(第 15 条之 1)

② 未成年人也可以取消交易,而且一个由市政公司超出其权限的转让也是无效的。(第 16 条之 2,a;c)

我们当然不想要这样的一个规则,即允许任何人未经你同意而授予你"利益",但随后要求你支付相关费用。想想那些只寄给你返还地址标签,然后要求你付款的人。我们把那些试图扔给你利益并用来换取补偿的人称为"多管闲事的好事者"。拒绝利益返还给这些人的理由很简单:如果我想要买返还地址标签,我可以自愿进行交易。否则我们就得时刻警惕,避免强加在我们身上的利益。

也就是说,在有些情况下有人故意(并具有充分的能力和权力)赋予另一方利益,并能够通过利益返还收回该利益。回想本章例 4 中假设的艾拉与菲利斯案。艾拉在餐厅用餐时心跳骤停,她失去了意识而且孤身一人。心外科医生菲利斯博士在旁边的桌上,他立即执行心肺复苏术救回了艾拉的生命。随后菲利斯博士向艾拉发出一张 1000 美元的账单。

在紧急情况下给予利益的专业人员有资格通过利益返还获得赔偿[参见柯南特诉威兹德姆案 Cotnam v. Wisdom,104 S. W. 164(Ark. 1907);《重述》第 20 条],与绕过自愿交易而给你利益的好事者不同,在紧急情况下的专业行为不能与需要紧急援助的人进行谈判。如果有讨价还价的可能,那么该交易将是如此片面和不公平,因此根据胁迫或合同法的其他原则是可撤销的。

虽然专业人员可以通过利益返还来获得其服务的合理价值,但非专业的人员并不能取得同样的利益,这并不是说所有的非专业人员都是"多管闲事的好事者"。当有人在我们需要的时候,给我们实施心肺复苏而挽救我们的性命,我们任何人都应该表示感谢。然而,法律假设乐善好施者给予利益是免费的(那就是,作为一个礼物),因此,就没有利益返还的期待或要求。①

---

① 《重述》认为,乐善好施的救助者不能接受利益返还,即使救援人员由于救援而遭受"非常严重的伤害",除非被救援方承诺支付救助人员金钱。(如你在第一年合同法课程中应该记住的那样,这样的承诺将会因为胁迫而被撤销。)《重述》第 20 条,评论 a,解释 7)《重述》对乐善好施者不适用利益返还的解释是无说服力的。《重述》第 20 条,评论 b)《重述》指出,"外科医生、医院和救护车司机的服务显然是有价值的,而旁观者的紧急救援是无价的。"很难看出法律为什么将价值如此高的东西(如心脏复苏)估值为零。《重述》似乎在表明,允许恢复将在一定程度上阻止利他主义的救援,这是一个曾被我驳斥的观点。参见理查德 L. 哈森:《救援的高效义务》,《国际法律与经济评论》第 15 期,141 页,1995 年。

第十一章　一份耕耘一份收获:利益返还和不当得利规则

虽然"多管闲事的好事者"被拒绝利益返还,但不是所有的利我交易都被认为是"管闲事"。例如,当一个人通过对自己的财产采取保护行动来节约邻居的费用时,利益返还可以被允许。例如,尤里拥有一个地役权,其支配对象包括在维克多毗邻财产上的一条道路。这条道路由尤里使用60%的时间,维克多40%。尤里和维克多都有对道路进行必要维修的法律权利,如果尤里进行了维修,他将发动利益返还的诉讼向维克多要求40%的合理修复费用。(参见《重述》第26条,评论b,说明12)[①]

这种索赔出现的一个更常见的例子就是在未婚同居的情况下。威尔玛和泽维尔住在一起,就像一对夫妻一样。威尔玛拥有一些土地,泽维尔贡献了一部分资金在该土地上建房。这房子是他们两个人的财产。当他们分手时,泽维尔有权主张恢复他在威尔玛土地上建造房子所做出贡献的价值,至少在如果法院没有将这些支付视为是给威尔玛的礼物时。(《重述》第28条)

人们给另一个人授予利益,并提出利益返还的主张,通常是在以下三个合同环境中的一个当中。

首先,当合同不可执行时可以适用利益返还。例如,假设如果约兰达和泽娜订立了一个口头合同,约定将约兰达的土地出售给泽娜。泽娜对土地进行了改进,而约兰达则成功地主张该合同是无法执行的,因为它不符合反欺诈法。尽管在许多司法管辖区都有关于欺诈的规定,但是泽娜可以提出利益返还的主张,要求返还其对土地改进的价值。

利益返还也可以适用于以下的情形,即当合同出现如下问题时:不确定性或缺乏正式性(《重述》第31条);违法(第32条);收款人无行为能力(第33条);错误或情势变更(第34条)。

第二,利益返还可能是非违约方在另一方违反可执行的合同时可选择的救济措施。假设亚历克莎和贝蒂签订一份前者为后者工作一年,报酬为30000美元,按月分期付款的工作合同。六个月后,贝蒂错误地解雇亚历克

[①]　补偿与衡平代位求偿权也适用于这一类别。这些要求将在第十三章中详细讨论。

莎，违反了可执行合同，仅向亚历克莎支付了 15000 美元。双方都知道合同的前六个月是亚历克莎工作线上的"艰难时期"，在此期间，亚历克莎服务的合理价值为每月 3500 美元。（参见《重述》第 38 条，评论 c，说明 12）

亚历克莎可能会选择起诉损害赔偿。正如本书第一部分所示，亚历克莎能够基于对方违约，要求对方赔偿合同剩余部分的利益，加上附带和间接损失（如寻找到另一份工作的成本），但她必须通过努力找到合理的替代工作来减少损失。假设她能够很容易地找到一份薪酬相同的工作，她可能就没有损害。

作为一种替代方案，亚历克莎能够提起利益返还诉讼，请求对方返还她在六个月内向贝蒂提供服务的合理价值。回想一下，她每个月的工资为 2500 美元，而其实际价值为 3500 美元，每月相差 1000 美元。她应该能够通过利益返还请求，主张返还前六个月她给予贝蒂的服务价值 6000 美元。①

我们将在 11.4 部分中看到，利益返还作为合同违约救济的替代基础是特别有吸引力的，尤其是在合同"亏损"的情况下。但在某些司法管辖区，利益返还还有一个重要的限制，恢复的金额不能超过违约损害赔偿的数额。请考虑以下示例。

　　　　A 承诺为 B 建造一个谷仓，报酬 60000 美元。在完成部分工作后 A 被错误地解雇，并收到 20000 美元的工程进度款。法院确认 A 完成该部分工作的合理费用是 30000 美元，完成剩余工程的合理成本（通过 A 或任何其他人）是 45000 美元。根据这些事实，法院裁定 A 已履行合同涵盖工作总量的 40%，按照合同的比例该部分工作的价格为 24000 美元。A 的利益返还请求限额为 4000 美元（合同价格的比例部

---

① 《重述》采用"以绩效为基础"的损害赔偿这一术语，来指代这种形式的利益返还请求。（参见《重述》第 38 条，评论 a，解释了损害与利益返还主张之间的关系。）我更喜欢把这 6000 美元的"利益返还"称为合同损害赔偿的一种替代。这个术语会使区分利益返还和损害赔偿的概念更加容易。除了利益返还之外，《重述》还允许赔偿"附带或间接损失"。（《重述》第 38 条）

分减去已经支付的 20000 美元)。

(参见《重述》第 38 条,评论 c,说明 11)

关于这个例子首先需要注意的是,这是一个亏损的合同。如果 A 已经完成了合同,A 将花费 75000 美元(已经发生的 30000 美元加上额外的 45000 美元)来完成任务。但是 A 只能从该项目处得到 60000 美元,预计损失 15000 美元。因此,损害赔偿看起来对 A 并不是一个具有吸引力的选择。利益返还看起来更有希望:A 给予 B 价值 30000 美元的收益,但仅获得 20000 美元,导致有 10000 美元的潜在利益返还请求权。但是,有些法院(和《重述》)将利益返还的上限限定为合同损失赔偿,这意味着利益返还请求的金额将减少到 4000 美元(按合同的比例为 24000 美元,减去已经支付的 20000 美元)。

这就提出了一个问题,假如她已经工作了合同期间的一半,并收到了合同价款的一半,为什么亚历克莎能够得到超过 15000 美元的合同价格?15000 美元不是赔偿金的限额吗?答案是否定的,因为亚历克莎在前六个月(困难期)工作的价值超过了合同价值的一半。

考虑一个亚历克莎诉贝蒂合同案的更难的变化。(如果你的导师没有涵盖关于《重述》第 39 条关于"机会主义违约"的内容,你可以跳过。)合同的一个条款规定,如果亚历克莎为贝蒂工作,对贝蒂的整体收益增加 1000000 美元,亚历克莎将有权获得 100000 美元的奖金,只要她在合同的一年期间内没有被合理解雇。亚历克莎事实上给贝蒂增加的利润超过了 100 万美元,但贝蒂为了避免支付奖金解雇了亚历克莎(声称她有很好的理由解雇亚历克莎,虽然没有任何实体的依据),亚历克莎应该有一个要求 100000 美元赔偿金的请求权,但她可以主张要回贝蒂 1000000 美元的利润吗?

通常情况下答案是否定的,但是《重述》包括了一个新的部分,可能允许亚历克莎收回这些利润。即陷入"机会主义违约"的违约方必须依据利益返还规则返还该利润(《重述》第 39 条)。这个部分相当复杂,但其在今后处理某些涉及违约方拒绝利益返还的案件中,会具有非常重要的意义。

某人像亚历克莎必须证明以下所有事项：

- 违约方的违约是实质性的（那就是，对缔约当事人来说是非常重要的）。
- 违约方的违约是机会主义的，因为其是故意的和有利可图的（意味着相比于违约方原本可以从合同履行中得到的利益，违约的收益更大）。
- 损害赔偿不能充分保护非违约方的合同权利。

《重述》认为这种情况"很少发生"，因为"符合《重述》第 39 条的累积条件的违约是罕见的"(《重述》第 39 条，评论 a)。亚历克莎的索赔看上去会失败，因为给予亚历克莎 100000 美元奖金的合同救济就足够了。

那么如果亚历克莎在这种情况下不能收回贝蒂的所有收益，《重述》第 39 条何时能适用呢？《重述》提供了一个案例。一位业主将其产业租给一个承租人。承租人违反合同，在没有经过出租人同意的情况下将房屋转租。在租赁合同到期后出租人知道了转租的事实。《重述》采取的立场是，出租人可以追回承租人转租房屋所获得的利润，即使可以证明出租人没有遭受损失。(《重述》第 39 条，评论 e，说明 8)

第三，可执行合同的违约方也可以利用利益返还请求权，要求非违约方返还其从违约方处获得的利益。假设 A 曾承诺以 60000 美元的价格给 B 建造谷仓，但 B 还没有向 A 付钱。在 A 花费 30000 美元完成了工程量的 40% 之后，A 违反了合同，不再继续履行合同。B 聘请另外一家承包商花费 45000 美元（服务的合理价值）完成了工作。A 和 B 相互起诉。

B 提出违约索赔，主张作为损害赔偿，对方必须支付她为此多支出的额外费用（加上与寻找新承包商相关的任何费用）。还有 60% 的合同工作量需要完成，根据合同并按比例计算，B 应当承担的建筑费用为 36000 美元（60000 美元合约价格的 60%），B 不得不为此付出 45000 美元，因此共遭受了 9000 美元的损失。

第十一章 一份耕耘一份收获:利益返还和不当得利规则

然而,A 已经将完成 40% 的谷仓利益给予 B,但并没有收到任何对价。尽管 A 违反了合同,但是 B 不付出任何代价而保有这些利益是不公正的。法院可能会根据利益返还的原则允许 A 收回合理的价值(也许是 30000 美元),但以合同价格为上限(在这个案件中,如之前的 A 与 B 的案例,为 24000 美元,是 60000 美元合约价格的 40%)。最后,法院可能要求 B 返还 15000 美元的利益给 A,这代表 B 给予 A 的利益返还的上限(24000 美元),减掉 A 对 B 因违约而应当承担的损害赔偿 9000 美元。

有些司法管辖区在违反合同的情形下,不允许 A 收回任何东西,至少如果 A 的违约是"故意的"。这一标准很难适用,似乎与 4.2 部分中讨论的"效率违约"概念相矛盾。①

例 8

沙纳发现一艘船漂浮在她的湖屋附近,她修理并占有了该船只,直到其合法所有人来主张返还。两年后,泰米发现沙纳一直占有她的船,即要回,但拒绝支付修理或保管费用。沙纳是否有权主张利益返还?她是否期待可以从船的主人那里获得赔偿,是非常重要的吗?

解释

案件事实并没有告诉我们沙纳是否是一位专业处理船只的人士——这可能是一些法院为了允许她得到利益而需要的,否则法院可能会采用在其他"善意乐善好施者"的场合适用的假设,即沙纳打算将其服务作为礼物送给船舶所有人。《重述》规定,当有人来保护他人的财产(不像对一个人提供紧急救助),利益返还可以适用,但是需要证明"特殊情况使得索赔人不经请求而予以干预的决定是正当的",以及"可以合理地推断所有者希望这样的行为发生"(《重述》第 21 条)。这是一个非常合理的规则,也许《重述》应该把它扩大到涉及由乐善好施者向他人提供紧急救助的案件。

例 9

"母亲告诉儿子,如果他在她的房子上添加建造,她将允许他住在这里,

---

① 《重述》在整体上并不包含"故意"的例外,但是注意在某些情况下,例如在涉及欺诈或不公平的行为时,违约方可能被剥夺利益返还的机会。(《重述》第 36 条,评论 b)

并在死前将财产转移给他。儿子为此花费了35000美元,根据母亲的要求对房子进行了改善,将房屋的价值提高了大致35000美元。但母亲违反了对儿子的承诺,将房子以一美元的价格卖给女儿。女儿将儿子赶出房屋。母亲对儿子的承诺无法强制执行"(《重述》第27条,评论e,说明12)。儿子可否向女儿提出利益返还要求?

解释

可以。儿子为了他自己和母亲而转移利益。现在女儿通过财产价值的增加而获益,让她继续保有这种利益是不公正的。由于利益附着在土地上,引发了估值和流动性的问题,法院可能不会给予儿子取得直接金钱判决的权利。相反,儿子可能会得到一个法定担保权(在第十三章中讨论),来对抗女儿对财产的利益。

例10

卡罗尔和迪诺签署了一份书面合同,约定以5000美元的价格从迪诺处购买一辆二手车,该汽车的公平市场价值是4000美元。卡罗尔支付5000美元,但很快遭受碰撞并损毁了车辆。卡罗尔16岁,卡罗尔所在州的法律允许未成年人撤销买卖合同,收回价款。那么迪诺可以请求利益返还吗?

解释

可以。当合同因包括行为能力欠缺等在内的原因而无法履行时,利益返还请求常常被适用。在本案中,迪诺可以主张返还汽车的合理价值即4000美元,而不是合同价格。如果这辆车没有被摧毁,那么利益返还的救济就需要卡罗尔归还该车。本案中她不能这样做,因为这辆车已经被毁了。如果迪诺在卡罗尔要求撤销合同的同时提出反诉,法院有可能用迪诺必须支付给卡罗尔的5000美元(退还购买价格),来抵销迪诺给卡罗尔的交付(价值4000美元的车)的合理价值。最终的结果是,迪诺将支付给卡罗尔1000美元,并保留4000美元作为返还的利益。

11.2.5 通过侵权行为或其他不法行为获得的利益

原告提出利益返还救济的最后一种常见类型是被告的侵权行为(或其

他不法行为)。回想一下本章开头的例子:安妮塔偷了布里安娜价值200美元的数码相机,她以150美元的价格将其卖给当铺,并在赛马场投注资金。安妮塔在赛道上表现不错,150美元现在价值1000美元。

布里安娜有侵占侵权诉讼的诉由,她可以起诉安妮塔进行侵占,并追回约200美元的侵权损害赔偿,或者布里安娜可能会根据安妮塔的更大收益决定主张利益返还。每个司法管辖区都有自己的规则,来规范布里安娜如何以及何时必须决定是主张侵权损害赔偿还是请求利益返还。[①]

《重述》列出了原告可能寻求利益返还救济的最常见的侵权案件类型:(1)涉及非法侵入、侵占和类似侵权行为的案件(第40条),(2)侵占金融财产(第41条),(3)侵犯知识产权和类似权利的案件(第42条),(4)违反信托义务或保密关系(第43条)。《重述》也包括对其他错误行为的一个兜底性规定(第44条)。

假设史瑞克进入菲奥娜的土地砍伐了一些树木,把树木拖走并将其转化成木料,赚取了不错的利润。根据实体侵权法,当史瑞克进入菲奥娜的土地时就构成了侵权,他的心理状态是无关紧要的。如果菲奥娜想要得到她树木的合理价值,她可以得到。

但是,如果菲奥娜愿意优先选择主张利益返还,以要回史瑞克所得到的收益,则史瑞克的心理状态可能关系重大。考虑这些不同情况:(1)史瑞克进入这片土地,天真地和合理地认为这是他自己的土地(和他自己的木材),而不是菲奥娜的。(2)史瑞克过失地认为土地(和木材)是他自己的。(3)史瑞克知道是菲奥娜的土地(和菲奥娜的木材),他故意地选择偷走木材。

大多数法院(以及《重述》)可能会同意在所有三种情况下,菲奥娜都可以选择起诉损害赔偿,或在利益返还的规则下要回史瑞克所获的利润。但是,利益返还的数额会因史瑞克的可归责性不同而有所差异。如果史瑞克天真地或者过失地为该行为(前两种场合),菲奥娜仅有权要回史瑞克获得

[①] 回想一下一些司法管辖区用来描述这种利益返还选择的语句:布里安娜会"放弃侵权",并提起损害赔偿之诉。这具有误导性,因为布里安娜必须证明安妮塔的侵占行为,她并不是放弃侵权诉讼。相反,布里安娜是在选择主张返还安妮塔的收益,而不是赔偿自己的损失。

的直接利益（在适当情况下可以是合理的租赁或许可价值）。相反,如果他是"有意识的违法者",史瑞克"将被要求吐出从不法交易中得到的所有收益（包括间接收益）。"（《重述》第 40 条,评论 b）

为了使这一点更具体,让我们应用一些数字到这些概念中。假设从菲奥娜的土地上取走的未成材树木的市场价值是 1000 美元。史瑞克另外投资 500 美元将树木加工成木材,其价值为 2100 美元。如果史莱克是一个有意识的违法者,他必须将 2100 美元的全部收益返还给菲奥娜。相反,如果史瑞克是无辜或过失的侵入者,法院可以给他 500 美元用于弥补他处理木材的费用。他甚至可以获得 600 美元利润的 1/3 的收益,因为他增加了 1/3 的投入（生产的总投入的 1500 美元除以 500 美元的加工成本）来生产成品木材。这里的 1/3 是 200 美元,这意味着菲奥娜可以获得的利益：

  2100 美元（史瑞克的利润）
 −500 美元 （史瑞克的加工费用）
 −200 美元 （史瑞克投资部分的利润）
 =1400 美元①

无论哪种方式,你都可以看到,菲奥娜会优先选择利益返还的救济措施。损失赔偿只能使她得到 1000 美元,利益返还请求可以使她获得 2000 美元或至少 1400 美元,这取决于管辖法院的分配规则。值得注意的一点是：如果史瑞克是一个有意识的违法者,他的行为可能会使他招致惩罚性赔偿（将在第十五章讨论）。如果菲奥娜获得补偿性损害赔偿,将可以适用惩罚性赔偿；一些司法管辖区不允许在主张利益返还时适用惩罚性赔偿。在做出选择时,菲奥娜（和她的律师）必须决定哪一种选择对她而言更有利。

例 11

卡维亚写了他的第一部小说,销量很好,赚取了 100000 美元的收益。梅甘发现,这本书中的一些段落是从梅甘早期的小说中复制的。在面对复制的段落时,卡维亚声称复制是无意的,没有故意这样做。她说她是梅甘作

---

① 我们将在下一章中进一步研究计算和分配问题。

第十一章 一份耕耘一份收获:利益返还和不当得利规则 279

品的超级粉丝,可能是无意中复制这些材料。梅甘有权根据普通法(而不是版权法)获得卡维亚的收益吗?

解释

这个假设是根据围绕卡维亚·维斯瓦纳坦作品的争议而设计的[参见莫科托·里奇、迪伊蒂亚·史密斯(Mokoto Rich&Dinitia Smith):《出版社决定召回哈佛学生的小说》,《纽约时报》2006年4月28日]。这是一个涉及盗用知识产权的案件,而且因为是一个版权主张,在现实生活中将受版权法的约束。版权法是奇怪的,它在某些情况下允许实际的损害赔偿和取得侵权者所获得的收益。[See 17 U.S.C. §504(b);《重述》第42条,评论d)注意双重赔偿的可能:如果原告的作品被盗用,其可以同时要求损害赔偿和利益返还。]

但是,这个问题要求你仅仅依照普通法规则来考虑。根据普通法,梅甘要求归还的数额取决于卡维亚是否是一个有意的违法者。如果她真的如其所宣称一样无意地复制了一些段落,那么返还的收益可能就是许可使用版权材料的价值。获得此类许可所需费用的专家证词似乎是必要的。然而,在故意窃取知识产权的情况下,卡维亚可能不得不放弃她整个100000美元的收益。

11.3 为什么在不当得利的案件中允许取回被告的收益?

怎么解释法律为什么允许一些原告可以主张利益返还?没有一个单一的答案,就像我们在11.2部分中看到的,利益返还可用于各种不同的索赔主张。

在涉及错误支付和改进的案件中,利益返还的正当理由似乎是应有的状态标准:即如果没有错误,原告本来应该所处的状态,[1]在某些案件中,利

---

[1] 在引言和第一、第二部分讨论了作为损害赔偿和禁令的主要组织原则的应有的状态标准。

益返还可以使原告回到在原告将利益转移给被告之前他原本所处的状态。

图 11.1 说明了与本章开头的法律教授与银行案有关的这一观点：

```
A                                              B
|——————————————————————————————————————————————|
-123750美元                                     0
银行在犯错之后的状态                              原状
```

图 11.1

回忆一下，银行欠法律教授 1250 美元，但支付给法律教授 125000 美元的案例。返还多支付的 123750 美元，对于使各方重新回到原状是必要的。

注意图 11.1 的分析是假定存在错误，这一点非常重要。这当然是利益返还的实体法律所需要确定的。回想一下艾拉与菲利斯的例子，该例中菲利斯对艾拉实行心肺复苏术，挽救了艾拉的生命。如果菲利斯是一名医生，则法律允许她取得其服务的合理价值。我们可以认为是该价值的支付将菲利斯从位置 A（在那里她赋予艾拉一个具有合理价值的利益）移动到位置 B（原状）。但是回想一下，如果菲利斯是一名实施了心肺复苏术的非专业人士，即使她依然赋予了艾拉具有相同价值的利益，她仍然什么都得不到。所以我们在使用应有的状态标准作为返还所赋予利益的理由之前，必须援引利益返还的实体性法律。

虽然应有的状态标准可以解释一些利益返还的案件，但并不能解释所有的案件。再考虑一下布里安娜的例子，其价值 200 美元的数码相机被安妮塔偷走。安妮塔将相机以 150 美元的价格典当，将钱在赛马场上投注，最终获得 1000 美元。因为安妮塔是一个故意的违法者，布里安娜完全可以要求归还整个 1000 美元的收益。

已经阅读过本书第一部分的你们会知道，抛开一些复杂的细节，布里安娜的侵权损害赔偿将是 (B−A) 或 200 美元（见图 11.2）。如果陪审团可以判决布里安娜一笔相当于安妮塔 1000 美元收益的金额，比起如果没有违法行为时她原本所处的位置，将使她处于一个更好的状态。1000 美元判决中的首个 200 美元，将会把布里安娜带回到原状 B，剩下的 800 美元将使她比没有违法行为时的情况好得多。

```
A                                                    B
|————————————————————————————————————————————————————|
-200美元                                              0
布里安娜受侵害之后的状态                              原状
```

图 11.2

判决布里安娜获得 800 美元的收益,不能解释为是努力要将布里安娜置于其应有的状态。相反,利益返还的救济会因为两个理由而正当化:即威慑和惩罚。我们不希望像安妮塔这样有意识的违法者到处游逛,未经许可就拿走东西。当这些违法者"绕过市场"时,它们以一种违反正义原则(因为不应该拿走属于别人的东西)和经济原则(因为如果我们投入资源来保护我们已经拥有的财产,而不是投入到新的、富有成效的活动,那将会造成很大的社会损失)的方式干涉财产权。剥夺被告的收益可以制止不法行为,惩罚不法行为者,发挥了与惩罚性赔偿类似的功能,而惩罚性赔偿只有当原告寻求损害赔偿时才可以适用,在利益返还时则不行。

利益返还可以起到威慑和惩罚的作用这一观点,被下面的事实所强化:即相对于无辜的或者过失的行为人,对于故意违法的案件中应当返还的利益范围会有不同的计算方法。当史瑞克无意侵占了菲奥娜的木材时,利益返还的计算是一种接近于应有的状态标准:菲奥娜获得她木材的价值,是史瑞克利润的一个合理份额。相反,如果史瑞克故意盗走木材,他就必须返还所有的利润,即使他在销售前对木材增加了重要的价值。在这种情况下,利益返还看起来更像是一个威慑和惩罚。

例 12

应有的状态标准,为在履行一个不可执行的合同过程中转移利益的人,适用利益返还请求权提供了正当性依据。那么下列情形的正当性基础是什么呢?(a)在某些情况下,非违约方主张利益返还而不是合同损害赔偿;(b)违约方在某些情况下主张利益返还。

解释

（a）非违约方选择利益返还的能力，以下范围内可以通过应有的状态标准予以正当化：非违约方难以证明合同损失，以及被告的收益和原告的损失基本相等（《重述》第 38 条，评论 a,b）。在非违约方获得违约方支付的超过合同价值的收益的范围内，利益返还发挥了威慑和惩罚功能。

（b）就要求利益返还的违约方而言，其理由似乎是在将原告恢复到应有的状态后，还应当将违约方恢复到其应有的状态。如果这样的话，给予违约方利益返还的权利可能会出现无法阻却的情况。

11.4 更多关于亏损合同的讨论：合同价格是上限吗？

回顾 11.2.4 中讨论的例子：

> A 承诺为 B 建一个谷仓，成本 60000 美元。在完成部分工作后 A 被错误地解雇，收到 20000 美元的工程付款。法院认为 A 完成该部分工作的合理费用为 30000 美元，完成所有剩余工作（由 A 或其他任何人）的费用将为 45000 美元。根据这些事实，法院裁定 A 已经完成了合同涵盖工作的 40%；根据合同的比例该部分工作的价格应为 24000 美元。A 的利益返还请求赔偿的限额为 4000 美元。（代表合同价格的比例部分减去已经支付的 20000 美元）

正如该例所示，《利益返还重述》的立场是，非违约方利益返还的数额应以合同损害赔偿额为限。这使得《重述》的立场与《合同法重述》所采取的立场不一致［《合同法重述（二）》第 373 条，评论 d(1981)］。在可选择的情况下，在亏损合同中的非违约方并不受合同价格的限制，最后这个例子中的 A 可以收回其给予违约方的 30000 美元的利益。一些司法管辖区允许非违约方可以返还超过合同价格的利益,这一规则受到一项重要限制:那就是当非违约方已经完成工作时,不可以适用利益返还救济。

法院在亏损的合同中利益返还的数额是否应受到合同赔偿额的限制这一问题上产生了分歧。

哪一个规则更好呢?换句话说,失败合同中的非违约方要求利益返还的数额是否应该受到合同价格的限制?重申,这取决于这些当事人被授予利益返还请求权的理由。从应有的状态标准看,允许非违约方返还超过合同价格的金额,会使得该当事人处于比没有合同更好的状态。在我们的假设中,B违反合同比履行合同对A更有利,A可以收回30000美元,高于没有违约的情况。这样,限额可以被认为是使缔约方处于应有的状态的正当理由。另一方面,从威慑和惩罚的角度来看,最好没有上限,但这可能会破坏合同当事人的期望。

例 13

格里是合同的一方当事人,他已经完成了大部分对哈利厨房的重大改造工作。合同价款为40000美元,哈利提前预付了一半价款。哈利告诉格里他不会再支付剩余的20000美元,因为他认为格里的工作是糟糕的。实际上,格里的工作完美无缺,是哈利违反了有效的合同。格里为了改造已经花费了50000美元,这是一个合同约定工作的合理价格,还需要再投入500美元就可以完成工作。如果有的话,格里可以请求返还的利益是什么?

解释

格里是一个亏损合同的一方当事人。他同意以合同价款40000美元去改造哈利的厨房,而完成整个工作共需要花费50500美元。对于已经读完本书第一部分的人,你知道格里的合同损失是20000美元,即哈利尚未支付的合约价款的剩余部分。然而,格里可以通过利益返还的方式主张返还30000美元,即他所提供服务的合理价值(50000美元)与他收到的价款(20000美元)之间的差额。

在适用《重述》的一些司法管辖区,格里利益返还的数额将被限制在20000美元的合同损失赔偿金范围内。而在其他的司法管辖区,返还的利益可以超过合约价格,这意味着格里有机会收回30000美元。然而,哈里可能会争辩,由于格里已经完成了工作,因此格里只能得到合同损失赔偿金,而不能主张利益返还。现在格里的厨房改造仍需进行一些细小的完善工作(价值500美元):格里的工作真的完成了吗?在一个司法管辖区内,虽没有限额,但是有规则规定当工作完成后禁止利益返还时,法院就必须决定格里的工作是否真的完成。这样的一个裁决事实上是依赖于当事人的相对可归责性,特别是哈利违约的原因,尽管法院可能不会将可归责性作为法律规则的基础进行讨论。

第十二章　不当得利：不当获利的衡量和收益分配

12.1　不当获利的衡量

在之前一章中解释过某一原告可以通过利益返还来取得被告所得的情形。它解决了不当得利原则中"不当"的一面，这一节和下一节将研究"得利"的涵义：特别是法院如何界定和计算被告的所得。正如我们所看到的，在许多情形下，被告的"不当"（或过错程度）会影响到法院对得利的计算。

思考以下的场景，原告人可能提起利益返还救济，许多是从之前的章节讨论中抽取出来的。问问自己法院应如何计算被告人所获得的收益，如果有的话：

- 格温驾驶着她的玛莎拉蒂过失地碾压了霍雷肖的脚，造成霍雷肖10000美元的损失。
- 银行应从银行账户支付某法学教授1250美元，但却错误的支付给该教授125000美元。
- 菲利斯医生是一位心外科医生，在失去意识的艾拉身上实行紧急心肺复苏术，拯救了艾拉的生命。菲利斯博士通常会收费5000美元。专业实行心肺复苏手术的合理费用为700美元。艾拉的人身保险为300万美元。
- 安妮塔偷了布里安娜价值200美元的数码相机，她将该数码相机以150美元卖给当铺并用这笔钱去赌赛马。安妮塔在赌场上表现不错，当初的150美元变成了1000美元。安妮塔现在破产了。

- 史瑞克擅自进入菲奥娜的土地，盗走了市场价值为1000美元的木材。史瑞克投资500美元将木材加工为木料，卖到市场赚回了2100美元。

当你阅读完本章和下一章时，你应该可以自在地回答在各种各样的场景中，法院是如何衡量被告所获利益的问题。现在，应该关注这些假想案例提出的关于利益返还救济的下列问题：我们根据市场来衡量价值吗？我们应该衡量被告的收益价值，还是原告提供的收益的成本？如果被告侵占挪用了他人的东西，并且将其和自己的劳动或原材料混合，那么被告是必须放弃他所有的收益，还是仅仅放弃一部分？如果是一部分，那么应该是哪部分？如果被告出售或者将自己占用的东西交换成其他东西，那么原告可以得到这个新的东西吗？如果被告破产，还有其他债权人想要这个新东西，这影响大吗？这些问题构成了利益返还救济的核心。

我们从衡量被告收益的两个基本原则开始。第一个原则，就是在上一章提到的，当一个被告没有获益时，就不存在利益返还。霍雷肖可能会成功地起诉格温，因为格温过失地碾过他的脚，但是救济措施应该是侵权损害赔偿，而不是利益返还。

第二，当原告向被告移转的利益是现金或其他容易衡量的物品，至少在被告没有破产且没有用现金交易别的东西时，衡量问题比较容易。[《重述》第49条(2)。来自金钱交付中的获利，是以付款金额或由此导致被告净财产的增加额二者中较少的金额为准来计量的。]再次思考法学教授和银行的那个例子：除了支付给法律教授的金额（125000美元）与欠教授的金额（1250美元）之间总共123750美元的差额外，在这里论证衡量收益的其他办法是非常困难的。

在诸如法学教授和银行的这类案件中，利益返还的判决往往体现在一个金钱判决中，与一个赔偿金的金钱判决一样是可执行的。[1]如果该法学教授陷入破产，或者如果该笔钱已被用来购买其他的财产，那么银行很可能会

---

[1] 17.1会讨论货币判决的执行规则。

倾向于一个衡平的利益返还救济，比如一个推定信托或者衡平担保。这些额外的利益返还的救济措施将在下章讨论。

利益衡量问题会在以下两种情况下产生：(1)原告向被告转让涉及不容易量化的利益(比如菲利斯医生和艾拉案)；(2)被告将从原告处侵占的物品与其他物品混合，形成一个可为被告产生收益(比如史瑞克和菲奥娜案)的整体产品。我们现在仅解决第一类问题，第二类问题将在本章的下一部分讨论。

思考一下菲利斯医生和艾拉一案。假设一位医生服务的合理市场价为700美元。然而，菲利斯医生作为一位著名的(或价格昂贵的)心脏外科医生，他的医疗服务价格为5000美元。这些利益衡量方法反映了服务的市场价格。从被告的角度看，收益是非常大的。思考一下艾拉的巨大收益，她的生命被挽救。虽然衡量她生命的价值充满困难(参见第四章在侵权损害背景下对问题的讨论)，艾拉生命价值的一个证据是她所投的价值300万美元的人身保险。

通常来说，菲利斯医生有权仅主张返还被告所得服务的合理价值，通过竞争性市场来衡量，而不是依据原告或被告的特质。一个重要的先例是柯南特诉威兹德姆案［Cotnam v. Wisdom, 104 S. W. 164(Ark. 1907)］一位医生对被一辆有轨电车抛出的人进行急救，这位医生实施了紧急救助，但这个人还是死了。该医生起诉主张要从死者的房产中追回自己的利益。阿肯色州最高法院认为，医生可以成功地以准合同为案由提起诉讼。①

---

① 准合同是利益返还的另一个术语，它使用了一个虚构：当事人之间存在一个合同。有时候这被称为"法律推定"的合同。不要被合同的术语所迷惑。在一方当事人无意识时，当事人之间不存在一个有效的合同。无论是依据过去的、主观的"意思表示一致"标准，还是现代的、客观的契约理论，任何法院都不会说当事人进入一个构成有效合同基础的自愿交易。相反，法院允许通过"隐含的"或"准"合同的虚构主张利益返还。

这是阿肯色州最高法院在柯南案中对准合同的解释："一个法律所推定的合同……并没有证据的支持。事实上它们并不存在，而仅仅是一个虚构的法律创造。法律言明可以肯定存在一个允诺，但就事实而论确实没有。当然这不是很好的逻辑，因为存在着明显而充分的理由证明这原本是不真实的。这是一个法律虚构，支持理由在于一个明显的法律义务和法律权利。如果这是真的，那么其将不是一个虚构。"

根据请求返还的数量,该法院驳回了以下主张,即原告提供证明被该医生急救的患者是富有的证据,虽然事实上有证据证明在那时,部分医生是根据患者的支付能力来决定其收费的。

为了接受这样的证据,就必须要假定外科医生和患者都有一个认识,那就是患者的财产是决定所实施服务价格的一个因素。虽然法律可能会承认这样的证据,把目光投向合同并表明当合同制定时当事人真正考虑的是什么,但是在没有合同被确定或被解释的情况下,会出现一个不同的问题。法律在合同不存在的地方创造一个单纯虚构的合同,其目的在于方便对权利进行救济。这个虚构只要求对所提供的服务给予合理的补偿。这个服务无论对穷的还是富的患者都是一样,对他们,外科医生都有权主张对他的时间、服务和技能给予公平的补偿。因此,接受这些证据是错误的,但在第二条指示中,指示陪审团在确定什么是合理的费用时,他们可以考虑"接受服务者的支付能力"。

柯南案肯定是以下原则的一个权威,即在衡量利益返还的数额时,法院应该使用原告服务的合理价格而不是被告所得的利益。(同样参见莱科克,第 633 页。这些案例中的利益衡量,是根据治疗的市场价值,不管该治疗成功与否;也并非基于被救的生命价值,或者避免的疼痛或痛苦的价值。)但是柯南案并未明确指出,合理价值究竟是根据一位医学教授实施心肺复苏的合理市价 700 美元,还是根据医生的特别收费 5000 美元。一个较好的观点是 700 美元的费用更加恰当,因为 5000 美元的特别费用可能是由于心脏外科医生进行更复杂的诊断和治疗的费用,而不是仅提供大致相当的心肺复苏术的费用。的确,如果一位每小时赚 500 美元的律师放弃其工作而给予艾拉心肺复苏术,这位律师将不会得到任何利益,因为一般假定一位善良的乐善好施者是无偿的提供服务(没有付款的预期),这位律师不能得到她日常一个小时的收入。

第十二章 不当得利:不当获利的衡量和收益分配

在一个诸如涉及到无意识病人的情况下,利益返还的确定将采取比较适度的方法。如果你考虑了假设当事人可以自由协商(如果没有高昂的交易成本)时,其可能会达成的各种交易,这个就是能理解的。在一个自由的市场,病人可能期待对一名医生所提供的服务支付一个合理的价格。虽然这位菲利斯心脏外科医生可能并无兴趣去从事仅仅支付给她700美元而非5000美元的工作,但她也能理性地理解,如果她同意从事价值700美元的工作,那么一个病人很可能仅会付给她那么多钱。

失去意识的患者比如像艾拉,接受利益是无辜的,她的行为并没有任何错误的地方(除非她在接受了心肺复苏后不愿意支付医生费用)。但是当被告的过错较大时,法院会允许原告用更慷慨的衡量方法来确定被告的收益。再次思考史瑞克案,他进入到菲奥娜的土地,带走了市场价值1000美元的木材,他投资额外的500美元将木材制成木料,卖给市场得到了2100美元的收益。正如在最后一章所述的,《重述》认为,如果被告是有意识的不法行为者——这里,如果史瑞克知道这些树属于菲奥娜且把它们带走——他则必须放弃所有的收益,甚至那些属于由他投入到木材中的价值500美元的加工利益。[①] 史瑞克属于有意识的侵权行为人,其所获得的利益的衡量更倾向于原告,因为他实施了一个特别不公正的行为。[②]

有一著名案例,即奥勒威尔诉奈和尼森公司案[Olwell v. Nye & Nissen Co., 173 P. 2d 652(Wash. 1946)],是法院在一个被告有意绕过市场的案件中,对被告收益的计算采用更严厉——实际上是惩罚性的措施的另外一个例子。在奥勒威尔案中,原告外包其鸡蛋包装业务,而不是贩卖洗蛋机给被告。原告的机器存放在被告租赁财产的旁边,但不属于被告租赁的财产范

[①] 在下一部分,我们将探讨在那些一个法院认为应该分配利益的场合中,如何进行这些利益的分配。

[②] 作为一个"有意识的违法行为者",史瑞克"将会被剥夺他未通过授权而干涉别人的财产所获得的所有利益"(《重述》第40条,评论.b项)。然而,法庭有时显然不愿意通过借助作出替代安排的全部费用,或一个故意的侵权者可能得到的间接收益的全部范围,来确定一个有意识的侵权者的不当利益。即使对一个故意的侵权行为人来说,利益返还应该会受到限制,以避免对过于遥远的收益的责任,或与作为责任基础的损失不成比例。

围。被告的财务主管没有获得原告的许可,将该鸡蛋清洗机器带出仓库。由于二战期间劳工短缺,被告显然需要机器。在原告知悉之前,被告使用了该机器约三年,当原告发现后,原告想要将该机器以 600 美元的价格卖给被告,被告提出 50 美元的反要约,原告拒绝。后来原告以侵占为由主张利益返还(不主张侵权)。法院判定被告支付原告每周 10 美元,总共 156 周,共计 1560 美元的金钱判决,代表了被告每周节省的劳工成本。上诉法院也支持该返还利益的计算方法。

为理解该案例,首先需要理解什么是没有争议的。首先,毫无疑问,拥有洗蛋机的原告是被侵犯了,被告未经允许拿走并使用原告的财产。根据利益返还的实质性原则,原告可以选择根据被告的收益而不是原告的损失来主张利益返还,这是没有任何问题的。问题是怎样确定被告的收益,这里,至少有三种观点:

1. 该机器的合理价格。原告提出以 600 美元的价格出售该机器,这是机器价格(上限值)的很好证据。

2. 合理的租赁费用。被告争辩以机器的合理租金来计算,这应该不高于拥有该机器的价值 600 美元。(如果租赁机器三年的金额较高,理性的买家会选择购买机器而不是租赁)

3. 被告使用机器所获得的收益。在这个案子中,法院裁定,被告不用支付人工费而以较低的劳动效率洗涤鸡蛋,每周节省 10 美元,共节省了超过 1500 美元。

1500 美元的裁决给原告带来了丰厚的利益,但被告却承受了很大的损失。奥勒威尔案中的法院通过认定被告的"故意侵权"行为来确定自己对利益的衡量标准,认为较高的数额对于惩罚被告故意违反市场的自愿交易行为是非常有必要的,且可以有效地阻止其他人在今后采取类似行动。《重述》赞同这一原则,即不正当得利的衡量措施部分取决于过错大小。(《重

述》第 40 条,评论 b)①

如果你看不到威慑力这一点,那问你自己这个问题:如果返还利益的衡量是根据原告对被告应收取的合理租金,那么一个无德的被告有什么动机去就洗蛋机的租赁进行谈判呢?如果被告被抓获,则被告支付其在公平交易中应支付的款项,如果被告没有被抓,被告什么也不用支付。②

为了了解市场收益的衡量是如何根据被告人的可归责性而波动,考虑一下如果被告的财务主管命令将机器从仓库取出,而他并不知道(也许她也不可能知道)该机器属于原告,法院是否会维持 1560 美元的裁决。法院似乎更有可能选择较低的租金或出售价格。

本章提出的这些原则有一个重要的例外。如果被告侵占了知识产权(例如,侵犯受版权保护的资料或专利),返还利益的确定主要是根据联邦成文法,而不是一般的利益返还原则。例如,专利侵权者只承担损害赔偿责任(可能被处以损害额三倍的处罚)。参见《美国联邦法典》第 35,§ 284,2000 年。但是不允许有其他的利益返还措施(参见《重述》第 42 条,评论 c)。(尽管只从 1964 年开始),1946 年的专利法案被解释为取消了专利权人要求返还侵权人收益的权利。如果不是这一法案的限制,本节的规则将允许可以对故意的侵权人提出一个利益返还主张——正如以前的专利法案,和

---

① 《重述》规定,无辜的利益取得人,通常"按照在利益返还中产生最小责任的标准"对未被请求的利益予以返还,但是"从所请求的利益中的不当得利是根据其对接受者的合理价值来确定。合理的价值通常小于市场价值,也是一个获利者表示愿意支付的价格"(《重述》第 50 条)。对于那些通过违法行为的获利,不当获取的利益则"不低于其市场价格"(《重述》第 51 条)。对于"有意识的违法者","不当得利……是归因于违法行为的净利润,这种情况下利益返还的目的是为了剥夺违法行为人的利益,同时尽可能地避免施加惩罚"(同上)。最后,《重述》提供了一个第三种、居中类型的利益获得者,他们不是违法行为人,而是因为其他原因(例如他们自己的过失)而受益。在适当情况下,这些受益人可能比无辜的违法行为者承担更大的利益返还责任(《重述》第 52 条)。("为了让被告而不是让原告承担交易成本,与一个无辜的取得相同利益的受益者相比,他们可能面临一个更大的利益返还责任")

② 这一分析表明,如果社会想要阻止那些侵犯市场的人,那么对收益的计量应该是较大的。考虑一下这个例子。假设对奥勒威尔而言,合理的租赁价值是 600 美元,而被告的收益是 1560 美元。被告知道原告只有 25% 的几率起诉被告侵占,并要求利益返还 1560 美元。这意味着被告违法行为的预期损失是 390 美元(25% 的概率支付 1560 美元),而其诚实租赁机器需要支出 600 美元。一个没有道德原则、风险中立的被告仍然将决定绕过市场,而甘冒被抓的风险。

对现行版本的先前解释一样。

版权法提供了另一个有趣的救济措施。《美国联邦法典》第17，第504章(b)(2004年)。允许赔偿原告的"实际损害"，以及得到"归属于违法侵权者但并没有计算在实际损害当中的收益。"[①]《重述》草案指出，这一公式可能会有"重复计算"的风险，从而导致"利益返还超过索赔人的损失和侵权人的收益。"称这样的结果在"利益返还方面是完全反常的。"《重述》第42条，评论d)。

在适当情况下，州法规也可以为了特定类型的权利主张而改变或扩大普通法。因此相关的州法令应当被审查。

例 1

安迪在寒冷的冬天驾车行驶在偏远的国道5上时车胎爆了。手机没有信号，他也没有备用轮胎，更不知道如何更换备用轮胎。三个小时路上都没有人，直到他发现一个名叫贝蒂的退休会计师正驾车沿着道路行驶。他很高兴，因为如果贝蒂不来，他就会遭受体温过低的痛苦或更糟糕的折磨。他拦下了贝蒂的车并向她求助。贝蒂说："我不是一个乐善好施者，但是我有一个轮胎适合你的车，我以1000美元的价格把轮胎卖给你并安装上去。"(拖车公司会收取安迪安装服务费150美元，轮胎费100美元。)安迪不情愿的同意了，承诺在返回家时给贝蒂1000美元的支票，贝蒂将轮胎安装在安迪的车上，安迪安全地前往。后来安迪没有交付支票，贝蒂起诉安迪违约。或者，在合同无法执行的情况下要求利益返还。假设法院以胁迫为由认定合同无效，贝蒂有权主张多少的利益返还，如果有的话？

解释

假设合同因为胁迫而无效，贝蒂应该能够恢复她提供给安迪的利益的合理价值，至少包含轮胎的价值。贝蒂不能获得将安迪从低温或更糟的情况下解救出来的价值。尽管贝蒂可能有其他证据，但轮胎价值的最好证据是拖车公司向安迪收取100美元。1000美元的交易受到双边垄断(只有一

---

① 第504(c)规定原告可以选择"法定损害赔偿"，这在某些情况下可能对原告更有利。

个买家和一个卖家,意味着一个有效的价格不会通过竞争出现)条件和胁迫的冲击,可能不是交易价值的较好证据。

根据利益返还的实体法,有一个问题是,贝蒂是否有权依据利益返还请求收回她投入到轮胎上的服务价值(而不是轮胎本身的价值)。贝蒂并不是一个专业人士,基本的假设是提供紧急服务的非专业人士是免费的。在这个案子中,贝蒂很可能推翻这种假定,因为她事先告诉安迪她不是一个乐善好施者,并不会无偿帮助他。因此,法院很可能允许贝蒂收回其所提供服务的合理价值150美元。这类似于下一个示例中讨论的"必要性"问题。这只有在以下情形看起来才是公平的:即紧急情况下的受益人在紧急情况结束后,支付合理的救援费用。

例 2

"S.S鲤鱼"号出海航行了三个小时。天气开始变得恶劣,这艘小船剧烈摇晃。多亏勇猛无畏的船长和他的大副吉利根,这艘船在暴风雨肆虐时被安全驶入了戴维·琼斯的船坞。尽管琼斯表示抗议,但船长和吉利根仍把船固定在码头上,以防止遭受生命危险和财产损失——如果船停留在大海,这些损失将会发生。然而码头却遭受了500美元的损失。如果这艘船没有停在码头,则很可能人身伤害和财产损失会高达50000美元。在正常情况下,船停靠在码头的合理费用是50美元。

侵权责任法规定,在"必要"的条件下,一个人即使未经许可也可以使用他人的私有财产[参见弗洛夫诉普特南案(Floof v. Putnam)71A. 188 (Vt. 1908)]。但原告的财产已受到损害,能够要求恢复损害或利益返还。如果原告琼斯寻求利益返还,该如何予以衡量?

解释

也许利益返还的金额应该是50美元,这是琼斯在正常情况下将收取的合理码头费。如果琼斯能证明他在恶劣天气下会收取额外的停靠费(也许是为了弥补在这种情况下码头损坏所增加的风险),他也可以主张这些额外的费用。但如果琼斯能得到的所有金额是50美元(或者如果额外的收费允许的话,会多一点),他很可能会选择提起损害赔偿之诉,可能获得码头损失的500美元赔偿。

等一下,你可能会说,在奥勒威尔案件中,被告选择不进行自愿交易,有意识地选择绕过市场。相应的处罚是被告不得不放弃所有的间接利益——节约的劳动力相当于1560美元。为什么这里不能使用同样的推理呢?船长和吉利根停靠船不只是违背码头主人意愿,也是避开市场。也许他们应该支付间接收益50000美元。

这种推理可能是有缺陷的,因为船长和吉利根并没有像奥勒威尔案中的被告那样绕过市场。在奥勒威尔案,可能有一个正常运转的洗蛋机市场。原告可以将他的洗蛋机出租给被告,或者拒绝这样做;被告可以同意从原告处租用机器,或者拒绝这样做。不存在紧急情况。

相反,在"S.S 鲤鱼"号假设案例的紧急情况下,没有自由讨价还价的可能性。的确,船长试图得到琼斯的许可,琼斯拒绝,但这是在一个非运转市场的条件下。我们又有了一个双边垄断:只有一个买主(船长和吉利根),和一个卖方(琼斯)。这种情况下,双方都不会期待通过谈判得到有效的结果。这就像在胁迫下达成的交易一样,如果他们在这种条件下达成单方面的协议,法院会判决其无效。

缺乏一个运转良好的市场,意味着法院可能会原谅被告绕开市场的行为。此外,船长和吉利根并不是像奥勒威尔案中的被告一样,是"有意识的违法行为者"。换句话说,法院可能会说,"S.S 鲤鱼"号对码头的"需要",远超奥勒威尔案的被告对洗蛋机的需要。

12.2 收益分配

如果挪用的物品与其他物品混在一起,而为侵占者创造一个利益的情况下,法院必须确定一种方法,用以计算向被侵占物品的原告判决给予利益的适当数额。为了解决这些收益分配问题,让我们来看看我在教授所有的救济措施时最喜欢用的一个案例,盖斯特诉凯撒曼案[Gaste v. Kaiserman,

第十二章 不当得利:不当获利的衡量和收益分配

863 F. 2d 1061(2d Cir. 1988)]。

盖斯特自20世纪70年代开始,陷入一个被称为《感觉》的可怕的音乐纠纷中。① 以下是这首歌曲的歌词:

感觉,wo-o-o 感觉
"wo-o-o,再次感受你在我的怀抱"

尽管"感觉"在20世纪70年代受到了冲击,事实证明,歌曲的作者莫里斯·艾伯特写了歌词,但却从1956年的法国歌曲"波尔帝"中盗用了其旋律,这首歌是由法国人路易斯·盖斯特(Louis Gaste)创作的。盖斯特起诉艾伯特(真正的姓氏是凯撒曼)以及艾伯特的出版商费尔马塔侵犯版权。陪审团认定,艾伯特确实盗用了盖斯特的音乐。盖斯特并没有就歌词主张赔偿。

从救济法课程的角度来看,有趣的问题是,一旦法院确定被盗用的物品与其他物品混在一起,产生了有利于被告的东西时,其应该做些什么。在这里,我们有一个典型的混合的例子,即一个被盗用的东西(在这个案件中是被侵权的旋律——是一个受保护的知识产权)与非盗用的投入(非常重要,在这个案件中是歌曲的歌词——"感觉")混合。消费者购买了歌词与旋律的混合品,而艾伯特和出版商费尔马塔则付出了与销售混合品相关的费用。问题是这些成本和收入应该如何分开。

让我给这个案例分配一些(虚构的)数字,以说明法院面临的选择。假定以下数字:

300000 美元	在争议年份内销售歌曲《感觉》的全部收入
50000 美元	费尔马塔创造和营销歌曲的可变成本(这些是如果歌曲《感觉》不销售,费尔马塔就不会发生的成本)
500000 美元	费尔马塔在相关时期的固定间接费用(费尔马塔在相关时间内销售了100首歌曲;从歌曲《感觉》获得

---

① 我的救济法课程的学生听了我对这首歌的清唱,以介绍这个案例。这是一个他们永远不会忘记的经历(甚至是几年之后)。我想为这本书的读者录制一份我唱的歌的 MP3 版本,但是我担心我会被控告侵犯版权,以及造成精神痛苦的主观过错!

	的收入，占其在相应期间总收入的 25%）
60000 美元	费尔马塔支付给艾伯特的版税，他花了 50 个小时进行写作、歌唱和和录制歌曲
10000 美元，加上艾伯特利润的 10%	要不是艾伯特窃取盖斯特的音乐，当事人可以谈判的一个合理的特许权使用费

合理的特许权使用费（10000 美元加上艾伯特利润的 10%），这可能是盖斯特遭受损害的合理近似值，这是艾伯特盗用他的音乐对他造成的损失。根据本书第一部分的原则，判决盖斯特取得这些特许权使用费，就大致可以让他回到其应有的状态——如果没有艾伯特的错误，盖斯特原本所处的位置。

让我们转向"侵权者的收益"，版权法的观点是盖斯特也有权获得（从艾伯特和费尔马塔那里）。应该支付给盖斯特的金额并不是很快就能明确的，这就是为什么法院需要一个关于利润的会计核算，从而决定像本案一样的利益返还案件中，应当支付给原告的恰当数额。

首先转向费尔马塔，很明显 300000 美元并不代表费尔马塔的利润，相反这个数字代表费尔马塔从销售歌曲《感觉》中得到的收入。为了得出费尔马塔的利润，我们需要减去费尔马塔市场策划和销售歌曲的可变成本 50000 美元，支付给艾伯特的版税 6 万美元，这使得利润从 300000 美元下降到 190000 美元。

费尔马塔还主张，应当扣除 50 万的"固定成本"（水电费、租金、工资）的一部分，因为不论是否销售《感觉》这首歌曲，都要支付这些费用。一个吝啬的分配方案是仅分配给费尔马塔 5000 美元的间接费用，因为《感觉》只是 100 首歌曲之一（或者 500000 成本的 1%）。一个较为慷慨的方法是分配一个巨大的间接费用，达到 125000 美元，因为《感觉》的销售收入为公司总收入的 25%（500000 美元的 25%，为 125000 美元）。

法院在如何处理扣减部分间接费用的问题上各不相同。第二巡回法院认为，侵权者必须证明"每个主张扣减的间接费用和侵权产品的生产之间有直接和有效的关系"。之后,侵权行为人必须提出"公平和可接受的分配公式"。[哈米尔美国公司诉 GFI 案:Hamil America,Inc. V. GFI,193 F. 3d 92(2d Cir. 1999)]第九巡回法院认为,故意的侵权行为人不能扣除任何固定成本的间接费用。参见弗兰克音乐公司诉米高梅公司案[Frank Music Corp. V. Metro-Goldwyn-Mayer,Inc. ,772 F. 2d 505(9th Cir. 1985)],那些允许扣除固定成本的司法管辖区的一个很好的经验法则是,侵权行为人的过错越大,法院对于扣除间接费用的态度就可能会越吝啬。

《重述》反对所谓的"惩罚性计算",即在故意违法的案件中,"不允许对能够在逻辑上归因于侵权行为的净利润进行扣除。"(《重述》第 42 条评论 i)。然而,它认识到由侵权行为人"承担举证责任和不确定性的风险",而且"根据被告不法行为的性质,法院可以适当调整被告举证责任的强度"(同上)。它进一步规定,当涉及到故意的违法者时,"法院为了理性和正义的要求,并与第(4)部分具体规定的利益返还的价值追求相一致,可以适用因果关系规则和可预见性规则,可以进行分配、确认这些数额和扣减,分配举证责任等"。[《重述》第 51 条(5)]

假设法院裁定费尔马塔不是一个故意的违法者(费尔马塔并不知道艾伯特盗用了盖斯特歌曲的旋律),并且法院允许扣除 125000 美元的固定费用,[①]使整体利润下降到 65000 美元:

300000 美元（收入）
−50000　美元（可变成本）
−60000　美元（特许使用费）
−125000 美元（部分固定成本）
=65000 美元

有些法院可能允许盖斯特从费尔马塔那里要回全部的 65000 美元收益。例如曼尼尔酿酒公司诉弗莱希曼蒸馏公司案[Mnier Brewing Co. v.

---

① 在真实的"盖斯特"案中,法院驳回了费尔马塔的观点;因为《感觉》贡献了费尔马塔利润的 90%,所以应该扣除 90% 的间接费用。

Fleischmann Distilling Corp.，390 F.2d 117(9th Cir 1968)]。(将从侵权产品所得的所有收益都判决给原告，并不分割归因于侵权本身的部分收益)。

然而，其他法院则认为，将 65000 美元利润予以分配是适当的，以说明这一事实：歌曲的成功部分归因于(被盗用的)《感觉》的旋律，部分归因于(非盗用的)歌词。在实际的"盖斯特"案中，陪审团被要求提出一个分割方案，它决定这首歌 80% 的价值来自音乐，只有 20% 来自歌词。

实际上，我最喜欢的来自于盖斯特案的事实是："(艾伯特的专家)作证说，他'喜欢'歌曲《感觉》，他相信标题和歌词比音乐本身好得多。但是，他无法在听证席上回忆起这首歌的歌词，但是却能唱出开场的旋律。"(涉及一位没有充分准备的专家证人)

根据 80/20 的比例分配，盖斯特将有权从费尔马塔处获得 52000 美元，即其 65000 美元收入的 80%。(如果法院允许一个较小的扣除或者不扣除费尔马塔的部分固定费用，则其数额显然会更高)

所以总结一下我们关于侵占物品情况下如何解释和分割利润的初步分析，请按照下列步骤进行：

1. 从被挪用/混合的财产中确定收入；
   然后
2. 扣除可变成本；
   然后
3. 如果法庭允许，扣除固定费用的适当部分(举证责任和分配方法可能取决于侵权行为人的过错程度)
   最后
4. 利用合理的分割方法，在混合物品案件中分割属于被盗用部分物件的收益，除非一些法庭拒绝分配，而将所有的收益都判决给予原告。

当谈到艾伯特(而不是费尔马塔)时，分析还有一些曲折。回想我们的例子，艾伯特从费尔马塔销售歌曲《感觉》的收入当中获得了 60000 美元的版税。艾伯特想要能够扣除他的费用，就要像费尔马塔一样，尽可能多地将这首歌曲的收益,分配到被盗用的东西以外的其他东西之上。

有些法院会在艾伯特的道路上设置两个障碍:首先,他们不会允许艾伯特扣除自己劳动的价值,即使艾伯特花了 50 个小时写这首歌(假设我们可以给 50 小时的每一小时确定价值),一些法院认定,不法行为人不能扣除自己劳动的费用,他只能扣除他买来的和支付了对价的东西(参见莱科克,第 670—671 页)。此外,一些法院认为,区分一个工作的侵权和非侵权部分的收益,侵权人不能因其一般声誉而获得加分。参见谢尔登诉大高登威图片公司案[Sheldon v. Metro-Goldvvyn Pictures Corp. ,309 U. S. 390,408 (1940),确认了初审法院的规则,即侵权被告在利益分配时不能计算"他们在行业中的地位和声誉"的影响]。

在真实的"盖斯特"案中,法院表示,艾伯特的声誉不能得到相应的收益,因为他并不知名。但法院提到一个涉及披头士乐队中的乔治·哈里森的类似争议。哈里森写了一首歌叫《我亲爱的上帝》,剽窃了早期的一个剧本《她很好》的音乐。参见 ABKCO 音乐公司诉哈里森音乐有限公司案[ABKCO Music,In. v. Harrisongs Music,Ltd. ,508 F. Supp. 798(S. D. N. Y. 1981)],审理该案的法院认定,这首歌曲 75% 的收益来自于《我亲爱的上帝》的歌词部分的价值,和乔治·哈里森的一般声誉。①

假设在 75% 的收益中,陪审团确定 40% 的价值来自歌词,35% 来自哈里森的一般声望——有些人会买哈里森录制的任何一首歌。那么在某些司法管辖区,哈里森作为侵权行为人,无法获得属于他的名誉带来的 35% 的收益,这部分收益将会转移给原告,因为他的歌曲被侵害。请注意,在 ABKCO 案本身,法院给予侵权行为人基于哈里森自己声誉的利益份额。

再加上这些复杂的细节,我们现在对这些混合盗用案件中的利润分配方法有了一个更完整画面:

---

① 与谢尔登案不同的是,ABKCO 案中法院对于计算哈里森声望的价值似乎没有问题,虽然它指出,如果法庭发现哈里森故意剽窃音乐,它将把《我亲爱的上帝》的所有收益都判给原告。

> 1. 从被挪用/混合的财产中确定收入；
>
>   然后
>
> 2. 扣除可变成本,但是(在一些法院)不能扣除与侵权人自己的劳动相关的费用
>
>   然后
>
> 3. 如果法庭允许,扣除固定费用的适当部分(举证责任和分配方法可能取决于侵权行为人的过错程度)
>
>   最后
>
> 4. 利用合理的分割方法,在混合物品案件中分割属于被盗用部分物件的收益,除非一些法庭拒绝分配,而将所有的收益都判决给予原告;一些法院不会因为侵权行为人的声誉而分配给其任何利益。

重新回到盖斯特案中的利益分配。在一些法院,艾伯特从他的60000美元的收益中通过扣除的方法将得到很少的收益。他将必须指出与创作歌曲《感觉》相关的任何可变成本,以及法院允许的部分固定成本。然后法院会根据陪审团对歌曲的盈利能力的分配来进行判决。在某些地方,法院不会考虑由于艾伯特的声誉而产生的任何收益。艾伯特可能将不得不向盖斯特支付全部60000美元收益中的80%,即48000美元。对于艾伯特来说更糟糕的是:一个法院可能拒绝分配,判决盖斯特得到全部60000美元。

例3

史瑞克进入菲奥娜的土地,盗走了市场价值1000美元的木材。史瑞克再投资500美元,将树木加工成木材,并在市场上销售获利2100美元。法院应该判决返还给菲奥娜多少利益?

解释

这是一个混合盗用的例子,正像文中讨论的"盖斯特"案。本案中,史瑞克混合了菲奥娜的被盗用的木材与他的500美元的投资,制成了成品木材。让我们通过四个步骤来分析:

第十二章 不当得利：不当获利的衡量和收益分配

1. 从被挪用/混合的财产中确定收入

本案中很容易识别收入，史瑞克以 2100 美元的价格出售了木材。

2. 扣除可变成本，但是(在一些法院)不能扣除与侵权人自己的劳动相关的费用

事实告诉我们，史瑞克投资了 500 美元来完成木材加工，这些代表了史瑞克"购买和支付"的可变成本，一个法院很可能会扣除全额 500 美元，把收入金额降到 1600 美元。如果这 500 美元包括史瑞克自己的劳动价值，这可能被排除在外(至少是在史瑞克故意侵权的情况下)，理由是法院不想为侵权行为人为占用他人物品或者为了自己的利益使用盗用物品所花费的时间，而给予侵权行为人以利益。

3. 如果法庭允许，扣除固定费用的适当部分(举证责任和分配方法可能取决于侵权行为人的过错程度)。

史瑞克将对他的任何固定成本的存在承担举证责任。事实并没有告诉我们关于固定成本的任何信息，我们还在 1600 美元。

4. 利用合理的分割方式，在混合物品案件中分割属于被盗用部分物件的收益，除非一些法庭拒绝分配，而将所有的收益都判决给予原告；一些法院不会因为侵权行为人的声誉而分配给其任何利益。

史瑞克的声誉似乎并不可能提高成品木材的价格。如果史瑞克是一个有意识的违法者(即进入菲奥娜的土地，意图偷走他的木材)，法院可能会判给菲奥娜全部的 1600 美元。如果史瑞克不是一个有意识的违法者(即使他是，在某些法院)，法院可能允许对史瑞克和菲奥娜对利润的贡献进行分配。菲奥娜的贡献值为 1000 美元，也就是投入总值的 2/3，史瑞克的贡献是 500 美元，即投入总值的 1/3。法院可能会判决菲奥娜 1600 美元的 2/3，即 1067 美元。一个更为慷慨的方法是，判决菲奥娜被盗木材的价值 1000 美元，以及交易的实际利润 600 美元中的 2/3(请记住，菲奥娜被强制贡献价值 1000 美元的木材和史瑞克投入 500 美元的费用后，有一个 2100 美元的销售价款)。这种分配将使菲奥娜获得 1400 美元，史瑞克(将 500 美元的成本计算在内)获得 200 美元。

无论菲奥娜是获得 1600 美元,1067 美元或者 1400 美元,选择利益返还对菲奥娜是有意义的,如果她选择损害赔偿而不是利益返还,那么她只能获得 1000 美元。菲奥娜寻求损害赔偿的唯一好处是,她可以得到惩罚性赔偿,而作为一种额外的救济办法。但如上一章所述,在某些司法管辖区内,对于选择利益返还的原告,是无法得到惩罚性赔偿的。

关于选择救济措施的另一重要问题点是:州法规可能会提供更为慷慨的损害赔偿救济,例如在被盗的木材案件中赔偿实际损失的三倍。菲奥娜的律师需要确定是否以成文法取代普通法。

例 4

制片人与作家谈判购买其关于乔治·华盛顿生平的虚构小说的电影版权,双方的交易价格接近 5 万美元,但交易失败了。制片人使用其他人写的脚本,制作了一部关于乔治·华盛顿的电影。除了制片人之外,任何人都不知道,制片人将直接从作家小说中提取的几页对话插入剧本。这部电影取得了巨大的成功,乔治·华盛顿的主角是最近出演了一连串电影的电影明星。制片人从工作室赚取了 1000 万美元的版税,将两年的时间专门用于电影制作,并为助理和办公空间花了 20 万美元。作家要求制片人利益返还(加上版权法允许的任何实际损害)。作家能够从 1000 万美元的利润当中得到多少(如果有的话)? 你还需要知道什么条件才能充分回答这个问题?

解释

这些事实大致基于前述的谢尔登案(309 U. S. 390,1940),在版权法之外的损害赔偿(可能接近 5 万美元,如果谈判的证据显示其为合理的版税数字)作家将尽可能多地从 1000 万美元当中要求归还,再次考虑我们的四个步骤:

1. 从被挪用/混合的财产中确定收入。

本案中,制片人的电影收入是 1000 万美元。

2. 扣除可变成本,但是(在一些法院)不能扣除与侵权人自己的劳动相关的费用

从 1000 万美元当中,制片人应该能够扣除 20 万美元助理费用和办公空间的一大部分（如果不是全部）。一般来说，这些是固定成本（所以我们可以在下面的步骤 3 中讨论它们）。但事实告诉我们，制片人在乔治·华盛顿电影上排他性地工作了两年，所以可能他的所有费用都花在电影上。

制片人不能减去自己劳动的价值，本案中，它的价值是相当可观的。毕竟，他用他的劳动制作了一个非常有价值的产品，从中他赚到了 1000 万美元的版权。

3. 如果法庭允许，扣除固定费用的适当部分（举证责任和分配方法可能取决于侵权行为人的过错程度）。

参见上面步骤 2 的讨论，制片人的最佳情况是扣除他在电影制作期间 20 万美元的费用。

4. 利用合理的分赔方式，在混合物品案件中分割属于被盗用部分物件的收益，除非一些法庭拒绝分配，而将所有的收益都判决给予原告；一些法院不会因为侵权行为人的声誉而分配给其任何利益。

这里制片人可能会失去 980 万美元的大部分。或更糟糕的是，法院（如 ABKCO）判决，对于故意的侵权者而言，所有的利润都不允许扣减。

陪审团将不得不决定制片人的巨额利润当中，哪一部分归因于被盗的小说部分，哪一部分归因于其他因素（制片人的声誉的利润除外，如果可以确定的话）。可能几行对话对电影的收益贡献了微不足道的数额，人们可能会因为喜欢那个电影明星而去看电影，或者他们喜欢关于历史人物的电影，或许多其他的原因。实际上，如果制片人不窃取作家的对话，电影的收益很可能是一样的（从这个意义上说，这个案子与盖斯特或史瑞克与菲奥娜的假设案件截然不同，在后两个案例中，被盗用的东西对混合产品增加了很大的价值，创造了其盈利能力）。

谢尔登案表明，特别是在故意侵权的场合，法院对原告的利益分配可能很宽松。被盗部分占据电影盈利能力的 5%，将使作者在这一案件中获得 49 万美元的利润，但这可能基于整体上高估被盗用部分的重要性。不过，就故意侵权者而言，证据疑虑会对侵权行为人不利。

第十三章 利益返还的再讨论：推定信托、衡平担保、其他的利益返还性救济

13.1 推定信托

13.1.1 推定信托：基础知识

前一章描述了寻求利益返还救济的原告如何衡量（接下来是如何取得）被告的收益，在这些中，除了最简单的实际案例外，衡量过程要求法院理顺被告的财务状况。原告被侵占的东西究竟产生了多少收益？被告是否在被侵占的东西上添加别的而产生价值？如果是这样，那被告可以基于其贡献能获得多少份额呢？法院一般将命令进行收益会计核算，以确定相关的美元数字。

在法院进行收益核算并确定了最终美元总额后，这个数值将会在金钱判决中予以体现，并根据第十七章所述的规定加以收取。如果被告有偿付能力，拥有容易被发现并不受法律限制的财产时，那么金钱判决将是确保原告取得被告收益的有效途径。然而，如果被告破产，金钱判决将会是一个不充分的救济：原告必须与被告的其他债权人一致，而且当被告的财产在债权人之间分割时，仅可能得到判决的一小部分。所以，如果盖斯特（来自第十二章）从费尔马塔处获得了一个六位数的金钱判决，但此时的费尔马塔已无偿债能力，那么这个金钱判决对于盖斯特先生来说就不值多少。

此外，如果被告已经将原告的被侵占财产用于购买其他增值财产，那么此时的金钱判决有可能无法完全体现该增值部分。例如，回想一下上一章

第十三章 利益返还的再讨论:推定信托、……其他的利益返还性救济

安妮塔的情况。安妮塔偷了布里安娜的数码相机,以 150 美元的价格卖给了一家当铺。然后安妮塔在赛马场赌钱。她在赌场上表现不凡,因而原来的 150 美元现在成了 1000 美元。布里安娜更希望获得 1000 美元的赛马奖金,而不是相机的价值 200 美元,或当铺的价值 150 美元。

当被告将原告的财产转让给第三人时,金钱判决对原告而言也不是一个好的救济。例如,如果安妮塔已经把布里安娜的数码相机作为礼物送给她的朋友大卫,那么安妮塔可能更希望追踪大卫要求他退回相机(而不是对其主张损害赔偿)。

至少在三种情况下,对原告来说,推定信托的衡平利益返还救济相较简单的金钱判决更为有利:

1. 被告破产,原告可追查其财产至可识别的财产。
2. 被告已经用原告的财产购买了可识别财产,且该财产已经增值。
3. 被告将原告的财产转让给第三人,原告要求第三人归还该财产。

在解释什么是推定信托之前,先来看看衡平法救济的这个词:本书第二部分已详细讨论了衡平法救济(但是有些人可能在第二部分之前阅读本书的这一部分)。最重要的衡平法救济办法是禁令,但这并不是唯一的办法。回顾一下第二部分(或提醒已经忘记的读者),衡平法救济是英国传统上由衡平法院提供的救济,其要求原告证明传统的普通法救济——比如损害赔偿——是"不充分的"["不可弥补的损害规则"]。然而,新的《重述》采取新的观点:对于获得任何利益返还的救济而言,并不需要不可弥补的损害的证据。《重述》第 4 条(2)]。衡平法救济得到藐视法庭惩处权的支持,意味着法院可以强制拒不执行的被告遵守其命令,并可以惩罚故意违反命令的行为。

推定信托是一种衡平的利益返还救济,适用于以下情形:(1)在破产时给予原告利益返还请求的优先权;(2)允许原告从自己被侵占的东西,"追踪"被告的收益到被告购买的且增值的东西;(3)允许原告从被告直至第三人而"追踪"自己的财产(基于救济的衡平性起源)。这里有一个技术性的要求,即寻求推定信托救济的原告,必须证明存在无法弥补的损害,但是许多法院都忽略了这一要求。

推定信托不是真正的信托,相反是法律设计的一个虚构,即假定被告以信托的方式持有原告的财产,并且对原告财产的交易,是被告意图使原告受益而进行的。推定信托是一种虚构,因而不需要被告真正有为原告的利益而持有财产的目的,但是法律会视为他或她有这个意图。① 参见沃德林顿诉爱德华兹案[Wardlington v. Edwards, 92 So. 2d 629, 631(Fla. 1957)]。"推定信托是一个由衡平法院基于一方当事人创造的特定事实,裁定存在的一种关系。创造信托关系的口头或书面的意图或者协议,根本上就不存在。信托是衡平法院'建构'出来的,从而阻止由于欺诈、不当影响、滥用信用或交易中的错误等引发问题的因素导致一方以另一方为代价获得不当得利。"

因此,当安妮塔偷走布里安娜的相机并在当铺出当,然后在赛马场上投注时,你可以肯定安妮塔并不是像布里安娜的"受托人"那样做这些事情来惠及布里安娜。但是如果法院强加一个推定信托,则布里安娜可以根据推定信托的假设要求返还在赛马场上赌博获得的全部 10 万美元奖金(假设她可以识别这些资金——关于这一点的更多内容将会在后面讲述),就好像安妮塔持有财产是为了布里安娜的利益一样。

以衡平方式行事的法院对确定一个推定信托有自由裁量权,或者并不依赖于正义是否要求这样做。② 正如沃德林顿案件的引文所示,有些法院不仅会在欺诈或盗窃的情形下认定存在推定信托,而且在出现错误的案件中也会如此,例如银行在关闭银行账户时错误地多给教授支付了钱。

然而,在其他一些州,以及存有破产的地方,法院都不会对纯粹的错误认定为推定信托。原告必须证明存有欺诈、盗窃或类似的不法行为,并能够识别具体的财产。参见 In re American Coin & Currency, Ltd. , 767 F. 2d 1573 (9th Cir. 1985)。

---

① 推定信托不是一个真正的信托,就如同一份准合同(或"在法律中暗含的合同")不是一份真正的合同一样。请参阅第十一章,了解更多关于准合同主张的内容。

② 《重述》通常遵循普通法的追溯规则[《重述》第 59 条(2)],但它不允许原告追踪到无辜的不当得利人的利益[同上,第 59 条(3)]。从第 60 条开始,它包含了有关多项索赔优先权的详细规则,请参阅特别是第 66-67 条,关于善意买家的规定。

第十三章 利益返还的再讨论:推定信托、……其他的利益返还性救济

为什么要有这些限制？破产当中的问题不仅仅是原告与被告之间划分商品或货币的公平性问题，还涉及第三人。例如，可以考虑安妮塔的其他债权人，如房东、给她汽车贷款的银行，以及其他安妮塔伤害的人。破产法设立了一项优先权制度，以确认哪些类别的债权人优先获得收益，以及每个债权人应该获得多少。在债权人名单底部的人经常会得不到任何东西。利用推定信托，虚构了这些钱是真正属于"原告的钱"，从而使得原告在被告破产时优先于那些真正对被告的财产享有优先权的其他债权人。

一种限制原告在被告破产时通过推定信托而取得优先权的方法是，仅在原告损失的范围内给予优先权。例如，回想一下布里安娜丢失一台价值200美元的相机。法院可以说，在破产的情况下，布里安娜对安妮塔在赛马场中获得的1000美元奖金中的200美元享有推定信托，允许布里安娜利用推定信托来主张优先弥补她的损失。但如果没有给予布里安娜在破产情形下具有优先性的推定信托，那么布里安娜可能只会得到一个200美元的判决，但在现实中可能无法获得这个数额。也就是说，布里安娜将与其他债权人处于同一顺位，只获得200美元损失中的一部分(或根本没有)。但在推定信托的情形下，布里安娜将优先于其他债权人获得安妮塔奖金中的200美元(但不是全部的1000美元)。

回想一下在破产的情形下，原告不仅要证明存在欺诈、盗窃或者类似的不法行为，还必须指向可辨认的财产。实际上，这种可识别的要求是法院在破产时确立推定信托的前提条件。《重述》第55条，评论a。"在一个交易中，被告(i)获得不当得利;(ii)获得对具体可辨认财产的合法权利;(iii)以索赔人为代价或违反索赔人的权利。而在传统的救济措施下，被告对该财产的权利受制于索赔人的衡平利益。"[①]

[①] 《重述》提供了一个例子:儿子仅拿名义上的薪水在父亲的企业工作，父亲口头上承诺，在其第75岁生日时，儿子将获得其企业50%的股份。父亲撤销了该承诺。根据反欺诈法，这个约定是无法执行的。虽然儿子有利益返还的索赔主张，而且可能还会提起法定抵押权的主张(下面讨论)，但他不能得到一个推定信托，因为父亲获得不当利益的交易，并不是父亲取得对可识别财产权利的来源。(同上，说明14和15)

要了解可识别要求,请考虑安妮塔与布里安娜假设案例的三个变体。安妮塔偷了布里安娜的相机,并在当铺当了 150 美元。之后,出现以下三种情况:

1. 安妮塔拿到了 150 美元,并在赛马场上投注。她失去了所有的钱。

2. 安妮塔拿到了 150 美元,并将其存入余额为 500 美元的银行账户,后来取出 150 美元在赛马场上投注,赢得了 1000 美元。

3. 安妮塔拿到了 150 美元,并将其存入余额为 500 美元的一个银行账户,然后又从另外一个银行账户中取出 150 美元,在赛马场上投注,赢得了 1000 美元。

在假设 1 和 3 中,无论安妮塔是否是破产,布里安娜都无法获得推定信托的救济。布里安娜的问题是,她不能指向一个属于她的,被安妮塔拿来用于实现其收益的可识别财产。

在假设 1 中,根本就没有收益,因此就没有财产可以追踪。对布里安娜来说,最好的救济办法是主张损害赔偿,即主张相机损失的 200 美元,并希望在安妮塔破产时能够获得赔偿金(或至少是其中一部分)。

在假设 3 中,虽然有收益,但这并不能追溯到布里安娜的损失上。图 13.1 将原始假设与假设 3 进行了对比,显示只有在原始假设中才具有可追溯性。在最初的原始假设中,我们可以说数码相机是布里安娜的,安妮塔在当铺将其换成了 150 美元的现金,后来她将其转换成赛马获胜券,最后又兑换成了现金。相反,在假设 3 中,安妮塔把布里安娜的相机在当铺换成了 150 美元的现金,然后将这些现金存在了银行账户 1 中。赛马场收入来自于银行账户 2 中的另外款项。因为在假设 3 中布里安娜无法追踪她的财产至赛马场收入,所以她也无法以推定信托追踪安妮塔的收益,或者得到一个更大的收益,或者在破产的情况下获得优先权。

请注意假设 3 发生的概率。安妮塔可能很容易就从银行账户 1 而不是在账户 2 中拿出 150 美元去赛马场参赌。如若她这样做,布里安娜就能追踪到比赛的奖金了。(参见图 13.2)

如果你重新审视这三个假设,你会注意到最后的这个情况实际上就是

第十三章 利益返还的再讨论:推定信托、……其他的利益返还性救济　309

```
                        原始假设
数码相机 → 当铺换回的150美元 → 赛马场券 → 1000美元的赛马场奖金
                         假设3
数码相机 → 当铺换回的150美元 → 银行账户1
银行账户2 → 赛马场券 → 1000美元的赛马场奖金
```

图　13.1

```
              假设3：从同一个银行取钱导致的变化
数码相机 → 当铺换回的150美元 → 银行账户1 → 赛马场赛券→ 1000
美元的赛马场奖金
```

图　13.2

假设2。处理类似假设2情形的法院,会允许布里安娜追踪其数码相机至当铺的钱,再到银行账户,再到赛场的奖金——要么让布里安娜获得安妮塔在赛道的收益,要么在安妮塔破产的情况下,让布里安娜拥有优先权。

然而,如果我们认真思考如图13.2所示的更长时间段的追踪,无论是安妮塔把布里安娜的相机变成150美元,还是安妮塔从银行拿到的150美元被她换成获胜奖券,让她获得1000美元,这两种说法似乎都不牵强。但这笔交易的核心却是银行账户的存款。假设当铺老板给了安妮塔一张100美元的钞票和一张50美元的钞票。当安妮塔把这些现金带至银行并将其存入账户时,银行并不会为安妮塔保留这两张特别钞票。相反,银行只是会在安妮塔的账户上注明150美元的入账,并在需要时以新的钞票或支票等其他金融工具的形式支付给安妮塔。银行会拿走那100美元和50美元的钞票,并将其用于银行的其他目的,比如把钞票交给另一位银行储户。

当安妮塔收回150美元的现金时,这笔钱真的来自布里安娜的相机,还是来自安妮塔自己的500美元存款,还是别的地方？尽管实际情况是存入银行账户的 150 美元已经不存在了,但法院通常会把存入银行账户(或类似的金融账户)的原告的钱被转移时,看作是能够追踪到原告(根据原告的意愿)——至少这样处理对原告有利时(例如,如果安妮塔失去了所有的赌注 150 美元,那将是不利的)。在本章的下一个小节中,我将详细介绍与追踪相关的细节——特别是当被告与原告的财产混合在一起时。这里有一个底线,即法院将会创建一个虚构,认为为了特定追踪目的,存入银行账户的钱仍然具有可识别性,即便是实际的美元被转换为银行对存款人需要钱时立即支付的承诺。

最后,当原告的财产(或被告将财产转化得到的某个东西)落入第三人手中时,推定信托也是可以发挥作用的。再次举大卫的例子,他从安妮塔处作为礼物获得了布里安娜被偷的数码相机。只要大卫不是善意的买受人——那就是,为买卖标的支付了市场价格,不知道或不应当知道出卖人对所出售的标的物不享有正当的权利(见《重述》第 66、67 条)——根据推定信托(见《重述》第 58 条),即大卫是为了布里安娜的利益而占有相机的,布里安娜有权要求大卫返还原物,是一种特殊的利益返还形式(或者是原物返还,参阅 13.3.1)。布里安娜甚至可以更进一步。例如,如果大卫从安妮塔处拿到作为礼物的相机,并在当铺当了 150 美元,之后去了赛马场赢得 1000 美元,此时布里安娜对该 1000 美元享有推定信托,尽管当大卫无力偿还时,该信托的限额为 200 美元。另外如果大卫不知道盗窃行为,并在收到相机后改变了现状,那么《重述》就给法院限制布里安娜的救济措施提供了空间。《重述》第 65 条。

例 1

被告们在互联网上出售罕见的硬币,但生意做得不是很好,且很可能会破产。被告接受了在 1 月 1 日这一周所到达的所有订单,并把这些订单的付款存入一个特殊的银行账户。被告们知道存在一个风险,即他们可能无法全部履行订单,并希望保护他们的最新客户。被告们没有履行订单,一周之后被告陷入破产。在破产法院上,一些在 1 月 1 日这一周订单到达的原告们,并不愿意仅接受很少数额的金钱,而是要求法院对该银行账户的财产判给他们一个推定信托。法院是否应该给予其推定信托的救济,给那些订单于1月1日这一周到达的原告们一个优先权呢?

解释

这个例子是基于本章前面引用过的北美硬币案。在这个案子中,州法律规定,1月1日的原告有权获得推定信托的救济。当然,这可能在一定程度上扩展了对可识别性的要求。我们已经有了这样的一个虚构,即当一个被告将原告的款项存入账户时,这笔钱在该账户中仍然是可识别的。在这里,我们有许多原告的财产,因此法院赋予其推定信托,是基于这样一个假设,即银行是为了每一个原告单独持有这些财产。

然而,这里还涉及一个在破产情形下推定信托的适用问题。尽管财产是(有争论)可确定的,在没有欺诈、盗窃,或其他类似不法行为的情形下,一个法院是不会在破产时适用推定信托的。在这个案件中,被告并没有欺诈(即使你的公司面临破产的风险,继续为你的公司招揽订单并不构成欺诈)。如果这不是一个破产案件,一个衡平法院可能会适用推定信托。

对于确定什么时候一些原告在破产时可以获得利益,欺诈和可识别性的要求是否是一个有意义的标准,这个例子非常合适。让我们首先分析欺诈的要求。设想一下,在硬币案中,被告对所有的客户实施欺诈,他们承诺会给客户邮寄金币,但是实际上却邮寄了赝品。然而,在公司中有人担心公司很快会破产,所以就把1月1日这周收到的钱都分离出来。

在这种情况下,如果法院给予1月1日的原告一个破产优先权,这意味着那些幸运地受被告最后欺诈的原告,比那些先前被欺诈的客户而言享有一个优先权。为什么这些新近被骗的原告能够从法院得到优先权,这是不清楚的。

现在对这个假设做一点小的改变。假设只有1月1日的原告是受被告欺诈的受害者,(对所有的1月1日之前的订单,被告都有真实履行订单的想法;对于1月1日的原告,被告知道公司将陷于破产,他们还招揽购买,自己很清楚将无法履行,当然构成欺诈。)被告将从原告处所得到的所有的钱,连同从其他渠道所获得的钱(包括从1月1日之前订单获得的付款),一并存入一个银行账户。在这种情况下，原告能够证明所需要的欺诈，但是他们却不能确定财产——因为他们的钱，与从其他渠道得来的钱一起被存入一个很大的银行账户。不清楚的是，为什么这一事实，在决定是否应当给予原告一个破产优先权时，具有决定性的意义呢？

例 2

以一个新的视角回到我们假设的安妮塔与布里安娜案。这一次，安妮塔在偷了布里安娜的相机后，以 200 美元的市场价格卖给了当铺。当铺老板是一个善意的购买人，之后又把相机以 225 美元的价格卖给了另一个人（他可能找不到）。随后安妮塔把这 200 美元存进了她的银行账户。安妮塔没有破产，事实上她有很多财产。法院是否可以对安妮塔银行账户中的 200 美元适用推定信托呢？

解释

乍一看，这似乎是显而易见的。布里安娜的财产仍然可以辨认：安妮塔把相机变成了 200 美元，现在在安妮塔的银行账户里。此外，安妮塔盗窃相机的行为非常恶劣，该行为足以让大多数法院相信，适用推定信托是法院可以自主决定的。

这里的复杂之处在于，推定信托是一种衡平法救济，因而至少在形式上，除非原告能够证明普通法上没有足够的救济，否则法院不应该给予衡平法救济。（更多关于这种"无法弥补的损害"的要求，可以在本书的第二部分中找到。）在这里，安妮塔可能会说，损害赔偿和推定信托一样是一个很好的救济，因为安妮塔没有破产，因此布里安娜能够通过金钱判决的方式拿到她的钱。布里安娜的损失和安妮塔的收益一样，都是 200 美元。

安妮塔可能会更希望布里安娜寻求一种普通法救济，因为这样她就可以得到陪审团的审判——但是在原告寻求衡平法救济时，她无法得到——而且由于法院执行普通法救济时，并不会得到蔑视法庭惩处权的支持。尽管如此，许多法院却在诸如推定信托这样的衡平法救济的背景下，并没有认真对待不可弥补的损害要求。然而在一些法院，却还需证明损害赔偿的救济并不如推定信托。

13.1.2 追踪问题的再讨论

我们现在已经知道了推定信托的概念,它不仅可以追踪到被告的财产,甚至还可以追踪到那些非善意的第三买受人手中。在这一节,我们将考虑在财产追踪中出现的一些复杂问题,特别是当出现原告的财产和被告(或第三人)的财产混合时。

让我们以一个简单的例子开始来说明这个问题,继续对我们的安妮塔与布里安娜的假设案例做一些改变。安妮塔再次偷了布里安娜的相机,把它以 150 美元的价格卖给了当铺。安妮塔拿到了 150 美元,把它存进了自己的银行账户,该账户原有 150 美元的余额,所以新的余额是 300 美元。随后安妮塔取出了所有的 300 美元,在轮盘上赌了 150 美元,输了。然后她又在赛马场赌了 150 美元,赢得了 1000 美元(参见图 13.3)。

```
数码相机  →  当铺当得 150 美元  →
银行账户(原有150美元的余额, 新的余额300美元)
        →  150 美元  →  轮盘赌轮  →  0
        →  150 美元  →  赛马场    →  1000 美元
```

图 13.3 安妮塔的混合资金

仔细观察图 13.3 就会发现问题所在。安妮塔可能会辩称说,她将布里安娜的 150 美元赌在轮盘上(糟糕的投资),将他自己的 150 美元赌在赛马场上(这是一笔不错的投资,获得了 1000 美元的回报)。如果是这样的话,布里安娜试图追踪财产的努力将会失败,因为从照相机换回的财产价值降为零。相反,布里安娜将争辩,安妮塔将自己的钱花在了糟糕的投资上,而布里安娜的钱则赢得了奖金。也许最公平的说法是,布里安娜的 75 美元和安妮塔的 75 美元都投入到了良好的投资,这意味着布里安娜将能追踪到这 1000 美元的奖金。

幸运的是,对于那些喜欢简单的人来说,法律允许原告主张能够为她带来最好结果的任何假设,而这都是事后诸葛亮的决定。这是一个关键点,但这也是一个相当违反直觉的地方:当原告在财产混合的案件中应用推定信托来追踪时,其就会用两种假设来确定最有利的追踪手段(莱科克,第714—715页)。

1. 行为人首先把自己的钱花在糟糕的投资上。
2. 行为人首先把原告的钱花在好的投资上。

在图13.3的例子中,布里安娜首先使用这一假设,即安妮塔首先将她自己的钱投资在糟糕的项目上,而把布里安娜的钱投资在了良好的项目上。在这种情形下,问题就不再是安妮塔的意图,她的意图是无关紧要的。

然而,假设却有其局限性。考虑一下安妮塔与布里安娜假设的进一步变异。安妮塔又偷了布里安娜的相机,把它以150美元的价格卖给了当铺。安妮塔拿到了这150美元并将其存入自己的银行账户,该账户的原本余额为0。随后安妮塔取出这150美元,并在轮盘上以红色下注,输了。安妮塔接下来又把自己的150美元存入她的账户,然后取出这150美元去赌马,赢得1000美元(见图13.4)。

```
数码相机 → 当铺当得150美元 →
银行账户 (先前余额为0,现在余额为150美元) →
150美元 → 轮盘赌轮 → 0
安妮塔自己的150美元 → 银行账户 →
150美元 → 赛马比赛 → 1000美元
```

图13.4 安妮塔尚未混合的资金

法院不会允许布里安娜在这种情况下追踪,因为她的财产降到了零:从照相机到当铺,到银行账户,再到现金,到轮盘赌的损失。在赛马场的奖金收入毫无疑问不是来自布里安娜的钱。"一旦原告追踪他们的钱到一个混合账户,任何可能的事情都会被假定为对原告是有利的,然而,不可能的事情是不能被假定的"(莱科克,第715页)。换句话说,原告不可能追溯到源于银行账户中最低余额之外的财产。

第十三章　利益返还的再讨论:推定信托、……其他的利益返还性救济　315

虽然这条规则有一些逻辑,可以阻止在时间久远而无法追踪的情形下予以追踪,但它确实显示了假设的局限性和追踪的不确定性。对比图 13.3 和 13.4,安妮塔存有完全相同的错误,伴随着完全相同的赌注,有完全相同的收益和损失。但这两个例子的唯一不同之处在于,在图 13.4 中,布里安娜很不幸,安妮塔在为了两笔投资而取回钱之前,并没有把自己的 150 美元混合在她的银行账户里。

虚构本身并不难运用到实践中去。关键是要从事后来看,保持一些类型的分类账目,以确定哪些资金和财产应归于原告,而那些应当归属于被告。

考虑下面的例子。拉里负责处理他年长姨妈格特鲁德的财产问题。在格特鲁德不知情的情况下,拉里把一份属于格特鲁德的 10 万美元的存款单兑换成现金,并存入了自己的账户,该账户已经有余额 5 万美元。拉里从他的账户中拿出 7.5 万美元,购买了 7500 股 Loserco 股票。他又从自己的账户中拿出 2.5 万美元,购买了 2500 份 Winnerco 股票。最后他又从他的银行账户里拿出了 4 万美元,在拉斯维加斯输掉了。格特鲁德发现了这一欺诈行为,并要求利益返还。而此时,Loserco 股票跌到 3 万美元,但 Winnerco 股票涨到了 10 万美元。拉里没有破产。那么在这种情况下,格特鲁德最有利的追踪方式是什么呢?

我们先做一个分类账目来反映拉里的银行账户和交易情况:

银行账户总数	行为/解释
5 万美元	拉里的初期账户余额
15 万美元	加上格特鲁德的 10 万美元
7.5 万美元	取出 7.5 万美元购买 Loserco 股票
5 万美元	取出 2.5 万美元购买 Winnerco 股票
1 万美元	取出 4 万美元,在拉斯维加斯输掉

从事后来看(格特鲁德的律师可以且应该做的事),有一件事是肯定的,那就是格特鲁德想使用这个假设:即她以 2.5 万美元购买了 Winnerco 股票,后涨至 10 万美元。在追踪 2.5 万美元至 Winnerco 股票之后,格特鲁德

多出 7.5 万美元用于分配。她可以简单地使用这个假设，即她在 Loserco 股票上花了这 7.5 万美元。这意味着她利益返还的总金额将会是 Winnerco 和 Loserco 股票，现值总数为 13 万美元。

这对格特鲁德来说并不坏，因为她多获得了超过其 10 万美元损失的 3 万美元的收益。但她能做一些更加有利的事。Loserco 的股价已经下跌了一半以上（以 7.5 万美元买入，已跌至 3 万美元）。但在这个账户里，有 1 万美元的价值并没有下降。因此，格特鲁德可以这样做：

1. 分出 2.5 万美元的资金购买 Winnerco 的股票。
2. 分出 1 万美元资金储存到银行账户中。
3. 分出剩余的资金（6.5 万美元）来购买 Loserco 的股票。

如果格特鲁德采取这些步骤，她将最大化其收益：

1. 她购买的 Winnerco 股票现在价值 10 万美元。
2. 她留在银行账户中的 1 万美元现在仍然是 1 万美元。
3. 她占有购买价值为 7.5 万美元的 Loserco 股票中的 6.5 万美元的股票，这意味着她现在拥有价值 2.6 万美元的股票。（这是 65/75，或 13/15，股票权益总共 3 万美元的份额）

10 万美元 + 1 万 + 2.6 万美元 = 13 万 6000 美元，这比格特鲁德拿走所有的 Loserco 股票要划算。

经验：从原告追踪的角度来看，注意底线，寻找最有利的方法来分配被被告使用的资金。往后追溯，寻找一种使原告利益最大化的方式。

例 3

事实与刚才讨论的拉里与格特鲁德的例子相同，但假设拉里的银行账户开始没有任何资金，在拉里购买了 Loserco 股票后，将自己的 5 万美元存入了该账户。这将如何改变格特鲁德的追踪选择？

解释

让我们先通过制作一个账簿，这样我们就可以清晰地了解这些交易：

银行账户总数	行为/解释
0 美元	拉里的初始余额

10 万美元	加上格特鲁德的 10 万美元
2.5 万美元	取出 7.5 万美元以购买 Loserco 股票
7.5 万美元	加上拉里的 5 万美元
5 万美元	取出 2.5 万美元去购买 Winnerco 股票
1 万美元	取出 4 万美元,在拉斯维加斯输掉

正如这一顺序所示,格特鲁德别无选择,只能分配自己花费 7.5 万美元购买 Loserco 股票。拉里在当时其账户里并没有自己的钱,所以法院不会把任何的 Loserco 股票分配给他。这是一个最低的中间平衡规则的应用。这就让格特鲁德还剩下 2.5 万美元的资金需要分配。她可以分配其中的部分或全部资金用于购买 Winnerco 的股票。一种可能是她把所有的钱都分配于购买 Winnerco 的股票。另一种可能是,她分配了 1.5 万美元用于购买 Winnerco 股票,还有 1 万美元存储于银行账户。前一个分配方案对格特鲁德来说更有利。如果她买了所有的 Winnerco 股票,她的股票现值为 10 万美元。如果她只分配 1.5 万美元,她得到的是现值 10 万美元的 3/5,即 1.5 万美元/2.5 万美元(3/5),为 6 万美元。这 6 万美元加上银行账户的 1 万美元,使格特鲁德一共有 7 万美元的收入。

在这些事实下格特鲁德的最佳分配是,取得所有的 Loserco 股票,现在价值 3 万美元,加上所有的 Winnerco 股票,现在价值 10 万美元,总计 13 万美元。这个例子表明,由于拉里将 5 万美元存入自己账户的时间,导致格特鲁德的收入会比原来假设的情形少了 6000 美元。

例 4

希尔达偷走了艾克的汽车,并以 2.5 万美元的价格卖给了一位买家,该买家已经和汽车一起消失。希尔达给她的男朋友杰克赠送了其中的 1 万美元现金。杰克将这笔钱存入他的银行账户,账户原有余额 1000 美元。然后,杰克从他的账户里取出 100 美元,用它购买一些杂货和一张彩票。结果彩票中奖了,杰克赢得 100 万美元的大奖。与此同时,希尔达拿走了剩下的 1.5 万美元疯狂购物,买了一台等离子电视机和一套漂亮的新家具。艾克可以从希尔达和(或)杰克处返还什么利益?

解释

让我们先考虑对杰克的追踪。杰克收到了 1 万美元作为礼物，因此艾克可以追踪其财产至杰克。（在一般的法律术语中，我们会称杰克为无偿的受赠人，而不是一个善意的购买人。）让我们再做一份分类账目。

银行账户总数	行为/解释
1 千美元	杰克的初始余额
1.1 万美元	在加上艾克的 1 万美元后，杰克的账户余额
1.09 万美元	取出 100 美元后，杰克的账户余额

为了艾克的利益最大化，他应该追踪进入杰克银行账户的他的 1 万美元中的 9999 美元。他会辩称说，他的一美元是被杰克抽出的 100 美元的一部分，用来购买价值 100 万美元的彩票。这让他从杰克身上得到 1009999 美元的利益返还。

希尔达已经拿了艾克的 1.5 万美元，并将其转化成特定的家庭用品。艾克可能会主张这些货物——加上他从杰克处得到的利益的返还。

例 5

事实与例 4 相同，除了希尔达已经把车卖给了知情的凯伦，而且杰克也没有赢得彩票。这将如何改变艾克的选择？

解释

就像前一个例子中的杰克一样，凯伦并不是一个善意的购买人，由于这个原因，艾克可以追踪至凯伦并取回自己的车。然而他并不是必须这样做。他可以选择追踪希尔达给予杰克的资金（杰克的账户里仍然有艾克的 1 万美元），以及希尔达购买的家用物品，选择权在于艾克。但是有一点很重要，那就是艾克必须做出一个选择。他无法同时追踪汽车和汽车的收益，这样做会违反一个人追踪其财产的假设。

在这个案子中，对于艾克来说，并不清楚一个选择会比另一个更好。这取决于艾克的律师所发现的价值。然而，如果杰克赢了彩票，那么追踪这笔钱而不是汽车肯定是更加有意义的。

13.2 衡平担保

衡平担保是另一种利益返还的救济措施,它可以让原告在某些情况下处于有利位置。就像推定信托一样,衡平担保是一个衡平法救济,它服从于先前讨论的衡平法救济的要求和利益的平衡。

在描述衡平担保是如何发挥作用之前,首先要理解担保权是如何运作的,这非常重要。"担保权是对财产的一种负担,它使财产成为一种债务履行的担保。债权人对债务人的财产享有担保权,意味着他有权在适当的时候将该财产变卖,并将变价款用于偿还债务。因此,担保债权人比一般无担保的债权人处于更有利的地位,因为他们享有优先权:设定担保的财产实际上是为了首先满足担保权人的主张而设立的。"多布斯,§4.3(3),第600页。例如,我和银行之间的汽车贷款是以汽车为担保的。如果我不偿还我的债务,银行就可以占有我的汽车,即使此时我已经破产并有其他的债权人,银行依然对该车享有优先权。这种方式区别于破产管理人卖掉汽车,把收益放入我的资金池,并按照破产法规定的顺序偿还债权人。同样的,如果我不支付房屋抵押贷款,抵押权人就可以强制出售我的房子,首先利用所得价款偿还我所欠债款,然后把剩下的钱交给我(或给其他在房子上拥有担保利益的债权人)。

衡平担保是指"由特定财产担保的一种货币判决"(莱科克,第729页)。它创造了一个真正的财产担保,(在大多数情况下)会承受强制处分。这是一个真正的担保,但它不是通过双方的任何协议来创建的(如同银行和我同意我的汽车贷款条件一样);相反,它是由法院创造的,以防止不当得利的发生。(多布斯,§4.3,第600—601页)

例如,假设莫娜与内德的土地相邻。莫娜误将内德的土地当作了自己的土地,并在上面建造了一个棚屋。内德意识到莫娜在建造时犯了错误,但他没有进行任何纠正。根据实质性利益返还的法律规定(如第十一章所述),内德获得不当得利。如果莫娜能把在内德地上的棚屋移走,那法院将允许莫娜这样做。但如果不能移走，那么衡平担保可能是一种适当的救济措施。假设这个棚屋为内德的土地增加了 2 万美元的价值，那么法院就可以判给莫娜一笔 2 万美元的金钱判决，并得到衡平担保的支持。如果内德没有履行该判决，那莫娜就可以将内德的土地予以拍卖以执行担保，用第一笔 2 万美元的收入实现自己的债权，把剩下的钱交给内德。

正如莫娜与内德案所显示的那样，衡平担保是一种有力的救济措施。然而，在某些情况下却存在风险，即这种救济措施过于强大。比如，假设内德很穷且年事已高，支付不起 2 万美元。执行担保将迫使他离开他那所简朴的房子。出于这个原因，衡平法院可能会判决莫娜一个衡平担保，但是却不允许她处分财产，直至内德将他的财产所有权转移给其他人或其死亡（《重述》第 10 条，评论 g，说明 19）。法院是否推迟执行担保，这是一个需要法院来考虑的公平问题。如果在莫娜盖了房子之后，内德才知道莫娜的错误，那迟延执行内德担保案就会有更加强有力的理由。

莫娜与内德的假设案例，说明法院可以在特殊的案件（比如那些涉及错误改造土地的案件）中应用灵活的方式。①

---

① 《重述》对于错误改造案例中救济措施的一般立场是："对基于错误而导致改进（使所有人面临强制交换）的救济办法将受到限制，以避免对所有人造成不必要的损害。"（第 10 条）
《重述》说明了在错误改造的案件中法院的选择范围：
法院对某一错误改造的具体案件的救济，应当根据实质正义的要求来设计。可用的救济包括：
(1) 允许改良者在对所有人赔偿其财产损失的前提下，移除所有或部分改造的命令；
(2) 对于改善者的一项货币给付判决，数额是因为改善而增加的财产价值，或改良的成本，以二者中较少者为准，以法院指定的方式支付；
(3) 用于担保改造者所允许的金钱主张的衡平担保，但需符合法院明确规定的限制条件（关于执行担保的时间和其他方面）；
(4) 允许改造者暂时占有改造，根据占有的程度和性质接受适当的限制，对因此获得的利益向所有人支付；
(5) 给予所有者一项选择的命令，其选择为(i)向改造者支付应归于改造而产生的财产增值，或改造所需的成本，以较小者为准，或(ii)将改造的财产以未改善的价值卖给改造者；
(6) 给予所有者一项选择的命令，其选择为(i)向改造者支付应归于改进而产生的财产增值，或改造所需的成本，以较小者为准，或(ii)将改造的财产与一个特定的土地交换，实质上是相当于以未改造的形态呈现出的改造财产。
(7) 一个指示出售改造后财产的命令，作为区分，改造者可以得到由于改造而增加的净收益，或改造的成本，以较小者为准。《重述》第 10 条，评论 g；另见《重述》第 56 条，(2)。"一个衡平担保确保被告有向原告支付单独决定的被告不当得利的金额。衡平担保的执行受法院指示的条件限制。"

第十三章 利益返还的再讨论:推定信托、……其他的利益返还性救济

延迟执行担保的时间有时可能会在适当的情况下确保一个公平的救济措施。

衡平担保通常用于不动产纠纷(尽管不仅限于此类应用),而且争端必须与该财产相关联。例如,当安妮塔偷走布里安娜价值200美元的相机时,布里安娜可能会对安妮塔从盗窃中获得的任何收益主张利益返还。但是,布里安娜不能对安妮塔的房子主张衡平担保来确保这些收益的实现。错误必须与财产本身联系起来。见《重述》第56条。

在某些情况下,不论是推定信托还是衡平担保,都是一种适当的利益返还救济措施。比方说,假设奥利维亚是波林的律师,奥利维亚将波林的钱放在客户的信托账户中,以支付未来的法律费用。奥利维亚从波林的账户中偷走了2万美元用于改造她的厨房。那么此时对于奥利维亚的侵权行为,一个可能的救济就是法院将对2万美元的赔偿金施加衡平担保,从而迫使奥利维亚要么赔偿,要么面对波林的强制执行。另外法院也可能施加的另一种救济,就是在奥利维亚的房子上建立一个推定信托,由奥利维亚的房屋收益,即相当于2万美元的增值构成。例如,法院可以在奥利维亚40万美元的房屋上判决5%的推定信托。

波林更喜欢哪种救济?答案可能取决于房产的价值是增加还是减少。一个衡平担保设定了固定数额的救济(这里是2万美元),这在价值下降时是一个不错的选择。一个推定信托是界定了财产价值的一定比例的救济(这里是奥利维亚房屋的5%),这在财产升值时是一个很好的选择。

因此,如果奥利维亚的房屋价值从发生不法行为时(价值40万美元)到审判时(价值30万美元)发生了贬值,一个衡平担保会确保波林获得2万美元。相反地,如果奥利维亚的房子从发生侵权行为时(价值40万美元)到审判时(价值50万美元)发生了升值,一个推定信托给了波林一个机会让他可能分享这个增值。不仅仅是得到2万美元(价值40万美元的5%),而是可以获得2.5万美元(新价值50万美元的5%)。

注意,并不是所有的法院都允许波林在这种情况下获得推定信托。多布斯的观点是:"如果被告仅仅使用原告的钱在自己所有的一块土地上修建

房子,那么很明显,原告无权对房子和土地主张享有推定信托,因为他的钱没有进入这块土地;相反,他有权在该房屋和土地上获得一个衡平担保,以确保他被挪用的钱得到返还。"多布斯,§4.3(3),第 602 页。在特定案件中,法院是否允许推定信托、衡平担保,或两者之间进行选择,取决于每个州的判例法,以及法官对特定案件公平性的看法。《重述》的立场是,任何符合推定信托要求的人,都可以自主选择衡平担保[第 56 条(3)]。

例 6

"A 死亡,根据遗嘱留下一片未改良的土地给 B。B 把土地卖给一个善意购买人 C,他整理了土地,并建造了房子自己居住。事后发现遗嘱无效,结果是土地的所有权应归属于 D,即 A 的继承人。D 打算在产权清晰后尽快出售该土地。"《重述》§10 评论 g,说明 14。(a) C 可以获得衡平担保以确保自己对 D 的土地的改进价值吗?(b)如果 D 不打算卖掉土地,而是打算建房子并住在那里,会怎么样呢?

解释

(a)《重述》规定,D 拥有一个选择权,即支付给 C 基于 C 的改善而增加的财产价值部分,或者按照未经改善的财产价值将其卖给 C。为了保证 C 对其中一项救济的权利,法院应在 D 决定之前授予 C 一个衡平担保。

(b)《重述》说明并没有提出(或回答)第二个问题,但作为一个正义的问题,这一问题要困难得多。在最初的例子中,对 D 而言,这块土地只具有买卖价值。在另一种场景下,D 打算利用这片土地建造居住的房屋。也许这片土地的情感价值超过了其市场价值,也许 D 没有足够的资金来支付 C 对该地的广泛改造,也许是 D 计划建造一个更简朴的家。《重述》赋予法院灵活地根据正义的要求处理救济措施。在这个案件中,法院很可能会有一个艰难的时间,来决定是否给 C 一个权利:即为了取回其对土地的改造价值而执行衡平担保。

例 7

昆廷从他的雇主拉娜那里偷了 1000 美元,然后用其为自己的女朋友萨曼莎买了一条金项链。拉娜能对项链拥有衡平担保吗?

第十三章 利益返还的再讨论:推定信托、……其他的利益返还性救济　　323

解释

在这个案子中,衡平担保似乎并不是一个适当的救济。尽管这条项链是财产,但它不是不动产,一些法院会将该救济措施限制在不动产之上。此外,回忆一下,衡平担保将使拉娜有权获得由特定财产担保的金钱判决。尽管这是一种可能的救济,但拉娜更直接的做法是利用推定信托来获得项链本身,拉娜可以出售或保留这条项链。如果项链在发生侵权行为时至判决时有升值,那么推定信托就会特别有吸引力。

例8

史瑞克从菲奥娜的财产中偷取木材,并用它在自己的土地上盖了一所房子。仅这块地就值5万美元,地和房子的总价值为15万美元。史瑞克从菲奥娜那偷来并用于建造房屋的木材的市场价值是1万美元。其它建筑材料花费了史瑞克4万美元。菲奥娜是否有权获得衡平担保？如果是,那么能担保多少钱？如果菲奥娜有资格获得衡平担保的话,她是否会更倾向于优先使用推定信托(如果法院允许的话)呢？

解释

菲奥娜能够获得衡平担保。史瑞克偷了她的木材,这使他获得一种损害赔偿或利益返还的权利。鉴于史瑞克利用菲奥娜的财产为自己的财产增添了价值,衡平担保似乎是一种适当的救济。

衡平担保的数额是一个有趣的问题。至少,菲奥娜应该有权获得衡平担保公平的木材市场价格(即1万美元)。然而,她可能也会根据自己在利润分配中自己对增值所占的份额,申请一个更高的金额。正如在前一章中所解释的那样,当被告将占用的物品和被告购买的其他物品混在一起,并且花费成本生产有价值的东西,法院有时会允许在原告和被告之间根据他们各自的贡献进行利益分配。在这里,史瑞克将他5万美元的土地与菲奥娜价值1万美元的木材,以及另外4万美元的建筑材料结合在一起,相当于10万美元的总成本,生产出价值15万美元的房子和土地。在10万美元的成本中,菲奥娜的木材占了10%(1万美元/10万美元)。可以说,她应该享有50000美元利润的10%的,即5000美元。也就是说,菲奥娜应该获得

15000美元的衡平担保。有些法院可以给菲奥娜一个更大的利益，让她得到除了价值1万美元的木材价值之外，还能获得全部的5万美元利润，因为史瑞克是一个故意的违法者。无论所获的利益价值是1万美元、1.5万美元，还是6万美元，对史瑞克的金钱判决都会得到衡平担保的支持，即如果史瑞克没有支付，那么菲奥娜就有权利强制其出售房子。

法院可能会给菲奥娜一个推定信托的选择权。（注意在这种情况下，并非所有法院都会这么做。）回想一下，推定信托不是以美元的金额来表示的（衡平担保是这样的），而是一种对财产的利益。菲奥娜可能会说，她为10万美元的总成本贡献了1万美元，这让她对史瑞克的家和土地享有10%的利益。这栋房子现在价值15万美元，她的收益是1.5万美元。如果这所房子的价值升高，那么推定信托可能是一个不错的选择——当然，如果法院给予菲奥娜一个6万美元的衡平担保，那当然是一个更好的选择。

13.3　其他返还性救济措施

13.3.1　返还原物和收回不动产

我们所讨论的大多数利益返还的救济都是替代救济。正如第一章中所定义的，替代救济是指法院向原告判决一定数量的金钱，而不是得到已经失去的或有可能失去的东西。思考前述的例8，菲奥娜的衡平担保（或者可能是推定信托）是替代性的，因为她得到了一笔钱，这代表了史瑞克以她为代价而取得的利益，而不是把她的木材拿回来。

第一章中讨论的另一种救济方法是实际履行。实际履行让原告得到已经失去的或者可能失去的东西。例如，合同中实际履行的救济，可以让原告得到被告在合同中承诺的履行。

原物返还是返回原告个人财产的一个利益返还的例子。这是一种普通

第十三章 利益返还的再讨论:推定信托、……其他的利益返还性救济

法的救济,意味着没有必要证明存在不可弥补的损害。① 它要求被告返还原告所失去的东西,并赔偿在原告被剥夺财产占有期间因无法使用财产而遭受的额外损失。直到最近,法院都不认为原物返还救济是一种利益返还救济。从历史上来看,在英国,这是一种与利益返还的书面令状截然不同的令状(莱科克,第 754 页)。然而今天,许多学者(有法院可能会遵循)会认为原物返还属于利益返还的范畴,因为它剥夺了被告的利益:被告放弃了原告的财产(被告原本是要保留的,因为它有一定的价值)。《重述》似乎允许这种救济,通常认为是一种"实际的利益返还"而不是"原物返还"。(《重述》第 4 条,评论 e)

原物返还也有补偿性的一面。原告收回失去的东西,这弥补了原告的损失。原告还可以主张赔偿在剥夺财产占有期间因无法使用财产而遭受的额外损失。在极少数情况下,如果因为被告的管理不善对原告的财产价值造成损害,法院还允许原告对此提出损害赔偿。参见韦尔奇诉科萨斯基案[Welch v. Kosasky,509 N. E. 2d 919(Mass. App. Ct. 1987)];莱科克,第 754-756 页。

在韦尔奇案中,被告窃取了原告的财产,在偷窃的时候价值 7500 美元。当原告在 13 年后收回该财产时,它的价值应该会增值到 25000 美元,但实际上并没有增值这么多,因为被告损坏了它,使它的价值只有 3000 美元。除了财产的返还,法院还判决原告得到 10000 美元的赔偿金,用于弥补 13 年内无法使用该财产的损失,以及 22000 美元的财产贬值损失。②

---

① 参见 7.2 部分,比较对于个人财产返还的普通法上的原物返还救济和衡平法上的救济命令。一些法院也承认了"衡平法上的原物返还"的诉因。参见德西德里奥诉德安布罗西奥案[Desiderio v. D'Ambrosio,463 A. 2d 986,988 n. 3 (N. J. Super. 1983)。"衡平法上的原物返还有别于普通法上的返还,是一种对物品的返还诉讼,它具有区别于其内在价值的特殊价值,因此,没有任何金钱损失的衡量标准。"在那些承认这一诉因的司法管辖区,衡平法上的原物返还作为一种衡平救济措施,也可能与禁令一样,受到无法弥补的损害规则的限制。

② 法院还允许原告得到 5000 美元的间接损失赔偿,这代表了寻找和追回落入第三方手中的财产的费用。

并不是所有的法院都同意原告有权得到这些额外的赔偿金,以补偿财产价值的下降。一些法院会给原告以下两个选择:(1)原物返还加上赔偿因无法使用财产而遭受的损失;(2)侵占的损害赔偿(因为盗窃个人财产的行为所造成的损害,传统上称为"trover"),根据损失时的价格计算,再加上从损失时开始的利息。尽管 7500 美元的利息对于 13 年的损失而言也是不少的一笔钱,但是相对于韦尔奇案中法院所允许的救济数额,判决市场价值加上利息的赔偿,可能会使原告的所得要少很多。

返还原物并不总是可以作为一种救济措施的。回想例 8 中偷了菲奥娜木材的史瑞克。后来史瑞克在建筑中使用了木材,而且它不能以任何有效的途径从已经完工的房屋中拆除。但是,当个人财产仍然可用时,无论是在被告手中还是在非善意的第三人手中,返还原物都是一个有吸引力的选择。它对某些个人财产尤其具有吸引力,比如对原告包含个人情感的财产,原告的主观估价超过了其市场价格。

收回不动产是一种针对不动产的实际利益返还形式,与针对动产的原物返还救济并行。因此,如果史瑞克作为非法侵入者进入菲奥娜的土地,并希望通过时效占有获得所有权,那么菲奥娜就能利用收回不动产这一普通法上的令状强制史瑞克离开她的土地。

在许多州,收回不动产已被法定救济措施所取代。常见的类型(根据这些收回不动产令状的法定继承人的要求提起)涉及地主和没有支付租金的租客。而在涉及单纯的房地产权属纠纷案件中,其并不能作为救济措施。这些争议,通常是通过一种类似于在第十六章中讨论的宣告判决的方式来平息解决。

例 9

桑迪和汤姆是法学院的同班同学。桑迪偷了汤姆最先进的笔记本电脑。在被盗的时候,这台笔记本电脑价值 2000 美元。汤姆立即去了商店买了一台同样的笔记本电脑作为代替物使用,花了 2000 美元。三年后在毕业晚会上,汤姆发现他的电脑在桑迪的房间里。桑迪拒绝归还,但表示愿意向汤姆支付 400 美元,这是"三岁"笔记本电脑(不再是最先进的)的合理价格,因为笔记本电脑价格不断下跌和技术不断进步。

汤姆有权要求原物返还吗?如果是这样的话,他还能得到什么呢?汤姆是否倾向于赔偿而不是原物返还呢?为什么或为什么不呢?

解释

如果汤姆想要的话,他绝对有权主张原物返还。原物返还是一种普通法救济,而不是一种衡平法救济。汤姆不需要证明无法弥补的损害,但如果他想要获得禁令,就必须证明这一点。他不必接受桑迪 400 美元的赔偿

第十三章 利益返还的再讨论:推定信托、……其他的利益返还性救济 327

提议。

如果汤姆选择了原物返还,法院将判决汤姆占有笔记本电脑。(他必须派司法官员去拿到电脑。如果他想要一份要求桑迪交出笔记本电脑的法院命令,他需要得到一个受蔑视法庭惩处权支持的禁令或其他衡平救济措施。)除了返还笔记本电脑外,汤姆有权获得无法使用电脑的损害赔偿。因为汤姆已经买了一个替代品,法院可能会发现汤姆没有因无法使用电脑而受到损害。(这不像个人的、情感性的财产,不具有不可替代性。在这个案件中,无法使用的损失确实存在,尽管它比较难以计算,原因在本书的第一部分已做过解释。)出于这个原因,汤姆通过原物返还仅能得到他"三岁大"的笔记本电脑,其他什么都得不到。

汤姆可能更倾向于主张桑迪侵占笔记本电脑的损害赔偿,其通过偷窃发生时笔记本电脑的市场价值加利息来计算。(请看这本书的第一部分)。因为笔记本电脑是一种不断贬值的产品,所以根据损失发生时的价格(当时的价值更高)确定损失,汤姆的境况会好一些。

损害赔偿的救济有助于让汤姆重新回到其应有的状态。回想一下,汤姆在电脑被盗后立即出门,花了2000美元买了一台替代电脑。一个2000美元外加从盗窃发生时起算的利息的判决,很可能会使原告处于如果没有盗窃他本来应该所处的状态。

例 10

艾伯特在法国从盖斯特热门歌曲中窃取了这首歌的旋律,写了一首《感觉》的歌曲。艾伯特用其收益买了一台等离子电视机和一块土地——"黑地"(blackacre)。盖斯特能应用原物返还取得该电视机吗?他能利用收回不动产措施来获得该地吗?或者,盖斯特可以利用其他任何的利益返还救济来获得电视和(或)土地吗?

解释

盖斯特不能利用原物返还来获得电视,他也不能利用收回不动产来获得土地。原物返还是一种对原告自己的动产予以返还的救济措施。在本案中,电视从来都不是盖斯特的财产。虽然这是艾伯特非法利用盖斯特的音乐而获得的钱所购买的,但这并没有给盖斯特一个原物返还的权利。同样的分析也适用于盖斯特对收回不动产的应用:因为黑地并不是盖斯特拥有的不动产,所以收回不动产是不可用的。这部分问题的关键是要让你意识到,你不应该仅仅因为看到存在不当得利,且被告因此持有动产或不动产,就可以应用原物返还或者收回不动产的救济措施。

盖斯特最终可能会以拥有电视和(或)黑地的结局收场。首先,如果盖斯特通过一项金钱判决来寻求利益返还(比如在成功主张准合同或利润核算之后),他可能会强迫出售电视或黑地来得到他应得的钱(关于收取的细节出现在第十七章)。

此外,盖斯特可能会试图对利润进行会计核算,并利用推定信托追踪得到不动产或动产的收益。例如,如果艾伯特拿到了他的歌曲《感觉》的版税支票,并以一种可追溯的方式来购买电视机或黑地,盖斯特可能会对这些东西的全部或部分收益享有推定信托。这是一种利益返还的救济,不是通过原物返还或收回不动产来实现的。

13.3.2 代位求偿、追偿和补偿

我们在这一章中所考虑的最后一套救济救济措施是代位求偿、追偿和补偿。我们从代位求偿开始。

代位求偿是一种救济措施,当原告向第三人支付一笔款项,以解决一个责任或被告所欠第三人的债务时,用于阻止被告获得不当得利的措施。代位求偿可以通过协议产生,在这种情况下,它被称为传统的代位求偿,也可以在没有协议的情形下,通过法院创造产生,即所谓衡平(或普通法的)代位求偿。

考虑这个传统代位求偿的例子:由于厄休拉的过失引发一场汽车事故导致维姬受伤。维姬拥有全球保险公司的医疗保险。全球保险公司支付了维姬的所有医疗费用。维姬不会起诉厄休拉,主张其承担人身伤害赔偿责任,因为维姬与全球保险公司的合同中有一个"代位求偿条款",约定维姬从第三人得到的任何人身伤害赔偿金都必须支付给全球保险公司,以补偿后

第十三章 利益返还的再讨论:推定信托、……其他的利益返还性救济　　329

者因为维姬的人身伤害而给其提供健康护理所发生的费用。① 代位求偿使世界保险公司有权"踏入维姬的鞋子",并使其从厄休拉那里收回自己为了使维姬恢复到其应有的状态而支付的费用。(《重述》第 57 条,评论 f)。代位求偿……是派生性的,针对的是接受赔偿的一方。

图 13.5 说明了代位求偿的概念,代位求偿涉及一个三方当事人的三角架构:加害方(被告)、受害人(被代位人),以及向被代位人承担被告债务的人(代位人)。如果没有代位人,被告将会直接向遭受损失的一方承担赔偿责任。一旦代位人给受害人(即被代位人)支付了赔偿金,被告就不再对被代位人负有支付义务(因为她的损失已经得到了赔偿)。在代位人支付给被代位人之后(见图 13.5 中的第一步),如果被告不支付给代位人,被告就会获得不当得利。在代位求偿的情况下,被告应当向代位人进行支付(参见图 13 中的第二步)。

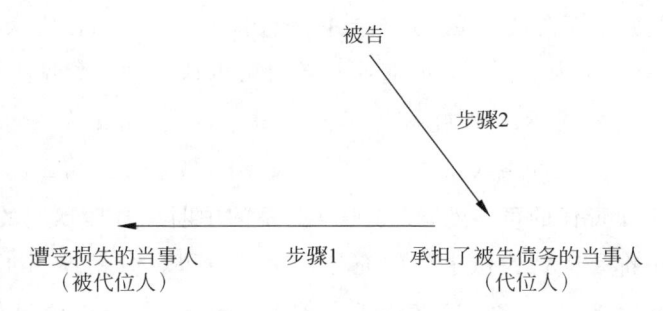

图 13.5　代位求偿支付流程

衡平法(或普通法)的代位求偿②与传统的代位求偿类似,因为代位人替被告履行了其对被代位人的债务,然后再要求造成被代位人损失的被告承担该债务。例如,某分销商是包括甲制造商在内的多家制造商的小部件分销商。分销商将小工具从甲制造商运送给乙客户——是分销商最好的客

---

① 如果没有这样的代位条款,根据平行来源规则,维姬将既能从全球保险公司获得医疗保险金,又能从厄休拉那里取得侵权损害赔偿金。平行来源规则是禁止原告人得到超过其损失的补偿性损害赔偿规则的例外。参见第四章。

② 尽管有些法院将这种类型的代位求偿称为"普通法上的代位求偿",但实际上这是一种衡平的救济措施,应该适用本章早些时候以及衡平救济的第二部分所讨论的规则。

户之一。小部件有瑕疵。尽管分销商对此没有任何责任,但分销商为让乙客户满意,为乙客户购买了替代小部件。然后,经销商转而向甲制造商索取购买替代部件的费用。

你应该看到这个代位求偿诉讼与先前提到的常规代位求偿假设案例相似。在第 1 步中,分销商让乙客户满意,从而免除了甲制造商的义务。在第 2 步中,分销商起诉甲制造商,要求获得自己为了使乙客户满意而花费的成本。

在衡平法(或普通法)上的代位求偿,有一个很重要的限制:代位人不能是一位"志愿者"。非自愿的要求与第十一章所讨论的,剥夺"好事的游手好闲者"利益返还的权利规则相呼应。

排除代位求偿权行使的一种身份——一名"志愿者"意味着什么？即使没有任何商业理由,志愿者也会进行支付。相比之下,代位人则是出于合理的商业原因而向被代位人进行支付。代位人无需负有法定义务向被代位人支付,只要是为了代位人的商业利益就可以这样做。参见芝加哥国民银行信托有限公司诉维耶哈尔公司案[Am. Nat'l Bank & Trust Co. of Chicago v. Weyerhaeuser Co. 692 F. 2d 455,463(7th Cir. 1982)。"对被代位人承担法律责任的可能性,以及正常关系的中断和合理预期的挫折,在很多案件中都是支持代位求偿的充分理由。"]所以,分销商为了安抚,以及与他的长期客户(乙客户)维持正常关系的支出,就可以通过代位求偿得到恢复。

无论代位人是寻求常规还是衡平法上的代位求偿,代位人的权利都无法超越被代位人的权利。这个原则有时被表示为代位人"进入被代位人的鞋子"。所以,如果维姬无法从厄休拉那里得到损害赔偿,是因为陪审团决定厄休拉的行为没有过失,全球保险公司在支付维姬的医疗费用后,将无法通过代位向厄休拉追偿。同样,如果乙客户对甲制造商的索赔因为时效而被禁止,则经销商的主张同样也会被禁止。

侵权法中的追偿和衡平补偿规则与代位求偿一样发挥类似作用,但涉及共同侵权。所以想象一下,艾莉和贝蒂共同驾驶疏忽造成卡特受伤。卡特仅起诉艾莉,并从艾莉处得到完全的赔偿。① 根据国家适用的侵权法原则,艾莉有权起诉贝蒂要求支付她付给卡特的所有金钱(根据传统的衡平补偿原则),或她付给卡特的钱的一定比例(根据传统的追偿原则),或她付给卡特的钱根据被告的责任或过失比例所确定的相对份额(根据现代比较衡平补偿原则)。参见美国摩托车组件公司诉洛杉矶超级CT公司案[Am. Motorcycle Ass's v. Super. Ct. of Los Angeles County,578 P. 2d 899(CAL. 1978)]。

图 13.6 说明了追偿和补偿的概念。就像代位求偿一样,补偿和追偿也包括一个三方三角关系。在这里有两个被告,被告一和被告二,两者共同造成了原告的损害。根据连带责任规则,原告有权要求任一个被告赔偿原告的全部损失。如果被告一赔偿了原告的全部损失,被告二就会构成不当得利,如果他也造成了原告的损失但无需赔偿的话。然而,在连带责任的规则下,被告一已经完成了赔偿,则被告二无需再对原告承担责任。一旦被告一在第一步中履行了对原告的判决,在第二步中追偿或补偿就会发挥作用,要求被告二部分或完全偿还(其数额取决于国家适用的侵权法原则)被告一所支付给原告的赔偿。

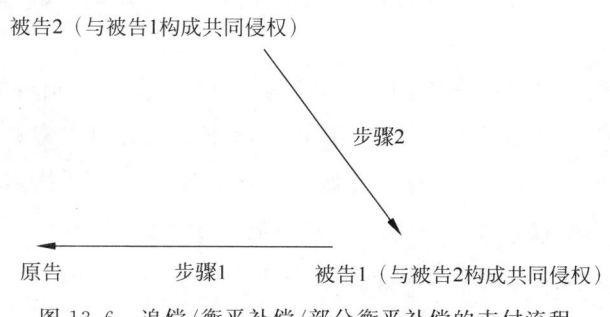

图 13.6 追偿/衡平补偿/部分衡平补偿的支付流程

什么时候主张代位求偿合适,什么时候主张补偿或追偿恰当?根据《重述》,在存在共同侵权的情况下,补偿或追偿是适当的,在没有共同侵权行为

---

① 根据传统的连带责任侵权法原则,被多名被告伤害的原告有权从任一或全部被告中得到全部或部分损害赔偿。尽管许多州已经修改了这一原则,但这些修改对于本文讨论的救济问题并不重要。

的情况下,行使代位求偿是适当的。参见《重述》第 23 及 24 条。无论是全球保险公司和厄休拉,还是分销商和甲制造商,都不是共同侵权行为人。在这些情况下,行使代位求偿是适当的救济措施。如果分销商和甲制造商实际上共同对乙客户承担责任,那么根据《重述》,补偿或追偿将是适当的救济措施。

例 11

侄子以 5000 美元的价格按照"原样"从 Ripoff 汽车公司购买了一辆二手汽车,但是没有质量保证。这辆车是一个柠檬(瑕疵品),它的公平市场价格仅为 2000 美元。姨妈为侄子感到难过,同意从侄子那里拿走瑕疵品,然后给他买一辆 5000 美元的二手好车。在她给侄子买了一辆替代车,并取得瑕疵车的所有权后,她起诉了 Ripoff 汽车公司,并声称要行使代位求偿权。姨妈的代位求偿申请会成功吗?

解释

姨妈对 Ripoff 汽车公司的索赔是不会成功的。这个主张有两个问题。首先,看上去姨妈是一名志愿者,她的行为是出于她内心的善良,她并不是出于任何商业原因而采取行动,就像在分销商——乙客户的假设案例那样。①

即使我们不理会志愿者的问题,姨妈的要求看起来也很可能会失败,因为她已经"踩进了"侄子的鞋里,对 Ripoff 汽车公司提出了索赔。侄子就是按照原样购买了这辆车,没有质量保证。除非侄子有一些依据可以以某种方式主张损害赔偿或解除合同(比如在显失公平的情况下),否则侄子对 Ripoff 的索赔就会失败。如果侄儿的要求失败了,那么姨妈的主张(作为代位求偿)也会失败。

例 12

病人以结肠镜检查医疗过错导致感染和住院为由起诉医生和护士。陪

---

① 顺便提一下,我们可能会问为什么法律禁止志愿者进行这类主张。毕竟,如果侄子有一个有效的索赔,且如果足够幸运,姨妈支付了索赔的话,Ripoff 汽车公司将会得到不当得利。如果目的是法院试图阻止志愿者重提旧主张,则很难看到志愿者所得到的好处:志愿者最多只能收回其支付给被代位人的金额。

第十三章 利益返还的再讨论:推定信托、……其他的利益返还性救济　333

审团裁定病人遭受1万美元的医疗费用,并遭受了2万美元的精神损害。同时陪审团认定医生和护士都存在过失,医生占60%,护士占40%。病人的住院治疗费用被保险全面覆盖,并由保险公司支付。医疗保险合同不包含任何代位求偿条款。病人从医生那里取得3万美元的赔偿。国家对共同侵权行为实行比较衡平赔偿的救济措施。(a)如果有的话,医生能从护士那里追偿什么吗?(b)如果有的话,保险公司能从病人身上追偿什么吗?

解释

(a)医生和护士在一个采取比较衡平赔偿方式的州,是共同侵权行为人。医生对病人承担了全部的赔偿责任30000美元。陪审团认定护士存有40%的过失,因此医生可以从护士那里通过比较衡平补偿诉讼获得30000美元的40%,即12000美元。

(b)这里的问题是10000美元的医疗费用。20000美元的精神损害赔偿没有问题。通常情况下,原告无法获得双重救济,就像这里所发生的那样;原告10000美元的医疗费用由保险公司支付,然后病人又从医生和护士那里获得了10000美元的赔偿金。然而,平行来源规则允许原告得到这两笔款项,而且一些保险公司在这种情况下亦不寻求代位求偿。在这个案子中,合同中不包含代位求偿条款,因而传统的代位求偿将无法使用。然而在这里,可能会有一个衡平(或普通法上)代位求偿的主张。保险公司不是去追逐医生和护士,而是去追逐病人,以防止病人获得不当得利。一些法院可能会允许案件在这一基础上继续发展。但是如果保险公司在将来通过在合同中包含一个代位求偿条款来寻求这些救济,那无疑是非常明智的。法院可能会发现,不这样做会阻碍保险公司寻求衡平代位求偿的权利。

第十四章　合同的撤销和变更

14.1　引言：合同的撤销与变更是利益返还救济措施吗？

这一章是第三部分的最后一章，涉及到由合同纠纷引起的另外两种救济：合同的撤销与变更。一般来说，撤销是给予原告的一种取消合同的权利，利益返还通常紧随其后，每一方都应当返还对方根据合同所得到的利益。变更是对当事人之间合同的司法改写。

一些救济法学者认为，这些救济属于"利益返还"的类别，因为它们可以用来防止不当得利（例如，《重述》第 1 条，评论 c；莱科克，第 694 页。称撤销为"典型的利益返还救济"）。但请参阅多布斯§4.3（6），第 614—616 页（撤销与其说是一种救济措施，不如说是导致救济的概念性工具。并指出，"撤销并不是随之而来的利益返还，而利益返还是随着撤销而来，这是非常重要的。"）；莱科克，第 615 页（注意与其他学者对合同变更认为是利益返还的处理方式不同，称其为"宣告"性的救济[①]）。

这些救济措施与利益返还之间有什么联系呢？思考一下这些例子：（1）孩子将一张价值 1000 美元的棒球卡以 20 美元的价格卖给经销商。孩子对合同的撤销阻止了经销商的不当得利。（2）史密斯与出售人琼斯签署了一份土地（黑地 blackacre）买卖合同。双方当事人都认为合同中包含有一条款，规定琼斯在出售后的一年内仍有权继续留在该黑地上，并且对出售

[①] 第十六章涵盖了宣告性救济。莱科克称合同变更为宣告性的救济，"因为它可以在这些因错误的书写所导致的潜在的索赔主张引起任何其他司法争议之前被用来解决这些纠纷。"（同上）

价格的谈判也明确表明，琼斯同意以较低的价格出售，以便将可以停留一年的权利纳入合同。合同书写错误，并没有把琼斯继续停留在土地上的权利写入合同。如果史密斯想迫使琼斯在一年内离开，法院很可能会变更（重写）合同，从而使琼斯享有停留的权利。通过变更合同，法院阻止了史密斯的不当得利。当交易时约定琼斯有权在土地上待一年，但该合同的书面形式并没有准确地反映该交易。

尽管将这些救济措施归为"利益返还"类是恰当的，因为它们常常阻止不当得利，但即使没有不当得利，撤销和变更也可能会发生。因此，当孩子将棒球卡以 1000 美元的公平市价卖给经销商时，孩子仍然有权根据实体合同法撤销合同。（该法律规定，未成年人订立的合同，可以根据未成年人的意愿予以撤销。）在这种情况下，撤销不会阻止不当得利。类似的，如果法院变更琼斯与史密斯的合同，明确土地合同所涉及的是一块 500 英亩的琼斯土地，而不是与其相当的另一块 500 英亩的琼斯土地。修正错误可能不会阻止任何不当得利，它仅会确保合同准确地反映双方当事人的意愿。

这一章的剩余部分将讨论撤销主张的概要、变更主张的概要，以及一小部分原告可以在撤销和变更之间做出选择的情况。对于大多数学生来说，如何对这些救济措施进行分类是不重要的，大多数学生只有在老师关心这些问题的情况下才会关心这个分类。

例 1

经销商以 20 美元的价格卖给孩子一张棒球卡，经销商错误且故意歪曲其价值为 300 美元。这张卡实际上毫无价值。孩子支付 20 美元并且拥有了棒球卡。你是孩子的律师。假设法律允许孩子寻求合同的撤销。法院将如何处理撤销问题？它是利益返还吗？合同撤销是对孩子最好的救济吗？作为孩子的律师，你还需要考虑哪些救济来最大限度保护孩子的利益？

解释

法院会通过撤销合同而宣布其无效，然后命令各当事人将所收到的对价返还给对方。根据这一命令，孩子把棒球卡还给经销商，经销商把 20 美元退还给孩子。如果没有撤销（或其他救济），经销商将获得不当得利。经销商会因为一张一文不值的棒球卡而得到20美元。

虽然撤销对孩子来说比没有任何救济要好,但这可能不是最好的救济。例如,孩子可能会寻求确认合同(也就是说,并不是撤销合同而是主张履行合同),并要求对方承担违约损害赔偿责任。经销商承诺出售一张价值300美元的卡,但实际却交付了一张毫无价值的卡。在一些司法管辖区,这种合同欺诈索赔将允许孩子获得所承诺的(一张价值300美元的卡)和收到的(一张不值钱的卡)之间的差额,即赔偿300美元。(见5.2)

14.2 合同的撤销(或解除)

撤销是取消合同的一种救济措施(有时被称为"解除"或"终止"[①])。当法院同意撤销合同时,它需要在防止不当得利的尽可能多的必要范围内废止合同。有时候废止合同是很复杂的,而且一方等待撤销的时间越长,废止就变得越难。

现在我们来考虑一下关于撤销的五个要点。

1. 必须存在合同。首先最重要的是,双方要撤销合同,双方就必须签订有合同。只有不当得利是不够的。例如,当艾伯特偷走盖斯特的音乐并写了歌曲《感觉》(见第十二章),盖斯特对艾伯特的收益有一个有效的利益返还请求权,但是他不能寻求撤销,因为没有合同可以被撤销或废止。

2. 合同无效或具有可撤销性。第二,当合同法规定合同无效或可撤销时,才可以撤销合同。[*] 11.2讨论了利益返还的各种理由,提出了若干种情况,涉及在合同无效或可撤销的情形下撤销合同。无效合同是法院不执行

[①] 多布斯描述了这些术语之间的一些细微区别,多布斯,§ 4.3(6),但许多学者会把这些术语混用。

[*] 请注意英美法中合同撤销与我国相关制度的区别。我国的基本规则是,合同撤销是针对原本有效的合同,而美国法中撤销是针对无效或可撤销的合同,只有第二种情况才是与我国的相关规定一致的。此外,合同撤销与解除并没有严格的区分。(译者注)

的(例如从事非法活动的合同),可撤销的合同是可以由一方决定予以终止的合同,但是也可以由一方选择而得到履行。以下是一些涉及合同无效或可解除的情况,合同撤销似乎是一种适当的救济措施。

- 叔叔打算把他便宜但可靠的旧手表以合理的价格卖给侄女。事实上,叔叔和侄女都不知道这块手表是一件很有价值的古董。一些法院会认为当事人对事实的共同错误会导致合同可撤销,允许撤销和利益返还。事实上,合同撤销也会适用在单方事实错误的案件中,在这些案件中没有错误的一方根本就不依赖于错误。参见莱科克,第695页。

- 侄女告诉叔叔,他正在签署的是一张本票,用于保证侄女的学费贷款。实际上,叔叔所签署的是放弃其土地权利的文件。这种欺诈行为会导致合同可撤销,允许撤销和利益返还。

- 侄女告诉叔叔,他必须将土地的财产权利转让给她,否则她就会打断叔叔的腿。这种在胁迫之下做出的承诺会导致合同可撤销,允许撤销和利益返还。

- 侄女照顾叔叔,并利用"不正影响",让他签字转让土地的不动产权利。这种不当影响会使合同可销,允许撤销和利益返还。

- 侄女在叔叔丧失行为能力后,拿到了叔叔把土地转移给她自己的签名。除非叔叔在具有判断能力时批准了这一交易,否则欠缺行为能力将会导致合同被撤销,允许撤销和利益返还。儿童与经销商的假设也属于这一类。

- 尤兰达和泽娜签订了一份口头协议,将尤兰达的土地卖给泽娜。然后泽娜又对这一土地进行了改造,尤兰达随后成功地主张该合同是不可执行的,因为它无法满足反欺诈法的要求。不符合反欺诈法的要求会导致合同可撤销,允许撤销和利益返还。

3. 当实质性违反可执行的合同时,有时可以撤销被违反的合同。当违约方已经实质性(相对于较小的违反)违反合同时,法院有时会允许可执行合同的非违约方撤销合同。比如在 O.C.T. 设备公司诉谢弗尔德·马赫有限公司案[O. C. T. Equipment, Inc. v. Shepherd Mach. Co., 95 P. 3d 197 (Okla. Civ. App. 2004)]中,买家支付了 4.2 万美元给卖家以购买一辆农用拖拉机。拖拉机在没有防冻剂的情况下被交付。由于送货员在没有防冻剂的情况下驾驶拖拉机(在货物灭失的风险转移到买方之前),导致引擎着火并且被毁坏。法院认为,根据俄克拉荷马州版的《统一商法典》§ 2-711(1) 的条文①,买方有权拒收货物,取消(撤销)合同,并收回其 4.2 万美元的货款。

4. 废止合同可能会非常复杂。如上所述,一旦法院撤销了合同,就必须撤销已经发生的任何履行行为。有时这个过程是很简单的。在儿童与经销商的例子中,孩子会返回卡片,而经销商则会返回金钱。但其他的情况要复杂得多。在尤兰达与泽娜的案例中,假设泽娜在尤兰达根据反欺诈法提出诉讼主张合同无效之前的一个月内,对土地进行了价值 1 万美元的改造。为了撤销合同,尤兰达返还泽娜为履行合同而支付的对价,并撤销对泽娜的交易行为是不够的。为了使当事人恢复到如果没有合同,他们本来应该所处的地位,法院可能会命令尤兰达向泽娜支付土地的改造费用,并要求泽娜支付尤兰达占有土地一个月的合理租金。

法院将不得不考虑如何评估这些改造的价值和租金。最重要的是,如果一方没有钱支付给另一方,问题就会更加复杂。例如,如果尤兰达不能支付泽娜的改善费用,法院可能会给泽娜一个关于改善资金的判决(抵销泽娜应当支付给尤兰达的租金),由衡平担保保障实施(见 13.2),出于正义,法院可能会推迟泽娜通过执行衡平担保来实现判决的时间。

尤兰达在寻求撤销土地合同之前等待了一个月(直到泽娜已经基于

---

① 这部分规定:
(1) 如果卖方不能交货或拒绝交货,或买方合理地反对或正当地拒收,则不论涉及的货物及影响程度,如果构成整体违反合同(§ 2-612),买方可以撤销合同,并且无论他是否这样做,都可以主张恢复已经支付的价格;
  (a) "替代买卖"和根据下一部分关于受到影响的货物的损害赔偿金,而不论其是否可确定为是合同项下;
  (b) 未按照本条文(§ 2-713)的规定进行交付的损害赔偿。
《统一商法典》§ 2-711(1)。

信赖投入了大量的成本），这是不公平的。一些法院会说，作为一个实体合同法的问题，根据反欺诈法原本属于可撤销的合同，一旦一方当事人信赖该合同，则就可以变成可执行的合同。参见《合同法第二次重述》第139(1)(1981)。即使在那些拒绝承认信赖可以作为克服反欺诈法的手段的地区，法院也可以认定尤兰达的主张应该被禁止，因为她等待太久而不利于泽娜。这是第十八章所讨论的被称为懈怠的抗辩。参见《重述》第70条(2)。

5. 原告有时可以选择(a)主张撤销合同并起诉撤销，以及(b)主张合同有效，起诉损害赔偿。当合同无效时——而不仅仅是可撤销——撤销可能是原告可用的唯一救济措施。相反，当合同只是可撤销时，法律给予原告一个选择权，可以主张合同无效并提起撤销之诉，或者主张合同有效，并要求赔偿损失。

原告应做出何种选择，取决于具体案件的事实。考虑一下我最喜欢的合同案例之一，斯坦博夫斯基诉阿克利案[Stambovsky v. Ackley, 572 N. Y. S. 2d 672(N. Y. App. Div. 1991)]。买卖双方签订一份房屋买卖合同，卖家没有透露这栋房子有闹鬼的传闻。事实上，该传闻对这所房子的市场价格产生了负面影响。法院认为买家可以撤销合同，收回其合同价款（尽管买家需要支付一定合理的租金，因为买家在房子里呆了一段时间）。

这种未披露重大事实的行为为合同撤销提供了基础，尽管纽约法院（和许多其他州一样）认为，仅仅未披露一般的事实并不会提供撤销的基础，"由卖方所制造的一种条件，实质性地影响了合同价格，特别是在卖方的知识范围内，或一个谨慎的购买人对于交易予以谨慎的注意仍不太可能发现时，不公开就构成作为衡平法的合同撤销的基础。"(同上，第676页)

纽约法律并没有给买方提起诉讼的权利，以要求对不披露而引起的损害进行赔偿（同上，第675页）。但其他州可能会给买家这样的权利。在卖方肯定性欺诈的案件中，即使是纽约法院，也会给予买方撤销合同或者主张合同有效，进而诉请损害赔偿的选择权。

假设法院给原告提供了一种救济的选择权,那么哪种救济对买方更有利呢?假设房子的购买价格是 20 万美元。这所房子的"闹鬼"传闻"严重损害了房产的价值和它的转售潜力"(同上,第 674 页)。假设这栋具有闹鬼传闻的房子的市场价值只有 15 万美元,且买方在公证托管结束时知道了该房屋的名声。

如果买方要求撤销合同,买方将得到 20 万美元的对价,卖方保留房子。然后,买家可以转而购买另一幢价值 20 万美元的房子。或者,买家可以保留这所价值 15 万美元房子,并获得 5 万美元的赔偿金。由此可见,买家可以保留房子并得到损害赔偿,或者以 15 万美元的价格卖掉房子,然后用所得的钱加上损害赔偿来购买另一套价值 20 万美元的房子。

这样看来,撤销和损害赔偿的选择看上去是一样的:两者既让买家回复到其应有的状态:拥有房子(或者等价的房子和金钱),二者都把买家置于与未发生错误时相同的状态。但是,还是有些理由能够说明为什么买方愿意选择撤销合同而不是损害赔偿。

- 买家可能对卖家失去信心,质疑房子是否会有别的问题,因此更喜欢"重新开始"。
- 买方可能不相信法院能够准确地估计出购买价格与房屋真实市场价值之间的差额。
- 在交易结束和审判期间,市场可能已经发生了变化,原告可能会想要利用撤销来摆脱一个不利的交易。

最后的一点值得强调。例如,假设房子的购买价格是 20 万美元,但市场价值在此期间下跌了 2.5 万美元。撤销可以使买家收回 20 万美元的购买价款,这样买家就可以只花 17.5 万美元买到一套与旧房子一样的新房子(没有坏的声誉),节省 2.5 万美元。相反,如果买方要求赔偿损失,赔偿金额将从发生错误时计算,这意味着买方只能得到 5 万美元而不是 7.5 万美元的赔偿金。

这一点可以总结为:当涉及到不利的合同时,撤销将是一个诱人的机会。原告与其坚持一个不好的交易并承担损害赔偿责任(如果有的话),还不如撤销交易并减少损失。① 考虑一下这个强有力的例子：某保险公司是一个客户的人身保险人，承保的条件是客户不吸烟。在该人死后，调查显示该人是谎称自己不吸烟，保险公司倾向于撤销合同（退还保险费和利息）。保险公司不必支付合同约定的高额保险金。［见莱科克，第695页，引用穆特受益人人身保险公司诉JMR电力公司案，848 F. 2d 30(2d Cir. 1988)］。注意《统一商法典》§2—711(1)（在本章的脚注3中引用，适用于货物销售的合同）给原告双重权利，撤销合同，并在适当的时候获得替代购买费用的损害赔偿。因此，针对拖拉机的例子，买家可以收回42000美元的购买价款，并将拖拉机返还给卖方。如果买方对取得同样拖拉机的合理替代价格是45000美元，买方在获得合同撤销权的同时，还可以获得3 000美元的损害赔偿。

例2

卖方承诺以20美元/吨的价格向买方出售50吨胡萝卜。买家向卖家支付了1000美元，但卖家没能交付胡萝卜。这时胡萝卜的价格已经降至15美元/吨。对买方最好的救济是什么？

解释

买方可能希望撤销合同，并收回1000美元的货款。由于价格降至15美元/吨，买家将能够以750美元的价格买到50吨胡萝卜，因而节省250美元。对于买家来说，这是一个幸运的终止，因为卖家违反了一个原本对买家不利的合同。这是受《统一商法典》§2—711调整的货物销售合同。除了撤销合同外，买方有权根据§2—711的规定主张损害赔偿，但是买方没有遭受任何的损害，由于他可以以低于合同价格的费用进行替代购买。（关于损害赔偿的更多信息，请参阅第四章）

例3

业主与承包商签订了一份合同，以4万美元的价格对业主的厨房进行

---

① 《重述》重申了此举的适当性："合同撤销允许申请人摆脱一个不利交易的事实，本身并不能使撤销不公平，但如果撤销的结果是以另一方的牺牲为代价而使得申请人获得不当得利，则该撤销请求将被拒绝。当一方通过撤销寻求机会利益，或作为一种以他人为代价的投机手段时，不当得利的本质是显而易见的。"《重述》第54条，评论F。

重新改造。该合同特别约定,承包商在改造中须使用"Cohoe"牌铜管。承包商无意中使用了"Reading"品牌的铜管,管道的质量是一样的。但业主希望解除合同,因为业主认为重新改造的公平市场价值是 3 万美元。法院是否允许业主解除合同并要求承包商利益返还呢?

解释

这一假设的事实大致是基于雅戈和杨斯公司诉肯特[Jacob & Youngs, Inc. v. Kent, 129 N. E. 889(N. Y. 1921)]。看来业主想要利用承包商的轻微违约来摆脱一份糟糕的合同,从而支付比合同价格更低的价格。法院不太可能允许业主仅以轻微违约为由解除合同。根据实体合同法,正如雅戈和杨斯案所确立的那样,这个轻微的违约行为并不构成"实质性违约"——法院要求解除合同必须具备的条件。

例 4

阿尔贝托驾驶的一艘小游船(价值 5 万美元)在风暴中逐渐沉没,此时比尔驾驶一艘更大的游船正好经过。阿尔贝托向比尔求救。比尔同意将阿尔贝托和他的船拖到安全地带,但前提是阿尔贝托同意让比尔拥有该船。阿尔贝托担心自己的生命,于是勉强同意了这一要求。比尔把船拖到岸边,救了阿尔贝托的命并且占有了船。阿尔贝托起诉撤销该协议。将会有什么结果?解释一下。

解释

法院很可能会以胁迫为由撤销合同,因为阿尔贝托在没有自由选择的情况下订立了这一合同。撤销将使阿尔贝托收回他的船。然而,这可能会使阿尔贝托获得不当得利:比尔救了他,但没有得到任何的补偿。比尔要求赔偿的事实,可以反驳比尔是在无偿提供服务这样的假设(参见第十一章)。法院需要确定比尔服务的合理价格,也许会考虑专业救援人员在那种情况下会收取的费用。

例 5

卡门以 25 万美元的价格把他的房屋卖给了黛博拉。在出售之前,黛博拉询问了白蚁的损坏情况。卡门撒谎说没有损坏,事实上存在损害,卡门已经采取了积极的措施来隐藏该事实,该损失需要 2 万美元来修补。黛博拉在搬进来后不久发现了损坏。房子的价值在增值,现在价值是 30 万美元(一旦白蚁损坏修复了)。黛博拉可以撤销合同吗?为什么是或为什么不呢?

解释

撤销合同当然是一种可能:黛博拉将会收到她 25 万美元的购买价款,而卡门将会收回房子的契据(加上黛博拉居住的合理租金)。黛博拉可以出去买一幢没有损坏的新房子。对于黛博拉来说,这一救济的问题在于价格正在上涨,而一个类似质量的新房子将花费她更多,大概 30 万美元。

一个更可取的替代方案,如果可能的话,就是让黛博拉确认合同,并起诉主张 2 万美元的损害赔偿。如果卡门支付了修理费用,黛博拉就会以 25 万美元的合同价格保留房子(考虑到房子的升值,这是一笔不错的交易),也没有为白蚁的损害支付任何修理费用。

14.3 合同变更

合同变更是一种衡平法救济,给予法院改写当事人间合同的权利。[①]"当各方当事人达成了协议,但由于欺诈或错误,以某种方式写下来的合同并不能真正反映出他们的意图,衡平法将变更书面合同,从而使其反映出当事人的真正意图。"[多布斯,§4.3(7),第 617 页]

举个典型的例子。A 和 B 签署了一份土地合同,他们都认为这是出售榆树街 123 号的地产。事实上,由于没有人注意到打印错误,该合同写成了出售榆树街 124 号的地产。当事人可以简单地变更他们的合同以修正错误。如果发生了分歧(例如,如果 A 同时拥有榆树街 123 号和 124

---

① 尽管变更的属性是一种衡平救济,但莱科克报告说,"在这里,似乎没有任何成熟或不可弥补的损害要求,尽管没有很多案例可以提出这些问题。"(莱科克,第 615 页)

号的地产,而 B 更喜欢购买 124 号而不是 123 号),变更的问题可能会在法院终结。假设寻求合同变更的当事人可以证明,当事人的意图并没有在书面合同中得到准确的反映,法院将对合同进行变更,使其能够覆盖正确的财产。

请注意,A 和 B 合同中的错误是撰写内容的错误。如果当事人对合同的实质性内容犯了错误,变更就不可能了。例如,如果 A 认为合同出售的是榆树街 123 号的地产,而 B 认为合同出售的是榆树街 124 号,则变更显然就不是一个适当的救济方案:为什么,问问自己,法院将如何改写合同(又不能是榆树街 123.5 号)。在这种情况下,撤销可能是一个更合适的选择。

对合同内容的欺诈——导致另一方的单方面错误——也可能是变更合同的基础。因此,如果 A 和 B 同意出售榆树街 123 号,但更渴望拥有榆树街 124 号(A 同样拥有 124 号)的 B 错误书写了合同,合同写明交易的对象是榆树街 124 号,法院将允许合同变更为买卖榆树街 123 号。①

合同变更可能伴随着另一种救济请求,比如违反合同的损害赔偿。因此,假设艾迪从费朗西斯卡那里租赁零售店一年。他们的租赁合同本应包括一项条款,即费朗西斯卡每周洗两次窗户。由于打印错误,合同表述为每年要洗两次窗户。费朗西斯卡在四个月的时间里拒绝清洗窗户,所以艾迪每周都要花费 300 美元洗两次。艾迪可以去法院要求变更合同,以反映"每周两次"的协议内容。然后,他可以寻求违反合同的损害赔偿,这是基于费朗西斯卡没有按照变更后的合同每周清洗两次窗户。如果每周 300 美元的清洗费用是合理的,那么法院可能会判决把这些费用返还给艾迪。此外,如果艾迪确信,费朗西斯卡不会在合同的剩余期限内每周洗两次窗户,那么他

---

① 如果你觉得在没有就出售榆树街 123 号的地产"达成一致意思"时,由法院重写一份合同是很奇怪的,那么请记住,根据现代实质性合同法,关键性的因素并不是当事人的主观愿望。在这个案件中,A 和 B 都对外表示有意签订一份出售榆树街 123 号地产的合同。根据客观的合同理论,这应该足以让这样的交易达成。如果你不喜欢这个理论,也可能把变更救济看作是一种对 B 欺诈的惩罚。如果 B 假装有兴趣购买榆树街 123 号(B 其实想要 124 号),变更会使 B 履行其假装同意的交易。

可能会寻求一个实际履行的命令,来要求她这样做。①

例 6

饭店与保险人订立保险合同,后者承保与餐厅经营有关的责任。餐馆恰当地告诉保险公司它提供酒水服务,但是保险公司却错误地将餐馆分类为不提供酒水服务。如果保险公司知道这家餐厅提供酒水服务,那么在保险合同中将包括这样一项条款,即排除与酒精相关的事故责任。在由保险公司起草的保险单到达餐馆后,餐馆经理注意到该保险单错误地将餐馆描述为不提供酒水服务。餐馆给保险公司发了一封信指出错误,但保险公司对此没有任何回应。几个月后,当这一保险单生效后,一位顾客在餐馆的停车场里捅伤了另一名顾客,这是一场与酒精有关的事故。保险公司为了避免承担因刺伤而产生的损害赔偿责任,能够提请对该合同进行变更,以正确地将餐厅划分为一个提供酒精服务的机构,并排除与酒精相关的事件责任吗?保险公司可以以共同错误为由寻求撤销合同吗?

解释

这个例子大致是根据阿莱亚伦敦有限公司诉博诺-索尔蒂夏克恩特尔案[Alea London Ltd. v. Bono-Soltysiak Enter., 186 S. W. 3d 403(Mo. Ct. App. 2006)]改编的。这个案件不涉及书面错误或与书写有关的欺诈行为。由于这个原因,法院可能会拒绝变更。也有可能拒绝撤销,因为此案既不涉及双方对事实的共同过失,也不涉及由欺诈引起的单边事实错误。正如密苏里州法院在驳回这一主张时写道:"保险公司没有任何证据,更不用说明确且令人信服的证据来证明这家餐馆存在恶意,实施欺诈或欺骗保险人。此外,餐馆在发现错误后,并没有对保险公司进行隐瞒。常言说得好,'当不满的一方在自己的能力范围内真正理解事实真相,并且也没有被另一方诱导,却忽视利用所获得信息的机会时,衡平将不能被用来减轻错误。'"(同上,第416页,引用省略)

---

① 实际履行是一种强制要求,要求一方履行合同中的承诺。有关实际履行的更多信息,请参见第七章的讨论。

注意，由于变更是一种衡平法救济，法院可能会特别不愿意基于这些事实而进行变更。这不仅是一个寻求变更的一方完全负责的单方错误，另一方把错误告诉了发生错误的一方，而错误的一方没有做任何纠正，直到对方的地位发生了戏剧性的变化。请参阅第十八章对衡平抗辩的讨论，诸如弃权、禁反言和懈怠，这些可能会在这里发挥作用，即使最初出现相互错误，也可以基于迟延来禁止变更合同的主张。

14.4 在合同撤销和变更之间进行选择

在极少数情况下，一方当事人可以在撤销和变更之间进行选择。考虑如下的案例，汉德诉达顿-哈德逊公司案［Hand v. Dayton-Hudson，775 F. 2d 757(6th Cir. 1985)］。汉德是达顿-哈德逊公司的一名律师，公司决定将汉德裁员。他被提供 38000 美元的报酬，以换取他同意放弃所有可能对该公司的指控。在最初拒绝这个提议之后，汉德拿出了这份提供 38000 美元的建议合同，并使用了相同的打字机进行打印，①使它看上去像是该公司的要约。他偷偷修改了放弃对年龄歧视的索赔措词(使他有权起诉公司年龄歧视)。随后双方签署了合同，但达顿-哈德逊公司并不知道汉德已经修改了合同。然后，汉德转过身来，起诉达顿-哈德逊公司年龄歧视。

汉德的案例很好地说明了达顿-哈德逊公司所面临的选择。从前两部分中可以清楚地看到，汉德的行为使公司可以寻求撤销或变更合同救济。由于汉德的欺诈行为，当事人间的合同是可撤销的，因此撤销合同是适当的救济。如果公司选择这样做，公司就可以撤销合同。另一种选择是，汉德案件是一种典型的由欺诈而引发的单方书写错误案例。此时变更合同是适当的，从而使合同反映一个完整的权利放弃，以换取 38000 美元的报酬。

---

① 你们中的一些人年龄可能足够大，能够记得打字机是什么。今天，在用计算机处理文字的时代，汉德的造假将变得容易很多。

在这种情况下,变更对公司来说是一个更好的选择。(在继续阅读之前,看看你能不能回答为什么。)正如莱科克所解释的那样,"变更的结果是所期望的权利放弃生效。汉德拿了38000美元,达顿-哈德逊公司获得豁免,汉德不能因违反合同或年龄歧视而起诉公司。撤销合同将使交易逆转,达顿-哈德逊公司将收回38000美元,汉德将会收回弃权,而汉德可以起诉违反合同和年龄歧视。"(莱科克,第613页)

虽然汉德是一个因欺诈引起的单方错误案件,但在书写上的共同错误也可以在适当的情况下提供一个撤销和变更之间的选择。例如,如果汉德与达顿-哈德逊公司都认为,他们签署的放弃权利的合同排除年龄歧视索赔,但实际上合同起草时并没有这一排除。汉德可能会寻求变更合同以便将这一排除记入合同,亦或可能以相互错误为由撤销合同。然而,如果法院发现双方都非常清楚他们在签署合同时的所想,法院就会拒绝撤销而只允许变更。

例7

将上面刚描述的案件改为双方共同错误(与实际的欺诈案件相反),如果你是汉德,你会倾向于变更还是撤销的救济?

解释

对这个问题的回答取决于案件事实。如果汉德认为自己除了年龄歧视之外还有其他可行的主张,他可能会要求法院撤销该合同,允许他提出年龄歧视之外的索赔。在这样做的时候,他需要退还他所收到的作为放弃这些索赔对价的38000美元。相比之下,如果他认为他唯一可行的主张是年龄歧视,那么他最好要求变更,这样他就能既获得报酬,又有权起诉年龄歧视。

再次,在这种情况下,法院可能不愿意给汉德提供救济的选择权。但是,如果法院允许选择,那么对于汉德(和汉德的律师)来说,很重要的是仔细考虑不同选择的成本和收益。

例8

在另一个汉德与达顿-哈德逊公司案的变化中,双方签署了一份合同,支付汉德38000美元,同时承诺放弃对达顿-哈德逊公司的一切索赔权,除了年龄歧视索赔之外。达顿-哈德逊公司声称汉德通过改变合同进行欺诈。汉德说，双方同意将年龄歧视索赔排除作为他签署合同的条件。达顿-哈德逊公司是否有权进行变更以排除年龄歧视索赔？是否有权撤销合同？

解释

答案取决于法官作为事实发现者对案件的看法。（因为这些是衡平法救济，他们将在法官面前受审，而不是陪审团。）变更通常要求寻求变更的一方通过明确和令人信服的证据证明，当事人订立书面合同的真正意图。如果达顿-哈德逊公司在严格的证据标准下可以证明这是欺诈行为，那么它将有权进行变更。撤销也是一样。这个问题可能会归结为双方当事人之间的发誓比赛，而达顿-哈德逊公司获得任何救济的权利取决于向法院可以证明的内容。（在实际的汉德案件中，律师汉德承认在没有通知达顿-哈德逊公司的情况下更改了文件！）

第四部分　其他重要的救济概念

第十五章　严厉惩罚:惩罚性赔偿及其宪法限制

15.1　惩罚性赔偿概述

在第一部分,特别是第三章,我们详细讨论了应有的状态标准和侵权损害赔偿。侵权损害赔偿是补偿性的,他们的目的是使原告恢复到其"应有的状态",即如果没有被告的不法行为,原告本来应该所处的状态。参考图15.1。

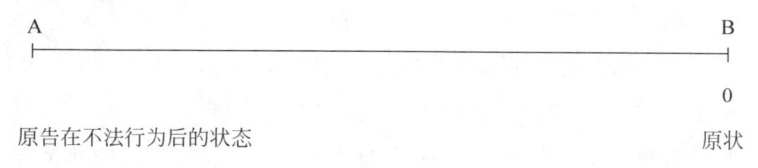

```
A                                            B
├────────────────────────────────────────────┤
                                             0
原告在不法行为后的状态                        原状
```

图　15.1

至少在理论上来说,等于(B-A)的损害赔偿判决能够让原告恢复到如果没有被告的不法行为,其原本应该所处的状态。例如,如果亚当偷了贝弗利价值300美元的新iPod,贝弗利被偷之后处于负300美元的状态(不考虑购买新iPod的迟延及其成本所产生的这些额外损失,这些都留待后面讨论)。正如图15.2所示,贝弗利在被偷之前处于B位置(或者0,即原状)。盗窃行为使得贝弗利处于A位置(即-300美元)。补偿性赔偿是(B-A)或者[0-(-300)]=300美元,至少在理论上这一判决将使贝弗利回归到如果没有盗窃行为时他原本所处的位置。用这种方法,贝弗利丧失iPod的损失将得到补偿。

经济学家早就注意到补偿性赔偿也起到一定的威慑作用。亚当必须向

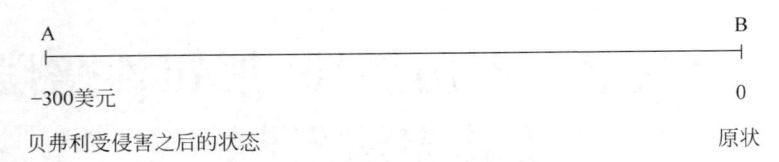

```
A                               B
|———————————————————————————————|
−300美元                          0
贝弗利受侵害之后的状态              原状
```

图15.2 亚当和贝弗利

贝弗利支付iPod费用的事实，可能会使他不再想去偷它，而且亚当的赔偿可能会让其他人在进行同样的侵权行为之前三思而行。

但是，补偿性损害赔偿也许不足以阻止亚当和那些拿别人的财产而并没有道德上不安的其他人。亚当可能没有被发现，如果他被发现，贝弗利可能很难证明亚当侵权行为成立的一个或多个要素。事实上，鉴于只有300美元的收益，贝弗利将很难找到一位愿意接受委托的律师。你会花很多时间去处理仅有25%的胜率而仅获得300美元赔偿的诉讼吗？

惩罚性赔偿可以起到威慑作用。惩罚性赔偿是在补偿性赔偿以外，其目的是惩罚被告和以被告为例树立一个典型。

想象一下，如果贝弗利能在补偿性赔偿中获得300美元，陪审团有权利向她再判处3000美元的惩罚性赔偿。更大的惩罚性赔偿判决的可能性或许会阻止亚当和像他那样的人。假设亚当认为他只有20%的几率被发现、被指控，并且被成功起诉获得损害赔偿。如果他认为，假设贝弗利发现并成功起诉他，他将支付300美元，那么他的预期损失是300美元的20%，即60美元。但是如果他预期一份针对他的判决（300美元的补偿性损害赔偿和3000美元的惩罚性赔偿）要求支付3300美元，他的预期损失会是3300美元的20%，即660美元。会有一些盗贼，可能包括亚当，会被660美元的预期损失吓退，但60美元的预期损失则不会。毕竟，即使iPod对亚当的价值不值300美元，但它的价值也可能超过60美元，但低于660美元。

惩罚性赔偿的可能性也可能使案件更吸引律师，这些律师会为一笔意外的收益而工作：3300美元的25%比300美元的25%要好很多。因此，惩罚性赔偿会使一些诉讼在经济上可行，否则对于原告而言就是不可行的。

惩罚性赔偿有时被认为是示范性赔偿，因为它以被告为例树立了一个典型。惩罚性赔偿这个名字强调其具有矫正正义的特点,与经济性阻却无关。对于亚当来说,3300美元的赔偿金判决要比300美元的判决更有伤害性。陪审团判决一个很大数额惩罚性赔偿的事实也是告诫全社会,亚当做了一些应当被谴责的错误的事情。

加上所有这些附加的惩罚性赔偿,或许他们在每一个诉讼中,可以作为弥补如下事实的一种方式,即很多诉讼案件应当是能胜诉的,然而由于一些程序障碍或者其他问题,却败诉了。① 但是这也会引起一些问题。想一想卡拉的案件,他从事极其危险的炸药爆炸活动。卡拉在拆除建筑物时尽到了合理的注意义务以防止引起损害,但是飞溅出的碎片依旧砸碎了大卫的车窗。爆炸是一种严格责任侵权行为,虽然卡拉并没有过错,但他必须承担责任。参见《侵权法第三次重述:人身伤害和精神损害的责任》,§20。

经济理论认为,我们应该对卡拉适用惩罚性赔偿,就像在贝弗利诉亚当的案件中适用惩罚性赔偿一样:为其他像卡拉一样的人不去伤害别人创造更多的激励。但是卡拉已经尽到了高度的注意义务,尽量避免在严格责任的法律体系中承担责任。制造额外的注意压力可能会给卡拉造成过度威慑,卡拉或许会谨小慎微,以至于不去参加任何有用但危险的爆破行为。

另外,让卡拉承担惩罚性赔偿还存在着正义问题。如果她并没有做错事,矫正正义仍然会要求她去补偿大卫。② 但即使法律认为卡拉应该补偿大卫,为什么我们要让卡拉成为典型并要去惩罚她呢?如果我们要去惩罚卡拉,在民事法中(与刑事法相对应)这样做是对的吗?在民事法中,我们一般只要求优势证据(即仅仅是更有可能),而不是排除合理怀疑。设想如果你处于卡拉的境地,你在很小心地从事一个危险却有用的活动,那么在优势证据标准下承担惩罚性赔偿的威胁,将迫使你离开这个行业。

---

① 经济学家把惩罚性赔偿仅仅看做是补偿性赔偿的"放大器"。这些赔偿金将以某种方式被校准,以弥补由于侵权制度的失败而造成的阻却不足,使每个被告支付根据有效法律规则应该承担的费用。

② 矫正正义的理论家们长期以来一直争论,对于一个引起伤害的非故意行为,适用过失责任规则还是严格责任会更恰当。参见理查德A. 爱普斯坦(Richard A. Epstein):《侵权法案例和资料》,2008年第9版,第159—161页。但是这一辩论涉及的是赔偿问题,而不是惩罚。

就像补偿性赔偿可以发挥威慑性的效果,惩戒性赔偿也有补偿的功能,这是因为原告也得到了惩罚性赔偿。但是这或许会造成过度补偿。即使在亚当与贝弗利的案例中,惩罚性赔偿也具有意外之财的效果,而这引起了很多的麻烦。思考一下图 15.3。

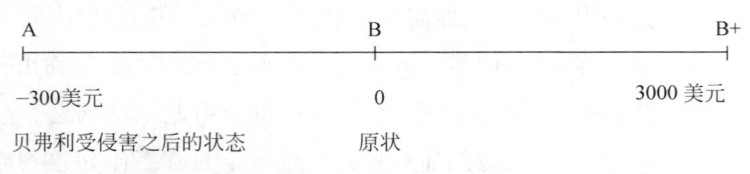

```
A                          B                        B+
—300美元                     0                      3000 美元
贝弗利受侵害之后的状态          原状
```

图 15.3 亚当和贝弗利假设中惩罚性赔偿的意外之财问题

当亚当偷了贝弗利的 iPod 时,她从 B 点(即原状)移到了 A 点,即 —300 美元。不考虑搜寻和其他附带性费用,一个 300 美元的赔偿性判决就会将她移回到 B 点,即典型民事侵权损害赔偿诉讼的应有的状态。但如果有了惩罚性赔偿,她将到达 B+点,即多获得 3000 美元的额外收益。如果说第一个 300 美元的判决真正补偿了她,那么现在贝弗利的状况将好过她没有被偷时的情况,一个 3300 美元的判决将使她比应有的状态多获得 3000 美元。这就是为什么惩罚性赔偿对于原告(及其律师)来说这么具有吸引力的原因。

注意到惩罚性赔偿的潜在利益和最后几段中提到的缺点,法院(和立法者)为惩罚性赔偿制定了特殊的规则。

- 行为。可引起惩罚性赔偿的行为必须是十分恶劣的。虽然不同的州对于这一点有不同的表述,例如"恶意"[得克萨斯州《民事救济法与实践法案》§41.001(7)]或者是"故意为某一行为"[林西克姆诉国家人身保险公司案,Linthicum v. Nationwide Life Ins. Co.,723 P. 2d 675,679(Ariz. 1986)],但是一个通常的解释是这种行为要比过失严重。① 被告存在引起伤害的意图是容易施加惩罚性赔偿的案

---

① 严重多少? 这取决于司法管辖权。当然,当被告被证明是有意伤害原告时,所有的州都允许惩罚性赔偿。更困难的情况是,被告行为时存在诸如鲁莽、忽视了对他人造成严重伤害的可能性等情形。

件,但是这种意图并不必要。在一些州,对于伤害漫不经心就足够了。在决定一种行为是否应该被给予惩罚性赔偿的判决时,你不应该过分聚焦于这种行为的名称,而是这种行为的本质。例如,针对卡拉爆破的侵权是一种严格责任,这一事实并不会阻止对她处以惩罚性赔偿,比如,如果卡拉轻率行动,并没有采取任何措施以减少爆破可能引起的伤害时。

- 举证责任。许多州都规定,原告需要承担举证责任,来证明施加惩罚性赔偿是合适的。并不是仅仅通过优势证据证明存在一个必要的恶劣行为,原告还必需满足一个更高的证明标准,例如加州的"明确而令人信服的证据"标准。这个标准比优势证据标准更严格,但比排除合理怀疑的刑事标准要宽松。(参见《加州民事法典》§3294)

- 判决补偿性赔偿的必要。许多州都要求,陪审团在做出惩罚性赔偿之前,陪审团必须首先确定原告有权获得补偿性赔偿。就像 2.4 部分①提到过的那样,在某些司法管辖区象征性赔偿金就符合了要求,并且原告有时会寻求象征性赔偿金,正是因为他们需要将这种赔偿金作为得到惩罚性赔偿的一个正当基础。大多数州在衡平案件中并不判决惩罚性赔偿,某些州会允许原告在提出衡平法救济主张的同时提出惩罚性赔偿要求,②例如阻止被告再一次实施不法行为的禁令。至少在一些司法管辖区,原告不可以在获得利益返还救济的同时获得惩罚性赔偿。参见梅里特诉克雷格案[Merritt v. Craig, 746 A. 2d 923,931(Md. App. 2000)],原告不可以在主张合同撤销的同时获得惩罚性赔偿];洪诉空案[Hong v. Kong, 683 P. 2d 833,841

---

① 参见理查德 C. 廷尼(Richard C. Tinney):《论实际损害赔偿对惩罚性赔偿判决的充分支撑——当代的案例》,40 A. L. R 4th 11 §§ 6-9 (1985 & 2005 Supp)。收集了问题两边的案例。但看看新泽西州的统计数据[N.J. STAT. ANN. 2A;15-5.13(c)],象征性赔偿不能支持惩罚性赔偿的判决。

② 第七章详细讨论了普通法和衡平救济的区别。同样参见第十三章的讨论,一些利益返还的救济是普通法的,一些是衡平法的。

(Haw. App. 1984)，惩罚性赔偿在利益返还的诉讼中无法获得]。但是在托马斯汽车公司诉克拉夫茨案[Thomas Auto. Co., Inc. v. Craft, 763 S. W. 2d 651, 654(Ark. 1989)]，"如果有证据表明欺诈的因素是撤销承诺或法庭职权以外的合同撤销的基础，那么我们想不出任何的理由，为什么惩罚性赔偿不能与利益返还的判决一起呢？"

- 更加具有州特色的规定。一些州出台了法律，在没有初步证据证明有错误行为的情况下，限制起诉被告要求承担惩罚性赔偿的能力。一些州规定惩罚性判决是指向州而不是原告。同时，很多州在雇主是否应当对雇员的行为承担替代的惩罚性赔偿责任上存在分歧。① 在一些州，替代责任被视为理所应当的。在另一些州，雇主要承担替代责任，雇员必须行使管理权利，或者雇主同意或参与了雇员的侵权行为。
- 在合同诉讼中的惩罚性赔偿。就像我们将在本章的下一部分所看到的，法院使得在合同诉讼中判决惩罚性赔偿十分困难。
- 重大惩罚性赔偿的合宪法。最后，我们将在本章的最后部分看到，法院对赔偿的数额做出了严格的限制性规定并进行严格的司法审查。近几年，美国最高法院根据第十四宪法修正案的正当程序条款，对赔偿的数量做出了限制。

例 1

艾伦驾车沿着街道行驶，她过多地注意了手机而不是留意路面状况。因为她的粗心大意，她撞到了正在过马路的弗兰克，使他遭受严重的人身伤害。陪审团认定艾伦粗心大意，造成了弗兰克经济和非经济损失共计10000美元。那么陪审团是否也可以判决弗兰克得到惩罚性赔偿呢？

---

① 在替代责任的情况下，一个人对另一个人的侵权行为负有严格责任。在大多数州，雇主对雇员的侵权行为负有严格责任，要求雇主向被雇员伤害的人支付赔偿金。在侵权情境中应用的原则有时被拉丁语的"雇主责任制"所指代。

解释

不应该。这个问题的答案取决于不同的州对惩罚性赔偿的标准,但是这个案件看上去只是一个普通的过失案件,对此并不能适用惩罚性赔偿。她的行为必须要比粗心大意更严重一些。

例 2

在艾伦撞了弗兰克并且将情况告诉警察之后,她返回车中继续开车。她再一次拿起了电话,全神贯注于与别人的谈话而没有注意到巨大的闪烁警示牌,其上提示她已经进入学校区域,并且孩子们会出现。当艾伦尝试用一只手拿着电话,用另一只手摇下车窗时,她撞倒了站在人行道上等待校车接他们回家的三个小学生吉娜、汉瑞和伊凡。陪审团认定艾伦存在过失,导致这些孩子每人遭受 25000 美元的经济和非经济损失。那么陪审团是否可以同时判决惩罚性赔偿呢?如果艾伦开车是为了完成雇员的本职工作,那么艾伦的雇主是否要承担替代性的惩罚性赔偿责任呢?

解释

艾伦很可能要承担惩罚性赔偿。同样,尽管答案取决于各州对于惩罚性赔偿判决的标准,以及陪审团对行为可谴责性的评估,但是这个例子中,艾伦的行为要比例 1 恶劣。虽然艾伦没有伤害别人的故意,但是陪审团可以确定的得出结论:艾伦在行为时完全不顾造成他人伤害的极大可能性,一种疏忽大意的行为。她才刚刚因为在驾车时使用手机造成过一次车祸,她还继续这一行为。她没有注意到闪烁的警示标志,并且在非紧急情况下将双手同时离开方向盘。她是如此的疏忽大意以致于让车冲到了学校区域的人行道上。虽然艾伦没有伤害别人的企图,但是艾伦的这种行为在大多数州都已经足够处以惩罚性赔偿了。

注意到在这里,案件的起因是过失,但是案件的起因本身并不足以决定是否应当判处惩罚性赔偿。要注意案件中行为的本质而不是侵权案件的名称。

在艾伦的雇主是否需要对艾伦的侵权行为承担替代责任这一问题上,法院存在分歧。在一些州,这取决于艾伦的应该被处以惩罚性赔偿的行为是否是行使管理权的行为。在本案中，艾伦的驾驶习惯并不是一个管理决定，因此在那些州艾伦的雇主并不需要对惩罚性赔偿承担替代责任。一些州要求雇主实际上批准或参与了雇员的侵权行为。根据本案的事实（没有更多），无法对艾伦的雇主适用惩罚性赔偿，除非州自动规定雇主对雇员的侵权行为负责。

例 3

假设在例 2 中，陪审团一致认为，艾伦在该州从事了需要判处惩罚性赔偿的不法行为的可能性更大，但她从事这种行为能否排除合理怀疑，陪审团并没有达成一致意见。陪审团可以判处惩罚性赔偿吗？

解释

你需要更多的信息来回答这个问题。首先，你需要知道在这个司法管辖范围内，证明可以判处惩罚性赔偿行为的举证标准。假设该标准是一个"清晰且令人信服的证据"。即使知道了标准，你也需要更多的信息。因为"明确而令人信服的"标准介于优势标准和合理的怀疑标准之间，我们不知道陪审团如何在正确的标准下得出结论：事实上是否有明确而令人信服的证据表明她参与了不法行为吗？

例 4

杰瑞德在没有其他人在场时，故意往肯的脸上吐痰，以表达他对肯穿的鞋子的厌恶。在他的侵权诉讼中，肯成功地证明了一个攻击性侵权行为的要素，但他没有遭受任何损害。因此陪审团象征性的判给肯 1 美元的损害赔偿，并通过明确和有说服力的证据（正确的州证明标准）证明杰瑞德实施恶意行为，符合州的惩罚性赔偿标准。陪审团可以判处惩罚性赔偿吗？

解释

可以，如果（和许多州一样）象征性的损害赔偿看做是补偿性损害赔偿的话。正如我们在 2.4 部分所看到的，象征性损害赔偿发挥了一种宣告功能，而不是补偿功能：他们向世界宣告原告和被告的各自权利而不是补偿原告。尽管如此，许多法院还是会将惩罚性赔偿的判决负载在一项象征性损害赔偿的判决之上。没有这条规则,许多没有造成实际伤害的"尊严"伤害可能会难以阻止。

例 5

安妮塔窃取了布里安娜价值 200 美元的数码相机,在当铺当得 150 美元,并将其投注在赌博赛马场上,赢得了 1000 美元。布里安娜提起了利益返还诉讼,法院判决 1000 美元的获利之上存在推定信托。(推定信托是第十三章中详细讨论的一种衡平的利益返还措施。)(a) 法院是否也可判处惩罚性赔偿?(b)法院是否被允许判处惩罚性赔偿?(注:第二部分是征求你的意见,并没有"标准"答案)

解释

(a)法院可能不会判处惩罚性赔偿。一般而言,当原告寻求衡平法救济而不是普通法上的救济时,惩罚性赔偿是不可用的。在这个案子中,推定信托是一种衡平法救济。此外,当原告获得利益返还的救济时,是否也可以获得惩罚性赔偿,也存在一些分歧。

(b)法律是否允许惩罚性赔偿的规范性问题是一个有趣的问题。推定信托的目的是要拿走被告的不当得利。在这个假设案例中,如果安妮塔不偷布里安娜的数码相机,她就不可能得到 1000 美元的奖金。这一"吐出原则"是某些利益返还请求的核心,具有惩罚性的因素。当然,对于安妮塔来说,让她支付 1000 美元作为利益返还救济的一部分,比起 200 美元(或者差不多)的损害赔偿,感觉更像是惩罚。但安妮塔是否应该承担额外的惩罚性赔偿呢?

首先从公正的角度来考虑这个问题。一方面,也许逼迫交出收益已经惩罚了安妮塔。另一方面,如果安妮塔的行为特别糟糕(我们都同意偷窃行为是不良行为),也许陪审团应该决定安妮塔是否应该支付超过 1000 美元。毕竟,想想安妮塔在错误之前和之后的状态:如果法院迫使安妮塔交出 1000 美元收益,另外没有别的付出,那么安妮塔将处在和她没有犯错时一样的状态。换句话说,仅仅是吐出收益并没有使得安妮塔的财务状况,比她没有偷布里安娜的相机变得更糟(参见图 15.4)。安妮塔偷了相机并把钱用于投注，使她处在C的位置，即赚了1000美元。利益返还措施迫使她退还这些钱，即把她移到B点，即原状。换言之，比起她没有参与盗窃，她的境况并没有变得更糟。额外的惩罚性赔偿会把安妮塔带入负数的区域。

```
B                                            C
├────────────────────────────────────────────┤
0                                         1000美元

安妮塔在利益返还后                        安妮塔受侵害之
的状态和原状                              后的状态+收益
```

图 15.4　安妮塔-布里安娜案件中吐出非法所得后侵权行为人的状态

当然，允许布里安娜既通过推定信托取得安妮塔的收益，又得到惩罚性赔偿，会让布里安娜获得两笔意外之财。布里安娜最终将会比她不遭受价值200美元的相机损失的情况要好很多。为了说明，假设法院裁定布里安娜取得1000美元的利益返还和另外1000美元的惩罚性赔偿。如图15.5所示，布里安娜在被盗之后，她处在A点，即−200美元。2000美元的判决将她移到C点：第一个200美元补偿了布里安娜的损失，剩下的1800美元则看做是收益。这对安妮塔和布里安娜来说公平吗？也许是吧，考虑到安妮塔行为的错误性质。

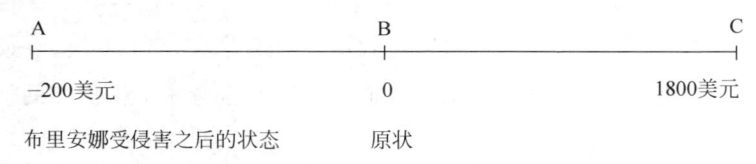

```
A                      B                      C
├──────────────────────┼──────────────────────┤
−200美元                0                  1800美元

布里安娜受侵害之后的状态    原状
```

图 15.5　安妮塔-布里安娜案件中惩罚性赔偿和利益返还的意外之财问题

至于经济方面的争论，在补偿性损害赔偿的背景下，对于惩罚性赔偿的同样争论也适用于此。也就是说，法院可能会通过允许惩罚性赔偿来弥补由于侵权法制度的缺陷而造成的威慑不足。如果只有10%的机会安妮塔将不得不返还1000美元的利益，预期的损失将是100美元，相机的价值对她至少为150美元（她可以从当铺换回的价值）。增加惩罚性赔偿的可能性可以解决威慑不足的问题。

第十五章 严厉惩罚:惩罚性赔偿及其宪法限制　361

15.2 惩罚性赔偿和合同

有时候会说,在合同索赔诉讼中不能适用惩罚性赔偿,但这是一个过于简单的说法。考虑以下三种情形:

情景1:专业摄影师劳伦斯,承诺为马文和娜奥米的婚礼拍照,价格为2000美元。但劳伦斯没能履行承诺按期出现在婚礼上,因为他在家里喝醉了,因而马文和娜奥米的婚礼没有留下任何专业照片。他们起诉劳伦斯违约,并要求惩罚性赔偿。

情景2:欧菲莉亚承诺向波洛涅斯提供小部件,每个15美元。欧菲莉亚违反约定,将小部件出售给另一个买家,每个18美元。波洛涅斯诉请违约和惩罚性赔偿。

情景3:奎因医生过失地诊断罗杰患有一种疾病。罗杰起诉奎因医生违反了合同,宣称并证明奎因医生违反了他们的医疗合同中的隐含条款:尽到合理的注意义务进行治疗。罗杰还要求惩罚性赔偿。

法院可能会认为,情景1或情景2中将不会适用惩罚性赔偿,因为一般不能因违反合同而产生惩罚性赔偿责任。法院对场景1中的原告比对场景2中的原告更慷慨,主要是通过精神损害赔偿的方式。通常,精神损害也不能在违反合同的情况下得到赔偿,但法院在这种损失特别具有可预见性时偶尔会允许这种损害赔偿。比较刘易斯诉霍尔姆案[Lewis v. Holmes,34 So. 66(La.1903),因未能提供承诺的婚纱而判决精神损害赔偿],与卡珀诉萨吉特工作室公司案[Carpel v. Saget Studio Inc.,326 F. Supp. 1331(D. Pa.1971),摄影师拍婚纱照违反承诺时,禁止精神损害赔偿]。在情景1精神损害赔偿的范围内,他们可以增加原告的赔偿金额,如同惩罚性赔偿的功能一样,从而对像劳伦斯这样的被告产生更大的威慑。然而,不像惩罚性赔偿,至少在理论上,精神损害赔偿是为了发挥补偿功能而设计的。

情景3是一个不同的故事。法院很有可能会因为奎因医生的行为允许罗杰得到惩罚性赔偿。原则上,罗杰得到惩罚性赔偿的原因(然而马文与娜奥米和波洛涅斯不能)是奎因医生的行为不仅仅是违约,她还进行了一项独立的侵权行为:过失侵权。但是这个理论上的答案不是令人满意的,它不能解释为什么违反医疗合同是侵权行为,而违反小部件合同或摄影合同的行为则不是。

似乎普遍存在的共识是,某些违反合同的行为也构成了独立的侵权行为,可以获得惩罚性赔偿。这本质上是法院在每个司法案件中做出的一项政策衡量。除了已经讨论过的医疗过错之外,最重要的一种违反合同的行为同时构成侵权的领域是在保险中。当保险公司"恶意"拒绝被保险人的要求时,许多州都把这视为是侵权行为,不仅允许精神损害赔偿和其他侵权赔偿的判决,而且还有可能承担惩罚性赔偿。

例如,考虑一下州立农业保险公司诉坎贝尔案[State Farm v. Campbell, 538 U. S. 408 (2003)]的事实,这是我们在下一节考虑宪法问题时的一个非常重要的例子。在坎贝尔案中,两名司机起诉第三名司机坎贝尔,因为疏忽驾驶导致人身伤害和非正常死亡。坎贝尔在州立农业保险公司投有保险。这两名司机提出按照坎贝尔的保险限额——每人2.5万美元解决纠纷。州立农业保险公司自己的调查显示,坎贝尔应当负全责。

根据适用的保险法,州立农业保险公司有义务不将其利益置于被保险人的利益之上。在解读为对原告最有利的事实基础上得出的唯一合理结论是,州立农业保险公司应该根据保险限额解决这一案件。被保险人的责任明确,受伤的当事人准备接受保险限额(承受严重的伤害),保险人的工作是去解决问题。如果案件没有得到解决,那么坎贝尔本人就会陷入一种危险,即必须对超出限额的损害承担赔偿责任。州立农业保险公司并没有解决这一问题,而是反对索赔主张。它把虚假的事实放在文件中(例如,错误地声称另一名司机有一个怀孕的女朋友),而且有证据表明,他们对这一案件的处理,是反对解决问题良好方案的全国性做法的一部分。

对坎贝尔的侵权案件到了法院。陪审团裁定坎贝尔负100%的赔偿责任,并要求赔偿18.5万美元。州立农业保险公司拒绝支付额外的13.5万

第十五章 严厉惩罚:惩罚性赔偿及其宪法限制 363

美元,并要求坎贝尔开始将他的财产出售。最终,州立农业保险公司同意支付全部的赔偿金,但是到此时,坎贝尔已经起诉州立农业保险公司的恶意(欺诈)和故意施加精神压力的侵权行为。[①] 在坎贝尔与州立农业保险公司的恶意索赔诉讼中,陪审团认定坎贝尔遭受了 260 万美元损失(主要是精神损失,初审法院减少到 100 万美元)和一个额外的 1.45 亿美元的惩罚性赔偿,美国最高法院后来将数量减少,其原因在下一节讨论。

很容易看出为什么在政策层面上,法院会裁定违反像坎贝尔签订的保险合同会构成侵权行为。侵权损害赔偿的可能性,可以用来阻止诸如州立农业保险公司在如下的合同中出现不良行为,此类合同是消费者试图通过购买保险来获得安心和降低风险。

但并非所有违反保险合同的行为都构成了独立的侵权和可能承担惩罚性赔偿。例如,假设在坎贝尔案中,州立农业保险公司拒绝支付是因为它有一个合理的理由:保险单没有涵盖这类事故。进一步假设,法院后来认定州立农业保险公司关于保险条款涵盖范围的理由尽管是合理的,但是错误的。那么州立农业保险公司拒绝支付的行为就构成违约,但不构成侵权(并且因为这个原因,拒绝支付并不是一个能够让坎贝尔获得惩罚性赔偿的行为)。

最后,什么样的违约被视为是一个独立的侵权行为(允许惩罚性赔偿)的问题,归根结底是一种政策考量的平衡。一方面,法院可能希望阻止某些不良行为,特别是在涉及弱势原告的案件中;另一方面,在合同案件中一般性地允许惩罚性赔偿会打乱当事人的预期。如果当事人不知道他们违约的总支出是什么,那么他们就会小心翼翼地签订合同。事实上,对于那些赞同第四章中所描述的"效率违约"理论的人来说,允许惩罚性赔偿将会颠覆效率违约的理论。

为了理解为什么说在一个典型的合同案中,惩罚性赔偿会扰乱效率违约理论,考虑上述的情景 2。效率违约理论认为,当欧菲莉亚违反每件售价

[①] 为了与其他两名司机达成和解,他将自己对州立农业保险公司的 90% 的恶意索赔请求转让给了另外两名司机。

15 美元的小部件销售合同,且在赔偿波洛涅斯的损失后还能赚取利润时,她就可以这样做。① 这样做会将小部件转移到出价最高的用户,并且不会使波洛涅斯的情况变得更糟(假设实际上他的损失得到了补偿)。但惩罚性赔偿会打乱这个计算。欧菲莉亚不得不因为违约而支付惩罚性赔偿的可能性,以及这一赔偿的数额,如果被法院判决将具有高度的不确定性。仅仅这种不确定性就可能会阻止效率违约。更重要的是,如果惩罚性赔偿等于每件额外 3 美元,这些赔偿金可能会阻止欧菲莉亚的违约行为,即使违约对她来说是有效率的。

为了打破这种平衡,法院通常反对在典型的违约案件中创造独立侵权(允许惩罚性赔偿)的论点。在一段时间内,一些司法管辖区(包括加州)在合同一方当事人恶意否定合同存在时允许惩罚性赔偿。但是法院已经不再认为这是一个侵权行为。参见弗里曼和米尔斯公司诉贝尔彻石油公司案[Freeman & Mills, Inc. v. Belcher Oil Co., 900 P. 2 d 669(Cal. 1995)]。

仍然存在一种诱惑,即在某些案件中继续寻找独立的侵权行为,以便适用惩罚性赔偿。加州最高法院法官莫斯克,在弗里曼和米尔斯案件的附议和异议意见中,列出了三种可以判决侵权损害赔偿(包括惩罚性赔偿)的违约行为:

(1) 违约伴随着传统的普通法侵权行为,如诈骗或侵占;

(2) 合同一方当事人使用侵权方式胁迫或者欺骗另一方当事人放弃其合同权利;

(3) 如果该案中一方违反合同,旨在或知道这样的违约将造成严重的、无法减轻的损害,其形式是精神痛苦、个人困难或严重的间接损失。

在莫斯克提议的三个类别中,第三类是最具争议性的。它表明在许多

---

① 例如,假设小部件的公平市场价格是每个 16 美元,但欧菲莉亚可以把它们卖给另一个买家(可能对小部件有特别的需求),每件 18 美元。欧菲莉亚与波洛涅斯的合同是每个小部件 15 美元,因此(我们从第四章知道)每个小部件 1 美元的判决(加上附带的和间接的损失,减掉节省的费用)就可以补偿波洛涅斯。欧菲莉亚可以违反合同,赔偿波洛涅斯的损失,并通过向那些对商品估值更高的用户出售而获得额外每件 2 美元的收益。

消费者和经营性的合同中,一方当事人在违反合同的同时不择手段地追求利益,惩罚性赔偿就会被适用。许多法院可能会反对这样的扩展,理由是它会干扰合同的预期。(思考莫斯克的第三个建议类型是否适用于场景1中的醉酒摄影师劳伦斯)

例6

莎莉是一名狗保姆。她同意在塔比瑟度假的一周内,每天两次去塔比瑟的家代为照顾他的狗,包括散步、喂养等。作为交换,塔比瑟同意向莎莉支付200美元。但实际上莎莉很懒,她两天都没有去看塔比瑟的狗。在此期间,塔比瑟的狗病得很严重并且死了。当塔比瑟质疑莎莉的行为时,莎莉撒谎说她实际上每天都会去照顾两次,饲养该狗。然而塔比瑟的安全录像磁带却在法庭上证明了相反的事实。另外专家的证词表明,如果莎莉像承诺的那样照顾狗,并能够及时将其送至兽医那里接受治疗,塔比瑟的狗将会活下来。在塔比瑟诉莎莉的诉讼中,塔比瑟能获得惩罚性赔偿吗?如果是这样,莎莉就其行为的谎言有影响吗?

解释

塔比瑟确实有一个违约的强劲案件。莎莉承诺在塔比瑟度假的一星期内,每天两次去塔比瑟的家代为照看他的狗,包括散步、喂养等。但毫无疑问莎莉没有做到。除了退还合同价款外,塔比瑟可能会得到间接损失赔偿,其数额根据预见的程度确定。(参见第四章)

然而,惩罚性赔偿的问题依赖于是否存在独立的侵权行为。可以说,莎莉谎称自己依约履行合同的行为,构成了独立的侵权行为:欺诈。目前还不清楚的是,就其履约行为的表述本身是否足以将违约行为转为侵权行为。比较一下罗宾逊直升机公司诉达纳公司案[Robinson Helicopter Co., Inc. v. Dana Corp., 102 P. 3 d 268(Cal. 2004)]的多数和不同意见。

即使没有谎言,仍然有一个潜在的理由将其视为侵权行为,在法院接受法官莫斯克可以适用惩罚性赔偿的第三类违约行为的范围内:一方当事人违反合同,意图或明知这样的违约行为将导致严重的、无法缓和的精神痛苦、个人苦难或重大间接损失。

如果你是审理该案的法官，你会允许陪审团考虑惩罚性赔偿的裁决吗？如果是这样的话，你的答案在多大程度上是受你对人和宠物之间关系的看法所驱动？来测试一下情感，想象一下莎莉承诺仅仅为塔比瑟（不涉及宠物）提供简单的房屋照看，因为莎莉没有按照承诺检查房子，所以她没能及时制止洗衣房的泄漏，给塔比瑟的房子造成了严重的财产损失。然后莎莉对她的行为撒了谎。如果你在这种情况下给予较低的标准（或不给予）惩罚性赔偿，而在前一种情况下你会给予较高的惩罚性赔偿，那么你的观点很可能部分是受了宠物因素的影响。

例 7

全球保险公司收到了一项被保险人维姬的索赔请求，涉及维姬严重撞伤沃尔特的一起车祸。沃尔特准备以维姬保单的限额，即10万美元了结此事。全球保险公司的员工进行了一项调查，以确定维姬是否在事故中存有过失。但由于员工本身在调查中的过失，忽视了一些能够明确证明在导致沃尔特的受伤方面维姬存有过失的证据。全球保险公司拒绝和解，导致最终陪审团裁定沃尔特获得25万美元的赔偿。但由于维姬的保单限额为10万美元，所以维姬对额外的15万美元负有个人责任。

维姬随后以处理该索赔时违反合同为由起诉了全球保险公司，声称全球保险公司违反了合同，在过失评估其索赔主张时以恶意行事。假设陪审团认定这一行为违约，并裁定应当补偿维姬，全球保险公司必须赔偿维姬支付给沃尔特的额外的15万美元。维姬还能在她针对全球公司的诉讼中获得惩罚性赔偿吗？

解释

在这个案件中，维姬可能无法获得惩罚性赔偿。回想一下，允许获得惩罚性赔偿的行为，必须比过失更严重。在这个案件中，看上去全球保险公司的行为并没有比过失更恶劣。因此即使全球保险公司对索赔的过失处理既违反了合同，同时也构成侵权行为，但它也还没有坏到需要承担惩罚性赔偿。

15.3 对惩罚性赔偿数额的宪法限制

到目前为止,这一章主要讨论的是惩罚性赔偿是否适用于特定的法律诉讼,以及法院和陪审团确定他们正当性的标准。虽然这是惩罚性赔偿法的一个重要问题,但同样重要的是,如果判决承担惩罚性赔偿,陪审团又如何裁决(以及法院如何裁决)惩罚性赔偿的数额。考虑一下新泽西州关于惩罚性赔偿数额的规定。

> 如果事实的审判者决定应当适用惩罚性赔偿,那么他们将确定赔偿金的数额。在作出这一决定的过程中,应考虑所有相关的证据,包括但不限于以下:
> (1)(用于决定是否应适用惩罚性赔偿)的有关事实的所有相关证据;[①]
> (2)被告不当行为的盈利性;
> (3)不当行为终止的时间;
> (4)被告的财务状况。

《新泽西州法典加注释》§2A:15-5.12c.

当面对诸如此类的指令时,陪审团可能选择一个非常高的惩罚性赔偿额。这的确是因为在一定程度上,陪审团考虑到了"被告的财务状况",选择一个较大的数额来惩罚富有的被告。毕竟,与比尔盖茨这样一位非常富有

---

① 这些因素包括如下:
(1)在有关的时间内,被告行为造成严重损害的可能性;
(2)被告对由其行为引发严重伤害的可能性的意识,或对此不予关心的主观心理;
(3)在被告知道他的最初行为可能造成伤害后的行为;
(4)行为的持续时间或者被告隐瞒的时间。
《新泽西州法典加注释》§2A:15-5.12 b。

的人相比,一个10万美元的惩罚性赔偿裁决对你来说会有完全不同的感觉。此外,由于涉及到的行为本身,这些裁决的数额将会很高。"该裁决的目的——威慑严重的不当行为和对违法行为者的惩罚——与发现被告是恶意的事实相结合,可以轻易地激怒一个一般情况下较为冷静的陪审团。"参见洛克利诉新泽西州惩教局案[Lockley v. State of New Jersey Dep't of Corrections, 828 A. 2d 869, 878 (N. J. 2003)]。

由于这些因素和其他一些原因(特别是企业为了减少其潜在的责任而推行的"侵权法改革"),许多州要么给惩罚性赔偿一个限额,要么规定法院在某些情况下要降低惩罚性赔偿的数额。例如,在新泽西州,对被告施加惩罚性赔偿的最高数额是"被告应承担的补偿性赔偿数额的五倍,或者是35万美元,以较大者为准。"《新泽西州法典加注释》§2A:15-5.14b。根据一项统计,"五个州要么禁止惩罚性赔偿,要么严格限制其使用。另外至少有一半的州存在法定上限,14个州存在与实际经济损失相关的限额。"约瑟夫·桑德斯:《消费者诉讼中的惩罚性赔偿》,8 J. Tex. Consumer L. 22(Fall 2004),省略脚注。

然而,一些州没有对惩罚性赔偿判决进行有意义的审查。在本田汽车公司诉奥伯格案[Honda Motor Co., v. Oberg, 512 U. S. 415(1994)]中,美国最高法院认为,必须对惩罚性赔偿的数额进行某种审查,以使其符合美国宪法。

你也许可以理性地问一下,美国宪法与各州的惩罚性赔偿裁决之间有什么关系。这是一个公平性的问题,且逐渐成为一个相当有争议的问题。对于还没有上过宪法课程的你们也应该知道,美国宪法在第十四修正案中规定,"未经法定的正当程序",任何州都不得剥夺任何人的生命、自由或财产。这种"正当程序条款"的含义在典型的宪法学课程中,确实需要花费相当多的时间才可以弄懂,其中一个主要问题是,该条款是否仅保证公正的程序(即所谓的"程序性正当程序"),还是也要保证公平的结果(即所谓的"实质性正当程序")。

美国最高法院于1989年开始审查大额惩罚性赔偿判决的合宪性,当时

第十五章　严厉惩罚:惩罚性赔偿及其宪法限制

它驳回了这样一个观点:即禁止过高罚款的宪法第八修正案,可以用作对惩罚性赔偿的限制。参见佛蒙特州布朗宁费里斯工业公司诉科蔻处置公司案[Browning-Ferris Industries of Vermont. Inc. v. Kelco Disposal Inc. ,492 U.S. 257 (1989)]。但两年后,在太平洋共同人寿保险公司诉哈斯普案[Pacific Mutual Life Insurance Co. ,v. Haslip,499 U. S. 1(1991)],法院首次认为,高额惩罚性赔偿判决可能违反实质性正当程序要求。法院认为惩罚性赔偿"失去控制",并指出判决给予补偿性赔偿四倍的惩罚性赔偿的裁定,是"接近宪法允许的底线"。法院随后拒绝推翻一项惩罚性赔偿的裁决,该裁决中惩罚性赔偿与补偿性赔偿的比例为 500∶1。TXO 生产公司诉资源联盟公司案[TXO Production Corp. v. Alliance Resources Corp. ,509 US 443 (1993)],导致一些人怀疑法院是否真的在严格控制巨额的惩罚性赔偿判决。

对被告具有突破性的案件是 1996 年发生的宝马诉戈尔案[BMW v. Gore,517 US. 559 (1996)]。如果你在最高法院并寻求一个案例来控制惩罚性赔偿,这个案子非常适合,因为它的特点非常明显:有一个相对不值得同情的原告和一个相对不具有过错的被告,并且涉及为较小的损害判决一个非常大的损害赔偿数额。

在宝马案中,戈尔在阿拉巴马州购买了一辆价值 4 万美元的宝马轿跑车,开了九个月之后,他把它带到"光泽装饰"保养,让这辆车看起来更加酷炫一些。斯利克先生(不是我编出来的)告知戈尔,在他购买之前他的车被经销商重新喷漆。事实证明,这辆车在到达经销商之前,已经遭到了酸雨的损坏。宝马公司的做法是在不披露实情的情况下,对于较小的损害直接进行修理。在阿拉巴马州,不披露信息被视为是一种欺诈行为,但在其他州却不是。

陪审团认定戈尔的补偿性赔偿是 4000 美元,依据是专家证言:重新喷漆使得车的价值降低了约 10%。接下来评估了 400 万美元的惩罚性赔偿,认为不披露政策是"严重的、压迫的或恶意的欺诈"。阿拉巴马州最高法院减少到 200 万美元,理由是这一行为如果发生在其他司法管辖区,将不会成为惩罚的基础。宝马公司向美国最高法院提起上诉,最高法院以实质性正当程序为由驳回了该裁决。

宝马诉戈尔案的意见是尝试性的,给法院提出了三点"指导意见",以确定惩罚性赔偿的数额是否在宪法上是过度的。

1. 行为可归责性的程度。行为的可归责性程度越大,则惩罚性赔偿的数额就越高。

2. 惩罚性赔偿与实际损害赔偿的比率。这个比例越高,惩罚性判决的宪法性质疑就越多。

3. 对类似不当行为的制裁。如果对类似行为的民事或刑事处罚较低,那么惩罚性赔偿的数额也应该较低,因为这些处罚表明国家不认为该行为是高度应受谴责的。

当然,在任何关于惩罚性赔偿正确数额的讨论中,第一个因素似乎都是最重要的:当然,宝马公司不应该像对另一个故意造成他人身体伤害的人一样受到严厉的惩罚。比率因素在某种程度上是不太站得住脚的,法院并没有解释为什么比率如此重要,而且它发布了一些与使用比率有关的注意事项。首先比较的是惩罚性赔偿与被告造成的实际或可能造成的潜在损害的数额。此外,法院认为,没有一个"简单的数学公式"来判定惩罚性赔偿的合宪性(记住这一主张)。法院给出了"一个行为特别恶劣,但只导致了少量经济损失"的例子,这使得高比率是合理的。该报告还指出,"如果伤害难以检测,或者非经济伤害的货币价值难以确定时,一个更高的比例可能是合理的。"

最后一个因素,对类似不当行为的制裁传递了一个的信息:当国家没有其他的民事或刑事制裁手段来制止不良行为时,惩罚性赔偿可能是最有用的。

四位大法官[首席大法官伦奎斯特(Rehnguist,1924—2005),自由派大法官金斯伯格(Ginsburg,1933年生),以及保守派大法官托马斯(Thomas,1948年生)和斯卡利亚(Scalia,1936—2016)]都提出异议,称惩罚性赔偿的数额应该由州法律决定,而不是以这种方式联邦化。

在宝马公司诉戈尔案之后,法院开始审查惩罚性赔偿裁决的宪法性过度化问题。在那些没有对惩罚性裁决有很大限制的州,比起那些已经进行了一些过渡性审查的州来说,这类案件有可能产生更大的影响。但由于宝马案提出了一个模糊的多元控制指标体系,这似乎并没有带来法律上的重大改变。但随后发生了州立农业保险公司诉坎贝尔案(在上一部分中提到过)。莱科克正确地指出,坎贝尔案是对"宝马案的控制指标"的巨大发展(莱科克,第239页)。

你已经读过坎贝尔案的事实了。以下就是最高法院在坎贝尔案中,如何改变与判决数额的宪法审查相关的宝马案控制指标,否定了1.45亿美元的惩罚性赔偿判决。

1. 法院已经限制了判断可归责性的证据的类型。大多数人认为州立农业保险公司的行为"不值得赞美",如果一个人接受了原告对此行为的看法(通常在上诉时法院会这样认为),则这确实是一个轻描淡写的描述。更重要的是,法院认为为了确定惩罚性赔偿的数额,在判断可归责性时,陪审团可以仅考虑与案件本身的恶意行为存有密切关系的类似行为。因此,被告将能够排除许多类似不良行为模式的证据。

2. 法院已经开始使用数学公式来限制惩罚性赔偿和补偿性赔偿的比例。尽管坎贝尔案的法院说"没有固定的标准",但它表示,惩罚性赔偿与实际和潜在的补偿性赔偿的比例超过9:1的情况很少可能发生:"个位数乘数更可能符合正当程序要求,同时仍然达到国家的威慑和惩罚目标,而不是比例为500:1,或在本例中为145:1。"的确,在像这样的案例中,有"实质性"补偿性判决(回想原告因精神痛苦而获得的100万美元赔偿金),"那么一个较低的比率,也许是仅仅与补偿性赔偿相等,就能达到正当程序要求的上线。"

3. 被告的财富不能作为增加惩罚性赔偿的理由。这也许是坎贝尔案所带来的最大、最重要的改变。"被告的财富不能证明违反宪法的惩罚性赔偿是合理的。"虽然财富的缺乏可能是一个降低损害赔偿的原因,但财富的存在并不能成为提高数额的理由。

可以说,第三个因素是坎贝尔标准中最站不住脚的部分。请注意在本节中先前列出的新泽西州提出的关于惩罚性赔偿需要考虑的因素。当然,新泽西州法院(就像许多其他州的法院)认为被告人的财富是评估裁决数额的一个相关因素,原因是上文所讨论过的,与比尔·盖茨(Bill Gates)等富人有关:相对于一个穷人,需要花费更多的钱来遏制一个富人(或企业管理)。但这个因素如何与惩罚性赔偿的威慑目的相平衡还有待探讨。

在坎贝尔案发回重审后,犹他州最高法院将惩罚性赔偿降至 900 万美元。参见州立农业互助保险公司诉坎贝尔案[State Farm Mutual Insurance Co. v. Campbell,98 P. 3d 409(2004)]。并非巧合的是,他们创造了一个惩罚性赔偿和补偿性赔偿之间 9∶1 的比率。美国最高法院拒绝第二次审理此案。

坎贝尔案并不是最高法院就惩罚性赔偿额进行发声的最后一个。最高法院审理的最近的一个案件对宪法标准制造了混乱。在美国菲利普·莫里斯诉威廉姆斯案[Philip Morris USA v. Williams,549 U. S. 346(2007)]中,法院以 5 票对 4 票的投票结果,认定陪审团不能考虑被告对本州其他居民的类似行为,以对被告做出惩罚性赔偿。但是法院又补充说,陪审团可以考虑那些类似行为来确定可归责性。(当陪审团考虑惩罚性赔偿的数额时,这反过来就又会成为一个考虑的因素。)反对者认为这一区别是"难以捉摸的"(史蒂文斯法官)和该观点的逻辑是"莫名其妙"的[金斯伯格(Ginsburg,1933—)大法官]。

菲利普·莫里斯又出现在另一起最高法院的惩罚性赔偿案中。在埃克森美孚航运公司诉贝克案[Exxon Shipping Co. v. Baker,554 U. S. 471(2008)]中,法院审查了臭名昭著的埃克森瓦尔德斯溢油事件引起的 25 亿美元的惩罚性赔偿判决(5 亿美元的补偿性赔偿)。作为普通法法院(因此不作宪法声明),在根据联邦海事法考虑惩罚性赔偿的正确性时,最高法院认为,必须把惩罚性赔偿与补偿性赔偿的比例控制在 1∶1。这个意见很可能是有影响力的,尽管其边界还远不清晰,从技术上说,这是最高法院决定海事案件,其裁决对州法院根据州法律规定审查惩罚性赔偿额没有约束力。

在埃克森案中,法院限制了其意见的范围,认为1:1的比例适用于"这种特殊的案件"(同上,第511页)。目前尚不清楚的是,由于经济利益驱动而引起的不法行为,或导致更严重人身伤害的案件,是否会有不同的比例。尽管措辞是限制性的,但美国最高法院在这一备受瞩目的案件中批准了1:1的比例,这一事实很可能会促使各州法院在根据州法律对惩罚性赔偿额进行审查时效仿埃克森航运公司案。

与此同时,四名大法官自宝马与坎贝尔案后离开了法院,目前尚不清楚新法官在对惩罚性赔偿的宪法性分析问题上的立场。在坎贝尔案的六名多数派大法官中,只有大法官肯尼迪(Kennedy,1936—)和布雷耶(Breyer,1938—)仍然在,而三名反对者[金斯伯格(Ginsburg,1933—)、斯卡利亚(Scalia,1936—2016)和托马斯(Thomas,1948—)]都在法院。如果有人试图寻求推翻这一案件,法院很有可能会推翻。

但一位学者建议,"法院对惩罚性赔偿的审查几乎可以肯定将会进入一个长期的沉默期,在可预见的未来将不会再审查任何惩罚性赔偿裁决。"吉姆·加什:《一个时代的终结:最高法院(最后)不再为了好意而审查惩罚性赔偿》,65 FLA. L. Rev,525,527(2011)。加什教授指出,在俄勒冈州最高法院案件重审后支持了7950万美元的惩罚性赔偿后,最高法院拒绝听取菲利普·莫里斯的第二份请求(提出了一项实质性正当程序请求)。这是否意味着,正如加什教授所宣称的那样,实质性的正当程序主张已经"死亡",或者法院的大多数人还没有准备好再次去趟这些浑水,还有待继续观察。(同上,第580—583页)

例8

被告经营着一家满是臭虫的旅馆。尽管酒店的客人们对臭虫抱怨不已,但酒店并没有严肃认真地处理这个问题,并谎称房间都是干净的。被臭虫叮咬后会不舒服,不雅观,但不会危及生命。一群酒店客人起诉旅馆欺诈和其他侵权。陪审团裁决5000美元的补偿性赔偿,以及186000美元的惩罚性赔偿。被告相当富有,那么惩罚性赔偿的金额合理吗?

解释

这一假设是基于马赛厄斯诉雅高经济酒店案[Mathias v. Accor Economy Lodging, Inc., 347 F. 3d 672(7th Cir. 2003)]。在由颇具影响力的法官理查德·波斯纳(Richard A. Posner)撰写的意见中,法院维持了惩罚性赔偿的裁决,回应了该裁决过高而违反宪法的质疑。惩罚性赔偿与补偿性赔偿的比例高达 37.2∶1,但法院认定该案并未违反坎贝尔案的规则,认为它属于那些行为非常恶劣但补偿性赔偿较低的案件,因此是例外的情形:被告的行为令人发指,但补偿性赔偿较低,同时由于它的一大部分损害是精神损害所以难以量化。另外被告也可能因为不当行为而获得巨大利益,因为其通过隐瞒实情可以维持房屋的出租。

也许马赛厄斯案中最有趣的是波斯纳法官关于被告财富问题的说法。

> 最后,如果此案涉及的全部金额被限制在 5 万美元……,那原告很可能在这场官司中遭遇经济困难。在本案被告所涉及的总净财产为 16 亿美元。被告的财富并不是给予惩罚性赔偿的充分依据。坎贝尔案与宝马案(附议意见);Zazu 设计公司诉欧莱雅案[Zazu Designs v. L'Oreal, S. A., 979 F. 2d 499, 508-09 (7th Cir. 1992)]。惩罚性赔偿依赖于其社会地位而不是行为,这是歧视性的并且违反了法治。在资源输入意义上,财富能使被告对这样的诉讼进行非常激进的辩护,并且这样做使得诉讼成本非常高昂,这反过来会使原告难以找到律师愿意处理他们的案件,毕竟其只涉及有限的利益,通常只有 33% 到 40% 的胜诉费用。
>
> 换句话说,被告正在为了阻止原告而投资发展其声誉,否则很难解释它为本案辩护的坚定性,即使在陪审团判决有惩罚性赔偿,而其数额不是太高的情况下,仍然提供了大量琐碎的证据。

我以前的一位学生对此写了一篇法律评论,我认为非常正确。在考虑被告的财富问题上,马赛厄斯案与坎贝尔案实际上并不一致。看上去波斯纳法官正试图通过后门将被告的财富信息带入案件中。我的学生进一步认为,在惩罚性赔偿案件中被告的财富所扮演的角色问题上,坎贝尔案是错误的,而马赛厄斯案是对的[利拉 C. 奥尔:《注意,做一个取向于财产的惩罚性赔偿》37 Loy. L. A. L. Rev. 1739 (2004)]。

根据坎贝尔案关于财富在评估惩罚性赔偿数额中所起作用的声明,尚不清楚的是陪审团的做法,比如在新泽西州实施的(允许陪审团考虑被告的财富)是否仍然符合宪法。

例 9

X 恶意向 Y 射击,导致 Y 永久残疾且持续疼痛。X 因杀人未遂而被判有罪,判处 25 年监禁,然后 Y 对 X 的侵权行为进行起诉,包括殴打行为。陪审团裁定,支付 Y 在过去和未来的医疗保健、过去和未来的工资损失以及精神损害等共计 100 万美元的补偿性赔偿。另加 200 万美元的惩罚性赔偿。X 的财产很少,那么惩罚性赔偿的判决合适吗?

解释

当然,X 的行为是应受谴责的,事实上,这可能是陪审团在惩罚性赔偿案件中能看到的最应该受到惩罚的行为。这里的比率是 2:1,相对较低。回想一下,在坎贝尔案中,法院讨论了在涉及"实质性"补偿性赔偿的案件中,1:1 的比例为何可能是最合适的。尽管如此,很难想象在本案中,法院会基于此而减少惩罚性赔偿。与坎贝尔案的 100 万美元补偿性赔偿不同,那 100 万美元是专门用于弥补精神损害的,这里的 100 万美元很大部分是弥补医疗费用和工资损失——这可能是法院理解为服务于一个更大的补偿目的。此外,刑事制裁是严厉的,X 已经受到了严重的刑事处罚。

尽管宝马案、坎贝尔案的全部三条准则,都支持在本案中维持惩罚性赔偿的金额,但由于被告缺乏财产,法院仍然有可能会减少判决。法院有时会说,惩罚性裁决不能使被告破产或毁灭,而那些财产很少的人,面临着 200 万美元的惩罚性赔偿(除了 100 万美元的补偿性赔偿之外),确实会面临破产的可能。

最高法院对坎贝尔案的意见，并没有说考虑到被告缺乏财产，减少一个数额较大的裁决的做法是不恰当的。它只是说，仅仅因考虑到被告的巨大财富而增加惩罚性判决的做法是不恰当的。不过，对于这样一个不值得同情的被告，法院维持这一足以导致 X 破产的裁决，就并不令人感到意外。

第十六章　宣告判决及相关救济

16.1　引言：为什么是宣告判决？

联邦法律规定授权联邦法院在大多数案件中，"宣告寻求这一救济的利害关系人的权利和其他法律关系，无论其是否会寻求进一步的救济。"《美国联邦法典》28，第2201条。早前作为联邦法律典范的统一法案《统一宣告判决法案》(1922年)，后来被许多州采用，赋予州法院类似的救济权力。

一个当事人什么时候会需要法院的宣告判决，而不是寻求另一种救济？考虑以下情况并问自己，对各方各自权利的宣告是否是最佳解决方案，或者其他的救济措施会更好。

- 泽尔达和亚历克斯是邻居。亚历克斯想在他的土地上建一个棚屋，但泽尔达反对，因为她认为亚历克斯的计划会超过土地分界线，而把部分棚屋建在她自己的土地上。
- 芭芭拉拥有浓缩咖啡机的专利权。她一直威胁要起诉嘉利，另一家不同的浓缩咖啡机制造商专利侵权，除非嘉利支付专利费。但嘉利不认为自己存在专利侵权。
- 游行者希望在城市广场举行抗议活动，抗议这座城市对无家可归者的待遇。城市领导人告诉游行者，如果他们游行将违反城市法规，该法规规定在对可能造成的任何损害提供10万美元的保证金之前，禁止任何公众集会。游行者们认为，城市法规这一规定违反宪法第一修正案。

在上述每一种情况下,宣告判决可能是最好的,或者是最好的救济措施之一。在第一个例子中,亚历克斯可能不想在存在边界线争议的情况下建造自己的棚屋,法院可能会迫使亚历克斯之后为越界侵入支付赔偿金,或者甚至可能在建造后移除该建筑。一个权利的宣告判决可以节省亚历克斯的钱,并避免双方发生进一步的麻烦。

从泽尔达的角度来看,确定各方当事人权利的宣告判决也是非常有用的。如果泽尔达相信她的邻居亚历克斯会遵守法院做出的关于边界线的宣告判决,该判决就是泽尔达所需要的一切,其费用还低于其他救济措施,如禁令。相反,如果亚历克斯在建房子时任意作为,不顾法院的权利宣告,那么泽尔达可能会更倾向于获得禁令,以阻止亚历克斯越界(现在确定的)建筑(详见本书第二部分关于禁令规则的更多内容)。正如我们所看到的,与禁令相比,获得一份宣告判决在程序上要容易得多。

禁令和宣告判决之间的对比揭示了一个重要的事实:宣告判决具有隐性强制力。当法院宣布当事人各自的权利后,对这些权利的侵犯与违反法院禁令不同。换句话说,忽视宣告判决的当事人并不受藐视法庭惩处权的惩罚(当事人如果违反法院的禁令则需承受)。但是一旦法院宣布了当事人各自的权利,那么以后如果一方当事人不遵守这些权利,法院将乐意在必要的情况下发布禁令。知道这一点后,大多数当事人将遵守宣告判决,就好像他们是强制性的。

泽尔达与亚历克斯的假设表明,宣告判决是有用的,因为它们减少了不确定性,并且可以像禁令一样,能够被间接强制执行。不确定性的减少在两种情况下尤其有用。

首先,可以用宣告判决来消除无聊诉讼的威胁。在专利背景下,芭芭拉可能有一个"稻草人专利",这是一个专门用来威胁他人为可能无效或并不侵权的专利支付专利使用费。宣告判决终结了芭芭拉用专利侵权诉讼威胁嘉利的能力。在这方面,请考虑卡迪那化学公司诉摩登国际案[Cardinal Chemical Co. v. Morton International, Inc., 508 U.S. 83(1993)],这一案件显示了宣告判决在适当案件中的真实经济价值。

摩登国际起诉卡迪那化学公司涉及某些化合物的专利侵权。卡迪那化学公司否认侵权，并提出宣告救济作为反诉，要求法院宣告摩登国际的专利无效。初审法院裁定，卡迪那化学公司没有侵犯摩登国际的版权，并宣告摩登国际的专利无效。美国联邦巡回上诉法院（处理此类专利纠纷）确认了关于专利侵权的观点，但推翻了该宣告判决，原因是这个问题没有实际意义。事实上，当没有发现任何侵权时，联邦巡回法院会利用自身的一个规则，将所有的宣告判决要求驳回。最高法院推翻了联邦巡回上诉法院对宣告判决的意见，指出巡回上诉法院的裁决否定了专利权人有意义的上诉审查。此外，最高法院说，联邦巡回法院拒绝在这些情况下发布宣告判决"延长了无效专利的寿命，并鼓励对专利的有效性进行无尽的诉讼（或至少不确定）。"

第二，宣告判决可以证明重要的宪法权利。在某些情况下，一个团体可能会决定安排游行（或参与其他政治活动）旨在测试一项该组织认为违宪的法律。这是在保护言论自由和集会权（以及其他宪法权利）这一非常重要的背景下消除不确定性的一种变形。

虽然宣告判决可以服务于有益的社会目的，但也可以被滥用，一个当事人可能会因为一些战术原因比如择地诉讼，而试图使用宣告判决。见莱科克，第586-587页。因此，法院具有较大的自由裁量权来决定是否受理宣告判决诉讼。

例如，考虑一个最近发生在 Xoxide 公司和福特汽车公司之间的案例[Xoxide, Inc. v. Ford Motor Co., 448 F. Supp. 2d 1188(C. D. Cal. 2006)]。Xoxide 公司经营着一个为福特公司制造配件的业务，并在网站上宣传其配件。福特致信 Xoxide 公司，声称该公司的一些活动侵犯了福特的商标。① 双方交换了很多的信件，但没有达成任何协议。Xoxide 公司预计福特公司

---

① 福特公司特别主张，Xoxide 公司：(1)宣称"在互联网域名'MustangTuning.com'中盗用了世界著名商标野马(Mustang)®，这违反了反域名抢注消费者保护法(ACPA)";(2)在其商业名称 MustangTuning 中盗用福特的野马(Mustang)商标；(3)错误地将福特的野马牌或者其变体加入 Xoxide 的电话号码，1-888-STANG-GT 中；(4)"制造、销售、宣传，和（或）分配的车轮上载有与福特注册商标相似的变体"。

将在密歇根州提起商标侵权诉讼，于是在加州的联邦地区法院提出宣告诉讼，要求确认 Xoxide 公司没有侵犯福特的商标权。① 法院援引了一项针对预期诉讼和择地诉讼的规定，拒绝允许 Xoxide 的诉讼继续进行。Xoxide 必须解决福特的主张，或者在密歇根的诉讼中为自己辩护。

宣告判决确实会给当事人带来一些风险，包括争点排除和请求排除（禁止反言和既判力）。至于争点排除（禁止反言），假设泽尔达要求并获得了关于她和亚历克斯土地之间的边界线的宣告判决。但亚历克斯却忽略该宣告判决，超越地界线并在泽尔达的土地上建了房子。泽尔达向法院提起诉讼，要求亚历克斯拆除该建筑。在后面的诉讼中，亚历克斯就不能再提边界线的问题了。因为只要亚历克斯在宣告判决中有一个公平的机会陈述他的观点，那么这个问题现在就已经结束了。

至于请求排除（既判力），一方当事人当然可以在主张宣告性救济的同时，要求获得额外的救济，例如一个禁令或对过去行为的损害赔偿。参见 28 U.S.C. § 2201，一方当事人"无论是否进一步寻求救济"，都可以获得宣告性救济。此外，在第一次主张宣告性救济后，一方当事人可以要求获得更多的救济。参见 28 U.S.C. § 2202，"在合理的通知和听证之后，基于该宣告判决的，且针对其权利被宣告判决所决定的相对方的进一步必要且适当的救济措施可以被批准。"

这是一个棘手的问题。如果原告在提出宣告性救济的同时提出任何其他救济的请求（例如禁令或损害赔偿），则原告将被禁止在以后的案件中要求额外的救济。这似乎是一个难以理解的观点（确实如此），但在加州最高法院的麦格根集团诉孟山都公司案[Mycogen v. Monsanto Co., 51 P. 3d 297 (Cal. 2002)]②，这一点却价值 2.5 亿美元。一个复杂许可协议的双方

---

① 为什么 Xoxide 更倾向于加州法院而不是密歇根法院？有一种可能是，由于福特是密歇根州一个较为强大的公司，所以 Xoxide 担心密歇根法院会对其过于同情。此外，Xoxide 的律师很可能根植于加州，他们更熟悉加州的法官和程序。同样在加州当地诉讼比穿越大半个国家去密歇根州诉讼更加便宜。

② 披露：我曾经咨询过本案中的一方当事人。

当事人对该协议是否和如何适用发生争议。被许可人成功获得一项宣告判决，认定许可人有义务向被许可人许可其技术，同时他还要求得到强制许可人实际履行该义务的命令。在随后的诉讼中，被许可人因许可人延迟许可技术而寻求损害赔偿。下级法院允许延迟损害赔偿案件继续审理，并做出了一个 1.75 亿美元的判决（加上利息）。

加州最高法院认为后面的案子不应该继续下去①，引用了联邦地区法院在克里斯特诉汽船泉之城案［Christe v. City of Steamboat Springs，122 F. Supp. 2d 1183，1189（D. Colo. 2000）］中所给出的理由。

  首先，允许超出纯粹的宣告救济之外的例外，是与宣告判决的目的相违背的，宣告判决是"提供比强制性救济更简单和更宽松的救济"。也许更重要的是，允许一些但不是其他强制性的行为与宣告性救济相伴，将为不确定性和潜在的分开索赔打开大门。例如，法院没有正当的理由，在原告寻求宣告和损害赔偿救济的案件中应用普通的请求排除规则，但对原告寻求宣告性和指令性救济的案件却采用不同的规则。此外，如果法院对后一种情况采取更宽松的一套规则，这将鼓励各方当事人在第一次诉讼不成功的情况下，分解其诉因再次提起诉讼。为了避免不确定性，排除规则的应用必须清楚。一旦一方当事人寻求并获得了强制性救济，申请宣告性判决的例外就会消失，而普通的请求排除规则就必须适用。

底线：要么为纯粹的宣告救济而提起诉讼；要么，如果将宣告救济与其他形式的救济相结合，那么确保你已经向这个被告提出，在这一系列的交易中你想要从该被告那里得到的所有东西。

---

① 换句话说，被许可方应该在关于实际履行和宣告判决的同一诉讼中提出延误损害赔偿。这样的损害赔偿不会给被许可方一个双重救济。实际履行避免了合同未履行的未来损害。迟延损害赔偿在于弥补因未履行合同造成的过去损害。有关实际履行的详细内容，参见第八章。

例 1

达西和尤丽斯在德克萨斯州发生一起交通事故,尤丽斯遭受严重的人身伤害。尤丽斯是阿肯色州的居民,达西是得州的居民。由于预料到尤丽斯将在阿肯色州以过失为由提起诉讼,达西首先对尤丽斯提起诉讼,要求得州法院宣布其并没有驾驶过失。得克萨斯法院是否应该听审宣告判决诉讼?

解释

德州法院很可能会拒绝听审达西的宣告判决诉讼。与上面描述的福特野马案例一样,这看起来像是一场预期的诉讼和择地诉讼。达西很可能是为了在自己的州获得更有利的对待,这就是她为什么进行择地诉讼的原因。莱科克报告说,"有一个非常强烈的假设,即人身伤害的原告有权选择他们的诉讼之地。"(莱科克,第 587 页)

例 2

与例 1 事实相同。这一次尤丽斯先提起了诉讼。她的律师在提起诉讼时只要求确认达西存有过失。律师认为,如果法院确认达西是有过失的,他就可以进一步提起诉讼。同时,只寻求一个宣告判决可以节省一些时间和金钱。尤丽斯的律师做出了明智的选择吗?

解释

不。在本案尤丽斯的律师没有充分的理由去寻求一个宣告判决。减少不确定性以避免将来的诉讼是没有益处的:尤丽斯受伤了,如果其受伤是出于达西的过失,那达西将得支付赔偿金。这种逐个的诉讼方法毫无用处。除了拖延之外,这种策略还可能不利于尤丽斯。宣告判决是由法院而不是陪审团决定的。让一个法院做出一个过失的裁决,最终会剥夺尤丽斯让陪审团审理其案件的机会,而陪审团可能会比审判法官更有同情心(在涉及到赔偿金时会更慷慨)。如果尤丽斯的律师仅仅提出了一份宣告判决诉讼,那么尤丽斯可能会有一个强有力的诉由——针对她自己律师的失职行为!

例 3

对泽尔达与亚历克斯的假设案例的改编:亚历克斯开始建造他的小屋,

泽尔达认为是建在了她的土地上。泽尔达寻求一个亚历克斯在她的土地上建房子的宣告判决,她没有要求其他的救济。法院宣布了亚历克斯在泽尔达的土地上建房的宣告判决。但亚历克斯拒绝搬走那间小屋。(a)泽尔达是否可以重新回到法院,状告亚历克斯应该承受藐视法庭的惩处?(b)请求排除或争点排除规则阻止泽尔达获得禁令,以命令亚历克斯移除财产,并对过去的侵入行为支付赔偿金吗?

解释

(a)亚历克斯不能被认定为藐视法庭。该宣告判决只明确了当事人的权利,它并没有为亚历克斯赋加义务去拆除他的房子或补偿泽尔达。在这里不适用一些例外的情况(见第十章),在没有当事人不遵守的有效禁令时,一方当事人不能被认定为是藐视法庭。泽尔达可以再回到法庭申请一项禁令,如果亚历克斯不遵守法院的命令,亚历克斯可能会被确定为蔑视法庭。

(b)因为泽尔达提出了纯粹的宣告性救济诉讼(即要求作出宣告判决,没有要求其他的救济),泽尔达后续可能会提出诉讼要求禁令、损害赔偿或两者兼有。(因此,这种情况与麦格根集团诉孟山都公司不同。)然而,当事人的财产边界线的问题已经在宣告判决中得到解决,双方当事人被排除重新提出这一问题。

16.2 宣告判决的成熟要求

宣告判决与其他类型的救济不同,原告通常在受到伤害之前寻求救济。宣告判决的这一特征使其类似于禁令,导致了一些相同的问题:在当事人之间发生现实的、鲜活的争议之前,救济措施就被提起。正如我们在第七章中所看到的那样,原告必须满足"致害倾向"要求才能获得指令性救济,从而处理在禁令背景下的这个问题。(原告寻求禁令必须证明"不可弥补的损害",原告寻求宣告判决时则不需要。)

在宣告性救济方面,法院对宣告判决诉讼规定了"成熟"要求。如果法院认为是"未成熟"的案件,那它就不会考虑宣告性救济的要求。这一节将讨论,在一个请求宣告性的判决之前,存在的争议达到如何的程度才会被法院认为足够成熟而必须考虑它。

在联邦法院,成熟有一个宪法纬度。美国宪法第三条授权联邦法院只审理"案件"或"争议"。在纳什维尔、查塔努加和圣路易斯铁路诉华莱士案[Nashville, Chattanooga & St. Louis Railway v. Wallace, 288 U.S. 249(1933)],美国最高法院裁定,它有宪法第三条规定的权力去审理在田纳西州法院提起的对宣告判决的上诉。最高法院认为,一个宣告判决的案件可以依据宪法第三条进行审理,"只要案件保留了对抗性诉讼程序的要素,涉及一个真实的而不是假想的争议,其最终需要由接下来的判决决定。"

当联邦法院在宣告判决案件中考虑成熟问题时,可以使用一个"浓缩"的成熟标准,考虑"(1)当事人利益的困境;(2)判决的结论性和(3)判决的有用性。"参见 Pic-A-State Pa 公司诉雷诺案[Pic-A-State Pa., Inc. v. Reno, 76 F.3d 1294(3rd Cir. 1996)]。最近一项应用该标准的案例是霍达拉环境公司诉布莱基案[Khodara Environmental, Inc. v. Blakey, 376F.3d 187(3d Cir. 2004)]。在霍达拉环境公司案,一个垃圾填埋场开发商提出了对美国联邦航空管理局(FAA)的宣告判决之诉,寻求一项宣告:即一项规定在机场附近建造垃圾填埋场的新的联邦法律,并不禁止他们提议中的填埋场的建设。① 开发商宣称,它的建设——乐观地将其命名为"快乐着陆垃圾填埋场"②——需根据新法律的"祖父条款"(即该新法律之前的法律规定。译者注),因为它早已经开始垃圾填埋场的建设了。而美国联邦航空管理局认为开发商宣告判决的要求是不成熟的,因为开发商没有证明,它能够获得州的许可来完成垃圾填埋场的建设。

第三巡回法院由当时的法官(现在的最高法院法官)阿利托(Samnel Alito,1950—)提出的意见认为,宣告判决之诉是成熟的。应用 Pic-A-State

---

① 在垃圾填埋场附近出现的鸟类,以及鸟类对飞机飞行安全的潜在干扰,是引起联邦航空局关切的原因。

② 再说一遍,我不是在编造。事实往往比虚构更有趣,尤其是在这本书中。

Pa标准,法院指出,双方明显是相互冲突的,判决书将会最终确定快乐登陆垃圾填埋场是否落入新法律之前的法律调整范围内,最重要的是判决将让开发商"处于一个知道是否应该承担重新设计场地计划的昂贵项目,并再次尝试获得国家的许可。"

虽然州法院并没有限制在美国宪法第三条的权力之内,但有些州也对宣告判决主张施加成熟性要求。(其他州法院更愿意发表纯粹的咨询意见。)得州最近的一个例子是很有启发性的。在拯救我们的春天联盟诉奥斯丁市政府案[Save Our Springs Alliance v. City of Austin, 149 S. W. 3d 674 (Tex. App. 2004, no pet.)],一个环保组织寻求一项宣告判决,要求确认奥斯丁市批准的一项土地使用项目违反了一项城市法令。① 法院认定该主张尚未成熟,因为该市尚未批准该项目。它只是得到了土地使用委员会的批准,而不是得到具有最终权力的机构批准,该市有可能不会批准该项目。如果批准了,在没有损害的情况下,对原来诉讼的否定就会允许一旦有一个成熟的争议时就提出一个新的诉讼。

法院的意见给出了一些赞成成熟原则的理由。"该原则有务实的,审慎的一面,其宗旨在于'保护司法时间和资源用于实际和当前的争议,而不是抽象的、假设的或遥远的争议。'此外,避免不成熟的诉讼会阻止法院陷入抽象的分歧纠缠当中,同时允许政府机构和政府的其他部门不受阻碍地履行职能。"

例 4

F 教授和 G 教授对一个深奥但重要的州保险法的观点进行了激烈的争论。他们之间的分歧如此强烈,以至于他们两人拒绝相互交谈,也不愿在教师委员会上一起工作。他们同意共同请求州最高法院通过一项宣告判决"一劳永逸"地解决这一问题。他们准备并向法院提交案情摘要,并就这一问题的两个方面进行了充分的研究和书面论证。法院是否同意作出宣告判

---

① 该组织还寻求一项禁令,禁止在已获该市批准的同一地区开发不同的地产。法院认为,这一主张没有实际意义,原因我们在此并不关心。

决的请求？

解释

莱科克认为,"法院不应该授予宣告判决,以解决法学教授的假设"(莱科克,第 576 页)。"拯救我们的春天联盟案"为成熟原则提供了一些理论依据,它们似乎可以在这里适用:法院去确认没有任何实质性争议的假设问题,将是对司法资源的一种浪费。尽管法律教授对这个假定问题充满热情,并准备好了关于这个话题的简要陈述,但这并不是法院所关心的那种"真正的争议"。如果在申请书中提出的问题真的是关于州保险法的一个重要问题,它最终会在一个真正的争议中出现,在这个争议中,某人的财产利益(至少)是危险的。抛开两名法学教授之间的感情恶化,再没有充分的理由启动州最高法院这台机器,让其卷入像这样的案件中,而且很难想象有哪个法院会这么做,即使在法院发布咨询意见的司法管辖范围内。这些教授们最好是设计一个"模拟法院问题",由州最高法院的法官进行判断,从他们的争论中得到一些反馈。

例 5

和在最初的泽尔达与亚历克斯关于建造小屋的假设案情一样,但亚历克斯在向法院提交的一份文件中说,无论是在他的土地上还是在越界的土地上,他都无意建造这个小屋。泽尔达提供一张亚历克斯在她的房子附近带着一名测量员的照片进行反驳。法院是否应该对双方的财产界限作出宣告判决？

解释

这一案件归结到法院的可信度问题。如果法院认为当事人之间存在争议,那么法院很可能会通过一项宣告判决来决定这件事。如果法院不认为有可能出现争议,那么法院就不会做出裁决。

如果法院拒绝审理宣告判决的申请,那么案件就会被驳回且不损害权利。这一否定将允许泽尔达提起后续的诉讼[可能是一项禁令和(或)损害赔偿],如果亚历克斯实际上开始了在泽尔达认为是她的土地上的房屋建设。当然,在对这一假设案例的变化中,亚历克斯已经向法院表示,他无意在他的土地上或泽尔达的土地上建造小屋。如果亚历克斯真的建造了这样的小屋,并面临泽尔达的新诉讼(尤其是在同一位法官前),那么法院很可能对亚历克斯非常不利。

16.3　宣告判决和联邦制

再重新思考本章早些时候提到的游行者和城市的例子。游行者认为,城市关于游行保证金的要求违宪,为宪法第一修正案赋予他们言论和集会自由的权利设置了负担。但市政官员相信这项法律是符合宪法的,并计划如果真的游行就会逮捕游行者。

游行者有一些选择(除了通过提供保证金来遵守法律)。首先,他们可以决定触犯法律,如果因为触犯法律而被逮捕,他们将会以该法律违宪为由为自己辩护。这样的指控将在州法院进行。如果诉讼成功,指控将被驳回。如果不成功,游行者可能会受到刑法的惩罚。因此这种策略是有风险的,除非游行者确信法院会将这项法律确定为违宪。

第二,游行者可以从法院寻求禁令,禁止该市执行针对游行者的法律。如果游行者能够被证明有不可弥补的损害和致害倾向(见第七章),法院将考虑是否禁止该法律的执行。这一诉讼可以在联邦或州法院提起,两家法院都有权禁止执行违反美国宪法的法律。在 Ex 帕蒂·杨案[209 U. S. 123 号(1908)],最高法院批准了一项禁令以消除一项艰难的选择:要么遵守一项可能违宪的法律,要么违反它并面临指控。

第三,游行者可能会向法院寻求一项宣告判决,以宣告该城市的法律是违宪的,至少适用于游行者是违宪的。但此时游行者需要证明该主张是成熟的,正如这一章的前一部分所指出的那样。该宣告判决不受蔑视法庭惩处权的支持,但不希望城市在提供保证金的规定被宣布违宪后控告游行者。如果这个城市进行了控告,这项规定的违宪性问题在今后的任何刑事诉讼中都应该被禁反言,从而禁止提起控告。这一诉讼可以在联邦或州法院提起,假设州法允许作出宣判判决,两类法院都有权宣布一项法律违反美国宪法。参见施特费尔诉汤普森案[Steffel v. Thompson,415 US 452(1974)]。

到此为止,一切似乎都很简单。但如果游行者违反法律,在州法院因为违反城市规定而被指控,然后去联邦法院寻求宣告判决,以宣告城市的规定违宪,复杂的问题就会出现。一旦州法院的指控悬而未决,联邦法院将不再听审要求宣告城市规定违宪的案件,联邦法院也不会发布禁止州进行控告的禁令。参见杨格诉哈里斯案[Younger v. Harris,401 U.S. 37,(1971)];塞缪尔诉麦克尔案[Samuels v. Mackell,401 U.S. 66(1971)]。联邦法院避免陷入联邦制的纠葛,联邦法院干预正在进行的州刑事控告案件将是一件重大事项。

以下是有关这些问题的三个重要细节。首先,如果联邦和州法院都有权宣布法律违反美国宪法,那可能并不清楚风险会是什么,毕竟游行者可以在州法院的控告中为自己辩护,理由是这一法律违宪。答案是历史的看——尽管今天可能不再是真的——许多诉讼当事人(特别是那些参与民权斗争的人)认为联邦法院比州法院能更好地保护联邦宪法的权利。

第二,时间是这些案件的关键,规则很复杂。一旦州检察官采取正式程序开始控告(例如提交起诉书),则应该采用"杨格节制规则(Younger abstention)"(即联邦法院不予干预)。然而,即使一名可能的刑事被告首先在联邦法院提起宣告性救济诉讼,如果州法院在联邦法院"根据案情进行实质性的诉讼"之前已经开始了控告,"杨格节制规则"仍然应适用。参见希克斯诉米兰达案[Hicks v. Miranda,422 U.S. 332,349(1975)]。因为希克斯规则禁止那些去联邦法院太迟的刑事被告人作为原告去寻求宣告判决。当然,这个可能的刑事被告也不能提起诉讼太早,否则诉讼可能还不成熟。见莱科克,第595-596页。

第三,假设州的控告没有开始,必须存在一个"成熟的争议",联邦法院才能宣布州或地方法律违宪。参见斯达芬尔(Steffel)案:"无论指令性救济是否适当,当没有州的控告悬而未决,且联邦法院的原告证明存在执行有争议的州刑事法规的真正威胁时,联邦宣告救济就不得被排除,无论对其违宪的指责是根据外在的还是在适用中的原因。"斯达芬尔案中,下级法院认为指令性救济是不适当的,因为原告不能证明存在无法弥补的损害。[①] 斯达芬尔案坚定地确立了,即使不能证明无法弥补的损害但只要案件是成熟的,就能够宣告违宪。

例 6

一个城市通过了禁止裸体跳舞的法令。城市中的三个举办裸体舞蹈表演的俱乐部,只能停止这种做法,并去联邦法院寻求宣告判决,要求宣告该法令是违宪的,并寻求禁止执行该法令的禁令。三个俱乐部中的一个再次开始裸体舞蹈。在联邦法院开始在实体上审理宣告判决和禁令的请求之前,州开始对恢复裸体舞蹈俱乐部提出刑事指控。(a)州指控再次开始裸体舞蹈的俱乐部是否构成蔑视法庭?(b)联邦法院有权宣布该法令违宪,并禁止其强制执行吗?

解释

(a)州不能因为控告俱乐部而认定为蔑视法庭。虽然三家俱乐部提出申请宣告判决和禁令的请求,但法院尚未批准这些要求。实际上,法院在实体上对该案并没有做什么。没有发出禁令,该州就不会因为违反该法令开始起诉该俱乐部而被联邦法院认定为蔑视法庭。

(b)这个问题的事实是基于多兰诉塞勒姆酒店案[Doran v. Salem Inn, Inc.,422U.S.922(1975)]。首先,联邦诉讼中的三家原告俱乐部并不是处于相同的诉讼地位。停止活动并没有重新启动裸体舞蹈的两家俱乐部,如果他们能证明有无法挽回的损失,应该有权根据斯达芬尔规则获得宣告救济;如果联邦法院认定这条法令是违反宪法的,他们也能够获得禁令。然而第三个继续裸体舞蹈的俱乐部,将无法获得宣告性救济和禁令的好处。在他们的请求获得任何实质性进展之前,州已经开始对他提出指控,意味着州起诉的目的首先是为了"杨格节制规则"(参见希克斯案)。

---

① 斯达芬尔案中的原告在最高法院放弃了他的指令性救济的要求。因此,最高法院对下级法院所做的决定——即原告不能证明不可挽回的损害——是否正确没有表达意见。

这一裁决造成了一个反常情况,三个类似的被告会被区别对待,尽管他们在从事违反当地法令(很可能是违宪的)的活动这一点上是完全相同的。在多兰案,最高法院认识到了这一异常,但认为"本案中的三个俱乐部所处的地位,就应该如同他们是各自独立的一样。"

例 7

帕西菲卡有一条存在已久的法令,规定同性性行为违法。汉瑞是一个同性恋权利宣扬者,他认为,根据劳伦斯诉德克萨斯案[Lawrence v. Texas, 539 U. S. 558(2003)]中美国联邦最高法院的意见,该法令是违宪的。(1)在80多年里没有人因为违反该法令而被指控。那联邦法院能宣布其违宪吗?(2)汉瑞召开了一个当地电视媒体的新闻发布会,会上他宣称自己打算下周请警察来他的家中逮捕他,因为他参与了违反该法令的活动。然后他去联邦法院寻求一份宣告该法令违宪的宣告判决。联邦法院能宣布其违宪吗?

解释

(1)尽管这一法令看上去似乎违反了可以适用的最高法院的劳伦斯先例,但法院很可能会拒绝宣告其违宪,因为此案件尚未成熟。这个州在长达80年的时间里并没有以违反那条法令为由控告过任何人,并且也没有新的控告证据,如果仅仅是制造一个象征性的点,就不值得去启动司法机器。另一方面,该法令仅仅是存在在书本上,我们不知道有多少人因为这项法令而不敢从事类似的法律行为。在汉瑞可以证明法令会让他(或其他人,可能加入作为原告)感到恐惧的情况下,法院有可能会同意作出宣告判决。

(2)汉瑞的行为在这里似乎旨在创造一个"案例标本",以避免其对法律的挑战将被宣布为不成熟的可能。联邦法院可能会介入,特别是如果帕西菲卡的官员作出一些暗示,即他们真的打算以汉瑞违反法令为由将其逮捕。另一方面,如果这项法令根据劳伦斯案无疑是违宪的,也许联邦法院将决定最好让法令的违宪性问题在州法院决定,因为如果汉瑞因违反法令而被指控,这将作为他抗辩的一部分。

可以说,汉瑞不喜欢这两种情形中的任何一种,他更希望他挑战法令产生的任何负面宣传会使立法机关废除这一法令,因为该法令似乎是违宪的。立法行为会除去任何一个宣告式判决或控诉的原因。

16.4 其他的宣告性救济

　　虽然宣告式判决是一种相对较新的司法救济(只在近100年里被许多法院接受),但在更多的时间里,法院给予的其他救济也有类似的宣告性目的。

　　我们已经在本书的前面部分看到了两种这样的救济。首先,在第一部分中,我们讨论了象征性赔偿金。为了说明这种救济的宣告性本质,让我们回到我们的泽尔达和亚历克斯的假设案中。假设亚历克斯出去测量他意图建造棚屋的土地,在这样做的时候,他越过了泽尔达认为是区分他们土地的界线。泽尔达至少在理论上可以起诉亚历克斯非法入侵。(这种民事侵权无需证明被告在原告的土地上,而只需证明其有进入土地的意图。)泽尔达并没有因亚历克斯微不足道的越界遭受损害,但陪审团认为亚历克斯的确越界了,并必须支付给泽尔达1美元作为象征性的损害赔偿,这样的判决所发挥的作用,与法院确定当事人之间边界线的宣告判决类似。

　　如今,随着宣告性判决比较容易得到,一方当事人需要借象征性赔偿金来达到宣告判决结果的现象比较少见了。

　　其次,合同变更的救济至少在形式上是宣告性的,比如我们在第十四章中看到的,合同的变更是一种法院对双方当事人间合同的重写,尤其是在一些书面合同的内容,与当事人在订立合同时的内心意愿不一致的案件中。合同的变更会被认为是宣告性的,因为法院宣告了当事人间现有合同的内容。但合同的变更又不仅仅是宣告当事人的权利:它也给合同当事人规定了新的义务。的确,正如第十四章所提到的,一些学者认为合同的变更更多的是利益返还而非宣告,因为合同的变更是将当事人放在如果在书面合同中没有错误记录他们的意图时,他们本来所应处的位置。

除了象征性赔偿金和合同的变更之外，还有一种在宣告判决法案被法院采用之前就有的传统的宣告性救济措施，那就是"确认权利的衡平文书"（the equitable bill to remove cloud on title，在某些司法管辖区也被认为是否定权利的文书或者承认相反权利的文书）。这种宣告式的救济措施曾经（现在在一些州仍然是）对处理不动产权属纠纷很有用，特别是如果这些争议涉及与所有权相关的任何文件的有效性时。① 在一些州这种衡平救济已经被成文法化，并且今天在许多司法管辖区，一个宣告判决所发挥的作用与"确认权利的衡平文书"相同。

何时适用这种财产纠纷的救济规则在各州都有不同的规定。一个问题是收回不动产这一救济与其他救济的重叠。据莱科克报告，在一些州，"如果被告占有财产，该诉讼仍然称作收回不动产，或者类似于收回不动产，任何一方当事人都可以要求一个陪审团；反之，该诉讼则类似于'确认权利的衡平文书'，属于衡平法的救济"（莱科克，第607页）。当诉讼为衡平法救济时，就由法官而不是陪审团决定。

有关你的诉讼案由的称呼规则在某些州可能是渎职陷阱。尤其是如果处理的是一个发生在你经常活动的州之外的土地纠纷案子，那么明智的做法是咨询当地资料，以确定你的诉讼的适当形式。你应该总是考虑是否将传统的救济请求与要求作出宣告性判决的请求结合起来。

关于用来代表在财产纠纷中宣告权利的救济的标签，思考一下最近发生在印第安纳州的韦瑟罗尔德诉杰克逊的案子[Wetherald v. Jackson, 855 N. E. 2d 624(Ind. App. 2006)]。杰克逊和詹姆斯·斯瑞汉在湖滨物业有相邻的土地。杰克逊家族将他们的地在周日用于娱乐活动，那块地有一个游艇码头。"还有一个沙滩区，杰克逊认为是在他们的地段内。在沙滩的另一边接近66号地段，一个木船突出去伸到了水中。詹姆斯·斯瑞汉告诉杰克

---

① 早在1936年，一些法庭就允许这种救济方式也能被用于解决一些个人财产纠纷的问题。参见《通过衡平诉讼或根据宣告判决法案来确认动产权利的权利》[Right to Quiet Title or Remove Cloud on Title to Personal Property by Suit in Equity or under Declaratory Judgment Act, 105 A. L. R. 291(1936)]。

逊这个木船是他们双方之间财产的分界线。"但事实上,那个木船位于斯瑞汉一边。

杰克逊更换了码头,并修建了甲板和眺望台。斯瑞汉将自己的财产卖给了韦瑟罗尔德,他后来在杰克逊的沙滩附近修建了一个摩托艇码头。杰克逊反对,主张码头越过了分界线,并且要求韦瑟罗尔德移除。韦瑟罗尔德提起诉讼请求判决财产权利归属,称杰克逊对转让的部分区域并没有合法权利,并且他们妨碍了他对财产的使用。作为回应,杰克逊提出反诉,主张时效占有的宣告判决。

注意韦瑟罗尔德诉讼的案由是"确认权利",因为他声称依据财产的契据记录他是财产的合法所有人。作为回应,杰克逊寻求宣告判决,认为他们通过时效占有获得了争议财产(看上去时效占有的主张并不能通过确认权利的诉讼予以解决)。这些诉求是在初审法院审判的,法院判决杰克逊通过时效占有取得财产权利。尽管根据印第安纳州法律,解决这种普通财产纠纷的程序似乎是正确的,但其他司法管辖区的适当程序可能会有所不同,需要进行进一步的研究。

例 8

一位妻子死亡,其单独拥有一些不动产,其兄弟姐妹认为这些财产应该属于他们而不是丈夫。丈夫提起一个宣告判决诉讼,要求法院宣布妻子的兄弟姐妹对这些不动产没有利益。法院在宣告判决诉讼中会考虑丈夫的请求吗?

解释

看上去这个纠纷是一个宣告判决诉讼的很好例子,只要这个诉讼请求是成熟的。如果丈夫可以提出证据证明,在他和其妻子的兄妹之间确实存在一个关于那块土地所有权归属的争议,那么一个宣告判决就可以消除不确定性,并且使所有人都明确知道他们各自权利的基础上继续前行。

但表面现象具有欺骗性。正如前文所提到的,在这里关于土地纠纷的适当诉讼形式,在各个司法管辖区是非常不同的。在博特诉霍斯顿案[Porter v. Houghton, 542 S. E. 2d 491(GA 2001)],佐治亚州最高法院认为,宣告判决诉讼并不是解决这类争议的恰当方法,因为"一方当事人必须确定,减少将来进行诉讼的风险是非常必要的——如果没有指导,将会损害他的利益。"(不清楚的是,如果他打算使用或处置妻子的不动产,而妻子的兄弟姐妹会反对时,他为什么不能证明这一点。)法院认为,根据佐治亚州的法律,确认权利的法定诉讼是正当的(《佐治亚州法典加注释》§23-3-60)。根据审理博特案的法院,这一法规的目的在于"清晰而肯定性地确立,一些特定名号的人,是在这一程序中的法令所限定的所有土地利益的所有人。"再次,请注意渎职陷阱。

第十七章 我需要别人：辅助性救济

17.1 金钱判决

辅助性救济是一种帮助性质的救济——即这类救济是帮助其他的救济正常发挥作用。我们在第十章已经讨论了一种最重要的辅助性救济：蔑视法庭惩处权。蔑视法庭惩处权使得禁令具有了它的力量，当一方当事人不遵守禁令时，蔑视法庭惩处权将允许对当事人采取强制执行、惩罚，或者在有些案子中还可以要求给予赔偿。

不幸的是，对于在诉讼中寻求一个如补偿性救济这类合法救济的大多数原告来说，蔑视法庭惩处权并不能被适用，除非是在一些家庭法案件中，这将在下文讨论。这种区分的实际影响是巨大的。在某些情况下，损害赔偿的判决毫无意义，因为它根本无法得到执行。

看一个在近几年里很有名的损害赔偿判决的案子：辛普森案。大家可能知道，前橄榄球明星在杀害前妻尼克尔·布朗·辛普森和她的朋友罗恩·戈德曼的刑事审判中被宣告无罪。受害者家属随后在民事法院起诉辛普森，控告他的民事侵权行为。陪审团认定辛普森对被害人的死亡负有850万美元的补偿性赔偿责任，和2500万美元的惩罚性赔偿责任。[①]

[①] 你可能会想知道为什么第一次审判对第二次审判没有产生既判力，即如果在第一次审判中陪审团发现辛普森对于谋杀没有责任，那第二个审判中陪审团怎么能认定他对布朗·辛普森和高盛的死亡负有责任呢？这个问题的答案取决于案件的不同证明标准。第一次审判的陪审团在判断辛普森是否犯有谋杀罪时适用的证明标准是排除合理怀疑（即适用的刑事案件的标准）。但是在民事审判中，为了确定责任和补偿性的赔偿责任，陪审员在确定辛普森对谋杀事件是否负责时，采用了更容易满足的优势证据标准。关于惩罚性赔偿，陪审员在判断辛普森是否采取欺诈，压迫或恶意行为时，采用了明确而令人信服的证据标准。见《加州民事法典》§3294。明确而令人信服的证据标准比优势证据规则更难满足，但相对于刑事证明标准来说还是较低的。因此，根据非常困难的刑事证明标准，陪审员在第一次审判中的结论，并不排除根据民事证明标准，他们可能会认定辛普森承担责任（应当受到处罚）的可能性。结论是，刑事诉讼对民事诉讼并没有既判力的影响。

辛普森拒绝自愿履行这一判决，就像很多的被告（被称作"判决债务人"，即判决不利于他们）被判决承担损害赔偿责任时一样。在被告不自愿支付赔偿金的这些案件中，原告（被称为"判决债权人"，即判决有利于他们的一方）就有三种方式可以尝试获得救济。首先，判决债权人可以对判决债务人的非豁免不动产行使法定担保；第二，判决债权人可以申请执行判决债务人的不受豁免的个人财产；第三，判决债权人可以扣押判决债务人的工资或银行账户。

法定担保：如果判决债务人拥有不动产，判决债权人则对该财产享有担保权，可以强制其出卖，这样至少可以支付判决所确定的一部分赔偿金额。但是，判决债权人并不优先于其他拥有优先权的债权人，比如像对该财产享有抵押权的银行。比如，假设辛普森拥有一些投资价值为30万美元的不动产，但其上有20万美元的抵押担保。判决债权人可以强制出售房屋，但其中的前20万美元将被用来偿付抵押债权人，剩余的钱才能用来支付判决中的赔偿金。

然而，法定担保的行使有一个非常重要的例外。各州都制定了所谓的"家园豁免"规定，以阻止债权人执行债务人的住房，或至少可以保护房屋价值的一部分。因此，如果判决债权人强制出卖，那判决债务人将可以通过家园豁免的例外所保护的价值中的一部分来获得其他的生活住所。在某些情况下，这样的家园豁免规则可以完全排除法定担保。例如，在辛普森案件争议期间，辛普森搬到了佛罗里达州，并购买了一套昂贵的住房。而佛罗里达州刚好有一个无限制的家园豁免规定，这就意味着辛普森的住房不能被强制出卖来履行判决。[①]

执行：在辛普森案中判决债权人在判决后首先所采取的措施是"执行"：即要求执法警察控制一些辛普森的个人财产，将其出卖以履行判决。在执行债务人的个人财产时，债权人面临两个主要障碍。首先，他们必须要找到

---

① 根据《破产滥用防治法》和2005年的《消费者保护法》，在某些情况下，即使像佛罗里达州这样的州法律允许无限制的宅基地豁免，一个破产的人也不能从债权人那里得到超过146450美元的家庭财产价值的豁免。Pub. L. No. 109-06, codified as amended in 11 U.S.C. §522(p)(1)。

财产。如果被告在审判期间就已经成功地隐藏了他的财产,那就算是原告得到了胜诉判决,所能得到的也寥寥无几。①执行法官不会为了找到债务人的财产而进行调查。相反,债权人需要告诉司法官员在何时何地可以找到债务人的财产。更重要的是,也不是所有的财产都可供执行。我们已经讨论了家园豁免规则。州法律和联邦法律都提供了对其他财产的执行豁免规定,例如,联邦法律禁止执行债务人的养老金。这样,债权人就不能执行从辛普森的 400 万美元养老金中每月扣除 25000 美元[安妮·麦克德莫特(Anne McDermott):《辛普森案件五年后:他们现在在哪儿》,CNN,June 11,1999]。尽管面临巨额的赔偿金,辛普森还在接受《人物杂志》采访时表示:"很多人都想要处在我的状态,抚养我的孩子,打高尔夫球。"(同上)

执行豁免的规定使得在辛普森案中的判决债权人很难选择。在 1997 年,辛普森的律师正在努力反击债权人,因为当时债权人找到了辛普森价值 40000 美元的福特探险者汽车,以及一架儿童大钢琴,辛普森辩称这是他送给他母亲的礼物(《法庭战斗的焦点:辛普森的运输工具和钢琴》,CNN,1997 年 8 月 7 日,http://www.cnn.com/US/9708/07/Simpson.hearing/index.htlm)。12 年后,战争还在持续着。到 2009 年,最初判决的金额加上利息已经翻倍,而大部分的义务都没有履行。[Harriet Ryan,Agent Hems on Simpson Clothes,L. A. TIMES,June19,2009,http://articles.latimes.com/2009/jun/12/local/me-oj-suit 12.]

协助执行:"协助执行是一种针对判决债务人的债务人的独立诉讼,最常见的代偿义务人就是银行和雇主。"(莱科克,第 839 页)这样的话,如果辛普森有一份固定的工作,或者在一个可以找到的银行账户中有一笔存款,那债权人就可以去银行或者雇主那里,至少能要求将一部分钱转移给他。州法律对能在工资中扣除的金额进行限制,在州法律设定的最高额度之上,联邦法院也规定了一个能从工资中扣除的比例,这就再次防止债权人将债务

---

① 如果原告怀疑被告会隐藏自己的财产而不履行判决,那原告可以申请诉前保全命令。这是本章下一个要讨论的主题。

人逼到倾家荡产的境地(见 15 U.S.C.§1673)。在家庭法的背景之外,这个限制比例是更高的,扣除的工资被限制在实得工资的 25%,或者最低工资的 30 倍,以这两个中的较小者为准。

2006 年,辛普森同意写一本名为《如果我杀人了》的书,在这本书中他描写了,如果他是凶手的话,他将会如何去杀人。这本书的出版商朱迪思·里根称其是一种自首。在各种争议中,这本书被禁止出版,并且里根也被解雇。在出书交易被取消之前,朱迪思·里根声称辛普森自己也不会收到那 35 万的预付款,那笔钱将通过第三人直接给到他孩子手中。(《原始数据:朱迪思·里根的申明:"我为什么要做这些"》,福克斯新闻频道,2006 年 11 月 17 日, http://www.foxnews.com/story /0.2933.230280.00.html。)根据州法律,这种企图通过第三人来规避债权人的行为并不会被支持,并且预付款会通过执行(一旦辛普森收到预付款),或通过给出版商的一个协助执行命令,而被债权人拿到。(这本书最终为了债权人的利益而出版)

因为协助执行或强制执行的可能性,很多富有且财产容易找到的债务人都趋向于自愿履行以避免被强制执行。我们来看一个案子,涉及这位创始人和一个大公司。原告对该公司获得了一个数百万美元的惩罚性赔偿判决,该公司向美国最高法院递交申请,要求推翻本案判决。一份向最高法院的复审请求并不会自动停止对判决的执行。这家公司向最高法院的法官申请暂停执行,原告同意在最高法院裁决之前暂不执行。当那位法官拒绝暂停执行申请时,该公司(其有权利)向另一名法官提出了暂缓请求。此时原告告诉该公司不会再等待。如果该公司的第二次暂停申请被拒绝,执行人员将会在该公司的一个办公室控制其办公设备。这个公司很快将支票交到原告手中,从而避免了这种结果的发生。(最高法院的第二个法官很快拒绝了暂停申请,合议庭后来拒绝审理此案)

对于如何完成执行和协助执行的具体细节,在各个州都有不同的规定,在这里就不一一叙述了。但是对于执行有一些一般性的规则,正如莫瑞杰柔教授所总结的一样:

在大多数州,如果是不动产,那当这些财产被依法归类或记录在案时,判决就会在这些财产上创造一个担保,即众所周知的"法定担保"。

如果判决债权人不能通过记录一份文件来使得对债务人的财产担保生效,则判决债权人必须以扣押或其他方式控制财产,以便获得担保并使其生效。一个判决债权人无权自己控制债务人的财产去实现判决的内容,而是必须争取执行法官的帮助。在获得胜诉判决后,债权人有权获得执行令状,无论是现在还是以前在一些地方,这被称为是法院强制执行的命令。

债权人必须将令状交给执行官,而执行该令状则是司法官的工作。执行员通过征收的方式执行。如果财产是易于移动的,那"征收"就是指移转财产的实际物理占有。在普通法中,执行官只能通过对有形财产的实际控制来执行令状。当财产不易移动时,则通过观念占有实现征收。至于对财产的控制是实际的还是观念上的,关键在于公示。只要财产的所有者或者第三人知悉财产已被征收并将被拍卖,则征收就已经生效。

莫瑞杰柔:《控制产业名称以执行判决:回首过去以展望未来》,72 U. Cinn. L. Rev. 95,130-131(2003)(脚注省略)。莫瑞杰柔教授写到,这些制度不能适用到无形财产权,比如说知识产权上。

征收货物的一个复杂问题在于,其他债权人可能对同一财产享有利益。在这种情形下,州法规将会规定优先顺序,这通常取决于谁优先申请,但也不一定经常如此。比如,正确注意到他们对财产的安全利益的担保债权人,在这些财产上享有一种优先于普通判决债权人的优先权利。

关于协助执行的本质,让我们从一个假设案例和一些术语开始。埃里卡碾过弗兰妮并伤到了她,随后弗兰妮得到了一份针对埃里卡的 20000 美元的胜诉判决,但是埃里卡拒绝支付。埃里卡是 G-Corp 的员工,弗兰妮可以直接去 G-Corp 并得到一份要求 G-Corp 直接向其支付一部分弗兰妮工资给他的命令(受到各州和联邦法律对协助执行数额的限制)。在这种情况下，埃里卡是被告也是判决债务人。弗兰妮是原告、判决债权人以及协助执行权利人，G-Corp则是协助执行人，如图17.1所示：

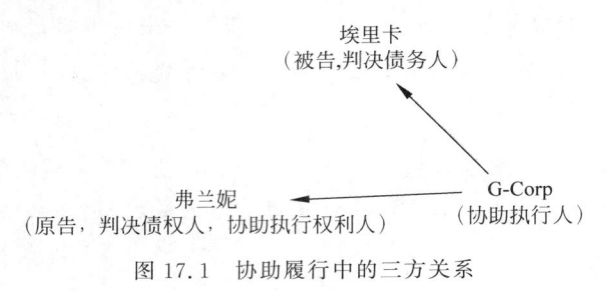

埃里卡
（被告，判决债务人）

弗兰妮　　　　　　　　　　G-Corp
（原告，判决债权人，协助执行权利人）　（协助执行人）

图17.1　协助履行中的三方关系

在图17.1中，协助执行使得G-Corp（协助执行人）将原本应发给埃里卡的部分工资交付给弗兰妮（协助执行权利人）。虽然这看起来对协助执行人并没有多大的影响（除了会计要麻烦写两张支票），协助执行实际上为协助执行人施加了一种风险。如果G-Corp即协助执行人误将把所有的钱都交给了埃里卡而不是弗兰妮，那法院要求G-Corp也要向弗兰妮支付。参见湖滨银行信托公司诉联合农业局股份有限公司案[Lakeshore Bank & Trust Co. v. United Farm Bureau Mut. ins. Co., Inc., 474 N. E. 2d 1024, 1027 (Ind. App. 1985)。"它说，通过程序启动和传票服务，债权人获得了对债务人的信贷或资金的衡平担保……这样，如果协助执行人在衡平担保成立后还向债务人转移资金，在协助执行程序中他依然会对债权人有义务，并视其为资金仍在他的掌控当中。法院会要求协助执行人第二次支付，但这次是向债权人。"]。

关于强制执行和协助执行的这种规定，意味着胜诉的原告经常还需要跨过重重障碍，才能够成为成功的判决债权人。换句话说，对于原告（和为他们服务的律师，通常会从获得的赔偿金中抽取一定的比例，详见17.3部分）来说，如果被告很可能是"履行不能"——即没有支付判决中所确定的金钱的能力，那么得到判决也并不是一件很好的事情。这也是当一个人决定起诉谁并且为这场诉讼要投入多少精力时所必须要考虑的一个因素，也是为什么在可能的情况下，民事诉讼的原告都有动机将"深口袋"的被告与其他被告一起起诉的原因。

我们可能提出一套替代性的司法体系,即金钱判决也受到蔑视法庭惩处权的支持。除了一些并不经常适用的例外,对金钱判决的强制执行在家庭法背景之外无法适用,而通常在儿童抚养场合,和在极少数情况下涉及配偶赡养费问题。参见麦卡蒂案,98 P.540(Cal.1908),允许利用蔑视法庭惩处权来支持赡养费的支付。

这样的话,如果亨丽埃塔没有履行支付孩子抚养费的义务去抚养她的儿子以赛亚,那法院会命令她支付,或者面临坐牢的风险,如果她依旧不履行的话。一些需要支付抚养费的判决债务人大都会因为这种强制而自愿支付,这经常是伴随着蔑视法庭惩处权的力量。但是这种强制也会引起新的问题,主要是关于判决债务人无力履行的问题。

正如第十章所详细叙述的,如果法院没有能力强制一方当事人去遵守法院命令,那法院一般不会使用蔑视法庭惩处权。这样的话,如果亨丽埃塔是一个无家可归的穷人,在可预见的将来都没有可能支付孩子抚养费,那法院就不能使用蔑视法庭惩处权:这样的权力将不再是强制性的,只会是惩罚性的。这条规则意味着法院必须调查债务人的支付能力,而这就提出了更多的问题,比如养活自己到底需要多少钱。

比如,假设亨丽埃塔居住在城市当中一个不错,但不是最好的区域的公寓里,每月租金1500美元。如果有证据表明在该城市一个不太好的区域,亨丽埃塔应该能够以每月1000美元租到一个较为破旧的公寓,那法院可以判决她每月至少支付500美元的儿童抚养费吗?

并且如果亨丽埃塔本来能够找到一份工作赚钱来支付孩子的抚养费,但她拒绝工作,又怎么样呢?加州最高法院认为,拖欠孩子抚养费的判决债务人,如果坚持拒绝寻找工作,将受到蔑视法庭的惩处。详见莫斯诉高级法院案[Moss v. Superior Court,950 P.2d 59(CAL.1998)]。

考虑到支付孩子抚养费的重要性,或许社会已经做出了最好的选择:在那种背景下允许蔑视法庭惩处权,但不能被用到一般的判决中来。然而,从判决债权人的角度看,也许为孩子支付抚养费的例子表明,有一种强制金钱支付的可行性机制是可能的。辛普森肯定具有一定的赚钱能力,但他选择不使用它来偿还他的债务,这是人们可能认为辛普森不应该有这种自由的一个方面。你赞成把蔑视法庭惩处权扩大到一般判决的履行上吗?从给法院带来额外负担的角度看,这种改变在一般案件中是否是值得承受相应的管理麻烦呢?

例 1

茵宝国际(Umbro International),一家在英国和其他地方销售流行的足球服装和其他商品的公司,起诉了 3263851 加拿大有限责任公司(3263851 Canada, Inc.),因为它使用了网络域名"unbro.com"。茵宝获得了一份宣告判决,认定茵宝有权使用"umbro.com"域名,和一份禁令,禁止 3263851 加拿大有限责任公司使用这个域名,并判决 24000 美元的赔偿。3263851 加拿大有限责任公司并没有能够被轻易控制的财产,但它确实拥有其他 38 个网络域名的权利。茵宝对网络问题解决公司(Network Solutions, Inc.)提起一个协助执行之诉,因为后者拥有 3263851 加拿大有限责任公司的域名。茵宝想拍卖这些域名的相关权利(其中一些是有价值的)以实现其判决。法院能允许茵宝这样做吗?

解释

弗吉尼亚州最高法院认为,茵宝不能强迫网络问题解决公司,给茵宝拍卖这些域名的权利[网络问题解决公司诉茵宝案,Network Solution, Inc. v. Umbro Int'l Inc., 529 S. E. 2d 80, 87-88(Va. 2000)]。法院的解释是弗吉尼亚的相关法律不能适用到这种新技术案件中。在本章早期提到的莫瑞杰柔教授的文章中,称弗吉尼亚最高法院的观点是错误的。

   许多协助执行和强制执行的法律法规在数十年的时间里并没有被修改,并且州立法机关不可能预料到科学技术会创造的财产新类型。毫无疑问,域名注册人可以获得一定的好处,域名可以引导人们进入他的交易,并且当注册人不再想要这个域名时,他还有权通过出卖获得潜在的巨大收益。域名持有人也应当承担拥有有价值权利的相应义务。

允许判决债权人通过控制并出卖网络域名的方式实现金钱判决,将强制域名注册人承担这些责任。

莫瑞杰柔,前引书,第 149-150 页。

例 2

回到埃里卡和弗兰妮的假设案件中。埃里卡拒绝向弗兰妮付款,但弗兰妮发现埃里卡在幸福银行拥有一个账户并且还有 10000 美元的存款。弗兰妮正确地向幸福银行提起协助执行的要求。但幸福银行在自己的电脑系统里进行操作之前,埃里卡走进幸福银行的一个支行,取走了他的 10000 美元并且进行了销户。幸福银行对弗兰妮负有责任吗?

解释

答案是肯定的。一旦幸福银行收到协助执行的通知,那就有责任直接向弗兰妮付款,而不是给埃里卡。银行应该努力追踪埃里卡并主张这些金钱的利益返还,但无论这样是否能够成功,都不影响弗兰妮向银行请求支付 10000 美元的权利。

例 3

这里对埃里卡和弗兰妮的假设案件稍作变动。在弗兰妮对埃里卡提出协助执行请求,要求他的雇主将埃里卡工资的 25% 支付给弗兰妮时,埃里卡辞掉了工作并搬回其父母家中。埃里卡告诉弗兰妮:"我宁愿不工作也不愿为你工作!"那弗兰妮能否得到一个要求埃里卡回去工作以实现判决的命令呢?

解释

在大多数的司法管辖区,答案都是否定的。在家庭法的案件之外,法院不会运用蔑视法庭惩处权来强制埃里卡去工作并偿还自己的债务。有些判决债务人希望,如果他们拖延足够长的时间,判决债权人就会离开(有些人会这样做)。但是,辛普森案表明也不经常是这样。确实,有时候甚至也不是因为金钱。辛普森案件中死者罗恩·戈德曼的父亲承诺,如果辛普森做出一个完整的书面谋杀承认,那他就放弃对辛普森财产的权利。在辛普森案和其他案件中,判决可能不只涉及金钱,还涉及金钱之外的事项。但一旦判决主要涉及金钱,比如埃里卡与弗兰妮案,强制性的蔑视法庭惩处权并不是一个选择。

17.2 诉前冻结命令,扣押和接管

在本章的第一部分,我们已经看到,当判决债务人不愿意,或者在判决后没有能力支付时,判决债权人要从判决债务人那里得到赔偿将是一件多么困难的事情。民事案件的被告通常会在判决前被诱惑尽可能地隐匿或者转移自己的财产,以免被判决债权人执行。根据适用的州法律,被告不得隐匿财产或转让财产,企图欺骗债权人或阻止有效判决的执行。那作为原告该如何做才能阻止这种行为呢?

当欺诈性转让在判决后被发现,法院可以认定交易无效,对交易标的进行强制出售并支付给债权人。这样的话,如果法院认定辛普森并没有在判决之前真的将一架婴儿大钢琴作为礼物赠送给他的母亲,而是通过这种方式保护自己的财产,法院会命令将钢琴返还并予以出售,将其所得支付给判决债权人。

但有时原告希望在判决前采取措施,防止被告在预见到对其不利的判决后隐藏和分散财产。原告在判决前通常有三种可能的方式来帮助自己。

1. 冻结命令。诉前冻结是一种预先禁令,用来防止被告在诉讼期间转移特定的财产。在第九章我们详细讨论了预先禁令的要求,想要了解诉前冻结的具体操作机制,就必须首先了解预先禁令的运行细节。简单来说,申请冻结令的原告必须证明基础案件在实体上胜诉的可能性,以及如果命令被拒绝会带来无法弥补的损害。在决定是否批准冻结命令时,法院必须在两种损害之间进行平衡,即如果法院错误不授予冻结命令给原告带来的损害,和如果法院错误同意冻结给被告带来的损害。法院可要求原告预先支付一笔保证金,以担保错误授予冻结令所造成的损失。

思考一下拉姆露丝信托案[in re Estate of Ramlose,801 N. E. 2d 76 (Ill. App. 2003)]的事实。汉尼伯格先生是拉姆露丝信托财产的受托人,亚历山大·拉姆露丝是该信托的受益人,她对汉尼伯格提起违反信托义务的诉讼,指控他挪用信托财产供个人使用。最终,公共监护人代表拉姆露丝的利益申请成功,理由是拉姆露丝是一位95岁的老人且患有老年痴呆症。公共监护人宣称,汉尼伯格在拉姆露丝被诊断为老年痴呆后不久,从拉姆露丝的信托财产中转移了70万美金到自己的信托基金中。汉尼伯格反对损害赔偿的要求,甚至因为缺席审判而被认定为蔑视法庭。在诉讼过程中,拉姆露丝死亡,公共监护人于是接管了其地位。

公共监护人担心汉尼伯格会在审判过程中藏匿自己的财产,向初审法院提出针对汉尼伯格的银行账户和一些他名下不动产的冻结命令。在没有经过听证的情况下法院发布了如下的命令:"所有的财产和银行账户,不管是汉尼伯格的不动产还是动产,包括其单独拥有以及与他人共同拥有的财产和账户,或者是自己作为受托人,为家庭的任何成员,包括他自己、他的妻子、他的母亲或者他的子女的利益成立的信托,以及汉尼伯格能够享有信托利益的所有信托,均被冻结,在法院没有进一步的命令前均不能以任何理由接触这些财产。"

上诉法院推翻了这一命令,给汉尼伯格一个听证的机会,以决定该命令是否适当。上诉法院进一步指出,冻结令所涉及的财产范围过于广泛,超过了公共监护人所要求的财产范围,包括冻结了分时共享的美国犹他州城市公园的买卖。最后,上诉法院还发现了一个潜在的正当程序问题:"在拉姆露丝的信托基金和汉尼伯格的银行账户、其他财产、不动产以及全程没有参与这些程序的他的家庭成员的财产之间没有任何关联。"这个案子给我们的教训是,即使被告看上去正在实施一个不法行为,谨慎地去起草一个冻结命令既符合正当程序,又描述被冻结财产的范围以及冻结的原因,是非常重要的。

2. 扣押财产。扣押财产"通常是指一种预先的协助执行或者诉前扣押"(莱科克,第865页)。这是一个比简单的冻结命令更极端的命令,它阻止被告在判决前遣散财产。在实体上做出最终的判决之前,它将被告的财产控制在原告的手中。

不同的州对于取得财产扣押的标准各不相同。例如在纽约州,原告必须证明被告"有意欺骗他的债权人,或阻挠一项可能有利于原告的判决的执行"。并且,被告还有"转让、处置、妨碍或者隐匿财产,以及将财产转移出州,或者打算实施这些行为。"N.Y.C.P.L.R. §6201(3)。相比之下,在康涅狄格州,只要证明如下的事实就足够了,即"有可信的原因,一个关于所寻求的诉前救济的数额判断,或者超过所寻求的诉前救济的数额的判断,考虑任何已知的抗辩、反诉或抵销等,将在有利于原告的事项中提出"。《康涅狄格州法典加注释》§52-278c(a)(2)。而被告则是有权利要求听证,并对扣押的问题提出争辩。[同上,§52-278c(g)[①]]

看一下最近康涅狄格州发生的一个案例,来说明一下康涅狄格州的机制是如何运作的,这是又一次来自"真相比虚构更离奇"的部门。A 家庭和 B 家庭是邻居,他们之间正在发生一系列的冲突。

当 A 家庭把两套房子挂牌出售时,B 家庭将几辆坏掉的吉普车和一辆拖车放在他们的院子里。破烂的吉普车看起来像是来自废物堆积场。那辆拖车刚好停在(一座待售房子旁边)的街道的右侧,并且有很多车贴,"小鹿斑比制造了可口的三明治"和"我愿意戴上口套"。A 家庭在他们的财产和被告的财产之间修建了一个 6 英尺高的篱笆,而 B 家庭随后建造了一座 10 英尺高的建筑,包括两根木头标杆,和悬挂于柱子之间一根电线上的一些生锈的圆柱体。B 家庭也在自己的地界上放置了一个"不要越界"的标志牌,并且在自家的窗口进行观察。

参见金赛尔有限公司诉图博睿案[Kinsale, L. L. C. v. Tombari, 897 A.

[①] 诉讼程序已经成功地争论表明,在没有听证的情况下给予原告财产扣押的权利违反了美国宪法所保障的正当程序权利,之后康涅狄格立法机关遂增加了这项听证的权利。See Kinsale, 897 A.2d at 651 (反对意见)。

2d 646,647(Conn. App. 2006) internal quotations omitted］。

　　A 家庭起诉对方干扰自己，并单独提起诽谤诉讼。在关于对方扰民这一点上，A 家庭诉称，他家房子的价格因为 B 家院子里的垃圾（B 家庭辩称这是受宪法第一修正案保护的艺术）下跌了 25 万美元，A 家庭同时也要求扣押 B 家庭 25 万美元的财产，他们认为通过诉讼他们在实体上能够得到那么多钱。初审法院作出一项扣押 10 万美元决定，认为 A 家庭很可能在其滋扰诉求上获胜，并能够证明 10 万美元的损害。康涅狄格州的上诉法院在一人反对的情况下维持了扣押决定，认为初审法院的事实调查上没有明显的错误。

　　如果在实体审判后，法院发现应更倾向于 B 家庭，那现在如何能够防止 A 家庭将这 10 万美元挥霍掉，而被告事后无法恢复呢？《康涅狄格州法典加注释》§ 52-278d(d)在相关部分规定："被告可要求原告提供保证（有担保），其数额由法院来决定，足以合理保护被采取诉前救济的被告的财产利益，以补偿被告的财产因为被采用诉前救济而可能遭受的损害。"在确定一个保证金是否适当，以及如果适当，确定一个正确的数额时，"法院应当考虑到承受诉前救济的财产的性质、财产扣留或者存储的方法，以及诉前救济可能会引起的被告财产利益损失"[同上，at 52-278 d(e)]。法院也可以对比较贫穷的原告放弃保证金的要求。[同上，at 52-278 d(f)]

　　3. 接管财产。接管是一种类似于扣押的预先禁令，不同的是要一个中立的第三人去经营和管理该企业，或者在涉及经营的纠纷解决期间，采取措施让其慢慢停止。这样，如果股东或者企业合伙人陷入一场诉讼，一个中立的第三人则被要求在诉讼期间进行经营管理，以防止欺诈和不当经营。

　　得克萨斯州的法律列举了许多原因，为什么法院可以批准接管，以及法院是否决定接管的标准。

　　　　为了一个公司的财产和业务，一个接管人将被任命……无论何时当存在的情形被法院认为，需要任命一个接管人来保护公司的财产和业务，避免对利害关系人造成损害，但也只有当所有其它的法律要求被满足,并且其他所有可利用的救济,不管是普通法或衡平法上的,包括委任一个公司特定财产的接管人在内,都被法院认为是不充分的情形下,也只能在以下几种情形:

(1) 在一个公司已经设立的股东提起的诉讼行为中:

(a) 公司破产或濒临破产的紧急危险;

(b) 董事在公司的事务管理中陷入僵局,而股东无法打破这个僵局,因此公司正在遭受无法弥补的损害,或有遭受这种损害的威胁;

(c) 公司董事或控股股东的行为是非法的、压迫性的或欺诈性的;

(d) 公司的资金被滥用或者浪费;

(e) 公司股东在选举权的行使方面陷入僵局,当董事任期届满或者即将届满,在一段时间,包括至少在连续的两个年度会议日,无法选出该董事的继承人;

(2) 公司成立后债权人提起的诉讼:

(a) 公司破产,而债权人的诉求已得到判决,但执行结果并不满意;

(b) 公司破产,公司已书面承认债权人的债权存在并已经到期;

(3) 在任何其他诉讼中,根据衡平法院的惯例任命接管人。

《得州民事法典解释》§1396-7.05(A)

尽管得克萨斯的法规看似是比较宽泛的语言,但并不像它看起来的那样具有包容性。例如,在亨布尔勘探有限公司诉费尔韦土地有限公司案[Humble Exploration Co., Inc. v. Fairway Land Co., 641 S. W. 2d 934 (Tex. App. 1982)],一组油井业主状告油井的运营商,声称运营商没有用一种"好的专业的方式"开展业务。业主试图想让在其提出针对运营商的主张审理期间,将油井的经营由他人接管。

初审法院批准了接管,但上诉法院依照§7.05的早期版本中的用语予以推翻。油井业主不是经营者公司的股东,他们也不是已经得到判决确定,或经营者书面债务承认的债权人,或者存在异议,多数人认为接管并不与

"衡平法院的惯例"相一致。

例 4

在一次酒吧打架中,贺拉斯打了葛丽泰的脸,导致后者严重受伤,她的鼻子受伤严重需要进行矫正手术。葛丽泰经济困难,并且没有医保。她承受了 25000 美元的损失,并且在与贺拉斯的侵权案件正式审判之前还面临着破产的可能。贺拉斯在审判中将以正当防卫进行抗辩。贺拉斯是一个非常富有的人,他有很多容易被发现的财产,能支付葛丽泰得到的任何判决。那葛丽泰能否在诉前申请冻结命令、扣押财产,或者接管等,从而从贺拉斯那里得到钱吗?

解释

在这个案件中,一份诉前冻结的命令可能不是一种合适的救济。葛丽泰无法确切地指出贺拉斯将会在判决前将哪些具体财产进行隐匿或转移。实际上,贺拉斯拥有很多财产且能够在判决后找到的事实,说明作为判决保障的任何冻结命令是没有必要的。在任何情形下,冻结命令都不能在判决前把任何一笔钱都控制在葛丽泰手中。

依赖于司法管辖区,这里扣押是一种更好的选择。就像在纽约这样的辖区,如果缺乏一些尝试进行欺骗或者浪费贺拉斯财产的证据,扣押将很难获得。如果葛丽泰能证明她更有可能在审判中胜诉,那么在康涅狄格这样的司法管辖区,她可能会有一段比较轻松的日子。法院作出裁决之前需要了解案情,来判断葛丽泰的殴打侵权主张在面对贺拉斯的正当防卫主张时是否有胜诉的可能。而这种需要发誓的对抗很难在审理前就容易得到解决。

如果法院允许扣押,贺拉斯会被要求提供保证金。如果法院允许给葛丽泰 25000 美元,葛丽泰随后将其支付了医药费,那如果贺拉斯在真正的审判中获胜,他也无法要回这笔钱。根据康涅狄格州的法律,由于葛丽泰经济困难,法院也可以放弃保证金的要求。

最后,接管在这儿也不是一种合适的救济措施。贺拉斯并没有葛丽泰所得利益的商业,也不存在贺拉斯隐藏或散尽自己经营财产的担心。

17.3 律师费和诉讼费

律师,像法律系的学生一样,都需要吃饭,并且除了一些法律援助案件外——很少有律师会免费工作。除了代理费之外,诉讼还会带来额外的费用:诉讼费、专家证人费,以及其他的费用。根据美国的法律规定,除了合同约定和法律规定,双方当事人都要承担自己的律师费。① (英格兰人使用相反的规则,并不奇怪,被称作英国规则,是让败诉一方承担胜诉方的律师费)

原告需要支付自己的律师费这一事实,直接影响到其应有的状态标准。回顾一下第二章的一个案例:亚历克斯不小心烧毁了芭芭拉的房子,造成芭芭拉10万美元的损失,正如图17.2所示,我们可以用 B—A 来计算芭芭拉的损失10万美元。

```
A                                    B
├────────────────────────────────────┤
-100000美元                          0
芭芭拉受侵害之后的状态               原状
```

图 17.2

正如第二章所指出的,算出10万美元作为将芭芭拉恢复到其应有的状态的数目,这其实掩盖了一系列复杂的问题。我们现在就来分析其中的一种:律师费。假设卡拉是芭芭拉的律师。芭芭拉和卡拉之间的合同可能会约定芭芭拉按小时向卡拉支付代理费,或者可能还有其他的约定,比如说胜诉提成费。如果是约定胜诉提成,那一旦芭芭拉败诉,卡拉就不会拿到一分钱;但如果芭芭拉胜诉,那卡拉就会从芭芭拉收到的赔偿金中按一定比例提取自己的费用。

---

① 律师费也可以作为对恶意诉讼的惩罚,和作为对藐视法庭的处罚,在家庭案件中,当一位私人原告以私人检察总长的名义起诉,以及在诸如集体诉讼的共同基金案件中。莱科克,第883-884页。

假如卡拉成功地为芭芭拉赢得了10万美元的胜诉判决,并且能从亚历克斯那里得到这笔钱。假设无论是按照小时收费或者是胜诉提成,卡拉都能得到2.5万美元的代理费。在此情况下,10万美元的判决并没有真正让芭芭拉回到其应有的状态(如图17.3),相反,她只是回到了B—,相当于负25000美元。换句话说,比起如果没有侵权行为时她本来应处的状态,芭芭拉少了25000美元——并没有回到其应有的状态。

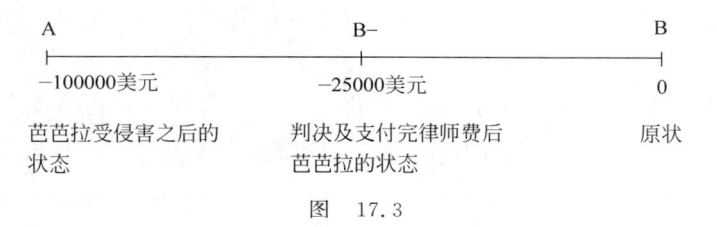

```
A                          B-                         B
|———————————————————————|—————————————————————————|
-100000美元              -25000美元                  0

芭芭拉受侵害之后的        判决及支付完律师费后         原状
     状态                   芭芭拉的状态
```

图 17.3

因为美国的规则所导致的原告补偿不足的问题,社会实践中通过几种方式来解决。第一种方法就是转变为英国规则。然而,不清楚的是,转变为英国规则是否会对原告带来纯收益。对于原告有充分理由的案件,英国规则看上去是一个不错的主意。但是对于在诉讼中举证比较困难的原告来说,英国规则或许会是一种威慑。而胜诉提成允许原告将支付自己律师费的风险转移给了原告的律师,但这对于转移必须支付辩方律师费的风险而言则没有意义。①

第二种处理补偿不足问题的方式是仅允许单向费用转移,即如果原告胜诉,则他能够得到律师费,但如果他输了,却不需要支付被告的律师费。当然,这种方式对原告是很好的(对被告是一种负担)。正如我们将要看到的,这种费用的转移在法规规定的特定领域适用,它并不是一种通用的规则。

第三,像在特殊案件中的平行来源规则和惩罚性赔偿的可能性,会增加原告的收入,从而补偿因支付律师费而遭受的部分损失。但是,这些规则是

---

① 一些证据表明,英国规则对原告人来说不一定是件好事,因为改变为英国规则,是受到被告主导的"侵权法改革"小组所支持的。

用一种偶然的方式来解决一般性的问题。

最后,陪审团——可能会有一些理解美国规则的陪审员组成的——可能会超额补偿原告,从而使原告在其支付律师费后真正能回到其应有的状态。

回忆一下美国规则的早期表述:在没有合同约定或者法律规定的情况下,诉讼的双方当事人都各自承担自己的律师费。首先考虑一下美国规则的合同例外。通常情况下,合同双方当事人会拟定一个合同条款,约定如果双方当事人因为合同而发生争议,败诉的一方需支付胜诉一方的律师费。

如果你是一个聪明的律师,你或许会尽力在合同中拟定一条单向费用转移规定,即约定如果我的当事人被诉并获胜,合同的另一方当事人须支付他的律师费。但是如果我的当事人败诉,则双方各自承担自己的律师费。这种方式估计会聪明反被聪明误。例如,根据加州的法律,法院会对这种单方面的规定解释为以互惠的方式适用到双方当事人[《加州民事法典》§1717(a)]。

律师费用也可以由法律做出规定。莱科克报告道:"超过200个联邦法规和4000个州法律规定了律师费的支付。"莱科克,第882页。例如,版权法规定,胜诉方——原告或被告——有权获得合理的律师费用(17 U.S.C.§505)。

一些规定律师费的法律条款明确规定了单向费用转移[详见 e.g.,15 U.S.C.§1640(a)(3),允许胜诉的原告以违反联邦诚信借贷法案为由起诉以获得合理的律师费用]。有时候法院会以利于原告的方式解释律师费用的法律条款以帮助原告。确切地说,联邦层面上最重要的律师费用规定之一,42 U.S.C.§1988(b),它允许在大多数原告胜诉的案件中胜诉的原告能得到律师费。但是,根据法律,胜诉的被告则只能在原告故意提起诉讼,或者有骚扰被告的动机的情形下才能从原告得到律师费。参见汉斯莱诉埃克哈特案[Hensley v. Eckerhart,461 U.S.424,429 n.2(1983)]。

一旦法院判定一方当事人因为某种原因而有权获得合理的律师费用,①

---

① 首先,法院必须确定谁是"胜诉的一方",当原告已经得到其要求的一部分救济但不是大部分时,这个问题将比较困难。

那就必须确定什么是合理的费用。① 通常情况下,有权获得律师费的一方会提出要求补偿费用的申请,列出律师费用的清单。败诉的一方通常会争辩费用过高,而法院有时会对律师费的单据逐一进行审查,从而确定什么是合理的律师费。

法院有时会用"洛德斯塔"的方法来计算合理的律师费。"诉讼中所花费的合理时间乘以合理的每小时收费"(同上,第433页)。也可参考河滨之城诉里维拉案[City of Riverside v. Rivera, 477 U. S. 561, 568(1986)]。就像在里维拉案所解释的,用洛德斯塔规则来计算合理的律师费只是一个开始,而不是全部。在制定《民权律师费用法案》(Civil Rights Attorney's Fees Act of 1976, 42 U. S. C. §1988)时,国会并没有确定计算合理律师费的方法。但是,该法案的众议院和参议院的立法报告提出了12个考量因素,这些在约翰诉乔治亚州公路快递公司案[Johnson v. Georgia Highway Express, Inc., 488 F. 2d 714(5th Cir. 1974)]中予以应用。这些因素是:(1)需要的时间和体力;(2)问题的新颖性和难度;(3)正确进行法律服务所必须的技能;(4)由于律师接受了本案而不得不推掉的其他工作;(5)传统的费用;(6)费用是固定的还是非固定的;(7)客户或者特定的情形所导致的时间限制;(8)所涉及的金额和所获得的结果;(9)律师自身的工作经验、知名度以及能力;(10)案件的不受欢迎性;(11)与客户职业关系的本质和时间长度;(12)类似案件的报酬。(同上,第717-719页)

在民事诉讼中,当法院只判决象征性损害赔偿时,合理的律师费通常为零。参见法勒诉霍比案[Farrar v. Hobby, 506 U. S. 103, 115(1992)]。尽管这些案例所创造的先例是有价值的,但想要得到律师费的律师,因此会争取比象征性赔偿更多的判决。例如,律师可能会申请一项禁令,来阻止被告在将来实施特定的某些行为。然后,律师就会告诉法院这项禁令也是诉讼中所得到的利益,这可以让律师得到更高的律师费。即使没有这种禁令,有

---

① 提交费用申请的时间是一个渎职陷阱。仔细检查有关规则,并且知道至少在联邦一级,待决律师费的补偿申请,并不能迟于对判决的上诉时间。

些法院仍然会判决一些律师费，其依据是奥康纳［O'Connor，1930—2005（退休）］大法官在法勒案中的协同观点：即如果诉讼，在原告获得象征性赔偿的基础上，"除了占用法律顾问、法院和当事人的时间和精力外，还附带有一些公共目的。"那律师费就是可以允许的。（同上，第122页）

对合理的律师费最具争议的领域之一是集体诉讼，尤其是那种每一个原告都只得到一点赔偿，有时候甚至除了得到一张将来从违法行为人处购物打折的优惠券之外一无所获的案件。在这种案件中，每个原告参与的都很少，因此几乎没有理由去监督原告律师是否存在假公济私的行为。在这些案件中，原告的律师也可能与被告的利益一致。比如，律师可能会以低于原告主张的实际价值的赔偿金来解决原告的要求（比如用一张优惠券来代替小额的货币判决），以换取被告同意一个可接受的律师费。

关于集体诉讼中律师费用的细节问题，最好留待一个关于集体诉讼或进阶民事诉讼的论著来说明。这里可说的是，有很多诉讼和立法来解决这些问题。有些法院尝试运用"反向拍卖"的方式，即原告律师向其他人拍买代理原告集体诉讼的权利，以确定最低的律师费。这些律师费是否应该按小时费率或者按照当事人取得赔偿额的一定比例来计算，还存在着很多争议。

国会也在这一领域，2005年的《集体诉讼公平法案》中做了一些改变［Pub. L. No. 109-2，119 Stat. 4（修改后纳入28 U.S.C. §1711 et seq）］。比如，为了防止那种优惠券的滥用，§1712(a)法案规定：

> 如果一个集体诉讼提出的解决方案是为集体成员提供优惠券，那么因为优惠券的判决而确定给集体顾问的律师费，是根据集体成员得到的可赎回的优惠券的价值决定的。

对于这个法案的详细分析，可以看由穆尔联邦实践编辑委员会的乔治妮 M. 瓦伊罗撰写的，登载在《穆尔的联邦实践》（由丹尼尔 R. 科基莱特等编辑，2005年）中的《2005年的集体诉讼公平法的评论和分析》一文。

最后,关于诉讼成本再说一句,比如法院报告的费用。这些成本无论是在联邦法院还是各州法院,均是由胜诉的一方进行支付。但是,法规中并没有提到的是,这些花费并不包括专家证人的费用,在一个复杂的涉及这些证人的案件中这些费用是很高昂的。

例 5

如果你正在为一位客户起草一份合同,你会在合同中拟定一条关于律师费用的条款吗?将其包含到合同里面的坏处和好处各是什么?

解释

当然,对于这个问题的第一部分并没有一个正确或者错误的答案。作为一个实践的问题,多数商业合同都会包含这一条款。尤其是在消费者合同中,这些条款可能会阻止由消费者提起针对公司(他的律师起草了合同)的诉讼。除了阻止诉讼之外,这些条款还可以减少一些合同成本的不确定性。

律师费用的条款也有可能提高当事人自行解决纠纷的机会,主要是通过对一个可能失败的案件,提升双方不自行解决的成本来实现。这样一来,如果有一个合同纠纷价值 10 万美元,而诉讼双方都需要支付 2.5 万美元的律师费,当事人在决定是和解还是诉讼时,需要考虑如下的事实,即当合同中规定有律师费用的条款时,诉讼的成本会额外增加 2.5 万美元,这就使得和解更具有吸引力。[1]

将这样的协议纳入合同的主要不利之处在于,你的当事人可能会在诉讼中得到一个不好的结果,败诉的同时还要为律师费而苦恼。在合同纠纷中预计到自己很可能败诉的当事人(先不说正确与否),很可能会对律师费用的规定没有热情。但是当事人都会倾向于高估自己在诉讼中胜诉的机会,所以很难想象有大量的当事人会因此决定排除律师费用的条款。

---

[1] 毫不奇怪,在法律和经济领域,关于律师费规定如何影响争议的解决有丰富的文献。在委托代理问题方面的介绍,请参见 杰弗里 P. 米勒:《争议解决中的代理问题》,16 J. Legal Stud. 189 (1987)。

例 6

皮浦斯是芝加哥职业高中的一名一年级新生。在上学期间,校长看到其和另一个同学在校门外的学校草地上来回走动,校长称看见了一支不规则的香烟。校长悄悄接近他们,并且闻到他认为是浓烈的大麻气味。他也看到皮浦斯想把一个纸烟盒给另一个学生。当学生们意识到校长出现时,他们将香烟扔到了附近的篱笆里。随后,校长将学生带到了学校的纪律办公室,并要求副校长将这两个学生处以"通常"20 天的停课处罚,因为其违反了学校禁食毒品的规定。学生们抗议说他们并没有吸食大麻,但都无济于事。皮浦斯虽然被允许留在学校,但不能上课。在学校的剩余时间里,虽然副校长也尽力联系他的母亲,但没有成功。

上面这个案例引自凯尔诉皮浦斯案[Carey v. Piphus, 435 U.S. 247, 248-249(1978)]。在皮浦斯案中,那个学生根据§1983 提起诉讼,声称他的正当程序权利受到侵犯,因为没有给他提供他本来可以为自己辩护的听证会。法院认为,没有举行听证会的确违反了正当程序,但没有证据表明由于没有举行听证会,皮浦斯遭受了精神损害,他只能得到象征性的损害赔偿。不过这个案例确实证明了,在学校的环境中这种没有举行听证会的做法,构成了违反正当程序的行为。

如果皮浦斯的律师依照 42 U.S.C.§1988 主张其代理费,他能成功吗?他的律师能做些什么,才能将得到律师费的机会最大化?

解释

通常来说,一个案子中如果原告只得到了象征性的损害赔偿,那其律师的合理代理费一般为零。但是,如果皮浦斯的律师能够证明该诉讼还有一些公共目的,那就可以得到一笔律师费。如果皮浦斯的律师能够在提起象征性赔偿的同时,提出另一项救济,比如未来禁止学校在未经听证就暂停学生上课,这就使得该案子具有了公共利益的目的。

第十八章　救济抗辩

18.1　原告的不当行为：显失公平、不洁之手以及互有过失

在一个典型的民事诉讼中,原告想要胜诉,他必须用优势证据来证明存在一个表面上符合条件的案件。如果原告成功证明所有的要素,则原告就能获胜,除非被告用优势证据证明存在一个抗辩权。例如,在典型的殴打侵权诉讼中,原告必须证明被告实施了其非自愿的、故意的伤害行为,同样也需要证明事实因果关系、法律因果关系和损害。参见《侵权法第二次重述》§13、18。如果原告不能证明这些要素中的一个——比如,如果陪审团认为更有可能是原告同意被告的行为,或者被告证明存在一个抗辩权,比如正当防卫——那被告就会胜诉。(同上,§63)

一般来说,第一年的法律课程中所教授的抗辩理由都是实体性的,即被告通过提出实体性的抗辩来获得胜诉(比如"我不是伤害原告的人"或者"我胜诉因为是正当防卫")。但是,也存在一些不依赖于实体法的抗辩,并且一般这种抗辩在很多实体法领域都有效——如侵权案件、违约以及财产纠纷。[①] 在普通法院和衡平法院合并之前,许多抗辩是在衡平法院发展起来的,[②] 有些现在在原告寻求衡平法救济时依然可以适用。本章就探讨在各类民事诉讼中适用的救济措施——通常是,但不限于是衡平法救济。我们先从一组涉及原告不良行为的抗辩开始。

[①] 在本章所讨论的抗辩中,显失公平是仅在合同纠纷背景下产生的抗辩。本章剩余部分所讨论的抗辩事由会适用于各种情况。

[②] 参见第二部分,尤其是第七章关于普通法院和衡平法院的背景。

1. 显失公平。考虑一下坎贝尔公司诉温兹的案子[Campbell Soup Company v. Wentz, 172 F. 2d 80(2d Cir. 1948)]。坎贝尔公司和温兹等农民签订了一份合同,温兹等是宾夕法尼亚州的农民。约定温兹等农民将1947年全年自己农场15英亩的土地上种植的尚特奈红心萝卜,以每吨23—30美元的价格(具体价格根据交付的时间决定),全部卖给坎贝尔公司。这种萝卜对于坎贝尔公司有着特殊的商业价值:"它的钝型形状使得加工处理的过程变得更加容易,颜色和质地与其他品种不同,它的颜色比其他的萝卜更加鲜亮……坎贝尔公司将这种萝卜切成丁加入汤里,它们的呈现都是一样的。"

这个合同中含有很多过分有利于坎贝尔公司的条款。法院找出了一条非常过分的规定,认为这是"一个太过火的笑话"。

> ……在某些情况下坎贝尔公司可以拒绝接受这些胡萝卜。但是即使在这种情况下,种植者也不能说坎贝尔是有责任的,并且未经坎贝尔的同意也不能将胡萝卜出售给别人……在这种情况下根据合同规定,种植者能怎么处置其产品并不清楚。按照合同约定他只能将其存储在自己的农场,也不能出售给任何他人……(同上,第83页)

当胡萝卜供不应求并且其市场价格已经飙升到每吨90美元时,温兹等农民违反了他们的合同,将62吨胡萝卜出售给了他的一位邻居,这位邻居转手将58吨胡萝卜在市场上出售,其中一半卖给了坎贝尔公司。

认识到坎贝尔公司和温兹等农民之间最初的合同明显是单方面的显失公平的合同,法院拒绝作出实际履行的裁决(一种命令温兹等农民按合同约定交付胡萝卜的禁令)。① 法院认为:"提出并达成这样一项苛刻内容协议的一方当事人,不应该走向法庭并请求法院协助执行这些条款。衡平法不允许强制

---

① 温兹等农民已经卖掉了他们的萝卜,但是想必根据合同约定,他们将不得不去外面公开的市场,以新的市场价买进萝卜并提供给坎贝尔公司。

执行这种显失公平的协议,这已经是如此的明确以致于无需特别引用。"(同上)

温兹案正是法院在面对一个显失公平的合同时,可能拒绝给予实际履行或者其他衡平法救济这一原则的一个例示。这一裁决并不能阻止坎贝尔公司起诉温兹等农民要求合同的损害赔偿,这个在本案件中将是相当大的数额。①除非合同中包含了一条违约金条款,约定了作物种植每英亩仅仅承担50美元的赔偿。②

不清楚的是,对于那些与原告签订不合理条款的被告来说,传统的规则会带来什么好处。如果没有得到违约金条款的保护,他们将不得不支付赔偿金,其数额相当于按照合同价格将胡萝卜卖给坎贝尔公司所遭受的损失。可能是出于这个原因,很多现代的法院,包括那些对于销售合同适用《统一商法典》的法院,现在都允许以显失公平作为衡平法救济和普通法救济的抗辩理由(参见《统一商法典》§2-302)。的确,《统一商法典》赋予法院在面对一个显失公平的合同时,有很大的灵活性去提出一个适当的法律救济(§2-302)。赋予了法院本质上改写合同以避免显失公平的结果的权力,允许法院在适当的案件中区别对待双方当事人。然而,显失公平变成一种更普遍的抗辩理由的事实,并不意味着它已经成为一种诉因:某人不能因为"显失公平"而起诉另一人。

温兹案的法院裁定,争议中的合同是如此片面以致于显失公平,会阻碍对合同的起草者实施衡平法救济。这一决定似乎是基于对合同实质不公平性的考虑。你可能从你的合同法课程中回忆到,有些法院对实质上的不公平主张持有怀疑,认为如果双方当事人自愿订立合同并且知悉其条款,即使有偏向于一方的规定,法院也应该协助执行合同。但即使在那些持怀疑态度的法院,协商过程中存在的缺陷——比如冗长的条款被用稠密语言书写,

---

① 根据《统一商法典》的规则,买方的损失规定在4.5,情况是,如果坎贝尔有权获得损害赔偿,这种损害赔偿将以违反合同时的市场价格与合同价格之间的差额来计算(这个差异是60-67美元/吨,乘以温兹等农民生产的吨数),加上替代买卖所发生的附带费用和间接损失,减掉所节省的费用。这将是一个相当大的数额,特别是在1949年。

② 为什么坎贝尔公司要约定这样微不足道的违约赔偿数额?也许坎贝尔认为自己更有可能违约,所以试图将违约金的数额降低。

或者隐藏在精美的印刷中,都会导致程序上显失公平的成功抗辩。一些法院认为程序上和实体上的显失公平应该一起考虑,一种类型的显失公平呈现得越多,被告证明另一种显失公平的需要就越少。

对于消费者的法律来说,显失公平和相关的规则是非常重要的,这些法律通常都由私人律师,对那些涉嫌从事不良行为的公司提起集体诉讼而执行的。在最近一起 AT&T 移动有限责任公司诉康塞普西翁案[AT&T Mobility LLC v. Concepcion, 131 S. Ct. 1740(2011)]中,美国最高法院对消费者集体诉讼给予了重大的打击。加州法律禁止像无线移动公司 AT&T 这样的公司,在消费者签署的仲裁协议中阻止对它提起集体诉讼。加州认为这种集体诉讼通常是使得此类诉讼在经济上可行的唯一方式。然而美国最高法院认为,加州的这种规定已经被联邦仲裁法所取代。这样,各州都不能阻止企业要求纠纷的仲裁,以及不得禁止集体诉讼来解决问题。

2. 不洁之手。不洁之手是一种衡平抗辩,被告声称原告的不良行为会导致原告无法获得诸如禁令之类的衡平法救济。许多法院都会要求被告不仅证明原告的行为是不公平的,还要证明"这些行为涉及到其所主张的主要事实"。参见福德鲁克公司诉 Doc's B. R. Others 公司案[Fuddruckers, Inc. v. Doc's B. R. Others, Inc., 826 F. 2d 837, 847(9th Cir. 1987)]。这个行为该有多坏?"几乎任何一种可能被法院认为是不道德或者不恰当的行为,都足以阻止原告的主张,即使这种行为实际上并不违法。"多布斯,§2.4(2)。

还有比哈根达斯冰激凌案更好的案例来讨论"不洁之手"吗?在哈根达斯公司诉弗森 Gladje 公司案[Haagen-Dazs, Inc. v. Frusen Gladje Ltd', 493 F. Supp. 73 (S.D.N.Y. 1980)]中,哈根达斯冰激凌公司发现自己面临一个很棘手的情况。其依据兰哈姆法案起诉另一个冰激凌竞争者,认为对方存在不正当竞争行为。哈根达斯的一项诉讼请求是,竞争对手弗森 Gladje 公司以如下的方式试图混淆顾客,让顾客以为其冰淇淋与哈根达斯冰激凌的生产线有关。

(1)用于陈述争议产品成分的短语;(2)对产品中没有包含的人造

成分的描述;(3)为了提高产品的风味而推荐的食用方式;(4)一个有两个单词德语发音名字,在字母 a 有元音变音的(ä);(5)斯堪的纳维亚地图。(同上,第 74 页)

然而,地方法院拒绝给竞争对手施加禁令。其给出的理由有三:首先,哈根达斯没有证据证明其竞争对手的市场营销方式迷惑了众多的消费者;其次,没有证据证明造成了难以弥补的损害;最后,法院认为哈根达斯公司自己有"不洁之手"。

我最后转而考虑原告的诉由,即被告的包装是试图迷惑公众,让其相信他们的产品是在瑞典制造的,或者是在瑞典销售的。原告尤其指控:

被告声称他们的冰淇淋是在一家瑞典公司的"授权下"生产的,然而弗森冰激凌是由一家美国公司在宾夕法尼亚生产,并且根本不在瑞典销售。被告没有如实说明真正的制造商、包装工或分销商,所有这些都是美国公司,这违反了标签的法定要求;被告还在其包装箱上添加了三行瑞典语,来制造出他们的产品是在瑞典销售或者制造的假象;并且英文翻译放在瑞典语的下面,说弗森公司产品的配方是来自"古老的瑞典",而事实是其配方是美国的。

尽管被告对这些指控的正确性提出质疑,即使全是真的,他们也根本不会支持原告。相反,由于原告本身试图以这样一种方式包装其产品:即给人一种它是来自斯堪的纳维亚半岛的印象,尽管事实上它也是国内生产的,原告采用了与他所指控的被告一样的欺骗性交易行为。简言之,由于原告的手同样不干净,因此他们可能不会简单地因为被告的手有一两处更不干净而获得衡平法救济。(同上,第 75-76 页)

毫无疑问,不洁之手规则具有一定的吸引力。毕竟,为什么一个法院,尤其是被称作"实现正义"的衡平法院,要帮助做了错事的人呢?这一原则的经典案例是,有一群强盗在如何瓜分战利品的问题上有了争执,并希望能得到法院的帮助。法院拒绝给他们提供相应的救济。拦路强盗案,9 L. Q. R. 197(1893)。但至少有三项重要的批评是针对不洁之手提出的。

首先,因为不清楚究竟行为坏到什么程度才能够适用这个规则,因此可能被法官不公正的适用,把诉权转变成一种特权。多布斯,§2.4(2)。

其次,如果原告与案件主要事项相关的不良行为构成违法,不清楚的是为什么这种行为只会阻碍衡平法救济,而不会阻碍获得普通法上的救济,比如损害赔偿。参见莱科克,第938页。"因原告的不良行为可拒绝给予指令性救济,但却不能拒绝利益返还或者损害赔偿救济,这有任何正当的理由吗?"

第三,如果原告从事不良行为,但被告从事更糟糕的行为,不洁之手规则不允许法院在当事人间进行衡平比较(至少在理论上)。那对于原告是不公平的,并且如果原告的诉讼不能阻止被告的不良行为,这也会损害公众。参见莱科克,第940页。但是表明在"大多数不洁之手案件"中,法院会对双方进行权衡,并援引了一些案件,这些案件中法院就进行了权衡,比如非法赌博案件中涉及作弊的被告。

第三个理由(不进行权衡)可能没有第一个严重。在有些案件中,法院可能会通过认定原告并没有实施不良行为(有时事实上原告参与了不良行为,但是这与被告实施的不良行为不能相提并论),或者该行为并不能完全归结于被告的不法行为等方式,来进行事实上的平衡。因此,对这一规则的第一个批判,即"不洁之手"的术语难以认定,可能会帮助处理第三个批评,即这一规则缺乏权衡。

3. 互有过失。互有过失的抗辩(字面意思是"同样的过失")是基于普通法的概念,即原告的诉求会因为他自己的错误行为而被阻却。参见皮特诉戴哈案[Pinter v. Dahl,486 U. S. 622,632(1988)]。这种定义使得互有过失听起来像不洁之手,并且两者经常被同时提起。但是这二者之间最主要的区别有两处。

首先，互有过失可以适用于普通法和衡平法诉讼中，而不洁之手（至少在传统上）仅仅适用于衡平法诉讼。

其次，互有过失要求权衡。为了适用互有过失的抗辩，被告必须证明原告的行为至少与被告的行为有着同样的过错。

与对不洁之手的一般理解相比，互有过失的抗辩要求，原告和被告的不法行为都出自于同一个不良行为。

思考一下帕伦特诉波佐利案[Parent v. Pirozzoli, 866 A. 2d 629 (Conn. App. Ct. 2005)]。被告找到原告，让原告接管经营一家自己拥有的餐馆。原告同意了，但因为原告曾经是一个被判过重刑的罪犯，不能获得酒类营业执照。因此，被告决定成为原告的合伙人，为了获得许可，将所有的交易记录在被告名下。过了一段时间，被告要求原告退出他们的合作，因而原告提起了违约诉讼，要求获得13.8美元的损害赔偿。

康涅狄格上诉法院拒绝了原告的请求。认为原告与被告之间的合同是非法的，因为为了获得酒类营业执照而隐藏一方合伙人的真实信息。原告因此不能得到损害赔偿。法院也知道其裁决将会给被告一个意外的收获，但还是写到：

> 对于双方当事人本来的目的就是规避法律而签署的合同，如果双方都有过错，法律就不会为他们提供救济。知道他们无法从法院那里得到任何帮助，而是要彼此完全信任对方的诚意，这样双方从一开始就不会制定一份非法的合同。（同上，第639页，内部引述和引语已省略）

例1

A与B签订合同，A以10万美元的价格将其一处不动产出售给B，但后来又拒绝交付产权证。B提起实际履行诉讼，A则以不洁之手为由进行抗辩，指出B在10年前曾因持械抢劫未遂被判过刑。(a)法院能否基于不洁之手的原因而拒绝B请求实际履行的权利？(b)如果B转而要求损害赔偿,那么法院能以不洁之手或者互有过失为由驳回 B 的损害赔偿请求权吗?

解释

(a) 不能。参见莫里诉辛斯案[Morey v. Sings, 570 N. Y. S. 2d 864, 872-873 (N. Y. App. Div. 1991)]。毫无疑问,企图持械抢劫是一种违法行为,而原告是寻求衡平法救济(实际履行)。然而,B 的先前错误与这个合同之间没有丝毫的联系。如果允许 A 以不洁之手进行抗辩,则意味着任何曾经被判过刑罚的人,比如试图持械抢劫,将永远不能从法院那儿得到衡平法救济,这明显是一个让多数人都觉得是一个不公平的惩罚。

(b) 不能。除了在本问题的(a)部分的答案中所列举的否定不洁之手的原因外,通常不洁之手作为抗辩理由只是在被告寻求衡平法救济时适用。但如果 B 要求损害赔偿,这是一种普通法的救济而非衡平法救济,因此不洁之手就不能作为一种救济在此情形下适用。互有过失此时也不合适。尽管在生活中 B 的行为比 A 的更为恶劣(我们没有 A 曾经像 B 一样进行暴力犯罪的证据),比较的对象也只能是在案件中发生争议的交易行为。因为持械抢劫与不动产买卖无关,互有过失不能成为阻止违反土地合同损害赔偿诉讼的理由。

例 2

威斯康星汽车贷款公司(WAL)与琼斯签订一份汽车贷款合同。琼斯为了买汽车借用 900 美元,并与 WAL 签订了一份由 WAL 准备的格式合同。合同包含了许多打印好的条款,包括很多已经拟定好的财务费用条款——普通消费者很难理解。该合同还包含一个仲裁条款,约定有关合同的争议都必须通过仲裁解决,除非是 WAL 对借款人提出的任何要求借款人执行借款协议的主张。琼斯后来违反了借款协议,WAL 因此提起汽车返还诉讼(详见 7.2 和 13.3.1 部分),要求琼斯返还汽车。琼斯随后提出反诉,为他自己和 WAL 的其他借款人,声称合同交易违反了多个州的消费者权益保护法。作为回应,WAL 申请法院驳回反诉,并且签发一个命令,迫使琼斯通过仲裁来解决合同主张。面对琼斯认为该条款不合理的主张,法院应该如何进行裁决？如果法院认为条款确实不合理，那又该如何进行救济？

解释

威斯康星最高法院在威斯康星汽车贷款公司诉琼斯案［Wisconsin Auto Title Loans, Inc. v. Jones, 714 N. W. 2d 155（Wis. 2006）］中面对这些事实。法院认为仲裁条款是不合理的，因此不能强制执行，并拒绝了该公司提出的对反诉强制进行仲裁的申请。多数法官发现合同中存在程序上和实质上的不合理，尤其是仲裁条款。关于实质性不合理这一点，他们写到：

> 仲裁条款的例外情形规定得太宽泛并且是单方面的，授权汽车贷款公司有选择仲裁或者巡回法院的自由，同时仅允许借款人在仲裁人面前提出申请，这种实质上不合理的条款，会使得相对强势的一方当事人，在相对弱势的一方接受仲裁之前给对方强加仲裁。（同上，第173页）

一旦法院发现某一条款是不合理的，就可以根据现代对待不合理条款的原则，在不受该条款约束的情况下执行合同。在本案中，这意味着仲裁条款不具有执行力，因此法院就可以审理威斯康星汽车贷款公司对原告的原物返还要求和被告的反诉。

异议法官或许会支持仲裁条款。法官认为，那些条款作为法律问题实质上是不合理的，但并没有证据证明有程序上的不合理之处。异议法官认为，在威斯康星州，法院如果以不合理为由而拒绝执行一项合同条款，则必须同时具备实质上和程序上的两种不合理。（同上）

18.2　禁反言和弃权

如果你已经阅读了第十六章，你将会记住涉及两个邻居财产纠纷的一系列假设。亚历克斯正在接近邻居泽尔达财产分界线的地方建造一个棚屋。泽尔达认为，棚屋已经超过了分界线，她要么提起一个宣告判决之诉，让法院裁定财产边界线,要么寻求一个禁令,禁止亚历克斯建造部分结构延伸到自己土地上的棚屋。第十六章考虑了泽尔达这些选择的实体依据。

但假设我们增加以下事实:在亚历克斯开始建造他的棚屋之前,他向泽尔达询问分界线的位置。泽尔达告诉他她所相信的财产边界线的位置,事实证明,她给了错误的信息:她错误地将她的一部分土地划归了亚历克斯。亚历克斯在泽尔达寻求宣告判决或禁令之前,建造了大约一半的棚屋。

你可以很容易地看到,为什么这些额外的事实可以改变案件的整个进程。虽然泽尔达可以很好地满足她的初步证明要求:亚历克斯侵入了她的土地,亚历克斯有一个很好的抗辩:他依赖于泽尔达对她自己不利的陈述,造成了泽尔达的损害。这确实是衡平法上禁反言抗辩的本质。

注意禁反言的三项要求:(1)原告的错误陈述或行动,(2)被告的依赖,以及(3)被告遭受的损害。所以如果泽尔达给了亚历克斯关于财产边界的错误信息,但是她在亚历克斯越界建筑支出费用之前纠正了错误,禁反言将不会对抗泽尔达的索赔。

尽管禁反言是一项衡平法的规则,但它可以用来对抗衡平法救济或普通法救济的请求。因此,如果亚历克斯完成建房,泽尔达后来起诉要求损害赔偿,那么她的错误陈述、亚历克斯的依赖,以及他随后遭受的损害将阻止泽尔达的案子。

衡平法上的禁反言是一个有趣的规则,因为它可以被用来作为被告对抗原告的抗辩,就像在泽尔达—亚历克斯案中一样,或者是作为一种原告对抗被告的抗辩。这是一个较难理解的要点,所以请考虑一下这个例子:蒙特尔和诺里陷入汽车事故,蒙特尔遭受严重的人身伤害。蒙特尔想要起诉诺里的过失。诺里是一名律师,诺里告诉蒙特尔他不应急于起诉,因为根据适用的时效(诉讼时效在本章的下一部分讨论),蒙特尔有五年的时间可以起诉。事实上,该管辖区的时效只有两年。诺里等到接近五年才被起诉。看看接下来会发生什么:

1. 蒙特尔起诉诺里过失侵权。
2. 诺里提出诉讼时效作为抗辩。

3. 蒙特尔通过提出禁反言原则以对抗诺里的抗辩。

诺里发表了一份关于诉讼时效期间的错误陈述，蒙特尔信赖这一陈述，起诉迟延，并因此受到了损害（因为他的诉讼将被驳回）。正如你将看到的，在蒙特尔与诺里的假设案件中，原告使用禁反言规则来击败被告的抗辩。

与禁反言原则紧密相关的是弃权原则。弃权是指故意放弃已知的权利。从一些简单的例子开始，如果泽尔达签署了一份弃权文书，包含了亚历克斯正在建造小屋的土地，或者如果蒙特尔签署了一份免责声明，声称他不会起诉诺里以获得因为他们的汽车事故所遭受的损失赔偿，法院可能会接受亚历克斯或诺里提出的弃权的抗辩，以反击对他们的任何指控。看上去如果没有补偿以解决他们的索赔问题，泽尔达或蒙特尔可能不会签署这些文件，但一旦发生这种情况，法院可能会使用弃权申明，宣称文件的签署终结了纠纷，除非有证据表明泽尔达或蒙特尔并没有通过这些文件有意放弃起诉的权利。

请注意，弃权和禁反言之间的一个重要区别是：对于弃权而言，原告不用证明自己的信赖。莱科克发现，令人困惑的是，信赖对于弃权抗辩来说并非必要，但对禁反言来说是必要的。他认为答案可能是，在放弃权利的情况下，信赖通常很容易找到。因此，"弃权原则"避免"对减弱的依赖问题的诉讼"。（莱科克，第954页）

一方当事人是如何证明另一方有意放弃一项已知的权利？当这种放弃是明示时，正如上文所描述的弃权行为或免责声明，证据问题可能相当容易。与之相反，有时候一方当事人会基于一定的行为提出一项默示的弃权，法院则会对此需要明确且令人信服的证据。

比如鲍曼诉卡波齐奥案［Baumann v. Capozio，611 S. E. 2d 597（Va. 2005）］。泰勒17岁时，在一次与艾伦的打架过程中受伤。泰勒的父母最初代表泰勒在侵权诉讼中的利益起诉了艾伦。为了应对质问，泰勒的父母列出了约2万美元的医疗费用，用来治疗泰勒的伤害。当泰勒18岁，他自己进行诉讼，并以7.5万美元结束了与艾伦的案子。根据佛吉尼亚州涉及未成年人伤害的法律，孩子对因其遭受的疼痛与痛苦、永久性伤害，以及在其成年后谋生能力受到伤害等,享有单独的诉因。父母也对遭受的未成年期间服务的丧失,以及为了照顾未成年人而支出的必要费用等,享有一个单独的诉因。泰勒的父母后来通过一个独立的诉讼,提出所支出医疗花费的损害赔偿。艾伦辩称,泰勒的父母在质询中列出一个医疗费用清单,以这样的方式默示放弃了那个诉讼,并且已经让儿子在随后解决了他的诉讼。

初审法院认为,父母默示放弃了在第二个诉讼中寻求医疗费用的权利,但弗吉尼亚最高法院,对于默示放弃自己的权利采用了一个明确且无争议的证据标准,推翻了初审法院的判决。

> 即使泰勒的母亲以诉讼代理人的身份签署了一份质询书,认定医疗损害费用是泰勒的父母在孩子未成年时期所发生的,但当他们的儿子达到成年年龄并签署结束诉讼的协议时,父母已经失去了对该诉讼的控制。在这个诉讼中的原告并不是那份协议的当事人,并且他们也没有以自己的名义提起诉讼,追偿自己的损失。我们认为,艾伦没有通过明确而令人信服的证据,证明原告默示地放弃了他们收回医疗费用的权利,而这些费用是为了治疗因艾伦的侵权行为受伤的儿子而支出的。(同上,第600页)

当事人以禁反言和弃权来作为一种请求的替代主张在诉讼中是一种普遍的现象。证明故意放弃权利的证据越多,弃权申明的效力就越强。一方当事人证明越信赖,对禁反言的支撑力度就越强。但这种主张并不是完全可以互换的。在鲍曼案中,泰勒的父母并不存在可以被艾伦指出的虚假陈述,这是禁反言需要满足的第一个要素。

最后一点是,通常来说,一个人不会对政府提出一个禁反言的主张。例如,史密斯打电话给社会保障办公室,得到关于如何申请福利的错误建议。这导致的结果是史密斯填错了表,也因此无法获得某些福利。在要求得到这些福利的诉讼中,最高法院认为,政府不可能因为提供了错误的建议且拒绝提供福利而被禁反言。参见施韦克诉汉森案[Schweiker v. Hansen, 450

U.S.785(1981)]。尽管这的确对无辜地相信政府错误建议的原告很不公平,但还是有人为此辩护,理由是它可以防止"行政人员的不当行为",或者允许"行政人员有效地推翻立法"(莱科克,第948页)。而且,允许以禁反言来对抗政府,可能会导致政府不再提供建议。(同上①)

例 3

简·多伊对辛辛那提的主教教区提起了一项侵权诉讼,声称自己在十几岁的时候与一位牧师发生了性关系并且怀孕。教区以超过时效为理由进行抗辩,因为距离这件事发生已经过了很多年。作为回应,简·多伊提出禁反言主张,声称当时主教区的工作人员告诉她,怀孕完全是她的错;并且教区的老师向她施压说,让她接受她的孩子被人收养并对牧师的事保持沉默;她的老师告诉她,如果她不同意的话,她的孩子将不能接受洗礼,因而也不能被洗掉原罪。法院应该如何对简·多伊想用禁反言来对时效进行抗辩这一点进行裁决?

解释

这个假设是基于简·多伊诉辛辛那提主教教区案[Jane Doe v. Archdiocese of Cincinnati,855 N.E.2d 894(Ohio Ct. App. 2006)]。这个案子比较难,因为它不像蒙特尔和诺里的案子,那个案件包含关于期限本身的错误陈述,而这个案件所涉及的是关于揭露牧师行为所产生的影响的观点陈述,尤其是宗教观点。尽管如此,法官还是允许将禁反言的问题提交给陪审团。

简·多伊的起诉宣称,主教区的不同代表对她的陈述,是基于"唯一的目的和动机是强迫多伊女士放弃她和她的孩子的法律利益。"并且,她进一步指出,主教区实施的行为和采取的措施,"都是意欲,并且导致了多伊放弃作为父母的权利,和不去采取任何法律行动。"在审查完简·多伊的起诉后,我们得出结论,这些声明已经充分说明主教区的

---

① 与禁反言相比较,用弃权理由来对抗政府会更容易一些,至少如果放弃政府权力的官员有权这样做时。

行为是受到阻止多伊提起诉讼的动机的激励。再次,我们强调,我们并没有传递关于主教区是否真的受到这一动机的激励的判断,相反,我们的结论都是基于简·多伊的起诉中包含的充分的指控。

(同上,第899页。脚注略)

例4

这来自于"真相比虚构更离奇"的部门:克丽丝与整形外科医生佩尔西签订了一份做隆胸手术的合同。克丽丝主张,佩尔西医生曾口头承诺手术将使得她的胸围至少增加到"34C"。佩尔西医生否认自己曾作过这个承诺。后来佩尔西医生做了手术,但克丽丝认为她的胸围在手术后反而变得更小,成了"34B"。她因此起诉医生违反了关于胸围大小的承诺,和其他一些诉因。该辖区的反欺诈行为法在相关部分规定:"在该州,对于具有从事医药或手术资格的人,不得以以下理由提起任何诉讼……针对任何有关医疗诊断的承诺或协议,除非该承诺或协议是书面的,并且由受到指控的当事人亲自签署。"在该州,反欺诈行为法将被用作肯定性的抗辩,但佩尔西医生却没有进行申请。克丽丝能使用弃权或者禁反言来阻止佩尔西医生的肯定性抗辩吗?参见洛夫利诉珀西案[Lovely v. Percy, 826 N. E. 2d 909 (Ohio Ct. App. 2005)]。

解释

克丽丝案的法院认为,佩尔西医生在对起诉状的答辩中没有将其列为一种抗辩,属于对抗辩的放弃。看上去双方的律师业务都很糟糕,法院自然地提出了这一问题并指出:"我们之所以提到这个问题,是因为如果一个外科医生希望提出一个抗辩,那么对于一个针对治疗结果的口头承诺的主张,就可以提出一个合法的抗辩。"

禁反言在这里也并不合适,因为佩尔西医生并没有向克丽丝说过,自己在诉讼中将不依赖反欺诈行为法进行抗辩(或者并没有克丽丝信赖这一陈述的证据)。

18.3　懈怠和诉讼时效

懈怠：懈怠是仅当原告寻求衡平法救济时才可适用的一种抗辩。被告必须证明原告无正当理由拖延对被告的起诉时间,并且使被告因此而遭受损害。

这种抗辩的第一部分要求不仅是拖延诉讼,而且是一种无正当理由的拖延。我们看埃默里诉史密斯案[Emery v. Smith, 603 S. E. 2d 598(S. C. Ct. App. 2004)]这方面的案情。丈夫和妻子离婚,离婚判决中包含这一内容:丈夫承诺当他从部队退休后会将自己25%的退休工资给妻子。他还在其他条款中同意,为了让妻子得到这部分利益,会为妻子提供"任何必要的信息"。

后来丈夫从部队退休,但却在10年的时间里并没有告诉妻子。当妻子发现丈夫已经退休之后,向法院起诉要求前夫支付养老金份额的命令,但她的前夫却以她懈怠为由进行抗辩。毫无疑问,前妻的确在要求法院给予养老金的命令前拖延了很长时间,但是她拖延起诉的原因是她并不知道她的前夫已经退休。因而一审法院和上诉法院均否决了以懈怠为由的抗辩。

> 妻子在行使自己权利上出现十年的拖延,是因为丈夫自己没有适当履行法院的判决。丈夫承认他自己没有将退休的事通知前妻,并且家庭法院相信妻子的确不知道前夫退休这一事实的陈述。因此,的确是这位丈夫的行为不合理,他未能履行对妻子的义务。(同上,第604页)

法院进一步指出,这位丈夫因自己的"不洁之手"而被禁止以懈怠为由进行抗辩。

除了要证明是无正当理由的拖延外,一个主张懈怠的被告还要证明自己的信赖。在这一点上,考虑一下有色种族进步国家委员会(NAACP)诉其法律辩护及教育基金(LDF)案[National Association for the Advancement of Colored People v. N. A. A. C. P. Legal Defense & Education Fund, 753 F. 2d 131(D. C. Cir. 1985)]。NAACP 和 NAACP Legal Defense & Education Fund(LDF)曾是互相挂靠的,创建 LDF 组织是为了税收目的。NAACP 允许 LDF 使用"NAACP"作为其名字的一部分。最终这两个组织分离,并出现了一些紧张,NAACP 取消了 LDF 使用其名称的许可,并以要提起诉讼来威胁 LDF 更换其名称。

尽管 NAACP 以提起诉讼来威胁 LDF,但自从作出威胁,在长达 13 年的时间里,它并没有真正提起诉讼。与此同时,LDF 也一直使 NAACP 的知名度不断扩大,并善意使用这一名称。正因为这样,法院接受了 LDF 以懈怠为由的抗辩,驳回了 NAACP 对 LDF 的侵权诉讼。

我们注意到,由于一项懈怠为由的抗辩仅仅是为了挫败原告寻求衡平法救济的请求,在一个原告寻求损害赔偿或者其他普通法救济的诉讼中,类似懈怠的行为必须被重新定义为某种弃权或者禁反言。这样,在 NAACP 案件中,如果 NAACP 向 LDF 要求损害赔偿,LDF 可以进行的抗辩是:(1)禁反言——在威胁要起诉后却没有起诉——信赖,损害,或者(2)弃权——NAACP 在声称有权提起诉讼后的 13 年时间里一直没有提起诉讼,构成了故意放弃已知权利的行为。这样的分析可以让我们看到,有时候原告的行为可以被重新定性成符合多个救济性抗辩的要求。但在这里有点棘手,因为它需要主要从一方当事人的消极行为中发现其弃权或禁反言。

诉讼时效:诉讼时效也是关于时间限制的规定,但是它与懈怠之间存在着本质的区别。懈怠抗辩仅适用于原告寻求衡平法救济的案件,诉讼时效对衡平法救济和普通法救济的诉讼都适用。① 此外,懈怠原则是灵活的,并且依赖于个案分析,但诉讼时效的时间限制是法律明确规定的,通常是不灵

---

① 这条规则的唯一例外是,诉因是原告所寻求的唯一救济是衡平法救济的诉讼。"失信是最重要例子,但是很多州都对这种失信主张适用诉讼时效"(莱科克,第 963 页)。在这些诸如史上将其界定为失信的诉讼中,唯一的时间限制经常是懈怠这一抗辩事由,而不是诉讼时效。

活的。

首先用一个简单的例子,让我们回到泽尔达与亚历克斯的案子。假设亚历克斯进行了越界建筑,泽尔达在考虑侵权诉讼。该司法管辖区内有一系列的法律,对不同诉因规定有相应的时间限制。假设在该司法管辖区内关于侵占侵权的诉讼时效,是自侵权发生之日起两年。通常来说,如果泽尔达在亚历克斯越界后两年内没有起诉,她的请求将会因为诉讼时效而被驳回。

现在我们来讨论一些复杂的问题:

正如我们已经提到的,在有些情况下,被告主张诉讼时效可能会被禁反言,比如当被告给原告在时效长度上提供了错误的信息。

禁反言的一个特殊情形发生在当被告以欺诈的方式隐瞒诉讼原因时。假如医生在原告无意识的情形下对其实施手术,在手术过程中出现医疗过错导致原告损害。当原告起诉由于医生的失职而引发的伤害症状时,医生却错误的主张这些症状是手术的正常副作用。在这种情况下,法院很可能会认为诉讼时效应当中止,由于医生存在欺诈隐瞒,直到原告发现或者应当发现医生隐瞒了原告所受伤害的原因。

在某些特定的案例中——即那些涉及到长时间潜伏期的伤害,例如因为长时间暴露于附近工厂的化学物品而罹患癌症的个人——诉讼时效会成为成功诉讼的一个主要障碍。在一些司法管辖区,当原告遭受了损害,而不论原告是否知道自己受到伤害或者是谁造成了伤害,时效就已经开始计算。这样一来,在某些情况下,可能在原告知道事实之前原告的损害赔偿请求权就已经被禁止了。

为了解释这最后一点,参考一下图 18.1 的时间线。假设原告从 1990—2000 年一直暴露于被告的化学物质下。到 2000 年原告患上了癌症,虽然已经可以探查出,但却没有检查。到 2004 年,原告才检查出癌症,到 2006 年原告知道被告因工厂的污染而应当对自己的癌症负责。适用的诉讼时效是一年。

在有些司法管辖区,原告的诉讼时效将从 2000 年开始起算,即原告受

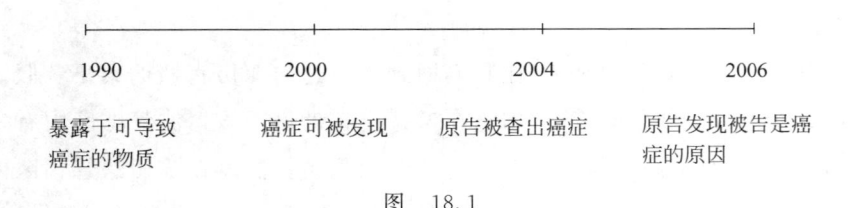

```
1990              2000              2004              2006
暴露于可导致        癌症可被发现       原告被查出癌症      原告发现被告是癌
癌症的物质                                              症的原因
```

图 18.1

到的伤害能够被发现时，即使所受到的伤害直至 2004 年才被发现，并且伤害的成因在 2006 年才被确定。在这种情形下，原告的诉讼将超过时效，因为没有在一年的时效期间内，即 2000 年或者 2001 年提起诉讼。诉讼时效被精确计算到某一天。所以，如果法院确认诉讼时效的起始日期是 2000 年 5 月 5 日，那如果到 2001 年 5 月 5 日还没有提起诉讼，则起诉就会受阻。因此，在 2001 年 5 月 6 日或者在这之后起诉，就已经超过时效。

在另外一些司法管辖区里，诉讼时效将从原告实际发现伤害之日起开始计算，在本案中就是 2004 年。原告只能在 2005 年前去起诉，这就意味着根据这些事实，这一诉讼还是太迟了。

在一些司法管辖区有一个发现原则，会延迟计算时效的起算日期（功能上相同的事情），直到原告发现或应当发现（足够勤勉）自己遭受的伤害以及伤害的原因来自被告。在这些执行发现原则的司法管辖区，原告不必证明欺诈性隐瞒，任何能够说明没有发现遭受伤害或者伤害的原因的事实就足够了。在本案中，一年的诉讼时效应该从 2006 年开始计算。

最后一个需要我们讨论的涉及诉讼时效的复杂的问题：法院应该如何解决持续性违法行为的时效问题？再来看看 NAACP 的案件。如果 LDF 确实侵害了 NAACP 的名称，是一种持续性侵权。假设 NAACP 起诉要求损害赔偿（懈怠不能作为有效的抗辩事由），并且也没有诸如禁反言等抗辩事由可以适用，诉讼时效如何处理这类继续性侵权？

对于持续性违法行为，主流解决方法是对时效期间内发生的损失进行赔偿。这样的话，看图 18.2。假设是三年的诉讼时效期间。LDF 已经持续侵权 13 年，但 NAACP 只能得到最后三年的损害赔偿（即从第 10—13 年），看诉讼的日期并倒数至时效期间。

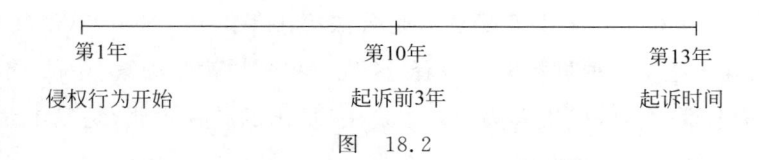

```
|―――――――――――――|―――――――――――――|
第1年          第10年         第13年
侵权行为开始    起诉前3年       起诉时间
```
图　18.2

请注意，仅仅损害持续到未来是远远不够的。再看一下蒙特尔和诺里的案子，诺里在一次交通事故中伤害了蒙特尔。假设诉讼时效是3年。假设在第1年里出现伤害，并且蒙特尔在此后的13年里一直承受事故所造成的伤害。他不能在第13年里起诉寻求从第10—13年期间所遭受的损害赔偿。时效期间的规定将禁止第13年提起诉讼，因为在诉讼时效期间内，必须存在导致损害的持续性违法行为。

在过去几年里，由于最高法院的判例和随后的联邦立法，持续性违法行为及其诉讼时效受到了国家的重视。在莱德贝特诉古德伊尔轮胎橡胶有限公司案［Ledbettr v. Goodyear Tire & Rubber Co. , 550 U. S. 618(2007)］，莱德贝特曾在古德伊尔工厂担任生产监督员，她根据1964年《民权法案》第七章起诉她的雇主有性别歧视。她诉称她与其他男职工做相似的工作却拿更少的工资。《民权法案》第七章规定了一个相对较短的180天的诉讼时效。毫无争议的是，按照她的性别而给她支付更少工资的决定早在多年前就做出了。古德伊尔认为，由于莱德贝特是在他们作出歧视性的薪酬决定后，超过180天才提出了起诉，因而超过了诉讼时效。莱德贝特辩称她的起诉并没有超出诉讼时效，因为每次的工资支票，包括她最近的一次，都反映了过去的歧视：她基于较早的歧视性的薪级表得到提薪。

最高法院以5∶4的比例选择支持古德伊尔工厂。最高院否决了莱德贝特提出的依照发现原则和持续性违法行为的意见。作为有异议的一方，金斯伯格(Ginsburg,1933—)大法官写道，根据多数人的意见，"没有马上引起抗争(在180天内)的任何年度薪酬决定……成为一个不受现在规则限制的东西，这是一个既成事实，超越了第七修正案曾经修复的范围。"她呼吁议国会重新修改法规。

国会确实重新考虑了这个问题，而奥巴马总统签署的第一个法案是

2009 年的《莱德贝特公平薪酬法》，是公法第 111-2，123 Stat，5（2009）。该法案明确拒绝了莱德贝特案的解释，并规定根据"就业法案"中的"年龄歧视法"第七章、"美国残疾人法"和"康复法"提出的歧视主张，是发生薪酬歧视诉讼的原因，在其他时期，"当一个人因为歧视性薪酬决定或类似实践而受到影响，包括每次支付工资、福利或其他补助金，全部或部分来自于这一决定或者其他实践。"（同上，第 3 节）这个法案是否会影响法院对其他时效问题的解释还是不明确的。参见莱科克，第 971 页。"还有待观察的是，这一法案是否使莱德贝特在书中的推理影响其他持续性侵权案件中对时效的分析，这些案例可以被描述为从一些时间限制的过去的决定中流淌出来。"

例 5

杰瑞正在与查克竞选州总检察长的位置。杰瑞是民主党提名的候选人，查克是共和党提名的候选人。在大约选举前的两周，查克的支持者对杰瑞提起诉讼，认为杰瑞不具有竞选总检察长职位的资格。州法律规定，这一职务的候选人应当在选举前五年内被允许进入州律师协会。杰瑞已经被接受进入州律师协会好几十年了，但他当时在州的一个城市担任市长，因此该身份处于"不活跃"的状态。该诉讼是否应该以懈怠为由被驳回？

解释

这个问题是基于 2006 年加州民主党代表杰瑞·布朗与共和党代表查克之间的冲突为事实依据提出的。我认为，我曾在理查德·哈森［(Richard L. Hasen)的文章：《超越诉讼保证金：改革选举管理以避免选举崩溃》，62 Wash & Lee L. Rev. 937(2005)］中做出了充分的论述，法院应该积极地使用懈怠来阻止选举诉讼（选举诉讼自 2000 年佛罗里达州选举失败以来增加了 250%），而这些诉讼原本可以很容易地较早提起。

从选举制度的角度考虑这一点。假设杰瑞的反对者早就知道律师协会的成员身份问题。在没有积极应用懈怠的情况下，你可能会给这些反对者一种选择：如果杰瑞在选举前的民意调查中表现很不理想，将不起诉而让你支持的候选人胜出。反过来，如果杰瑞表现良好，将会在最后一分钟提起诉讼，让对方没有时间提出一个可行的替补候选人。这意味着因为不合理的拖延引起了不公正。懈怠在选举过程中的积极适用,可以帮助保证任何竞选者、政党或者其他的当事人都不要试图通过法院系统来操纵选举结果。

例 6

来源于伯恩斯诉麦克克林顿案[Burns v. McClinton, 143 P. 3d 630, 631, 135 Wa. App. 285, 290(Wash. Ct. App. 2006)]。

很多年来,一位富有的发明家和投资者丹尼·伯恩斯,一直都在利用大卫·麦克克林顿的专业会计服务。在 1995 年,伯恩斯将自己的个人财务管理全权委托给了大卫。他们口头约定了一个无限期的协议,付给大卫每月 1500 美元的费用。但在 2001 年,伯恩斯发现大卫每月付给自己 2500 美元,加上一些特殊项目中的额外的钱,即将其解雇。

伯恩斯并没有同意过增加费用。伯恩斯在 2003 年以违反口头合同为由而起诉大卫,其适用的时效是三年。该时效应该限制伯恩斯的部分或全部主张吗?

解释

这看起来伯恩斯最多能够得到从起诉之日往后推三年的损害赔偿。这是一个持续性违法的案件,被告通过每月多拿钱而实施违法行为。

如果该司法管辖区存在发现规则,那伯恩斯可能会争辩说诉讼时效应当被延长,自己应该能得到整个期间的损害赔偿,因为他在 2001 年之前并没有发现对方违反了协议。但是问题不仅仅是原告实际上发现了什么,而是在谨慎勤勉的情况下他本来应该发现什么。在实际案件中,法院认为并没有任何障碍阻止伯恩斯翻翻他的账本,从而发现大卫的违约行为。事实上,被告没有隐瞒支付这一事实,阻止了因为存在欺诈性隐瞒而使得诉讼时效并未届满的任何主张。

伯恩斯案件的法院确实注意到了针对律师不当执业行为的索赔案件是一个例外,在这些案件中律师不间断代表客户不会导致时效届满。该原理是为了防止如果客户总是不得不反复确认律师的可靠性这一点,可能会导致律师与客户关系的中断。但法院认为,这种例外并不适用于在本案中会计师的违约行为,即使可能适用于某些会计师的不当执业行为。

错误发生在一个正常进行的职业关系的一般过程中,而不是发生在特定事务或具体交易的持续代表中,大卫实施了错误的执业行为。伯恩斯不必在以下二者之间进行选择,即进行猜测性诉讼,或等待看在一些具体的事务中事情的结果是否是正常的。(伯恩斯案,143 p. 3d at 636,135 Wash. App. at 299)

第十九章　总结:参加一个救济法的考试

19.1　如何准备一个救济法的考试

如果你认真地学完了本书的各个章节,包括案例和解释,你就掌握了大多数救济法课程上讨论的各种问题所涉的基本概念。知识体系对于考好救济法是必要的,但是仅此在许多其他课程中都是不够的。这最后一章的目标致力于练习过关所需要的其他两个组成部分:问题发现和救济比较。

问题发现对于成功解答许多论述题是很重要的。这也是一种很有价值的律师实际执业技能。在之前的章节中,你不需要猜测例子中什么问题会被测试,例子被设计为是对前文所描述观点的一种检验。但是在许多论文中,就像在现实生活中一样,救济问题并不是贴上标签包的东西。取而代之的是,你将会看到一个事实状态,你需要决定哪些问题非常重要值得认真考虑。

救济比较对论述题和现实生活都是另一个很有价值的技能。例如,一个客户可能进入你的办公室,抱怨存在侵占侵权,你可能能够起草一份完美的诉状去要求损害赔偿。但是如果你没有基于被告的收益而考虑到利益返还的可能性,你可能犯玩忽职守的错误。在救济法的考试中,就像在现实生活中一样,把本书中所提到的多种救济措施看做一个工具箱、一个清单,或者不管用什么比喻,能够帮助你牢记你可以选择如何去推进案件,受现行法的限制,某种选择会比其他的更好(更有利可图,更适当,或者和你委托人的目标更一致)。

不幸的是,学习如何提出问题和救济比较,比学习重点法律及其例外更加困难。这种学习不是来自记忆而是来自持续技巧练习。本章剩余章节中的主观题将会给你练习的机会,虽然最佳的练习题是你自己教授的常考试题。(我们教授们倾向于重复观点,因此过去的考试对于未来考试的模式和覆盖范围经常是一个很好的预测。)许多教授强调问题提出和救济比较技巧,其他教授期待对于易于界定的问题进行更深入的分析。

下面是我在过去的考试中所出的真实论述题和答案要点。当然,我不能保证你的指导老师将会给出与我相似的问题或者答案,虽然如此,我仍希望这些会帮助到你。

当你回答一个好的救济法考试的论述题时,你要确信:

- 写得清晰并可以理解,划出或者以其他方式强调关键内容;
- 关注问题的要求,找出什么是教授想要你做的;
- 考虑原告在选择一个救济时潜在的选择范围;
- 根据被告(可能)的抗辩,评估原告每一个救济主张的强度;
- 在适当的时候,得出问题所要求的结论,你可能需要去解释:
  - 什么是原告最好的救济,为什么?
  - 原告能够得到多少的赔偿?
  - 什么是被告可能提出的最好的抗辩或者反击?
  - 是否一个特别的救济主张最可能成功,为什么?

对于以上要素,最重要的是你要确信你正在回答的问题是教授想让你回答的。再次看看问题的要求。

最后,你的回答要有条理和逻辑,让教授比较容易地跟随你的论证和推理。虽然当你进行考试时可能很累,但是记住当你的老师阅卷时可能也很疲惫。让老师能够轻松地给你分数。

19.2 救济法考试论述题与答案要点示例

每一个都是60分钟的试题。如果你的教授给你一场闭卷考试,那就闭卷回答这些问题,如果是一个开卷考试,请随意使用老师允许你查阅的任何材料。

这些问题中的许多都是基于现实世界的案例,但我已经改变了事实以使他们更好的测试某些概念,这些问题都不应该被认为是反映现实世界的事件,它们仅仅是为了教学目的。

这是我在标准救济法考试中给学生们的指示:

> 问题中的各部分并没有同样的权重,一定要遵循我的特殊要求,并且只回答我所提出的问题。不要在你的考试中出现你的名字,或其他任何其他方式暴露自己,直至你拿到这门课程的成绩。
>
> 使用当事人名字的首字母,不要写出他们的名字,不要在试卷的背面写东西。
>
> 假设每个问题都发生在帕西菲卡,在美国的一个州,适用普通法和它自己的法律。
>
> 请注意我并没有要求对这些问题所涉及的实体法进行详细的讨论,除非你认为这对问题的救济进行完整分析是必要的。
>
> 如果你觉得需要任何额外的事实,请进行说明,解释为什么它们是重要的,并进行合理的假设。在考试中,我不会对模棱两可的问题进行回应。
>
> 好运!

下面的答案要点并不是我期望的学生答案的样子。相反,它们是我给考试打分的标准,指出了需要进行更广泛讨论的重点问题和领域。

例子

1. 袋子制造案

包包公司(BagCo)制造了一种名为"摩登奥斯卡"的耐用聚乙烯购物袋。袋子设计受到多种专利和商标的保护。"摩登奥斯卡"在袋子的顶部有一个耐用手柄。这个包通常会在零售商店里作为一个耐用的购物袋出售。

娱乐公司(FunCo)经营着一个较大的游乐园,有意向购买30万件"摩登奥斯卡"包在公园出售,每个袋子需印制娱乐公司的吉祥物"瑞奇鼠"的照片。

包包公司和娱乐公司签署了一份合同,约定以每件1美元的价格购买30万件购物袋,并约定包包公司使用娱乐公司提供的艺术作品来生产娱乐公司满意的袋子。合同的其他规定如下:

(1) 包包公司在合同签订后的一个月内,为娱乐公司提供使用其艺术品的一个样品以供娱乐公司审核批准。

(2) 所有的设计,无论以何种形式提交给娱乐公司,或者这些设计的复印件和衍生品,包包公司都享有排他的财产权,未经其明示书面同意,禁止复制、使用或向第三人转让这些设计、艺术品等。

(3) 如果由本合同引起纠纷而导致诉讼,无论是包包公司还是娱乐公司违约,都将以每个包10美分的价格进行赔偿。

在当事人签订合同后的两周,包包公司制作了一个带有"瑞奇鼠"标志的"摩登奥斯卡"包样品,供娱乐公司进行审核。娱乐公司的市场部主管简,给负责包包公司合同的雇员麦克发了一封电子邮件,"这些包看上去很完美,但是价格太高了,看看你是否能在海外找到一家能够以较低廉的价格生产这些包的供应商。"

麦克将包包公司的样品寄给了廉价公司(CheapCo),连同一份双方所签合同的复印件。廉价公司承诺以每个50美分的价格生产30万个袋子,并承诺袋子将与包包公司的原型"在质量和外观上完全相同"。娱乐公司向廉价公司支付了15万美元,后者制造30万个袋子的成本是5万美元。

麦克向包包公司回信:"抱歉,我们对包的质量并不满意。鉴于你们没能达到我们的要求,我们没有义务从你们那里购买任何包,我们之间没有有效的合同。"娱乐公司没有向包包公司支付任何费用。

包包公司的高管们一直指望从娱乐公司那得到钱,错过了向银行的抵押贷款付款,为此他们要付出1万美元的滞纳金。他们目前没有其他的工作,尽管他们在寻找新的项目。包包公司的高管们曾预期每包盈利40美分,但他们失望了。公司总裁向麦克回信:"我们尽力了,很抱歉没能让你们满意，期待下次合作。"

尽管有这份电子邮件，包包公司的高管们晚些时候决定起诉娱乐公司以解决纷争。根据调查，包包公司的高管们从邮件中得知娱乐公司对包的质量很满意。

廉价公司生产的包到达娱乐公司游乐场，但包和吉祥物标志的质量和强度方面都存在问题，娱乐公司无法将其卖给自己的顾客，完全属于废品。

假设娱乐公司违反了其与包包公司的合同，而廉价公司违反了其与娱乐公司的合同。

A. 包包公司可以向娱乐公司和（或）廉价公司主张什么救济，如果有的话？解释并具体化。不要讨论辅助性救济，也不要讨论任何联邦法救济（比如，根据专利法和商标法）。

B. 娱乐公司可以向廉价公司主张什么救济，如果有的话？解释并具体化。不要讨论辅助性救济。

2. 占领帕西菲卡

占领帕西菲卡行动在帕西菲卡市非常活跃。抗议运动的支持者认为公司财富对政治进程的影响太大，失业率高得令人无法接受。约有100名占领帕西菲卡的支持者，从上个月开始在市政厅对面的帕西菲卡公园进行露营，许多人睡在公园的帐篷里。这个组织没有任何正式的领导和任何正式的成员。虽然彻夜的抗议者违反了一项禁止在城市公园睡觉，或在日落后滞留在城市公园的规定，但警方并没有驱赶示威者。

帕西菲卡市的政府官员非常担心公园里的卫生和健康问题，同时也担心时不时会对来访公园的游客造成暴力伤害。帕西菲卡城的迈耶·麦克奇斯市长对占领运动也感到十分的无奈。他告诉他的助理："我几乎无法在街对面我的办公室里专注于工作。"

市政府律师前往帕西菲卡找法官琼斯寻求临时限制令，要求占领帕西菲卡的成员离开公园，只能在正常的公园开放时间，即日出至日落时间去那里。在单方听证会上，当城市律师出现在琼斯法官面前时，琼斯询问占领帕西菲卡运动者的律师在哪儿。城市律师回答道："这个组织并没有正式的领导者。我们并不知道本次听证会应该通知给谁，所以我们没有通知任何人。"

琼斯法官随后就作出了以下命令："'占领帕西菲卡'的所有成员和他们的代理人，以及与他们一起协同行动的人均应立即离开帕西菲卡公园，以便进行公园清洁。此后，在此命令发布后的 20 天内，在没有城市警察允许的情况下，任何人都不能以任何理由进入公园。而 20 天期满后，每个人进出公园都应遵照'从日出到日落'的时间限制。任何违反本命令的人，都将可能面临监禁、罚款，或者依据本院蔑视法庭惩处权两者兼有。特此命令。"

警察到帕西菲卡公园，用播音喇叭给人群重复播放琼斯法官的命令。同时张贴了明显的标志，申明接下来的 20 天里任何人不得以任何理由进入公园。

A. 艾米是在占领帕西菲卡运动中在公园露营的人之一。在通过广播听到法官的命令后她依然拒绝离开公园。警察遂强制她离开并指控她应当承受蔑视法庭的刑事制裁。结果是什么？请解释。

B. 在法官琼斯颁发命令的三天后，与占领帕西菲卡运动没有任何正式联系的社会自由党的成员，从下午 5 点到午夜一直在帕西菲卡公园进行无声的守夜。他们拿的标语牌写着："迈耶·麦克奇斯市长是资本主义的工具"。警察从示威者中赶走了社会自由党的一个成员盖尔，并指控她违反城市管理条例以及蔑视琼斯法官的命令。她后来被获准保释，在保释听证上琼斯法官对她说："远离帕西菲卡公园，否则我将会对你罚款 1000 美元。"在琼斯法官发布其原始命令的 15 天后，盖尔参与了在公园举行的另一个抗议活动，并再次被指控为违反城市管理条例，及构成蔑视法庭需承受民事强制和刑事制裁。盖尔可以以宪法第一修正案为抗辩事由来对对抗任何一项指控吗？请解释。（不需要对宪法第一修正案的内容本身进行分析。）盖尔还能用其他的抗辩事由来对抗蔑视法庭的指控吗？每种抗辩都有可能成功吗？

C. 汤姆是一个被解雇多年且无家可归的 40 岁男子。他在琼斯法官发布禁令后的 25 天里一直睡在帕西菲卡公园的长椅上。半夜里，警察进入公园并告诉汤姆他必须离开公园,否则他将违反城市管理条例,并因此会被认定为蔑视法庭。汤姆因为喝了太多的酒,因而在尽力站起来时表现得很缓慢。警察认为汤姆的移动过于缓慢,根本无法满足他们需要进行短暂休息的要求,遂对着汤姆的眼睛喷洒胡椒喷雾。汤姆因胡椒喷雾带来的疼痛而从公园长椅上摔下,脊椎受伤并导致他再也不能直立行走。汤姆起诉警察部门要求侵权损害赔偿。如果汤姆证明警察错误执法,并且警方并没有提出任何有效的抗辩,那么汤姆会得到什么损害赔偿呢(如果有的话)?请解释。警察部门可以提起哪些抗辩来对抗汤姆(如果有的话)?请解释。不要讨论侵权抗辩的实质性内容,例如比较过错。

3. 适应生命

适应生命公司销售一系列膳食补充品,包括"适应生命356",这是一种含有麻黄碱和咖啡因的营养品,公司以能够减轻体重并增加肢体力量和忍耐力进行推销。"适应生命356"成为帕西菲卡地区销售最大的含有麻黄碱和咖啡因的补充剂。

在"适应生命356"推向市场的五年里,这个公司已经收到来自全美13000多次针对该产品与健康有关的投诉。大多数投诉涉及胃部疾病如恶心或腹泻,还有超过80次的,在人长期使用该产品后出现的心脏病发作、中风和其他严重疾病的报告。产品对于一些使用者在减肥上的确有些作用。产品在其包装上写到,"只要按照说明使用,'适应生命356'就是安全和有效的"。

科学家开始研究含有麻黄产品的安全性。食品药品管理局(FDA)已经收到超过1200次对麻黄碱有严重反应的报告。最近FDA对大约16000份不利事件的报告进行了初步审查,发现有两次死亡,四次心脏病发作,九次中风,一次癫痫发作和五次精神病例,都涉及麻黄碱,这些案例记录全面,没有发现其他影响因素。FDA称这种情况为"突发事件",因为他们可能展示了一个安全问题,但不能证明是麻黄碱引起的不良结果。在2003年1月1日,FDA就含有麻黄碱的产品可能存在安全问题举行了新闻发布会。自此,麻黄碱问题就受到更广泛的媒体关注。

最近两篇关于麻黄碱安全性的研究文章发表时间太晚,没有被纳入到FDA的审查范围,但每一项研究都引起了对麻黄碱的进一步关注。一篇文章指出,尽管含有麻黄碱的产品在所有膳食补充剂的销售中占比不超过1%,但是这些产品却占膳食补充剂不良事件的64%。另一项研究表明,麻黄碱用户的中风统计率显著高于非使用者。其他的研究还在进行中。

适应生命公司的网站链接了FDA的报告。为了回应那些提出的要用立法禁止销售含麻黄碱产品的意见,网站上出现这样的内容:"本公司认为,禁止销售并没有科学的依据,而且我们坚信只要按照我们产品标签上的说明服用,我们的麻黄碱产品是安全且有效的。"在当时,并没有联邦或者州法律或条例禁止甚至管理含有麻黄碱产品的销售。

A. 假设以下的内容,仅在这一小部分适用。您刚刚被聘任为帕西菲卡地区消费者的集体顾问,这些消费者已经使用或正在使用"适应生命356",且已经遭受或会遭受中风或心脏病。你认为事实的发现者会认定适应生命公司销售适应生命356的行为,违反了帕西菲卡的侵权法。这个问题将会转化为事实因果关系的问题。那么你能得到以下的初步救济吗?(1)禁止适应生命356的销售?(2)禁止适应生命公司在帕西菲卡地区出售他们的任何商品?请解释。

B. 假设以下的内容,仅在这一小部分适用。珀西(Percy)从1999年1月1日起到2000年1月1日至的时间里,每天都服用适应生命356,并在2000年1月1日中风。珀西在2003年2月1日对适应生命公司提起诉讼,依据帕西菲卡地区的侵权法寻求损害赔偿。他声称适应生命公司的产品造成了他的伤害。帕西菲卡地区的侵权法规定,侵权案件的诉讼时效为从权利受到侵害时起两年。适应生命公司辩称珀西的起诉已经超过了诉讼时效。评估一下双方的意见,并对珀西诉讼的及时性做出判断。

C. 假设以下的内容,仅在这一小部分适用。简(Jane)是帕西菲卡地区的一位居民,服用了"适应生命356"并患上了轻微的中风。在简提出诉讼后,适应生命公司将"适应生命356"从帕西菲卡地区的市场下架,但仍然在其他州销售。简在中风时是一位50多岁的失业门卫。陪审团认为依据帕西菲卡法律,适应生命公司因为过失而负有相应的责任,并且判决给简1000万美元的损害赔偿,其中包括200万的未来失业工资补偿、300万的以前和将来的医疗费用以及500万的疼痛和痛苦损害赔偿。陪审团还判给简6000万美元的惩罚性赔偿,这相当于适应生命公司自开始销售"适应生命356"起5年内在全国获得的利润总和。在上诉中,适应生命公司只对所要支付的赔偿金额提起了异议,但是没有对过失的责任进行争辩。案件结果会是什么?请解释?

4. 罗伯特诉泰蕾兹

早在1989年,罗伯特向他的姐姐泰蕾兹说,自己因为工作和婚姻的失败,正在经历财务和情感困境。他无法偿还自己房子的抵押贷款,他担心会因为抵押权的执行而失去房子。他了解过出售自己的房子,但他对房子没有衡平法上的权益,这意味着出售不会产生足够的收益来弥补购房成本。他问她姐姐是否可以将房子转让给她,这需要他姐姐来承担抵押贷款。

泰蕾兹同意了,尽管那所房子位于帕西菲卡区的南部,而她自己却远住在区的北部。罗伯特遂将房子(他前妻并无利益)转让给了泰蕾兹。作为交易的一部分,泰蕾兹负担了49500美元的债务,这些债务以这所房子作抵押担保。同时,她被要求支付贷款的承担费,[①]并为房屋投保保险。

1990年,姐弟之间签订了一项租约,约定罗伯特每月支付500美元的租金,并每月额外支付200美元的房屋维修和服务费用。罗伯特认为,租赁合同对任何一方并不具有约束力,其执行的唯一目的是为了让泰蕾兹获得贷款。另一方面,泰蕾兹则认为他们之间存在着有效的租赁协议。

从1989年到1997年,罗伯特管理着房子,泰蕾兹通过律师写了授权管理的授权书让他管理房产,将存款存入房屋租赁账户并维护和保养房产。罗伯特住在这个房子里,并对房产进行必要的维护和保养,同时支付了一半的租赁费。

[①] assumption fee,当买方从卖方处承担了一个既存的抵押时,出借人向买方收取的更新抵押记录的费用。——译者注

罗伯特将房子转让给他姐姐后,他申请了公共援助。在他最初和随后的申请中,罗伯特表示他从泰蕾兹那里租房子,但没有透露他经常不支付房租的事实。

兄妹们都同意罗伯特将房子转让给了泰蕾兹,共同的理解是他会将房子重新买回来。他们不一致的是时间。泰蕾兹称,罗伯特告诉她双方的安排只是"一小段时间",直到他能把自己的事情处理好。她进一步说到,如果罗伯特不能够买回他的房子,那房子就会归属于她,这意味着她有权将房子出售给任何第三人并有权保留收益。罗伯特对这种表述存在异议。

泰蕾兹开始告知他弟弟,要他在初次转让后不久就把房子买回去。然而,罗伯特一直都不能把自己的事情处理好,以便来做这件事。最终在1993年,她告诉她弟弟他必须要么把房子重新买回去,要么她将把房子卖给别人。罗伯特在长达四年多的时间继续住在那所房子里,并一直都只支付一半的租金。

1997年10月,泰蕾兹给罗伯特寄了一封信,告诉他:他的权利被撤销了。并通知他:她已经将房子放到了市场上。罗伯特搬了出去。不久之后泰蕾兹以80000美元的价格卖掉房子,得到30000美元的净收益。她将收益的一半花费在自己的全球旅行上,用另一半偿还了其汽车贷款。

1. 泰蕾兹和罗伯特可以相互主张哪些救济?你认为充分回答这个问题前需要先了解哪些实体法上的内容?(不要对实体法内容本身进行深入分析),不要讨论任何初步救济或辅助性救济。假设双方的诉求都没有超过诉讼时效。

2. 假设以下内容,仅在这一小部分适用。在诉讼期间,法官要求泰蕾兹交出所有记录来说明罗伯特在1989年至1997年间支付租金的数额。泰蕾兹说她的会计胡安保管着她所有的交易记录,但胡安对泰蕾兹说相关的记录数据全部丢失。胡安没有在庭审中出庭作证,也不是诉讼当事人。

审判法官不相信泰蕾兹,随后概括性地作出了以下命令:"泰蕾兹和胡安因故意不服从本院命令,每人罚款100000美元。此外,在相关证明材料上缴之前,她们每人每天都须缴纳1000美元的罚款。"泰蕾兹和胡安都不服这个命令。结果会如何？请解释。

5. 果味冰

果味冰公司生产的冷冻食品在超市出售。其最受欢迎的一款甜点是巧克力覆盖的、具有草莓香蕉口味的"泡泡"。"泡泡"甜点很成功，在很大程度上是因为果味冰广告称其为"低脂"。甜点盒子的"营养成分"标签列出每个"泡泡"甜点只含有 2 克脂肪。这违反了关于在产品的"营养成分"盒上明知或无意地提供不准确信息的联邦法规。

自 1998 成立以来，果味冰公司每年获得 100 万美元的利润，一半来自它的巧克力覆盖的具有草莓香蕉口味的"泡泡"甜点的销售，另一半来自其他产品的销售。

假如你是原告律师。鲍勃走进你的办公室，告诉你一个下面的故事。鲍勃非常胖，一直在参加减肥俱乐部：一个饮食支持小组。鲍勃告诉你，很多的支持小组会议开始于 1998 年，很多支持小组的成员都积极支持果味冰公司的"泡泡"甜点。鲍勃提到参加会议的人会这样说，"'泡泡'甜点真的很适合你，它们是非常低脂的。"

鲍勃每天吃一盒六块的"泡泡"甜点，以为他只食用了 12 克脂肪。但鲍勃的体重一直在增加而不是减少。所以他把"泡泡"甜点拿到实验室进行测试。

结果表明每块"泡泡"甜点含有 10 克脂肪，远远超过联邦法规规定的"低脂"的脂肪含量。在这一点上，不清楚标签为什么是不正确的：它可能在脂肪含量的计算方面确实存在错误，也可以是故意误导人们关注低脂肪含量而去购买"泡泡"甜点。

假设你可能提起的任何诉讼都是及时的，那么：

A. 站在鲍勃的角度，你会寻求什么或者哪些救济？寻求每种救济成功的可能性有多少？不要讨论辅助性救济以及对救济的抗辩。

B. 假设以下事实，只在本部分适用。你代表鲍勃提起诉讼。在你提起诉讼后，果味冰公司改变了在"泡泡"甜点上的"营养成分"并提供了正确信息。法官在审理案情时，对案件的事实感到愤慨。她作出了如下命令："禁止果味冰公司三年内在美国销售任何冷冻甜食制品。"果味冰公司对此提出上诉,并在命令下达而上诉悬而未决的情形下继续销售产品。主审法官举行了听证会,并给予果味冰公司"100万美元的蔑视法庭罚款"。果味冰公司的以下行为成功的可能性如何?(1)对其禁令的上诉;(2)推翻蔑视法庭的罚款。请解释。

6. 格雷戈诉菲利斯案

1990年,格雷戈去菲利斯的法律公司工作,成为了菲利斯的唯一同事。格雷戈和菲利斯签订了一份"随意"的雇佣合同,意味着无论是格雷戈还是菲利斯都可以在任何时间以任何理由终止协议。格雷戈从未签署过竞业禁止协议,或其他与雇佣关系有关的文件。菲利斯答应在雇佣关系存续期间付给格雷戈年薪60000美元。(在法律公司工作类似于在菲利斯的公司,按小时工作的律师通常从其雇主那里得到每小时100美元的报酬。)格雷戈和菲利斯所做的工作而产生的由法律公司所负担的所有税收,都进入菲利斯的商业账户。

菲利斯的法律公司主要处理人身伤害案件,几乎总是采用胜诉提成的方式。2000年,格雷戈决定开办自己的法律公司去处理人身伤害案件。他告诉菲利斯他的决定,菲利斯回应道,"祝你好运!你已经帮了我很多年,我不会做任何事情阻止你像我一样变得富有。"

在格雷戈离开法律公司时,他已经投入100小时工作在"史密斯"的人身伤害案中,投入50小时在"琼斯"的人身伤害案中。菲利斯在这些案件上没有投入时间。在格雷戈离开时两个案子都没有结果。

格雷戈离开后,史密斯和琼斯都决定终止与菲利斯的合作协议(根据法律是他们的绝对权利),而让格雷戈来处理他们的案件。史密斯和琼斯告诉菲利斯他们的决定。格雷戈并没有不当地恳求琼斯和史密斯,这一行为并不构成侵权或违反格雷戈和菲利斯之间的任意合同。

格雷戈额外花费100小时在史密斯案,和额外25小时在琼斯案。之后,格雷戈以30万美元解决了史密斯案,拿他的1/3胜诉提成10万美元为其侄子约翰购买了勃勒克格的一处地产(blackacre)。然而,该处地产最后证明是一个糟糕的投资,因为一个新的污水处理厂可能会建在附近。

格雷戈在琼斯案中取得了 225000 美元的判决,拿到了 75000 美元的胜诉费。格雷戈把那笔钱存在一个账户一年,然后拿这 75000 美元到拉斯维加斯,在轮盘赌上全部输完。他怀揣着仅仅 75 美元离开,并把这 75 美元存入一个账户中,该账户现有资金 50000 美元,这是他在与其直接前一工作无关的工作中取得的。

菲利斯决定起诉,在格雷戈离开公司的两年后她提起了诉讼,在适当的期限限制内。假定职业行为示范规则对如何解决这个案子并没有提供指导。

菲利斯针对格雷戈和(或)其侄子约翰有什么或哪些救济措施?考虑到救济要求和救济抗辩,菲利斯能获得这些救济的可能性有多大呢?请解释。不要讨论初步救济或辅助性救济。

7. 维多利亚的秘密(Victor's Secret)

维多利亚秘密公司是"维多利亚的秘密"商标的所有者,该商标自 1981 以来在美国专利和商标局注册。该商标适用于一整套的女式内衣,以及其它服装和配件。

维多利亚秘密公司经营着超过 750 家店铺,并且每年销售 4 亿多复制款式,包括在帕西菲卡的太平洋高地的 39000 件。维多利亚秘密公司的产品也通过互联网销售。维多利亚秘密公司在帕西菲卡的奥斯维尔有两家店,距离太平洋高地 60 英里。1998 年,维多利亚秘密公司花费了超过 5500 万美元的广告费来宣传它的产品。根据一项最近的调查,维多利亚的秘密位列服装行业最著名品牌第九位。

1998 年 2 月,维克多·莫塞利开了一家"维多利亚的秘密"的商店,位于太平洋高地的一个单排商业区,出售各种各样的商品,包括男人和女人的内衣,成人视频文件,及其他成人用品。尽管维多利亚秘密公司仅出售女性内衣,并不出售男士内衣或成人用品。

维多利亚秘密公司的律师们在 2001 年,即在知悉莫塞利商店存在的两年后，给莫塞利发去一封信，要求莫塞利改变他的商店名字，并起一个与维多利亚秘密公司的标识无关的名称。莫塞利随后将其商店的名字改为"维多利亚的小秘密"。

1998年，莫塞利的商店创造了5万美元的利润。1999年，数量达到10万美元。自2000年以来，该店平均年利润为25万美元。

2001年3月，根据帕西菲卡管理商标使用的法规，维多利亚秘密公司起诉莫塞利。根据该法规，维多利亚秘密公司必须证明莫塞利对"维多利亚的秘密"名字的使用，"稀释"了维多利亚秘密的标志的质量。假设维多利亚秘密公司可以证明这种情况。

帕西菲卡地区的法规允许原告获得任何救济，而这些救济根据普通法是可行的和适当的。它规定了一年的诉讼时效。

维多利亚秘密公司可以向莫塞利主张什么或哪些救济？维多利亚秘密公司在寻求这些救济时有多大的胜诉可能性？同时考虑救济要求和莫塞利可能提出的抗辩。请解释。不要讨论初步救济或辅助性救济。

解释

1. 袋子制造案

A. 包包公司诉娱乐公司：救济（廉价公司在B节讨论）

（1）补偿性损害赔偿（0—15分）

首先让我说明，虽然本合同受《统一商法典》第二部分的调整（因为这些袋子是可移动的商品），但我告诉你，你无需对《统一商法典》的损失赔偿计算公式进行分析。在该题中，无论对问题的分析使用了这些公式，还是使用了我们在课堂上学到的一般规则，都没有任何区别。

事实告诉我们娱乐公司违反了其与包包公司之间的合同（没有根据合同中的"满意"条款诚信行事，构成违约）。那包包公司可以寻求的第一种救济是期待利益损失赔偿，这经常是允诺的利益和实际得到的利益之间的差额。然而，本合同包含"违约金"条款，如果该条款有效的话，损害赔偿将会被限制在违约金条款所约定的30000美元范围内（30万个包，乘以10美分/包）。

我们还不清楚该条款能够强制执行,不是不可强制执行的惩罚措施。如果该条款可被执行,就需要:(1)计算实际损失比较困难,并且(2)违约金的数额必须是一个与实际损失大致接近的合理近似值。在这里它似乎没有出现损失难以计算的情形;这是一个典型的合同纠纷,并且收集有关生产袋子和其他细节等的成本的相关信息并不困难。更重要的是,看来,10美分/袋的数字似乎不是计算损失的好方法。它适用于任何一方的违约,数量看上去与任何一方因违约而遭受的实际损失有关(比如,我们知道包包公司希望每个袋子挣到40美分)。如果法院不适用违约金条款,则适用正常的期待利益损失计算方法。

根据通常的期待利益损失赔偿规则,包包公司有权获得所承诺的和其实际收到的利益之间的差额,减掉所避免的损失。我们知道承诺的利益(30万美元的合同价),实际收到的为零。我们不知道包包公司不按约定制造那些袋子能节省多少费用,但我们知道包包公司希望每个袋子能有40美分的利润,这就有12万美元的损失。虽然可能会得到附带或间接损失赔偿(在合同中我们没有被告知对这种损失赔偿有任何限制),唯一列出的是未向银行进行抵押贷款还款导致1万美元的滞纳金。首先对于合同损害赔偿,间接损失必须是可预见的(哈德利案规则)。有争议的是,这些是不可预见的(没有给买方告知关于付款的任何迹象)。进一步说,根据梅娜特案规则,未支付款额的间接损失通常都会被限定为支付法定利息,这样一来,1万美元是得不到赔偿的。

在本部分,如果讨论了包包公司发送给娱乐公司的电子邮件(其内容为承诺下一次将会更加努力),是否构成了禁反言或对诉讼的放弃,也会得分。(看上去不是,因为它不是一个确定的不去诉讼的陈述,而且也没有损害的证据)

(2)惩罚性赔偿(0—8分)

本案中包包公司也有可能得到惩罚性赔偿。对于违约一般不能适用惩罚性赔偿,但是当违约还包含一个独立的侵权行为时,也可以适用。这儿有两种理论,一种相对弱势,一种比较主流。相对势弱的理论是娱乐公司通过恶意的方式否认合同的存在(我们没有具有约束力的合同)。这个理论较为弱势的原因是,大多数(如果不是全部)考虑这一可能侵权的法院都会反对它。更主流的观点是违约行为伴随着欺诈:娱乐公司为了逃避自己的合同义务,在对袋子是否满意这一点上说了谎。这就为构成一个独立的侵权行为提供了基础,如同一个欺诈行为,根据加州(我们不知道帕西菲卡这方面的具体规定)的法律规定,这能够作为惩罚性赔偿的基础。

(3) 实际履行(0—5分)

在这个案件中,实际履行是损害赔偿的一种理论上的替代,但因为违约方没有支付金钱,一个实际履行的命令将使娱乐公司支付合同价款并从包包公司拿回袋子——使得包包公司并不处于更有利的位置,并且使娱乐公司为其所不需要的履行多支付费用。你要是在这里讨论一个禁止廉价公司在其产品中使用包包公司知识产权的禁令,你也可以得分。

(4) 利益返还(0—6分)

包包公司还有一种选择,要求娱乐公司(或者廉价公司,下面再看)进行利益返还。利益返还主张的基础在于娱乐公司使用了包包公司的知识产权(袋子样本的形式),违反了包包公司和娱乐公司之间的合同,并使用该样本生产了更便宜的袋子。如果娱乐公司和廉价公司之间的合同实际上生产出了一套成功的袋子,那么包包公司可能获得娱乐公司和廉价公司的合同利润。(廉价公司完全知道盗窃知识产权的情况,因为他被提供了包包公司和娱乐公司之间禁止使用样本的合同复印件。)但是合同没有履行,所以尽管可以说娱乐公司和廉价公司都是不法行为者,但我们很难发现利益的出处。(如果娱乐公司成功起诉廉价公司,那包包公司或许还能得到这些资金的一部分。)如果你在这里正确地讨论了分配,你也能够得分。

在这里请注意,包包公司除了申请禁令和利益返还外,似乎没有向廉价公司主张的其他请求。廉价公司没有违反与包包公司之间的合同,尽管或许存在着破坏现有合同的侵权行为。(正文中并没提到)

B. 娱乐公司诉廉价公司:救济

(1) 补偿性损害赔偿以及抗辩(0—10分)

这里廉价公司没有按照约定给娱乐公司供应货物构成违约。货物被送达，但是没有价值并且完全不符合合同约定（"全损"）。买方娱乐公司有权得到的损害赔偿数额，等于合同约定的价值与实际得到价值之间的差额，在本案中就是替代履行的成本。在这儿，娱乐公司依约能够以 15 万美元的成本（即包包公司生产袋子所需要的成本，虽然可能会有一点低）得到价值 30 万美元的履行。所以，需要 15 万美元来弥补差距。加上已经为那些无价值的袋子支付的 15 万美元。15 万美元－(－15 万美元)＝30 万美元的损失。（第一个 15 万美元是购买价格的退款，第二个 15 万美元代表价值差额。）娱乐公司也被允许得到任何附带和间接损失赔偿，比如为履行合同所付出的花费。

但是，廉价公司可能会以互有过失来进行抗辩，主张娱乐公司在这个合同上与廉价公司存在同样的过错。在这个合同中他们双方合谋盗用包包公司的知识产权。（在寻求普通法救济时不洁之手不能被用作抗辩理由。）尽管看起来娱乐公司在盗用包包公司的知识产权方面有同样的过错，但不清楚这个错误与合同的关系是否足够密切，以至于能够使廉价公司不用承担责任。

（2）实际履行（0—5 分）

或者，娱乐公司能够要求廉价公司按合同约定履行，即重新生产一批高质量的袋子。首先，不清楚娱乐公司是否需要这样做（考虑到早期粗劣的商品），或者廉价公司是否有能力生产出高质量的袋子。获得损害赔偿难道不好吗？在本案中，允许娱乐公司直接从包包公司那里得到履行也许更好。如果娱乐公司寻求实际履行，法院可能不得不解决不洁之手的抗辩问题。（见上面）

（3）合同撤销（0—5 分）

因为廉价公司没有按合同约定完全履行（不符合约定的履行不算），娱乐公司可以要求撤销合同，并要求返还已经支付的价款。相对于损害赔偿，这或许是一种更弱的救济，而且也不清楚娱乐公司为什么要这样做。（看上去除了能够作为利益返还请求的基础外，并没有任何其他的收益）

2. 占领帕西菲卡

A. 关于艾米的藐视法庭罪(0—12分)

看起来艾米是在听到喇叭宣讲后故意不服从法院的命令。如果一个事实的发现者或者陪审团坚信艾米故意违反法院的命令,那她将会被认定为构成藐视法庭。

根据平行禁止规则,她不能挑战禁令的有效性(即使在宪法第一修正案的背景下),来作为对自己藐视法庭罪指控的抗辩。她必须在违反法院命令之前,提出有关事项直接攻击这一命令本身。

她可以提出一系列关于她为什么不受这个命令约束的争辩。首先,她可以申辩说,在命令被强制下达前,她和占领帕西菲卡的代表都没有收到法院听证会的通知。我们是在州法院,所以《联邦民事诉讼程序规则》第65条不能适用。根据最高法院对安妮公主案的意见,在没有给予一个人申辩机会的情况下对其采取临时限制令(TRO),违反了宪法第十四修正案的正当程序条款。但这一规定存在例外:被通知人无法发现时,(或者如果给予通知,可能会使该人在通知发出前造成不可挽回的损害。)在这个案子中,政府律师解释说,因为该团体是无组织的,他们不知道通知给谁。这似乎是一个比安妮公主案(因为那个案件中领导者很容易找到)的事实更有力的案件,但也并不是足够强大,因为他们可以对公园的所有人进行通知,或者找出一个代表来通知。如果这违反了正当程序,并且法院对艾米没有管辖权,那么藐视法庭罪可能就站不住脚了。

艾米也可能会争辩她不受法院命令的约束,因为法院对她并没有管辖权,她并不是占领帕西菲卡运动的成员,或者是其代理人,或与这个组织有"一致行动"的人。但事实是,她正是"在占领帕西菲卡的抗议运动中在帕西菲卡公园住帐篷的人"。所以,以她与这个组织并没有一致行动的理由进行抗辩是很困难的。

最后,艾米可能会尝试主张,存在一些沃克(Walker)案中提到的平行禁止规则的例外。但是除了管辖权问题(上面提到的),并没有任何其它的例外可以适用。例如,该命令似乎没有明显的无效情形(因为的确因为公共卫生和健康问题有清理公园的需要,即使该命令引起了宪法第一修正案的关切),并且也没有人提出上诉从而导致其被州法院否决的情形。

B. 盖尔的抗辩

(1)针对指控的第一宪法修正案抗辩(0—6分)

平行禁止规则只适用于蔑视法庭刑事制裁的程序,它并不适用于任何违反城市管理条例(与法院命令相对)的刑事程序,而且也不适用于任何蔑视法庭的民事程序。因此盖尔可以援用宪法第一修正案来为以下两项指控进行抗辩:a. 违反帕西菲卡管理条例的指控;b. 在蔑视法庭民事程序中。

至于刑事程序,平行禁止规则将禁止这一抗辩。(至于蔑视法庭第二次刑事制裁,她可以在保释听证会上提出宪法第一修正案的问题)

(2)盖尔可以用来对抗蔑视法庭指控的其他理由(0—10分)

对于第一次蔑视法庭的刑事指控,盖尔有强有力的反对理由,认为她不受这个命令束缚,因为她没有被给予听证的通知和机会。请注意她所违反的部分命令并不是撤离公园的命令[只适用于占领帕西菲卡的人、代理人及其共同行动者,参见计划生育金门(Planned Parenthood)案];相反,它是针对全世界的一个命令,宣称"未经市警察机关批准,在命令发布后的20天内,任何人不得以任何理由进入这个公园"。正如上文所提到的,根据正当程序规则,在一个针对特定人的命令发布前,通常该人需要一个听证的机会,而盖尔在该命令发布前并没有得到听证的机会(与她一起行动者也没有)。因此法院对她没有管辖权。

然而,这座城市可能会指向第五巡回法院的霍尔(Hall)案,要么主张法院对公园本身享有对物管辖权,要么主张法院命令对于实现法院要求公园开放的决定是必要的。为了使法院的判决得以维持,法院判决公园开放是必要的。如何解决霍尔案,部分取决于州法院是如何规范临时限制令的,以及如何与规则65比较(并不包含这些例外,但是霍尔案的法院认为存在在规则65之前的普通法中,并使规则65存活)。根据任何一种理论,盖尔都可能受束缚并被认定为蔑视法庭应受刑事制裁。

还有一种可能性,如果帕西菲卡的法令规定(像规则65),未经通知而颁发的临时限制令将会在14天后到期(除非在这段时间里得到延期),那么这个命令将会是无效的。

至于第二个蔑视法庭刑事制裁的指控,法官特别命令盖尔离开公园。她有机会在保释听证会上陈述意见,而且如果她不同意这个命令还可以上诉,这看上去她似乎很少有机会能找到一些方法来反击第二个蔑视法庭刑事制裁的指控。

在本案中毫无疑问盖尔能同时对因蔑视法庭而引起的民事强制和刑事制裁指控(因进入公园的1000元罚金)进行反击。比如,如果它违反了宪法第一修正案,她可以以此作为蔑视法庭指控的抗辩。除此之外,由于这看起来是故意行为,她不会有太多的抗辩理由。

C. 汤姆对对市政府的主张

(1) 汤姆的损害(0—10分)

如果汤姆可以证明警察构成侵权以及他们没有抗辩权,那么他可以得到以下的损害赔偿:a.过去以及可预期的将来的医疗和护理成本,考虑到他的永久性瘫痪,这笔费用将会非常巨大(要将将来的损害赔偿转化为现值);b.疼痛和痛苦,考虑到我们没有市场可比较(这些会包括当前的疼痛和痛苦,以及胡椒喷雾带来的痛苦),这些损失将很难衡量。汤姆可能不会得到任何过去或预期未来的工资损失,因为他已"失业"多年,并且很难证明存在未来合理确定的工资损失。

汤姆在得到补偿他过去(以及可能是未来)所遭受的损害赔偿外,还可能会得到惩罚性赔偿。我们不知道帕西菲卡法律的确切措辞,但如果是像加州一样典型的规定,那么这里的行为可能构成隐含的恶意或压迫。警察决定用胡椒喷雾把汤姆赶出公园,因为汤姆"速度不够快,无法满足他们进行休息的愿望。"这听上去像是一个对他人的安全高度漠视的行为。其数额应当是适宜于惩罚和威慑。但也必须符合州标准,以及美国法院在比如坎贝尔诉州立农业保险公司案中所确定的宪法标准。

(2) 市政府的可能抗辩(0—5分)

汤姆在公园时违反了城市管理条例,他也违反了法院的命令,即在日落和日出之间不得待在公园(如果这条命令在颁发后的 25 天内仍有效的话,参见上文)。市政府会将汤姆违反管理条例(至少是)作为互有过失抗辩的基础(不洁之手在损害赔偿的案件中不能适用)。很难想象一个法院会认为,睡在公园里的公民,应当和违法使用胡椒喷雾驱逐一个想在公园睡觉的人的警察受到一样的谴责。

其他的抗辩(显失公平、禁反言、弃权、懈怠)似乎都不能适用。

3. 适应生命

A

(1) 仅禁止销售 356 产品的初步救济(0—10 分)

消费者可以努力获得的两种初步救济是临时限制令和预先禁令。要得到任何指令性救济,原告必须证明致害倾向:有严重的违规威胁,和不可弥补的损害。法律规定的损害赔偿并不能像指令性救济一样完整、实用和有效。

然而,因为救济是初步的,这里还有一个额外的要求。虽然考试有许多语言表述,但核心问题有两个:a. 原告在实体上胜诉的可能性,以及 b. 平衡的天平是否会倾向于原告。这后一项要求需要考虑:如果法院本来应该给予但却没有给予初步救济时原告将遭受的损失,以及如果法院本来不应给予但却给予初步救济时被告所遭受的损失——根据在审判时出现的情况。我们只考察要求初步救济时起至最终判决时至这段时间。法院还考虑 c. 在适当情况下的公共利益。

在致害倾向方面,毫无疑问,适应生命公司将继续销售该产品。然而不清楚的是这是否构成违法行为。这取决于产品是否违反了实体法。在这一点上,我们还不知道是否存在实质性的违法行为。

在通常无法弥补的损害要求方面,这里的威胁是"适应生命 356"造成各种严重的身体疾病,包括中风和心脏病。当然一个法院会说,事实上损害不会那么大。

寻求初步救济的最激烈的争议将是实体上胜诉的可能性、困难平衡和公共利益。确定实体上胜诉的可能性是非常困难的。这里有很多证据表明使用该产品的人和严重的疾病之间有某种联系,但是这种联系还没有确定建立。法院还需要进一步审查证据并进行一个评估。

困难平衡也是很困难的。一方面，使用356的众多成员在特定期间内可能会遭受严重的伤害，另一方面，这看起来是适应生命公司业务的主要部分，初步救济可能导致业务关闭。在法院认为这是公共健康问题的范围内，公共利益可能会支持颁布禁令。

如果法院同意预先禁令，则可能要求原告提供禁令保证金，以防法院发出救济令是错误的。这可能是非常高的数额，取决于适应生命公司可能因禁令的颁发而遭受的损失。

(2) 禁止销售适应生命公司所有产品的初步救济(0—3分)

法院似乎不太可能给予初步救济，以禁止销售适应生命公司的所有产品。禁令的范围必须适当，被限制在有证据表明被告实施违法行为的范围内。没有任何证据证明适应生命公司的其他产品产生任何危险，法院命令可能会限于适应生命公司含有麻黄碱的产品或356本身。

B. 及时性问题(0—10分)

珀西的主张是否超过诉讼时效？帕西菲卡地区的有关法规规定从受害之日起两年的诉讼时效。伤害可能发生在2000年1月1日，当时珀西发生了中风。有可能争辩的是这种伤害发生得更早，1999年的某一时间，此时麻黄碱已经对身体有了明显的伤害，但这依赖于科学证据的证明。从2000年1月1日起的两年是2002年1月1日。因为珀西直到2003年2月1日才提起诉讼，索赔似乎超过了诉讼时效，除非珀西能够很好地说明时效得到了延长或延期起算。

这不是一个持续违法的案件。对珀西最近的违法行为在2000年1月1日结束，此时珀西停止服用麻黄碱。我们不知道帕西菲卡地区是否有发现规则。如果帕西菲卡地区有这样的一个规则，那么问题就转化为是否直到珀西合理地发现其伤害以及伤害的原因时，诉讼时效才开始起算。在这里，珀西是在2000年1月1日发现伤害的事实。需要讨论的问题是，珀西什么时候发现了伤害的原因。根据这些事实，帕西可能会主张诉讼时效只能到2003年1月1日，即当食品药品管理局召开新闻发布会挑战麻黄碱的安全性时才开始起算。我们被告知有广泛的媒体报道,但我们不知道确切是什么时候开始。这个问题可能是决定性的。

如果该司法管辖区没有发现规则,珀西仍然可以通过主张欺诈性隐瞒而获胜。珀西必须证明发现规则所需要的一切条件,加上适应生活公司对356的安全性(这里可能是真实的)有更优越的信息,而适应生命公司做出了让珀西信赖的肯定性错误陈述(适应生命公司不是受托人,所以没有责任披露)。在这里,网站表示迟至2003年,适应生命公司相信该产品是"安全和有效的",这可能就够了。为了表明信赖,我们需要一些证据,证明珀西信赖在盒子上或广告中所包含的安全性的承诺。

懈怠是提出拖延问题的另一种可能办法,但这里珀西正在寻求损害赔偿的普通法救济,而不是衡平法的救济,因此懈怠是不可能适用的。

因为延迟,禁反言看上去是一个弹性抗辩事由。对适应生命公司有损害吗?

C. 损害赔偿问题

(1) 对补偿性损害赔偿的挑战(0—10分)

适应生命公司对简的补偿性损害赔偿判决可以提出三个方面的异议。

第一,对于200万美元的工资损失。基于简的工作历史,适应生命公司可以很好地争辩说赔偿金过高了。很难想象一个50岁的失业门卫,未来的工资损失折算成现值——考虑到现在得到的钱会产生利息,来补偿将来的损失——会有200万,甚至将现值放在一边,假设还有另外20年的工作时间,简的工资损失达到了平均每年10万美元,这远远高出美国几乎任何门卫的平均年薪。法院可能需要将这个数额改为一个真正合理的数字,或者对赔偿金问题启动一个新的审判。

第二,300万美元的过去和将来的医疗费用是很难判断的。事实告诉我们简有一点"轻微的中风"。对于现在照顾她的花费我们需要知道得更多,还需要知道根据她的病情诊断,医学经济学家预测将来还需要多少钱。任何数额都必须减少到现值。

第三,500万的疼痛和痛苦损害赔偿同样是难以估算的。不像工资损失或医疗费用,并没有疼痛和痛苦的运行市场。当法院审查这些判决时,通常都会参考类似案件中的数额。当本案造成严重伤害时,法院又会如何确定这个分界线呢?人们可能会讨论一个法院应该如何估算这一数字是否适当,以及原告律师如何应用每日一次的辩论,来将这样一个大的数字转变为较小的数据块。

(2) 对惩罚性赔偿判决的挑战

a. 对行为等级的异议(0—5分)

适应生命公司针对惩罚性赔偿所提出的第一个挑战是,其行为并没有严重到要被判处惩罚性赔偿的程度。我们知道,适应生命公司并没有对过失提出异议,但并没有哪个州规定过失就足以被判处惩罚性赔偿。问题是帕西菲卡的法律规定哪些行为可以被判处惩罚性赔偿。如果帕西菲卡的惩罚性赔偿标准与加州的标准一样,那问题就是简能否用明确且令人信服的证据证明,适应生命公司以明示或默示的方式进行欺诈、压迫或恶意。在这些事实之上,人们可能认为适应生命公司故意忽视造成他人损害的高度可能性,衡量是否满足惩罚性赔偿标准,将需要审查关于适应生命公司的管理人员知道什么以及何时知道的证词。

你还需要讨论适应生命公司的产品在其他州不允许惩罚的问题,以及在考虑惩罚性赔偿是否适当时,适应生命公司在帕西菲卡地区针对其他人的行为是否可以进行惩罚性赔偿及其局限性的问题。

b. 对判决数额的异议(0—10分)

我们不知道是否有任何具体的州法规来规范对惩罚性赔偿数额的审查。在加州,我们会考虑一下行为的可谴责性(再次,我们考虑行为的严重程度)、比率(6:1的比例是否太高)、被告的财产状况(我们知道的不多,但知道过去五年里每年的平均收益为1200万美元),还有对类似行为的制裁(一个更强大的理由来弥补其他手段的不足)。

在德国宝马汽车公司/州立农业保险公司诉坎贝尔案的事实背景下,美国宪法的正当程序条款为惩罚性赔偿额是否过高提供了一些"指南"。

首先,可谴责性。这个行为有多坏?这里这个行为可能比宝马案中的重新喷漆或坎贝尔案中的恶意主张更糟糕,因为这个行为涉及到人体健康。但是,或许适应生命公司仅仅是过失。因此,很难说这个行为到底有多恶劣。陪审团不会去考虑帕西菲卡地区以外的行为(比如继续销售产品),除非它可以证明某种因果关系(例如产品是危险的,并且适应生命公司继续在市场上销售)。

其次,比率。6∶1的比例或许过高。坎贝尔案件的法院认为一些案件中1∶1的比例是合适的,就像这个案子,存在数额巨大的补偿性损害赔偿。简可能会要求一个更高的比例,认为通过诉讼能够阻止潜在危害(让中风不再出现在帕西菲卡地区),从而帮助提高公众健康。适应生命公司的财富不能成为让其承担不合宪法要求的高额赔偿金的原因(尽管财产上的匮乏可能会是降低损害赔偿数额的原因)。还有什么是可以用来威慑的?(注意与波斯纳最近观点的冲突)

第三,对类似行为的制裁。制裁程度越高,无论其本质,法院所能接受的数额就越高。

对于法院将如何处理6000万美元的惩罚性赔偿的判决,一个人应该尽其所能地得出结论。

4. 罗伯特诉泰蕾兹

A.1.a. 合同损害赔偿(0—7分)

罗伯特可能会试图得到违反协议的违约损害赔偿,以将房屋要回。罗伯特可能主张泰蕾兹违反承诺将房屋卖给第三人。我们需要更多了解实体合同法的内容,以确定该合同是否是可执行的(比如是否被反欺诈法所禁止),以及其具体条款(比如回购的内容)是什么。罗伯特能够承担抵押贷款并且支付泰蕾兹在这段期间已经支付的贷款额吗?他必须补偿她房子的增值吗?我们必须知道这些信息以衡量合同损失:承诺的利益和实际所得的利益之间的差额。承诺的利益很难衡量。

注意:实际履行不可能实现,因为泰蕾兹不再是房屋所有人,而且似乎没有一种方法去追踪善意购买人(BFP)。

A.1.b. 利益返还(0—10分)

在寻求合同损害赔偿时,存在着前述的评估问题,罗伯特或许会转而寻求利益返还:要求泰蕾兹将出卖房屋的所得返还给他。利益返还要求证明存在不当得利,这可能能够通过违约得以证明。或者,即使合同不具有可执行性,罗伯特还是可能会辩称,根据利益返还的实体法规定,泰蕾兹保有出卖房屋的所得是不正当的,因为泰蕾兹承诺过要在合适的时间把房屋回购给罗伯特。

如果法院同意利益返还,那问题的重点将集中在返还的数额上。问题是泰蕾兹获得了多少利益?罗伯特会主张自己有权获得出卖房屋的30000美元收益,这表明泰蕾兹没有按照初始价值将房屋卖给罗伯特时的所得。但法院或许不会同意这种计算方法,因为泰蕾兹多年以来一直都承担着抵押贷款,并且也没有经常收到租金来补偿这些。这样一来,或许泰蕾兹的全部所得就低于30000美元(她没有住在房子里,而罗伯特在住)。如果法院将相对可归责性考虑进来的话,可能会选择一个更低的数额。交易开始之初是泰蕾兹为了帮助罗伯特,让他避免房屋被强制出售。而且多年来即使罗伯特没有支付租金,泰蕾兹也一直让他居住在屋里。

如果法院允许一定程度的利益返还,法院可能会使用像利润计算或准合约理论这样的方法来衡量价值。这将形成一个罗伯特要求泰蕾兹进行金钱支付的判决。或者,罗伯特会对他能追踪的至少15000美元主张推定信托。这笔金钱偿还了汽车贷款,因而其价值可以追踪到汽车。另外的15000美元已经消费掉了,因而罗伯特难以追踪得到。

请注意,这虽然是一个合同纠纷的案件,但却不能适用合同撤销的规定。撤销合同要求双方把收到的对价返还给对方。而在这个案件中,标的物已经出卖,而且很可能是一个善意购买人,因此合同不可能被撤销。

A.1.c. 救济性抗辩(0—10分)

泰蕾兹可以提出一系列的救济性抗辩。

首先,在罗伯特寻求衡平法救济的范围内(比如推定信托),泰蕾兹都可以主张懈怠抗辩。罗伯特寻求收回房屋存在着不合理的迟延。在他收到他必须离开房子的警告后经过了八年。泰蕾兹接着可以主张,在她已经将一半的收益消费之后,强制她交出收益是有失公正的。罗伯特对抗懈怠抗辩的理由可能是主张泰蕾兹放弃了权利。她在 1993 年就威胁卖掉房子,而在超过四年的期间里并没有这么做,所以可以说她是有意识地放弃了她知悉的可以出卖给他人的权利。

其次,为了反对罗伯特的普通法救济要求(比如赔偿金和任何的利益返还救济),泰蕾兹可以将她的迟延理由改为禁反言理由(就如同我们在 NAACP 案讨论的一样)。罗伯特说他可以在稍微晚些的时候买回房屋,而他却并没有这样做,他的话语和行为就与其事后主张的权利不符。泰蕾兹基于一种信赖将房屋卖给他人,并且如果她现在必须将收益返还,那她就会遭受损害。泰蕾兹同样可以主张权利放弃抗辩,因为罗伯特故意放弃了他知悉的可以买回房子的权利。

最后,泰蕾兹可以主张不洁之手或者互有过失。罗伯特在申请公共救助时明显存在撒谎,声称自己在交付房租(有时其实只是付了一半)。法院会认为这样的行为足够恶劣,从而否定任何的衡平法救济(尽管不是很清楚这一行为是否与错误充分的联系在一起)。尽管有些法院不会在不洁之手规则下进行衡平,但如果一个法院进行衡平考量,它可能会将罗伯特的行为视为是为了取得贷款而签署一项虚假的租赁协议。对于普通法的救济,泰蕾兹可能主张互有过失,她必须证明罗伯特的行为至少与自己的行为一样恶劣。

A.2.a. 未付租金的损害赔偿或利益返还(0—7 分)

泰蕾兹可以主张未支付租金的损害赔偿或者利益返还。事实告诉我们他只支付了一半的租金。在存在一个可执行租赁合同(合同法就告诉我们这个)的范围内,或者根据出租人与承租人之间的财产关系,罗伯特没有支付租金构成违约,即使如果没有有效的租赁合同,罗伯特没有支付任何费用而居住在房间的行为构成了不当得利,这使得泰蕾兹基于利益返还有权获得该房屋的合理租金(一个反对意见是这是一个家庭关系的礼物,泰蕾兹并不期待对价)。如果使用利益返还,我们将根据合同价格测算损失的租金(加上根据当下的法定利率计算的利息),我们需要知道更多的事实来判断合理的房屋租金。法院将如何确定这一数额,将再次取决于当事人的可归责性。

A.2.b. 救济性抗辩(0-5分)

罗伯特不能主张懈怠,因为这些救济都是普通法的,而不是衡平法的。罗伯特最有力的抗辩是弃权:泰蕾兹知道她享有收取租金的权利,但从来没有坚持,允许罗伯特仅支付一半的租金而多年居住在那里。可以得出的推论是,泰蕾兹因此有意放弃她知悉的租金权利。同样的理由可以被描述为禁反言抗辩:泰蕾兹的行为是长期不收取租金,罗伯特相信她而一直居住在那里,如果现在他必须支付全部的租金,他将遭受损害。特别考虑到家庭关系,罗伯特甚至想他的无租金的居住是一个礼物。同样前文所述的不洁之手和互有过失的抗辩也能够在这里适用。

B.1. 初审法官针对泰蕾兹的蔑视法庭命令(0-7分)

初审法官看上去会签发一个命令,其内容为承担蔑视法庭的刑事制裁(针对过去故意的违反),以及预示采取一个蔑视法庭的民事强制(让泰蕾兹遵守法院的命令)。

为了挑战蔑视法庭刑事制裁的指控,泰蕾兹可能争辩法官没有提供足够的刑事程序保护,因为事实告诉我们法官是整体性签发了命令。牵涉的权利包括反对自证其罪的权利、获取咨询帮助的权利,以及考虑到较高数额的罚款,得到陪审团审判的权利。泰蕾兹可能主张必须存在故意违法的证据,并且该故意需要通过排除合理怀疑的方式得到证明。

对于蔑视法庭的民事强制,看起来泰蕾兹并不能做很多,除非她让法庭相信她无法遵守命令。随着罚款数额的变大,根据贝格威尔(Bagwell)规则,她将有权获得刑事程序的保护。

B.2. 初审法官针对胡安的蔑视法庭命令(0-7分)

胡安为了对抗两种类型的蔑视法庭指控而可以主张泰蕾兹所提出的各种抗辩,他还可以主张他不能被认定为构成蔑视法庭罪,因为他没有接到召开决定这个案件的听证会的通知。根据安妮公主(Princess Anne)案[但参见霍尔(Hall)案],他应当享有获得听证通知的权利。不清楚的是,法院是否对他享有管辖权,因为他从来就没有出现在法庭上。至于认定他蔑视法庭,我们不需要利用针对对物程序的霍尔(Hall)例外规则,或者使法庭的裁决生效,因为根据《联邦民事诉讼程序规则》第 65 条,胡安看上去只是泰蕾兹的工作人员。

胡安还会主张,作为一个非当事人,根据一般服务商案(General Service Contracts Case)的规则,除了一些"小的和辅助性的"行为外,不得被要求去做任何的行为,但是在这里他被要求上缴记录,那看起来是你能得到的最小的行为了。

5. 果味冰

A. 单个救济或多项救济(0-10 分)

(1)预先救济(0-10 分)

如果你在联邦法院,根据《联邦民事诉讼程序规则》第 65(d),你可以申请法院颁发一个临时限制令或者预先禁令。有人可能申请一个初步救济,在实体审判判决前禁止果味冰公司在其"泡泡"盒子上错误标示其成分。人们也可以要求错误标示的食品下架和(或)要求果味冰公司对其原先的错误标签向大众进行警示。

一项临时限制令是得到救济的最快途径。即使是深更半夜,你也可以来到法官那里要求一项临时限制令。然而,这并不像是那种急迫需要临时限制令的案件。如果你根据规则 65(并且根据宪法,参见安妮公主案)寻求临时限制令,你必须要么给果味冰公司通知,要么给出一个为什么你不能或者没有通知的原因。然而,这里看上去并不存在不予通知的理由。如果你去申请预先禁令,通知是必须的,尽管法规并没有界定预先禁令和临时限制令之间的区别。

作为门槛要求,鲍勃必须证明致害倾向和不可弥补的损害。致害倾向意味着存在一个实际的威胁:即被告会从事法律禁止的行为。在这里,鲍勃告诉我们实验室测试的结果,毫无疑问如果实验室的测试是可信的,果味冰公司就在从事违法行为(这是一个需承担严格责任的行为)。但你必须要让法官相信测试是可信的。现在,你仅仅有鲍勃对此的陈述。

鲍勃也需要证明有不可弥补的损害——损害赔偿将是不完全的、不可行以及无效的。这样的情况并不符合鲍勃的案件。如果鲍勃尝试将自己的诉讼作为为他人服务的集体诉讼，那么损害赔偿将不是很完美（至少部分是因为法院很难计算损害赔偿，参见下文）。但是鲍勃已经知道"泡泡"的标签是错误的，所以对他的损害在哪儿呢？

因为这是一个寻求初步救济的诉讼，法院就必须进行利益权衡。尽管我们看了一系列的权衡方法，但都是围绕实体上胜诉的可能性，以及在最终判决确定前所遭受的无法弥补的损害。至于在实体上的胜诉，我们被告知鲍勃的测试，但是我们不知道其可信度如何，法官需要确定其可信度。如果商品继续被错误标示，鲍勃将遭受无法弥补的损害（或许会有变化，基于前述的理由）。如果事实上"泡泡"每块仅含有 2 克脂肪，而法院强迫其须标示为每块含有脂肪 10 克，果味冰公司将会遭受无法弥补的损害。这会影响果味冰公司的产品销售。

注意：你必须得依据前文所述的事实来陈述你的观点，而这些事实涉及法院颁发这种初步救济的可能性。

（2）补偿性损害赔偿（0—5 分）

转向终极救济的第一点：鲍勃可以主张补偿性损害赔偿。假定他可以证明错误标示，他有权被恢复到应有的状态——即如果没有侵权行为，他本来应该所处的状态。

他本来应该在哪里？他可能会主张，他本来可以吃很少的"泡泡"，因此他将不会增加这么多的体重，因此会更健康。损害必须被证明具有合理确定性，在这里就存在确定性的问题。（然而，这些问题看上去是合理可预见的——特别是如果错误标示是故意的情况下。）他确实会吃得更健康并获得较少的体重吗？这里同样存在一个重要的评估问题，我们如何评估对于一个超重的人来说，增加一磅的代价究竟是多少？这跟对尊严的损害一样吗？考虑到这些因素，鲍勃证明他的损害可能会比较困难。得到实际损害赔偿，对于惩罚性赔偿而言是一个非常重要的支撑理由。

(3) 禁令(0—5分)

参见前文所讨论的致害倾向和无法弥补的损害——尽管是永久禁令,果味冰公司是否从事了法律禁止的行为是毫无疑问的。在这里,禁令的范围也会是一个问题。这里的理想状态是阻止未来的损害,或者过去损害的未来结果。如果鲍勃是作为集体诉讼而起诉,这一阻止比较容易得到认可。这样禁令会保护那些因为错误地相信其是低脂而购买的人们。(如果你讨论宣告判决,在这里你也可以得分。)请确保说明了新的标准。

(4) 利益返还(0—5分)

与其努力通过损害赔偿来弥补损失,鲍勃可能会去追求利益返还,主张果味冰公司通过它的错误标识行为获得了不当得利。这看上去是一个合理的主张,至少一些人是因为"泡泡"每一块仅含 2 克的低脂广告才购买的。这样,果味冰公司获得了利益(得到了金钱)并且是不当的(基于错误陈述,欺诈性的)。问题就转化为如何衡量果味冰公司的收益。除非这是按照集体诉讼提起的案件,或者其他共同资金的主张,否则很难理解鲍勃怎么能够主张从"泡泡"的 100 万美元年收益当中得到一半。也许他可以主张果味冰公司从销售给自己的甜点当中所赚的所有利益,但是鲍勃购买了多少"泡泡"?并且果味冰公司从这些销售当中赚了多少钱?这可能是一个较小的数字。再一次,从损害赔偿的角度看,集体诉讼也许是使得提起诉讼变得有意义的唯一途径。

(5) 惩罚性赔偿(0—5分)

惩罚性赔偿的目的在于惩罚和阻却。在这一点上,我们没有足够的证据来衡量一个惩罚性赔偿的主张。首先,我们不知道帕西菲卡的法规所说的必不可少的违法行为是什么;其次,我们也不知道为什么果味冰公司从事这一行为。如果是确定的欺诈,以诱使人们购买"泡泡",那么惩罚性赔偿看起来是可行的;如果这仅仅是过失,那就不足以苛加惩罚性赔偿。另一问题就是赔偿金的数额,如果很难证明存在一个较大的实际损害,那么惩罚性赔偿与实际损害之间的比例就会很高,这会引起一个潜在的宪法问题(尽管宝马诉戈尔案和以后的案件都包含了一些限制这方面争论的意见)。

B. 禁令/蔑视法庭命令的上诉

(1) 禁令的上诉(0—10分)

果味冰公司有充分的上诉理由。首先,果味冰公司可以主张无实质争议性:无需颁发禁令,因为它已经自愿停止了从事法律禁止的行为。相关问题将会转变为:果味冰公司是否会再次从事这一行为。这里的关键是可信度,没有什么可以阻止果味冰公司再次从事这一行为——那就是,阻止重新制作粘有错误标签的盒子。因此禁令看上去是正确的,该案并不是毫无意义的。

但是一个严重的问题是禁令的范围。法院并不是简单地命令果味冰公司使用正确的标签,而是告诉果味冰公司三年内不得在美国销售它的产品。这看起来是惩罚性的。要争辩说这一禁令与应有的状态标准相一致,或者这一禁令是一个目标在于保护应有的状态标准的预防性措施,是非常困难的。这一禁令的颁发超过了预防对鲍勃的未来损害的目的。

(2) 蔑视法庭命令(0—10分)

当果味冰公司违反法官三年内不得在美国销售产品的命令时,也许构成了蔑视法庭罪。构成蔑视法庭罪需要一个故意违反的行为,而且对于果味冰公司而言,主张这是一个偶然的违反也是不可信的。这看起来构成蔑视法庭罪,而不是试图强制果味冰公司遵守命令(没有促使的能力),或者补偿鲍勃。果味冰公司可能希望主张无需遵守这一命令,因为这是一个错误的命令。然而,根据平行禁止规则,一个法院命令,即使是错误的也必须被遵守,这不是一个法院缺乏管辖权的案件。果味冰公司可能争辩因为该命令是如此的错误,因此显而易见是无效的,但是如果这一点在沃克(Walker)案中不起作用,其要在本案中发挥作用将是非常困难的。

果味冰公司有一个非常强有力的理由来主张,法院没有遵守认定构成蔑视法庭的程序要求。无论我们是否将其称为蔑视法庭罪,果味冰公司都有权获得所有的刑事程序保护,包括得到陪审团审判的权利(考虑到高额的罚款数额)。根据贝格威尔规则,当违反行为发生在法庭(审理本案)之外,并涉及一个较大的处罚(这是一个100万美元的处罚)时,所有的刑事程序都应当适用于该案中。事实告诉我们法院只是概括性地对果味冰公司罚款这一数额。至少,一个陪审团应当做出这些决定,而且其他的刑事保护应当适用。

6. 格雷戈诉菲利斯案

A. 没有诉因进行补偿性损害赔偿、禁令或惩罚性赔偿(0—5分)

菲利斯诉格雷戈属于这样一种案件,即唯一可行的诉因是利益返还。事实告诉我们存在一个"任意"的合同,当格雷戈承担了史密斯和琼斯的案件时,他并没有违反合同,也没有构成侵权行为。同样的理由,也无法适用禁令。相应的,因为没有所需要的违法行为,因此菲利斯也无权获得惩罚性赔偿(而且我们为了获得惩罚性赔偿,至少需要名义上的实际损害)。因此,在利益返还之外,没有别的救济有成功的可能性。(你可以考虑一个宣告性救济,但是这也不行,因为法院所能宣告的只有一个利益返还的权利,因此,已经有了利益返还的救济时,宣告性救济就没有意义了。)

B. 针对格雷戈并且可能针对侄子约翰的利益返还

(1) 利益返还的权利(0—5分)

根据不当得利规则,菲利斯有权请求利益返还。在这里,利益返还是实质性诉因(就像在教授和银行支票的案例一样)。格雷戈确实获得了利益:他投入到史密斯案一半的工作(200小时中的100小时),和投入到琼斯案2/3的工作(75小时中的50小时),都是在他受雇于菲利斯的情形下完成的。根据双方当事人之前的合同,格雷戈得到固定年薪60000美元,因为格雷戈的工作而须负担的税收直接从菲利斯的账户扣走,因此格雷戈所获得的175000千美元的业务费,很多都应当归属于菲利斯的业务范围。当菲利斯完成了绝大多数的工作时,格雷戈保有全部这些收入是不正当的。如果这对你来说还不清楚,想象一下一个全新的律师在这一情形下接替了史密斯和琼斯的案子,这个新律师保有所有的律师费,难道还不是不正当的吗?

(2) 利益返还的形式(0—5分)

事实没有告诉我们格雷戈陷入破产,而且他的商业账户中有50000美元的事实说明他还有一定的财产。菲利斯应当提起一个诉讼,仅仅要求得到一个准合同的金钱判决（或者称其为"利益返还"、"利润核算"，或其他法律上类似的术语），其数额等于应当归属于菲利斯而实际上却被格雷戈取得的收益。或者，菲利斯可以希望适用衡平法的利益返还手段，诸如推定信托或者衡平担保。这一方法允许通过虚拟的追踪取得额外的收益（下文将详述追踪虚构），并允许追踪财产至第三受赠人手中（下文将详述）。依据衡平法的利益返还救济，菲利斯拥有执行这一判决的权利，也许可以通过强制性的出售来实现。为得到这一救济，至少在理论上菲利斯必须证明无法弥补的损害，菲利斯可以通过证明从格雷戈那里得到金钱是一件要花费很大的麻烦才能做到。能否成功取决于法院是否坚持无法弥补的损害的证据，如果是，将依赖于法院需要多少的证据。

(3) 利益返还的数量（搁置追踪）(0—10分)

暂时将追踪搁在一边，有一系列的方法去衡量格雷戈所获得的不当得利。一种方法是简单地根据每个法律公司投入到案件上的时间比例进行分配。对于史密斯的案件，那将是一个五五分，即利益返还的数额是 50000 美元（100000 美元胜诉费的 50％）；对于琼斯的案件，那将是一个 50/25 的分配（或者是 2/3 归属于菲利斯），意味着利益返还的数额是 5 万美元（75000 美元胜诉费的 2/3）。所以，菲利斯可以根据整体的时间比例分配，寻求一个要求格雷戈返还 100000 美元的金钱判决。

另一个衡量利益返还数量的方法是，利用支付给小时工作制律师的平均小时报酬（就是每小时 100 美元），那就是 100 美元乘以两个案子 150 小时，得出 15000 美元。这是一种利益返还的比较苛刻的计算方法。如果当事人的相对可归责性显示，菲利斯应该得到一个较小的数额，那么法院也许会选择这一计算方法，但是这看上去并不像。

最后，格雷戈也许会争辩，认为根据花费的时间比例来进行分配是不合适的，因为他在为自己的公司处理这一案件期间，对这一案件做了更加重要的工作。我们需要更多的事实来评估这一主张。同样，这依赖于当事人的可归责性，没有哪一方当事人看上去特别糟糕。缺乏不适用这一方法的强力理由，一个法院很可能会使用这种根据时间比例来进行分配的计算方法。

(4) 在史密斯案中的追踪:地产/侄子(0—7 分)

为了实现推定信托(或衡平担保)的目的,追踪的路线是简单径直的。格雷戈拿了 10 万美元的胜诉费为其侄子购买了一处地产。侄子看上去是一个无偿的受赠者,而不是一个善意的购买人。在这种情况下我们通常都可以追踪到受赠人。现在,菲利斯似乎只有权获得 5 万美元,她会努力对一半的地产取得推定信托,或者在 50%的地产上享有衡平担保。因为该地产看上去会贬值,如果法院会给她的话,衡平担保将是一个更好的选择,因为它保护整个的 5 万美元,而不是拿到在菲利斯强制执行判决时该地产价值的一半。

(5) 在琼斯案中的追踪:银行账户(0—5 分)

格雷戈将其从琼斯案中所得的 75000 美元胜诉费存入银行账户,并在一年之后取出。如果问题停在这一点,根据"最低中间余额"(lowest intermediate balance)规则,菲利斯从该账户无法追踪任何财产。格雷戈取出了所有的钱,之后在拉斯维加斯输掉了绝大部分,他将剩余的 75 美元存回了账户,与归属于格雷戈的 50000 美元存在一起。只有 75 美元属于菲利斯,这是她能够从该账户中追踪到的全部财产。

C. 对于利益返还诉讼的可能抗辩

即使利益返还是正确的,格雷戈(以及侄子可能)会提起很多的抗辩。

(1) 懈怠(0—5 分)

尽管这个案子是在有效的时效期间内提起的(因此不存在诉讼时效问题),对格雷戈而言,懈怠构成了其部分抗辩理由。菲利斯提起诉讼必须存在不合理的迟延,并且格雷戈因此会遭受损害。在这里,我们知道菲利斯在提起诉讼前等待了两年,事实没有告诉我们在史密斯和琼斯的案件处理完毕至菲利斯提起诉讼之间,究竟有多少时间已经流逝,况且针对像本案一样的典型商业纠纷的拖延不能太长。格雷戈有非常充分的理由主张损害:他在拉斯维加斯将其挥霍掉之前,将 75000 美元存在银行账户当中达一年之久,如果他知道这其中他欠别人 50000 美元,他就不会将其用于赌博。(依赖于为侄子购买地产的时间,格雷戈对于史密斯的胜诉费可以进行同样的主张)

懈怠只能在衡平法救济当中适用。在菲利斯寻求一种普通法形式的利益返还时,这一主张可以转化为禁反言抗辩(参见下文)。

(2) 禁反言(0—8分)

格雷戈有两个潜在的禁反言主张。首先,格雷戈可以主张,菲利斯的陈述"她不会做任何事去阻止格雷戈变得像她一样富有",是一种与其提起诉讼相冲突的行为或陈述,格雷戈在承接史密斯和琼斯的案件时,合理地信赖了这一陈述,并且如果他必须将其利益返还,将会因此遭受损失。这一理由较为薄弱。需要说明的是,这一陈述模棱两可,格雷戈将这一脆弱的陈述视为是一个不去诉讼的协议,看起来是很不理性的。

第二,格雷戈也会将类似懈怠一样的主张转变为禁反言抗辩,从而就会成为一种迂回方法,因为只能在衡平法救济的场合才能使用懈怠抗辩。行为或者陈述是没有起诉,而合理的信赖是格雷戈在拉斯维加斯花光了所有的钱,所遭受的损失与前述情形一样。与懈怠抗辩比较薄弱的理由一样,这一假冒的禁反言抗辩也可能会失败。

(3) 弃权(0—5分)

放弃权利是对已知权利的有意放弃。这里,格雷戈可能会主张,根据弃权规则,前文已经指出的陈述,等同于放弃从史密斯案和琼斯案得到任何报酬的权利。这同样看上去有些单薄。在菲利斯作出陈述时,她并不知道史密斯或者琼斯会将他们的业务转给格雷戈,这看上去不是一个对已知权利的有意放弃。这里并没有任何衡平法的因素使得法官倾向于接受弃权抗辩。所以这一主张很可能会失败。

7. 维多利亚的秘密

维多利亚秘密公司可能会追求一项禁令、补偿性损害赔偿、利益返还和惩罚性赔偿(尽管并不必要主张全部)。莫塞利有一系列可能的有价值的抗辩。

A. 禁令(0—10分)

这里,一项永久性禁令的目的在于未来行为(或者也许是作为一项补偿性禁令,去阻止过去损害的未来不良结果),即阻止对"维多利亚的秘密"商标权的进一步稀释。维多利亚秘密公司希望通过一项禁令来阻止莫塞利对其标志的稀释。为了得到禁令,维多利亚秘密公司必须证明致害倾向和无法弥补的损害。

致害倾向一定程度上展示了问题的存在。莫塞利在过去确实稀释了维多利亚秘密公司的商标权,但是现在他已经把商店的名称改为"维多利亚的小秘密",事实没有告诉我们,根据法律新名称是否也构成稀释。如果不是,那么就不存在致害倾向;如果是,那看上去莫塞利会继续他的违法行为,致害倾向就因此得到体现。

无法弥补的损害比较容易得到证明。维多利亚秘密公司的商标权被稀释,但是很难对这种稀释附加一定的价值。可以肯定的是确实存在一定的损失,因为莫塞利出售商品会贬损维多利亚秘密公司的名誉,导致人们较少想起维多利亚秘密公司的标志,但是为了损害赔偿的目的要为这种损失确定一个金钱价值,这是非常困难的。因为损害赔偿并不像衡平救济一样是完全的、现实的,和有效率的。这样,无法弥补的损害就大致得到证实。

莫塞利可能会主张不应该颁发禁令,因为这会给被告带来困难。比如,如果莫塞利必须改变商店的名称,这会导致他部分业务的损失。这一主张很可能会失败,至少存在两方面的原因。第一,给被告带来的困难并不是很大,他已经改过一次名称;第二,如果(我们不知道)莫塞利选择一个名称是为了利用维多利亚秘密公司的商标,他就会是一个违法行为人,那当然就不能提起这一主张。

B. 对于禁令的抗辩

即使禁令是正确的,莫塞利也可以提出一些抗辩。

(1) 诉讼时效(0—5分)

诉讼时效的期限规定为一年。在本案中,莫塞利于1998年2月开始侵犯维多利亚秘密公司的商标权,可能的情形是整个诉讼受到时效的限制。然而,维多利亚秘密公司会主张说,这是一个因对商标权的连续侵犯而构成的继续性违法(就像在NAACP案,每一个侵权都是一个新的违法)。这里,莫塞利每天在那里使用"维多利亚的秘密"的名称,他就在进一步侵犯维多利亚秘密公司的商标权。因为莫塞利侵犯商标是在提起诉讼的一年内，诉讼时效看起来不是问题。如果改变为"维多利亚的小秘密"意味着侵权的结束，那么这就产生了时效问题。

(2) 懈怠(0—5分)

懈怠对于莫塞利来说是一个很有力的抗辩理由。维多利亚秘密公司必须存在不合理的迟延，以及莫塞利必须因此遭受损失。这里，我们知道维多利亚秘密公司在知道侵权行为后等待了三年才提起诉讼，看上去并不存在可以迟延的任何理由，比如解决问题的谈判。这一等待时间过长，莫塞利因此会遭受损失(正如在 NAACP 案)，因为他通过使用侵权名称，不断地积累自己的名誉。如果维多利亚秘密公司更早地提起诉讼，莫塞利就会更早地为促进其新商店的发展而选择一个新名称，从而会减少损害。(这一懈怠抗辩也能够转化为禁反言抗辩，参加下文)

C. 补偿性损害赔偿(0—10分)

除了通过禁令来阻止未来的损害外，维多利亚秘密公司还可以要求补偿性损害赔偿，以弥补过去的损害。补偿性损害赔偿的目的在于将原告恢复到应有的状态，即在莫塞利没有侵犯其商标权的情况下，维多利亚秘密公司原本所处的状态。这在理论上很容易说明，但在实际上非常难以证明这些损害。名誉的损害通常难以证明(这也是为什么在名誉侵权案件中，法院有时会允许"推定赔偿"的原因)。也许通过利用焦点群众或者社会调查，维多利亚秘密公司能够尝试证明它的损失，但这样的证据会难以被认可。

即使维多利亚秘密公司可以证明其损失，根据诉讼时效的规定，这些损失也应当限制在连续侵权的最后一年的损失范围内。莫塞利可能也会尽力主张诸如懈怠等的抗辩来阻止损害赔偿的诉讼。严格说来，懈怠不能在要求损害赔偿的诉讼中使用(尽管 NACCP 案的法院认为可以)，但是同样的理由可以转化为禁反言抗辩：(1)尽管维多利亚秘密公司在知道侵权事实后超过三年没有采取行动，其事后提起诉讼所采取的立场，将与其先前的不作为发生冲突；(2)莫塞利信赖这种不作为，并没有改变商店的名称(目前仍不清楚，莫塞利是不知道维多利亚秘密公司的商标权，还是不知道维多利亚秘密公司的潜在侵权诉讼);(3)莫塞利在诉讼中支付赔偿金会遭受损失。

D. 利益返还(0—10分)

除了主张补偿性损害赔偿外,维多利亚秘密公司还可以主张利益返还(同时得到一个阻止未来商标侵害的禁令)。当存在不当得利时,原告可以主张从被告那里得到利益返还。在本案中,维多利亚秘密公司可以主张莫塞利获得了不当得利,因为他未经许可而使用维多利亚秘密公司的商标。维多利亚秘密公司可以就莫塞利的收益进行主张。

根据利益返还的规则,维多利亚秘密公司可能并不能得到莫塞利所取得的全部利益。一个利益的核算账户可以显示出可返还的利益数额,但是由于前文已述的诉讼时效问题,利益可能仅仅限于最后一年,即25万美元。莫塞利很可能会主张必须进行收益的分配,将部分收益分配于因侵权而产生的价值,部分收益分配于非侵权的活动。并不是所有的法院都会如此分配,这依赖于莫塞利的行为究竟有多恶劣:我们不知道他是否是一个故意的侵权者。

证明收益分配的举证责任在莫塞利,在许多(不是全部)司法管辖区,莫塞利都不能把他的声誉带给其商店的价值归属于自己(这里并没有关于这一点的任何证据)。很可能的情况是,绝大多数的利益会分配给使用"维克多的秘密"名称之外的其他因素,陪审团会做出这个决定。

如果维多利亚秘密公司会寻求衡平法形式的利益返还,比如推定信托时,懈怠抗辩可以适用。此外,莫塞利可能会尽力主张禁反言抗辩,正如前文所述的那样。

如果诉求成功了,维多利亚秘密公司会以推定信托的方式取得移转的利益,这样它就会受到蔑视法庭惩处权的支持。

E. 惩罚性赔偿(0—5分)

如果维多利亚秘密公司成功取得补偿性损害赔偿,它很可能也主张惩罚性赔偿。在利益返还的场合,惩罚性赔偿并不适用,其本身即发挥惩罚的功能。惩罚性赔偿的目的在于惩罚和阻却。我们不知道帕西菲卡地区关于惩罚性赔偿的具体法律规定,但是法规会规定给予惩罚性赔偿所必要的违法行为。我们对莫塞利的行为知道得也不多,比如他是否是一个故意的违法行为者。如果陪审团认定莫塞利的行为足够恶劣,他可能会判处惩罚性赔偿,但其数量需要进行审查,其审查根据很可能是州法律,但需确定地依据联邦宪法的要求(宝马诉戈尔案),以确保其数额不会过大。在本案,补偿性损害赔偿不会很高,因为它们难以计算,所以"比率"这一指标将不再重要。

附 录

案 例 表

ABKCO 音乐公司诉哈里森音乐有限公司案,508 F. Supp. 798(S. D. N. Y. 1981),276,287

AT&T 移动有限责任公司诉康塞普西翁案,131 S. Ct. 1740(2011),400

阿莱亚伦敦有限公司诉博诺-索尔蒂夏克恩特尔案,186 S. W. 3d 403(Mo. Ct. App. 2006),331

落基山脉联盟诉科特雷尔案,632 F. 3d 1127(9th Cir. 2011),202

联合半导体国际有限公司诉脉冲星组件国际公司案,907 F. Supp. 618,632(E. D. N. Y. 1995),85

阿门达里兹诉心理健康服务基金会案,6 P. 3d 669(Cal. 2000),77

美国摩托车组件公司诉洛杉矶超级 CT 公司案,578 P. 2d 899(CAL. 1978),318

芝加哥国民银行信托有限公司诉维耶哈尔公司案,692 F. 2d 455,(7th Cir. 1982),317

美国医院供应公司诉霍普特产品有限公司案,780 F. 2d 589,(7th Cir. 1986),205

佛罗里达州动物权利基金会诉西格尔案,867 So. 2d 451 (Fla, APP. 2004),168,202

阿拉贡诉布朗案,78 P. 3d 913(N. M. 2003),175

宝马诉戈尔案,517 US. 559 (1996),354

贝克诉博尔顿案,(1808)170 Eng. Rep. 1033(K. B.),46

巴尔的摩邻人公司诉 LOB 公司案,92 F. Supp. 2d 456,(D. Md. 2000),195

鲍曼诉卡波齐奥案,611 S. E. 2d 597(Va. 2005),406

贝尔诉索思韦尔案,376 F. 2d 659(5th Cir. 1967),156

贝弗利·格伦音乐公司诉华纳通信公司案,224 Cal. Rptr. 260,(App. 1986),170

比尔丝诉尼古拉案,857 F. Supp. 445,(E. D. Pa. 1994),218

宾厄姆诉俄勒冈州学校活动协会案 24,F. Supp. 2d 1110(D. Or. 1998),208

博塔诉布鲁纳案,138 A. 2d 713(N. J. 1958),41

布朗诉教育委员会案,349,U. S. 294(1955),178

布朗诉普拉塔案,131 S. Ct. 1910(2011),182

布朗宁费里斯工业公司诉科蔻处置公司案,492 U. S. 257(1989),354

散货油(美国)公司诉太阳石油贸易公司案,697 F. 2d 481(2d Cir. 1983),94

伯恩斯诉麦克克林顿案,143 P. 3d 630,135 Wa. App. 285(Wash. Ct. App. 2006),415

布什诉戈尔案,531 U. S. 98(2000),206

布什诉戈尔案,531 U. S. 1046(2000),206

坎贝尔公司诉温兹案,172 F. 2d 80(2d Cir. 1948),398
卡迪那化学公司诉摩登国际案,508 U. S. 83(1993),362
凯里诉皮弗斯案,435 U. S. 247(1978),45,396
卡珀诉萨吉特工作室公司案,326 F. Supp. 1331(D. Pa. 1971),347
卡罗尔诉安妮公主理事长案,393 U. S. 175(1968),219
卡特纳诉塞德尔案,343 A. 2d 744(N. J. 1975),227
本地第 1391 号司机团队及助手诉特里案,494 U. S. 558(1990),150
芝加哥联合工业有限公司诉芝加哥市案,445 F. 3d 940,(7th Cir. 2006),207
克里斯特诉汽船泉之城案,122 F. Supp. 2d 1183,(D. Colo. 2000),365
克里斯滕森诉高级法院案,820P. 2d 181(Cal. 1991),42
河滨之城诉里维拉案,477 U. S. 561(1986),393
科普兰诉美国巴斯·罗宾案,117 Cal. Rptr. 2d 875(Cal. Ct. App. 2002),113
柯南特诉威兹德姆案,104 S. W. 164（Ark. 1907),261,277
科尼德拉尼有限公司诉资本发展委员会案,717 F. 2d 385(7th Cir. 1983),215
克劳利诉地方 82 号家具与钢琴搬运案,679 F. 2d 978(1st Cir. 1982),215

乳品皇后诉伍德案,369 U. S. 469(1962),150
戴夫·古斯塔夫森公司诉州政府案,156 N. W. 2d 185(S. D. 1968),78
公园和娱乐部诉集市世界案,448 F. 3d 1118,(9th Cir. 2006),207
德汉姆诉费奥里托公司案,492 P. 2d 1030(Wash. 1972),125
德西德里奥诉德安布罗西奥案,463 A. 2d 986(N. J. Super. 1983),313
迪亚斯诉凯—迪克斯大农场案,88 Cal. Rptr. 443(App. 1970),171
狄龙诉莱格案,441P. 2d 912(Cal. 1968),42
美国医生协会诉赖纳特和杜蕾案,191 F. 3d 297(2d Cir. 1999),244
简·多伊诉辛辛那提主教教区案,855 N. E. 2d 894(Ohio Ct. App. 2006),408
多兰诉塞勒姆酒店案,422 U. S. 922(1975),372
多伊尔诉俄勒冈银行案,764 P. 2D 1379(Or,Ct. App. 1988),76
邓白氏公司诉格林莫斯建筑公司案,472 U. S. 749(1985),52,53

易趣网诉默克专利交易公司案,547,U. S. 388,(2006),162
艾德曼诉乔丹案,415 U. S. 651(1974),172
埃尔登诉谢尔登案,758 P. 2d 582(Cal. 1988),50
埃默里诉史密斯案,603 S. E. 2d 598(S. C. Ct. app. 2004),409
单方面水射流系统公司案,758 So. 2d 505,(Ala. 1999),215
Ex 帕蒂·杨案,209 U. S. 123(1908),370
埃克森美孚航运公司诉贝克案,554 U. S. 471(2008),357

F. T. C. 诉库肯德尔案,371 F. 3d 745(10th Cir. 2004),229

法里斯诉杰尼根案,939 So. 2d 835(Miss. App. 2006),215
法勒诉霍比案,506 U. S. 103(1992),55,393
联邦航空管理局诉库珀案,132 S. Ct. 1441(2012),39
弗兰克音乐公司诉米高梅公司案,772 F. 2d 505(9th Cir. 1985),285
弗里曼和米尔斯公司诉贝尔彻石油公司案,900 P. 2 d 669(Cal. 1995),350
弗雷诉霍金斯案,540, U. S. 431(2004),189,190
福德鲁克公司诉 Doc's B. R. Others 公司案,826 F. 2d 837,847(9th Cir. 1987),400
盖斯特诉凯撒曼案,863 F. 2d 1061(2d Cir. 1988),284
创电子信用合作社诉里奇曼案,338 N. W. 2d 814(1983),168
建筑承包商协会诉宾夕法尼亚州案,458 U. S. 375(1982),195,200
格尔茨诉罗伯特韦尔奇股份有限公司案,418 U. S. 323(1974),52
德斯坦诉迈尔斯案,859 A. 2d 313(Md. Ct. Spec. App. 2004),104
戈尔诉哈里斯案,772 So. 2d 1243(Fla. 2000),206
奶奶鹅食品公司诉当地 70 号汽车卡车司机兄弟会案,415 U. S. 423,442—443 (1974),242
格罗夫斯诉约翰·旺德公司案,286 N. W. 235(Minn. 1939),23

哈根达斯公司诉弗森 Glädje 公司案,493 F. Supp. 73(S. D. N. Y. 1980),400
哈德利诉巴克森德尔案,[1854] 9 Exch. 341),70
哈米尔美国公司诉 GFI 案,193 F. 3d 92(2d Cir. 1999),285
汉德诉达顿-哈德逊公司案,775 F. 2d 757(6th Cir. 1985),332
霍金斯诉麦基案,146 A. 641(N. H. 1929),109
海尔芬德诉南加州快速运输区案,465 P. 2d 61(Cal. 1970),136
汉斯莱诉埃克哈特案,461 U. S. 424(1983),393
希克斯诉米兰达案,422 U. S. 332(1975),371
拦路强盗案,9 L. Q. R. 197(1893),401
希尔斯诉高特罗案,425 U. S. 284(1976),194
本田汽车公司诉奥伯格案,512 U. S. 415(1994),353
洪诉空案,683 P. 2d 833(Haw. App. 1984),341
霍恩诉弗洛雷斯案,557 U. S. 443(2009),190
豪厄尔诉卡尔弗特案,1 P. 3d 310(Kan. 2000),46
亨布尔勘探有限公司诉费尔韦土地有限公司案,641 S. W. 2d 934 (Tex. App. 1982),389
霍托诉芬尼案,437 U. S. 678(1978),186

邦在章诉布朗案,560 N. Y. S. 2d 307(App. 1990),196
针对杰拉德·克劳福德和迈克尔·沃伦的蔑视法庭刑事制裁的审理程序,329 F. 3d 131 (2d Cir. 2003),242
拉姆露丝信托案,801 N. E. 2d 76(Ill. App. 2003),386

麦卡蒂案,98 P. 540(Cal. 1908),382
萨福克监狱囚犯诉劳斯案,129 F. 3d 649(1st Cir. 1997),193
国际联盟、联合矿工工人诉巴格威尔案,512 U. S. 821(1994),228,232
雅戈和杨斯公司诉肯特案,129 N. E. 889(N. Y. 1921),23,328
杰克公司诉科斯特市案,356 F. 3d 896(8th Cir. 2004),231
约翰诉乔治亚州公路快递公司案,488 F. 2d 714(5th Cir. 1974),393
琼斯和劳克林钢铁股份有限公司诉普法伊费尔案,462 U. S. 523(1983),34

科尔尼与特雷克公司诉雕刻大师有限公司案,527 A. 2d 429(N. J. 1987),95
霍达拉环境公司诉布莱基案,376F. 3d 187(3d Cir. 2004),368
金赛尔有限公司诉图博瑞案,897 A. 2d 646(Conn. App. 2006),387
克劳斯诉福克斯瓦利公司案,912 P. 2d 703(Kan. 1996),50

莱克诉堪萨斯州雷斯-凯尔公司案,No. 98-1019-JTR,2002 WL 32356436(Kan. Feb. 4, 2002),48
湖滨银行信托公司诉联合农业局股份有限公司案,474 N. E. 2d 1024(Ind. app. 1985),382
拉马尔霍尔丁有限公司诉史密斯·巴尼有限公司案,668 N. E. 2d 1370(N. Y. 1996),104
莱恩诉石油运送公司案,524 A. 2d 405(N. J. Super 1987),26
来撒诉福特汽车公司案,399 F. 3d 1101(9th Cir. 2005),225
劳伦斯诉得克萨斯案,539 U. S. 558(2003),373
莱德贝特诉古德伊尔轮胎橡胶有限公司案,550 U. S. 618(2007),413
刘易斯诉凯西案,518 U. S. 343(1996),181,186
刘易斯诉霍尔姆案,34 So. 66(La. 1903),347
林西克姆诉国家人身保险公司案,723 P. 2d 675(Ariz. 1986),340
洛克利诉新泽西州惩教局案,828 A. 2d 869(N. J. 2003),353
路易威登·马利蒂公司诉杜妮和柏克公司案,454 F. 3d 108(2d Cir. 2006),208
洛夫利诉珀西案,826 N. E. 2d 909(Ohio Ct. App. 2005),409
拉姆利诉瓦格纳案,42 Eng. Rep. 687,170

曼尼尔酿酒公司诉弗莱希曼蒸馏公司案,390 F. 2d117(9th Cir 1968),286
曼特管理公司诉圣贝纳迪诺市,44 Cal. Rptr. 3d 35(App. 2006),217
马赛厄斯诉雅高经济酒店案,347 F. 3d 672(7th Cir. 2003),358
关于阿克托罗事项调查的州大陪审团诉泽林斯基案,576 A. 2d 900(N. J. Super. 1990),226,227
麦康基诉怡安保险集团案,804 A. 2d 572(N. J. Super. Ct. App. Div. 2002),104

麦克道格尔诉加伯案,536 N. E. 2d 372(N. Y. 1989),43
麦金利诉美国政府案,329 F. Supp. 62(E. D. Pa. 1971),129
麦金尼诉克里斯蒂安那建筑商案,280 Cal. Rptr. 242(1991),23
梅娜特诉辛格公司案,87 F. R. D. 422(S. D. N. Y. 1980),73
默克专利交易公司诉易趣公司案,500 F. Supp. 2d 556(E. D Va. 2007),163
梅里特诉克雷格案,746 A. 2d 923(Md. App. 2000),341
麦汀斯诉休伊特协会案,508 U. S. 248(1993),150
米勒诉好事达有限公司案,573 So. 2d 24(Fla. Dist. Ct. App. 1990),121
米利肯诉布拉德利案,418 U. S. 717(1974),179,194
密苏里诉詹金斯案(詹金斯1),491 U. S. 294(1989),180
密苏里诉詹金斯案(詹金斯2),495 U. S. 33(1990),180
密苏里诉詹金斯案(詹金斯3),515 U. S. 70(1995),180,194,195
孟山都公司诉盖斯顿种子农场案,130 S. Ct. 2743,(2010),163
莫里诉辛斯案,570 N. Y. S. 2d 864(N. Y. App. Div. 1991),403
莫斯诉高级法院案,950 P. 2d 59(CAL. 1998),383
莫斯洛夫诉美国政府案,6 F. 3d 461(7th Cir. 1993),138
芒恩诉阿尔热案,924 F. 2d 568(5th Cir. 1991),130
穆特受益人人身保险公司诉JMR电力公司案,848 F. 2d 30(2d Cir. 1988),327
麦格根集团诉孟山都公司案,51 P. 3d 297(Cal. 2002),236,364
纳什维尔、查塔努加和圣路易斯铁路诉华莱士案,288 U. S. 249(1933),367
纳索体育诉彼得斯案,352 F. Supp. 870(E. D. N. Y. 1972),170
纳塔利尼诉利特尔案,92 P. 3d 567(Kan. 2004),49
有色种族进步国家委员会诉其法律辩护及教育基金案,753 F. 2d 131(D. C. Cir. 1985),410
国家城市银行诉阿卜杜拉案,722 N. E. 2d 130(Ohil App. 1999),167
诺里诉马林零售公司案,285 N. E. 2d 311(N. Y. 1972),91
网络问题解决公司诉茵宝案,529 S. E. 2d 80(Va. 2000),383
纽约时报诉沙利文案,376 U. S. 254(1964),51
美国任天堂诉刘易斯·格德卢布玩具案,16 F. 3d 1032(9th Cir. 1994),218

O. C. T. 设备公司诉谢菲尔德·马赫有限公司案,95 P. 3d 197(Okla. Civ. App. 2004),324
植物慈善联盟中心诉阿什克罗夫特案,389 F. 3d 973(10th Cir. 2004),207
奥勒威尔诉奈和尼森公司案,173 P. 2d 652(Wash. 1947),279
海外油轮(英国)有限公司诉莫茨码头工程公司案,[1961] A. C. 388(P. C. 1961)(Wagon Mound),54

太平洋共同人寿保险公司诉哈斯普案,499 U. S. 1(1991),354
帕尔格雷夫诉长岛火车站案,162 N. E. 99(N. Y. 1928),55

帕伦特诉波佐利案,866 A. 2d 629(Conn. App. Ct. 2005),402
帕克诉二十世纪福克斯电影公司案,474 P. 2d 689(Cal. 1970),129
金斯曼运输公司上诉案,368 F. 3d 321(2d Cir. 1968),58
菲利普·莫里斯诉威廉姆斯案中,549 U. S. 346(2007),356
Pic-A-State Pa 公司诉雷诺案,76 F. 3d 1294(3rd Cir. 1996),368
皮特诉戴哈案,486 U. S. 622(1988),402
计划生育金门诉加里波第案,132 Cal, Rptr. 2d 46 (App. 2003),244
弗洛夫诉普特南案,71 A. 188(Vt. 1908),282
波尔米斯·弗内斯·威西公司案,3 K. B 560(1921)(In re Polemis),54
潘多拉诉克雷格案,675 S. W. 2d 503(Tex. 1984),28
博特诉霍斯顿案,542 S. E. 2d 491(GA 2001),376
邮政出版公司诉西利案,51 Cal. Rptr. 2d 365(Cal. Ct. App. 1996),115
波特诉费尔斯通轮胎和橡胶厂案,863 P. 2d 795(Cal. 1993),44
普鲁伊特诉联合化学公司案,523 F. Supp. 975(E. D. Va. 1981),57

优质工程安装公司诉希格利南公司案,670 So. 2d 929(Fla. 1996),31
戴维斯化学公司诉迪索尼克斯有限公司案,924 F. 2d 709(7th Cir. 1991),92
RSB 实验室服务公司诉英国标准协会集团案,847 A. 2d 599(N. J. Super. Ct. App. Div. 2004),118,122
雷耶尔广播公司诉克莱默案,72 P. 3d 944(Mont 2003),170
里基茨诉斯克索恩案,77 N. W. 365(Neb. 1898),107
罗宾逊直升机公司诉达纳公司案,102 P. 3d 268(Cal. 2004),351
罗金厄姆县诉路通桥梁公司案,35 F. 2d 301(4th Cir. 1929),123
罗斯特克诉戈德堡案,448 U. S. 1306(1980),206
罗塞维斯诉纽约健康医院有限公司案,656 N. Y. S. 2d 593(N. Y. Sup. Ct. 1997),130
鲁弗诉萨福克街区监狱案,502 U. S. 367(1992),190
拉塞尔诉塞伦货运公司案,295 A. 2d 862(N. J. 1972),50
瑞安诉纽约分公司案,35 N. Y. 210(1866),55

桑普森诉默里案,415 U. S. 61(1974),242
塞缪尔诉麦克尔案,401 U. S. 66(1971),371
拯救我们的春天联盟诉奥斯汀市政府案,149 S. W. 3d 674(Tex. App. 2004),368
施韦克诉汉森案,450 U. S. 785(1981),407
塞尔曼诉雪莉案,85 P. 2d 384(Or. 1938),104
谢尔登诉大高登威图片公司案,309 U. S. 390(1940),287,291
西姆金诉美国案,715 F. 2d 34(2d Cir 1983),227
史密斯诉博尔斯案,132 U. S. 125(1889),102
史密斯诉惠特克案,734 A. 2d 243(N. J. 1999),47,48

史密斯县教育部门诉安德森案,676 S. W. 2d 328(Tenn,1984),167
西南选民登记教育机构诉雪莱案,344 F. 3d 882(9th Cir. 2003),210
西南选民登记教育机构诉雪莱案,344 F. 3d 914(9th Cir. 2003),210
斯皮尔诉巴克案,323 N. E. 2d 164(N. Y. 1974),125
克莱尔诉丹尼案,781 P. 2d 1034(Kan. 1989),48
斯坦博夫斯基诉阿克利案,572 N. Y. S. 2d 672(N. Y. App. Div. 1991),326
州立农业保险公司诉坎贝尔案,538 U. S. 408(2003),348,355
州立农业互助保险公司诉坎贝尔案,98 P. 3d 409(2004),356
施特费尔诉汤普森案,415 US 452(1974),371
沙利文诉奥康纳案,296 N. E. 2d 183(Mass. 1973),109
斯旺诉夏洛克-伦伯格教育委员会案,402 U. S. 1(1971),179,194

TXO 生产公司诉资源联盟公司案,509 U. S. 443(1993),354
托马斯汽车公司诉克拉夫茨案,763 S. W. 2d 651(Ark. 1989),341
泰南诉库尔齐案,753 A. 2d 187(N. J. Ct. App. Div. 2000),50

美国诉帕乔内案,964 F. 2d 1296(2d Cir. 1992),244
美国诉霍尔案,472 F. 2d 261(5th cir. 1972),243
美国诉弗吉尼亚案,518 U. S. 515(1996),181
美国政府诉 W. T. 格兰特公司案,345 U. S. 629(1953),154
得克萨斯大学诉卡梅尼施案,451. U. S. 390(1981),202
瓦尔德斯渔业发展协会诉阿拉斯加输油管道服务公司案,45 P. 3d 657(Alaska 2002),109
范·瓦格纳广告公司诉 S & M 企业案,492 N. E. 2d 756(N. Y. 1986),165
沃斯伯格诉帕特尼案,50 N. W. 403(Wis. 1891),54,70

沃德林顿诉爱德华兹案,92 So. 2d 629(Fla. 1957),295
沃克诉伯明翰市案,388 U. S. 307(1967),239
韦尔奇诉科萨斯基案,509 N. E. 2d 919(Mass. App. Ct. 1987),313
韦瑟罗尔德诉杰克逊案,855 N. E. 2d 624(Ind. App. 2006),375
威廉诉布莱特案,658 N. Y. S. 2d 910(N. Y. App. Div. 1997),131
威利福德诉埃默顿案,935 So. 2d 1150(Ala. 2004),27
威林诉马泽科恩案,393 A. 2d 1155(Pa. 1978),53,172
温特诉国家资源保护委员会,555 U. S. 7,20(2008),202
威斯康星汽车贷款公司诉琼斯案,714 N. W. 2d 155(Wis. 2006),404
伍德福德诉恩戈案,548 U. S. 81(2006),173,187
Xoxide 公司诉福特汽车公司案,448 F. Supp. 2d 1188(C. D. Cal. 2006),363
杨格诉哈里斯案,401 U. S. 37(1971),238,371

文 献 资 料

理查德·埃布尔:《一般损害赔偿是不合逻辑的、无法估量的、不能比较的和不平等的
　　（但也是一个不错的主意）》,55 Depaul. L. Rev. 253(2006),40
乔治·阿克洛夫:《柠檬市场》,84 Q. J. Econ. 488(1970),26
《美国传统英语字典》,(第四版,2000),15
P. S. 阿蒂亚:《合同自由的增减》(1979),64

彼得·皮尔克斯:《给美国的信:利益返还重述》,《全球法律前沿》(第 2 期)第 3 卷,
　　(2003),http://www.bepress.com/gj/frontiers/vo13/iss2/art2,251
《布莱克法律词典》(第 8 版,2004 年),51

吉多·卡拉布雷西、道格拉斯·梅拉米德:《财产规则、责任规则和不可剥夺性:大教堂
　　的一个观点》,85 Harv L. Rev. 1089(1972),147
艾布拉姆·蔡斯:《公法诉讼中的法官角色》,89 Harv L. Rev. 1281(1976),179
罗纳德·科斯:《社会成本问题》,3 J. L. & ECON. 1(1960),147

多布斯:《救济法:损害、衡平和利益返还》(1993),《侵权法》(2000),51

理查德·爱普斯坦:《侵权法案例和资料》,(9th ed. 2008),46,49,51,339
爱德华·埃里卡森:《衡平案件中陪审团审判的权利》,69 N. D. L. Rev,559(1993),168

沃德·法恩斯沃思:《重大案件中的当事人是否会在判决后交易？大教堂内一瞥》,66
　　U. Chi. L. Rev. 373(1999),147
《2011"9·11"受害者补偿基金特别委员会最终报告》,137
欧文·费斯:《前言——正义的形式》,97 Harv L. Rev. 1(1979),182
——《禁令》(1972),179
——《个人主义的魅力》,78 Iowa L. Rev. 965(1993),178
——《民权禁令》(1978),179
查尔斯·弗里德:《作为允诺的合同》(1981),63

吉姆·加什:《一个时代的终结:最高法院(最后)不再为了好意而审查惩罚性赔偿》,65
　　FLA. L. Rev,525(2011),357
马克·葛根、约翰·金和海伦·史密斯:《最高法院的意外变革？永久性禁令的标准》,

112 Colum L. Rev. 203(2012),163

理查德·哈森:《超越诉讼保证金:改革选举管理以避免选举崩溃》,62 Wash. & Lee L. Rev. 937(2005),414
——《救援的高效义务》,15 Int'l Rev. L. & Econ. 141(1995),262
——《最高法院和选举法:从贝克诉卡尔到布什诉戈尔的公平审判》,(2003),206
米歇尔·诺尔、杰弗里·克隆:《判决前利息的计算》(2005/5/31),http://surname.com/abstract=732765/,31

唐纳德 C. 兰格沃特:《公司内部代理法:坦率与知识的问题》,71 U. Cinn. L. Rev. 1187,(2003),71
道格拉斯·莱科克:《无法弥补的损害规则的消亡》,150,165,166,172,198
——《现代美国民事救济法》(4th ed. 2010),passim
——《现代美国救济法》——2012 Teacher's Update,164
理查德·L. 洛德:《威利斯顿论合同》,(4th ed. 2006),64

梅特兰:《衡平法》(1969),148
迈克尔·麦康奈尔:《为什么举行选举?应用同意令使政策与政治变革隔离》,1995 U. Chi. L. Forum,184
查尔斯·麦考密克:《损害赔偿法手册》(1935),104
杰弗里·P. 米勒:《争议解决中的代理问题》,16 J. Legal Stud. 189(1987),395
马歇尔·米勒:《警察暴行》,17 Yale L. & Pol'y Rev. 149(1998),178
穆尔联邦实践:《2005 年的集体诉讼公平法》,以及穆尔联邦实践编辑委员会的乔治妮 M. 瓦伊诺撰写的评论和分析,(由丹尼尔 R. 科基莱特等编辑,2005),394
莫瑞杰柔:《控制产业名称以执行判决:回首过去以展望未来》,72 U. Cinn. L. Rev. (2003),381,384

利拉·C. 奥尔:《注意,做一个取向于财产的惩罚性赔偿》,37 Loy. L. A. L. Rev. 1739 (2004),359

理查德·波斯纳:《打破僵局:2000 年大选:宪法和法院》,(2001)207
——《法的经济分析》,(7th ed. 2007),19,205
艾伦·史密斯·普赖尔:《侵权法的争论,效率和疾病的王国:关于补偿金的保险理论的批判》,79 Va. L. Rev. 91(1993),41

罗伯特·K. 拉斯姆森:《统一商法典疑难案件》,62 La. L. Rev. 1097(2002),81
道格拉斯·伦德尔曼:《蔑视法庭民事补偿:当被告违反禁令时给予原告的救济》,1980 U. ILL. L. F. 971,235

——《无效的命令》,7 Ga. L. Rev,246(1973),240
——《易趣网诉默克专利交易公司案后审判法官的自由裁量权》,27 Rev. Litig. 63, (2007),163
《通过衡平诉讼或根据宣告判决法案来确认动产权利的权利》,105 A. L. R. 291 (1936),374
詹姆斯·罗杰斯:《侵权行为利益返还及利益返还法第三次重述》,42 Wake Forest L. R. 55(2007),251

约瑟夫·桑德斯:《消费者诉讼中的惩罚性赔偿》,8 J. Tex. Consumer L. 22(Fall 2004),353
玛格·施兰格:《超越英雄的审判:作为诉讼的机构改革诉讼》,97 Mich. L. Rev. 1995 (1999),187
——《长期的民权禁令:监狱和拘留所法院命令的个案研究》,81 N. Y. U. L. Rev,550, (2006),188
斯科特·史密斯:《国际掳拐儿童救济法的规则与应用》,(42 U.S.C. §11601 et seq.), 125 A. L. R. Fed. 217(1995),230
托德·史密斯:《注释:父母因孩子重伤而得到亲属权丧失损害赔偿的权利》,54 A. L. R. 4th 112(1987 & Supp. 2005),50
学术论文集:《谁能体会到他们的痛苦?在民事诉讼中非财产性损害赔偿的挑战》,55 Depaul L. Rev. 249(2006),40

理查德·C.廷尼:《论实际损害赔偿对惩罚性赔偿判决的充分支撑——当代的案例》,40 A. L. R 4th 11(1985 & 2005 Supp.),28,341

欧内斯特·J.温瑞卜:《简要矫正正义》,52 U. Toronto L. J. 349(2002),16
赖特、米勒和凯恩:《联邦的实践和程序》(2006),219

成 文 法 表

联邦法律法规

11 美国法典 § 522	378
15 美国法典 § 1640	392
§ 1673	379
17 美国法典 § 504	269,281
§ 505	392
18 美国法典 § 3626	173,187,188,191
28 美国法典 § 1292	219
§ 1826	226
§ 2201	361,364
§ 2202	364
35 美国法典 § 284	281
42 美国法典 § 1983	173
§ 1988	393,394,396
§ 1997e	173,187
《航空运输安全和系统平衡法案》, Pub. L. No. 107-42, § (405)(b)(6)	136
2005 年《集体诉讼公平法案》, Pub. L. No. 109-2, 119 Stat. 4 (修改后纳入 28 U.S.C. § 1711 et seq.)	394
联邦民事诉讼程序规则 9	71
联邦民事诉讼程序规则 60	190
联邦民事诉讼程序规则 65	201,213,214,216,218,219,220,221,242,243,244
2009 年《莱德贝特公平薪酬法》,公法第 111-2 号,123 Stat. 5(2009)	414
《监狱诉讼改革法案》, Pub. L. No. 104-134, 110 Stat. 1321(1996)	173,187,191

州法规

《加州民事法典》§ 1717		77,392
§ 3294	341,378	
§ 3333.1	136	
§ 3333.2	40	
§ 3423	170	
《加州民事诉讼程序法典》	§ 917.1	206

《康涅狄格州法典加注释》	§ 52-278	387,388
《佐治亚州法典加注释》	§ 23-3-60	376
《爱荷华州法典》	§ 668.13	30
《堪萨斯州法典译注》	§ 60-1903	46
《密歇根州法典加注释》	§ 600.6306	41
《新泽西州法典译注》	§ 2A:15-5.12	352
§ 2A:15-5.13		29,341
§ 2A:15-5.14		353
§ 2A:31-5		46
§ 12A:2-715		119
N.Y.C.P.L.R.	§ 6201(3)	387
《纽约州机动车及交通法》	§ 1229-c(8)	125
《罗得岛州法律汇编》	§ 9-21-10	30
《得州民事法典解释》	§ 1396-7.05(A)	389
《得州民事实践与救济法案》	§ 41.001(7)	340

法律重述

《合同法第二次重述》

§ 90	108,113,114
§ 139	109,325
§ 351	115
§ 352	119
§ 356	78
§ 373	272

《法律重述三:利益返还和不当得利》

第七章 引言	249
§ 1	251,321
§ 4	294,313
§ 5	256,258
§ 10	257,259,308,309,310
§ 13	259,260
§ 14	260
§ 15	260
§ 16	260
§ 20	261
§ 21	266
§ 23	319

§24	319
§24	249
§25	303
§26	262
§27	266
§28	262
§31	262
§32	262
§33	262
§34	262
§36	265
§38	262,263,272,273
§39	264,265
§40	267,268,279
§41	267
§42	267,269,281,286
§43	267
§44	267
§49	276,270
§50	280
§51	279,280,286
§52	280
§54	327
§55	296
§56	309,310
§57	316
§58	279,299
§59	95
§60	295
§65	299
§66	299
§67	299
§70	325

《侵权法第二次重述》

§13	397
§18	29,385
§46	42
§63	397

§ 525　　　　　　　　102
§ 549　　　　　　　　103
§ 909　　　　　　　　342

《侵权法第三次重述：人身伤害和精神损害的责任》
§ 20　　　　　　　　229
§ 29　　　　　　　　54
§ 45　　　　　　　　42
§ 46　　　　　　　　42

《统一商法典》
§ 2-302　　　　　　　399
§ 2-703　　　　　　　88
§ 2-706　　　　　　　88,90,91,92,115,133
§ 2-708　　　　　　　88,89,91,92,116,127
§ 2-709　　　　　　　88,91,94,127
§ 2-710　　　　　　　90,133
§ 2-711　　　　　　　81,325,327
§ 2-712　　　　　　　81,86,101,132,133
§ 2-713　　　　　　　82,86,87,101,126,128
§ 2-714　　　　　　　83,87,96
§ 2-715　　　　　　　84,119,129
§ 2-716　　　　　　　81,148,150,160,162
§ 2-718　　　　　　　94,96
§ 2-719　　　　　　　77,84,94,105
§ 2-721　　　　　　　105

索　引
（本索引所列页码为原书页码，参照本书边码）

A

Additur, *see* Damages, Compensatory; Additur
增加损害赔偿额，参见损害赔偿，补偿性；增加损害赔偿额
Ancillary remedies; *see also* Injunctions, Contempt
辅助性救济，377-96；亦可参见禁令，藐视法庭惩处权
 Attorney's fees and litigation expenses
 律师费和诉讼费，390-96
 Collecting money judgments
 金钱判决，377-85
  Execution
  执行，378
  Garnishment
  协助执行，379
  Judgment lien
  法定担保，378
 Freeze orders, attachments, and receiverships
 冻结命令、扣押和接管，385-90
Aristotle
亚里士多德，7，16
Attachments, *see* Ancillary remedies; freeze orders, attachments and receiverships
扣押，参见辅助性救济；冻结命令，扣押和接管
Attorney's fees, *see* Ancillary remedies; Attorney's fees and litigation expenses
律师费，参见辅助性救济；律师费和诉讼费
Avoidable consequences, *see* Damages, Compensatory; Avoidable consequences
可避免的后果，参见损害赔偿，补偿性；可避免的后果

B

Bilateral monopoly, *see* Economic analysis of law, Bilateral monopoly
双边垄断，参见法经济学分析，双边垄断

Breach of trust
违反信托,149,411

C

Certainty requirement,*see* Damages,Compensatory;Certainty requirement
确定性要求,参见损害赔偿,补偿性;确定性要求
Choice of remedies,*see* Election of remedies
选择救济措施,参见救济选择
Collateral bar rule,*see* Injunctions;Contempt;Collateral bar rule
平行禁止规则,参见禁令;藐视法庭惩处权;平行禁止规则
Collateral source rule,*see* Damages,Compensatory;Collateral source rule.
平行来源规则,参见损害赔偿,补偿性;平行来源规则
Collecting money judgments,*see* Ancillary remedies,Collecting money judgments
金钱判决,参见辅助性救济,金钱判决
Compensatory damages,*see* damages,Compensatory
补偿性损害赔偿,参见损害赔偿,补偿性
Consent decrees,*see* Injunctions;Structural injunctions;Consent decrees
同意令,参见禁令;结构性禁令;同意令
Consequential damages, *see* Damages, Compensatory; Contract damages; Consequential damages
间接损失,参见损害赔偿,补偿性;合同损害赔偿;间接损失
Constructive trusts,*see* Restitution,Constructive trusts
法定信托,参见利益返还,法定信托
Contempt,*see* Injunctions;Contempt
藐视法庭惩处权,参见禁令;藐视法庭惩处权
Contractual remedies, *see* Damages, Compensatory, Contract damages; Injunctions; Specific performance; Reformation; Rescission; Restitution
合同性救济,参见损害赔偿,补偿性,合同损害赔偿;禁令;实际履行;变更;撤销;利益返还
Contribution
追偿,316-20
Corrective justice
矫正正义,16,19,399

D

Damages,*see* Damages,Compensatory and Damages,Punitive
损害赔偿,参见损害赔偿,补偿性和损害赔偿,惩罚性

Damages, Compensatory
损害赔偿，补偿性，9,11-139
    Additur
    增加损害赔偿额，42
    Avoidable consequences
    可避免的后果，122-31
    Certainty requirement
    确定性要求，24,51,71,112-13 117-22,166
    Collateral source rule
    平行来源规则，135-39
    Compensation function
    补偿功能，15
    Contract damages
合同损害赔偿，3,61-97,107-16
        Consequential damages; *see also* Uniform Commercial Code damage remedies; Incidental and consequential damages
        间接损失，70-76；亦可参见统一商法典损害赔偿救济；附带和间接损失
        Default rules
        默认规则，72
        Delay damages
        延迟损害赔偿，152,235-37,364-65
        Efficient breach
        效率违约，7,19,67-69,144,265,349-50
        Emotional distress damages usually unavailable
        通常不可获得精神损害赔偿，73,347-48
        Expectation damages v. reliance damages
        期待利益损害赔偿与信赖利益损害赔偿，61-69,107-16
        Liquidated damages
        违约金，3,76-80,94-97,399
        Losing contracts; *see also* Restitution; Losing contracts
        亏损的合同，21,64,67,263,272-74；亦可参见利益返还；亏损的合同
        Punitive damages, *see* Damages, punitive, Contract actions
        惩罚性赔偿，参见损害赔偿，惩罚性，合同诉讼
        Unconscionability defense; *see also* Defenses, Remedial; Unconscionability
        显失公平的抗辩，76-77；亦可参见抗辩权，救济的；显失公平
        Uniform Commercial Code damage remedies
        统一商法典损害赔偿救济，80-94
            Avoidable consequences

可避免的后果,126-29
　　　Buyers' remedies
　　　买方的救济,81-88
　　　Certainty requirement
　　　确定性要求,119
　　　Incidental and consequential damages
　　　附带损失和间接损失,90
　　　Limitations on remedies
　　　救济的限制,94-97
　　　Sellers' remedies
　　　卖方的救济,88-94
　　　Lost volume seller
　　　营业额减少的卖家,91-93
Interest
利益,29-32
Mitigation issues; see Avoidable consequences
减少损失问题;参见可避免的后果
Nominal damages
象征性损害赔偿,15,28-29,45,48,118,341,344,374,393
　　　Attorney's fees and
　　　律师费,29,45,393
　　　Declaratory function and
　　　宣告功能,28
Offsetting benefits
损益相抵,131-35
Per diem arguments
按日计算的观点,41
Preliminary relief unavailable
初步救济不可获得,198
Present value
现值,32-36
Remittitur
减少损害赔偿额,42
Repair or replace measure
修理或更换措施,22-23,26,95
Substitutionary relief
替代性救济,13-14,145,150,312
Terminology issues

术语问题,26,39
Time issues
时间问题,29-36
Tort damages
侵权损害赔偿,18,37-59
  Dignitary harms
  尊严伤害,42-45
  Economic and noneconomic losses
  经济和非经济损失,40-44
  Economic harm rule
  纯粹经济损失规则,54-59
  Emotional distress/pain and suffering
  精神损害、疼痛和痛苦,9-10,14,26-29,39-45,47-50
  Fraud damages
  欺诈损害赔偿,37,101-07
  General damages
  一般损害赔偿,26,39
  Noneconomic losses;*see* Economic and noneconomic losses
  非经济损失;参见经济损失和非经济损失
  Proximate cause as damage limitation
  作为损害限制的近因原则,54-56
  Presumed damages
  推定损害赔偿金,51-53,118,169
  Reliance damages
  信赖利益损害赔偿,38,99-101
  Thin-skulled(egg skull) plaintiff rule;*see also* Contract damages;consequential damages
  薄头盖骨(蛋壳脑袋)原告规则,54,70,72;亦可参见合同损害赔偿;间接损失
  Wrongful death,survivor,and loss of consortium actions
  不法行为致死,幸存者,亲属权丧失的诉讼,47-50
Valuation problems
估价问题,14,17,21-28
Damages,punitive
损害赔偿,惩罚性,9,15,337-60
  Compensatory damages as prerequisite
  作为先决条件的补偿性赔偿,28,254,268
  Constitutional limitations
  宪法性限制,352-60
  Contract actions

合同诉讼,347-52
Vicarious liability for
替代责任,341-42
Wrongful death, related actions, and
不法行为致死,相关的诉讼,45,48
Declaratory remedies
宣告性救济,361-76
 Declaratory judgments
 宣告判决,361-73
  Federalism issues
  联邦制问题,370-73
  Ripeness requirements
  成熟度要求,367-70
Defamation, see Damages, Compensatory; Tort damages; Presumed damages
诽谤,参见损害赔偿,补偿性;侵权损害赔偿;推定损害赔偿金
Defenses, Remedial
抗辩权,救济的,397-416
 Estoppel
 禁反言,405-09
 In Pari delicto
 互有过失,397,402-04
 laches
 懈怠,409-10
 Statutes of limitation
 诉讼时效,410-14
 Unclean hands
 不洁之手,397,400-02
 Unconscionability
 显失公平,397-400
 Waiver
 弃权,406-09
Dobbs, Dan T.
丹·多布斯,各处

E

Economic analysis of law; see also Damages, Compensatory; Contract Damages; Efficient breach

法经济学分析,7,19;亦可参见损害赔偿;补偿性;合同损害赔偿;效率违约
 Bilateral monopoly
 双边垄断,147,282
 Damages, compensatory and punitive
 损害赔偿,补偿性和惩罚性,338
 Kaldor-Hicks efficiency
 卡尔多-希克斯效率,7,19,68,123
 Preliminary injunction analysis
 预先禁令分析,204-05
 Restitution
 利益返还,271

Economic harm rule, see Damages, Compensatory; Tort damages, Economic harm rule
纯粹经济损失规则,参见损害赔偿;补偿性;侵权损害赔偿,纯粹经济损失规则

Ejectment
收回不动产,314-15,375

Election law remedial issues
选举法救济问题,155-59,206-07,209-11,414-15

Emotional distress/pain and suffering, see Damages, Compensatory, Tort Damages, Emotional distress/pain and suffering
精神损害、疼痛和痛苦,参见损害赔偿,补偿性,侵权损害赔偿,精神损害、疼痛和痛苦

Equitable liens, see Restitution, Equitable liens
衡平担保,参见利益返还,衡平担保

 Equity; see also Injunctions; Restitution, Constructive Trust; Restitution, Equitable Liens
 衡平法,6,148-50,385;亦可参见禁令,利益返还,法定信托,利益返还,衡平担保
 Equitable defenses
 衡平抗辩权,398

Origins of equity court
衡平法院的起源,148-50

Estoppel, see Defenses, Remedial; Estoppel
禁反言,参见抗辩权,救济性;禁反言

Exam-taking techniques and practice exam materials
考试技巧和练习考试材料,417-52

Execution, see Ancillary remedies; Collecting money judgments, Execution
执行,参见辅助性救济;金钱判决,执行

F

First Amendment issues

第一宪法修正案问题,51-53,130,168-69,172,201
Fraud damages,*see* Damages,Compensatory;Tort damages,Fraud damages;*see also* Reformation;Rescission
欺诈损害赔偿,参见损害赔偿,补偿性;侵权损害赔偿;欺诈损害赔偿;亦可参见变更;撤销
Freeze order,*see* Ancillary remedies;Freeze orders,attachments,and receiverships
冻结命令,参见辅助性救济;冻结命令,扣押和接管

G

Garnishment,*see* Ancillary remedies;Collecting money judgments;Garnishment
协助执行,参见辅助性救济;金钱判决;协助执行

I

Indemnity
补救,316-20
Injunctions
禁令,6,143-245
    No adequate remedy at law requirement;*see* Irreparable injury requirement
    法律要求层面没有充足的救济措施,参见不可弥补的损害要求
    Balance of hardships;*see also* Preliminary injunctions,balance of hardships
    困难平衡,163-64,203-13,亦可参见预先禁令,困难平衡
    Consent decrees;*see* Structural injunctions;Consent decrees
    同意令;参见结构性禁令;同意令
    Contempt
    蔑视法庭惩处权,223-235
        Civil coercive contempt
        藐视法庭民事强制,224,226-31
        Civil compensatory contempt
        藐视法庭民事补偿,223,235-38
        Collateral bar rule
        平行禁止规则,239-42
        Criminal contempt;*see also* Collateral bar rule
        藐视法庭刑事制裁,223,231-34,亦可参见平行禁止规则
        Third parties
        第三人,42-45
    Irreparable injury requirement
    无法弥补的损害要求,148,149-53,160-67,198,200-06

索引 503

Modifying injunctions
修改禁令,190-94
Mootness, see Propensity requirement
无实质争议性,参见致害倾向要求
Policy concerns
政策问题,164-75
    Burden on court
    法院的负担,170-72
    First Amendment issues
    第一宪法修正案的问题,168-70
    Hardship on the defendant
    被告的困难,165-68
    Jury trial right
    陪审团审判的权利,167-68
    Personal service contracts
    个人服务合同,170-71
Preliminary injunctions and other preliminary relief
预先禁令和其他初步救济,197-221
    Balance of hardship
    困难平衡,203-13
    Bonds/Ne Exeat
    禁令保证金/禁止离境令,213-18
    Economic analysis
    经济分析,204-05
    Likelihood of success on merits
    实体上胜诉的可能性,202
    Mandatory v. prohibitory injunctions
    强制性与禁止性禁令,208
    Risk of error
    错误的风险,200
    Status quo role
    现状角色,202,207-08
    Stay orders
    中止命令,206-07
    Temporary restraining orders
    临时限制令(TROs),218-21
Preventive injunctions
预防性禁令,153-56,158-59

Propensity requirement
致害倾向要求, 148, 153-57, 162-68
    Scope of injunction
    禁令范围 157-60
Prophylactic injunctions
预防性禁令, 158-50, 177, 182
Reparative injunctions
修复性禁令, 153, 155, 177
Ripeness, see Propensity requirement
成熟度, 参见致害倾向要求
Specific performance
实际履行, 81, 144-50, 152, 160-61, 166-67
Structural injunctions
结构性禁令, 158, 178-89
    Congressional limits on structural injunctions
    国会对结构性禁令的限制, 186-89
    Consent decrees
    同意令, 184-89, 190-94
Temporary restraining orders; see Preliminary injunctions and other preliminary relief,
    Temporary restraining orders
临时限制令; 参见预先禁令和其他初步救济, 临时限制令
Third parties; see also Contempt, Third parties
第三人, 194-96; 亦可参见蔑视法庭惩处权, 第三人
In pari delicto, see Defenses, Remedial; In pari delicto
互有过失, 参见抗辩权, 救济性; 互有过失
Interest, see Damages, Compensatory; Interest
利息, 参见损害赔偿, 补偿性; 利息
Irreparable injury requirement, see Injunctions; Irreparable injury requirement
无法弥补的损害要求, 参见禁令; 无法弥补的损害要求

J

Judgment Lien, see Ancillary remedies; collecting money judgments; Judgment lien
法定担保, 参见辅助性救济; 金钱判决; 法定担保
Jury trial, right to
陪审团审判的权利, 149-50, 167-68, 175, 228, 234

K

Kaldor-Hicks efficiency, see Economic analysis of law; Kaldor-Hicks efficiency

卡尔多-希克斯效率,参见法经济学分析;卡尔多-希克斯效率

L

Laches, *see* Defenses, Remedial, Laches
懈怠,参见抗辩权,救济性,懈怠
Law and Economics, *see* Economic analysis of law
法经济学,参见法经济学分析
Laycock, Douglas
莱科克,道格拉斯,各处
Liquidated damages, *see* Damages, Compensatory; Contract damages; Liquidated damages
违约金,参见损害赔偿,补偿性;合同损害赔偿;违约金

M

Mootness, *see* Injunctions, Propensity requirement
无实质争议,参见禁令,致害倾向要求

N

Necessity
必要性,282-83
Nominal damages, *see* Damages, Compensatory; Nominal damages
象征性损害赔偿金,参见损害赔偿,补偿性;象征性损害赔偿金
Noneconomic losses, *see* Damages, Compensatory; Tort damages, Economic and noneconomic losses
非经济损失,参见损害赔偿,补偿性;侵权损害赔偿,经济和非经济损失

P

Posner, Richard
理查德·波斯纳,各处
Present value, *see* Damages, Compensatory; Present value
现值,参见损害赔偿,补偿性;现值
Presumed damages, *see* Damages, Compensatory; Tort damages; Presumed damages
推定损害赔偿金,参见损害赔偿,补偿性;侵权损害赔偿;推定损害赔偿金
Prison Litigation Reform Act
监狱诉讼改革法案,173,182,186-89,190-93
Property Remedies, *see* Damages, Compensatory; Ejectment; Declaratory Remedies; Injunctions; Reformation; Rescission

财产救济，参见损害赔偿；补偿性；收回不动产；宣告性救济；禁令；变更；撤销
Proximate cause, see Damages, Compensatory; Tort damages; Proximate cause as damage limitation
近因，参见损害赔偿，补偿性；侵权损害赔偿；作为损害限制的近因规则
Punitive damages, see damages, Punitive
惩罚性赔偿，参见损害赔偿，惩罚性

Q

Quiet title actions, see Declaratory remedies
确权诉讼，参见宣告性救济

R

Receiverships, see Ancillary remedies; Freeze orders, attachments and receiverships
接管，参见辅助性救济；冻结命令、扣押和接管
Reformation
变更，251，321-23，330-34
Reliance damages, see Damages, Compensatory; Tort Damages; Reliance damages
信赖利益损害赔偿，参见损害赔偿，补偿性；侵权损害赔偿；信赖利益损害赔偿
Remedial Defenses, see Defenses, Remedial
救济性抗辩权，参见抗辩权，救济性
Remittitur, see Damages, Compensatory; Remittitur
减少损害赔偿额，参见损害赔偿，补偿性；减少损害赔偿额
Rendleman, Douglas
伦德尔曼，道格拉斯，223-24
Replevin
返还原物，163-64，235-36，240
Rescission
撤销，251，259，321-29，331-34
Restitution
利益返还，3，3，249-334
    Accounting for profits
    利益核算，285-86，293，315
    Apportioning profits
    收益分配，252，268，283-92
        "Bought and paid for" rule
        "购买并支付"规则，287-88
    "Bypassing the market"

索引 507

"绕过市场",271,279-80,283
Constructive trust
法定信托,293-313
Contribution,see Contribution
追偿,参见追偿
Ejectment,see Ejectment
收回不动产,参见收回不动产
Equitable liens
衡平担保,307-13
Indemnity,see Indemnity
补救,参见补救
Justifications for
正当理由,269-72
Losing contracts
亏损的合同,263,272-74
Measurement issues
衡量问题,275-83
Reformation,see Reformation
变更,参见变更
Rescission,see Rescission
撤销,参见撤销
Replevin,see Replevin
返还原物,参见返还原物
Rescue cases
援助案例,261-66
Subrogation,see Subrogation
代位求偿,参见代位求偿
Substantive law v. remedy
实体法与救济法,249-54
Quantum meruit
合理价格,251-52
Quasi-contract
准合同,254-55,277
Unjust enrichment principle
不当得利规则,255-74
  Benefits conferred by mistake
  基于错误而给予的利益,256-59
  Benefits conferred by transferor with defective consent or authority

转让人有缺陷的同意或批准而导致转移的利益,259-60

Benefits conferred intentionally in emergency, by officious intermeddlers, and by contract

在紧急情况下,由有意的中间人和根据合同得到的利益,261-67

Benefits obtained through tortious or other wrongful conduct

通过侵权行为或其他不法行为获得的利益,267-69

Rightful position standard

应有的状态标准,6-10,15-21,30-31,37,45,57,61-63,117,122,143-46,153-58,178-84,252,270-72,337,340,390-92

Ripeness requirements, see Declaratory remedies; Declaratory judgments; Ripeness requirements; see also Injunctions; Propensity requirement

成熟度要求,参见宣告性救济;宣告判决;成熟度要求,亦可参见禁令;致害倾向要求

S

Specific performance, see Injunctions; Specific performance

实际履行,参见禁令;实际履行

Specific relief; see also Damages, Compensatory; Substitutionary relief; Injunctions

具体救济,13-15,143-47,150-51,160,172,312;亦可参见损害赔偿,补偿性,替代性救济;禁令

Statutes of Limitation, see Defenses, Remedial; Statutes of limitation

诉讼时效,参见抗辩权,救济性;诉讼时效

Substitutionary relief, see Damages, Compensatory; Substitutionary relief

替代性救济,参见损害赔偿,补偿性;替代性救济

Subrogation

代位权,136,162,316-20

T

Temporary restraining orders (TROs), see Injunctions, Preliminary injunctions and other preliminary relief, Temporary restraining orders (TROs)

临时限制令(TROs),参见禁令,预先禁令和其他初步救济,临时限制令(TROs)

Thin-skulled (egg shell) plaintiff rule; see Damages, Compensatory; Tort Damages; Thin-skulled (egg shell) plaintiff rule

薄头盖骨(蛋壳脑袋)原告规则;参见损害赔偿,补偿性;侵权损害赔偿;薄头盖骨(蛋壳脑袋)原告规则

Toolbox metaphor

工具箱比喻,4,144,417

Tort remedies, see Damages, Compensatory, Tort Damages; Restitution

侵权救济,参见损害赔偿,补偿性,侵权损害赔偿;利益返还
Temporary restraining orders;see Injunctions;Preliminary injunctions and other preliminary relief;Temporary restraining orders
临时限制令;参见禁令;预先禁令和其他初步救济;临时限制令

U

Unclean hands,see Defenses,Remedial,Unclean Hands
不洁之手,参见抗辩权,救济性,不洁之手
Unjust enrichment,see Restitution,Unjust enrichment principle
不当得利,参见利益返还,不当得利规则
Unconscionability,see Defenses,Remedial;Unconscionability
显失公平,参见抗辩权,救济性;显失公平

V

Vicarious liability, see Damages, Punitive; Vicarious liability for Uniform Commercial Code remedies;see Damages, Compensatory;Contract damages;Uniform Commercial Code damage remedies.
替代责任,参见损害赔偿,惩罚性;统一商法典救济中的替代责任;参见损害赔偿,补偿性;合同损害赔偿;统一商法典损害赔偿救济

W

Waiver,see Defenses,Remedial;waiver
弃权,参见抗辩,救济性;弃权
Wrongful death,see Damages,Compensatory;Tort damages;Wrongful death,survivor,and loss of consortium actions
不法行为致死,参见损害赔偿,补偿性;侵权损害赔偿;不法行为致死,幸存者,以及亲属权丧失的诉讼

术语英汉对照表[*]

A bill to quiet title　权利确认文书
A bill to determine adverse claims　权利确认文书
Additur　增加损害赔偿额
American law institute　美国法律研究院
Adverse possession　时效占有
Ancillary remedies　辅助性救济
Actual cause　事实因果关系
Affirmative defense　抗辩权
Assumption fee　承担费
Blackacre　黑地
Balancing the hardship　困难平衡
Consent degree　同意令
Consequential damages　间接损失
Civil contempt　蔑视法庭的民事强制
Civil compensatory contempt　蔑视法庭的民事赔偿
Criminal contempt　蔑视法庭的刑事制裁
Contribution and indemnity　追偿和补偿
Cancellation of contract　合同的撤销
Compensatory damages　补偿性赔偿
Constructive trust　法定信托
Consequential damages　间接损失
Claim preclusion　请求排除
Class action　集体诉讼
Collateral bar rule　平行禁止规则
Collateral source rule　平行来源规则
Damages　损害赔偿
Declaratory judgment　宣告判决
Equitable liens　衡平担保
Expectation damages　期待利益损失赔偿
Ejectment　收回不动产
Equitable bill to remove cloud on title　权利确认文书
Expectancy damages　期待利益损失赔偿
Equitable relief　衡平法救济
En banc　全席审理
Economic harm rule　纯粹经济损失规则
Emotional distress　精神损害
Fee simple　可自由处置的财产
Forum shopping　择地诉讼
Federal truth-in-lending　联邦诚信借贷法案
Injunction bond　禁令保证金
Incidental damages　附带损失
Injunctive relief　指令性救济
In pari delicto　互有过失
Incidental damages　附带损失
Irreparable injury　无法弥补的损害
Jail　看守所
Judgment debtor　判决债务人
Judgment creditor　判决债权人
Garnishment　协助执行
Life estate　终身财产
Likelihood of success on the merits　实体上胜诉的可能性
Liquidated damages　违约金
Loss of consortium　亲属权丧失
Laches　懈怠

---

[*] 本表由译者整理增加。

术语英汉对照表　511

Lost volume seller　营业额减少的卖家
Losing contract　亏损的合同
Moot　无实质争议
Mootness　无实质争议性
Mitigation principle　减少损失规则
Ne exeat　静止离境
Ne exeat bond　静止离境保证金
Nominal damages　象征性赔偿金
Officious intermeddler　多管闲事的好事者
Per se rule　本身违法规则
Prejudgment interest　判决前利息
Postjudgment interest　判决后利息
Preliminary relief　预先禁令
Present value　现值
Preventive injunction　预防性禁令
Pain and suffering　疼痛和痛苦
Prison　监狱
Pro hac vice status　特许出庭资格
Propensity　致害倾向
Prophylactic injunction　预防性禁令
Public interest　公共利益
Punitive damages　惩罚性赔偿
Prima facie case　表面上符合条件的案件
Proximate cause　近因（法律上的因果关系）

Preliminary injunction　预先禁令
Promised position　期待的状态（承诺的状态）
Recession of contract　合同的撤销
Replevin　返还原物
Remittitur　减少损害赔偿额
Restitution　利益返还
Restatement（second）of contract　合同法第二次重述
Res judicata　既判力
Remedial defense　救济抗辩权
Rightful position　应有的状态
Ripeness　成熟
Reliance damages　信赖利益损失赔偿
Reparative injunction　修复性禁令
Self-defense　正当防卫
Subrogation　代位求偿
Statute of limitation　诉讼时效
Structural injunction　结构性禁令
Supplemental jurisdiction　附带管辖权
Specific relief　具体的救济
Specific performance　实际履行
Temporary restraining order　临时限制令
Tort of battery　冒犯侵权
Unjust enrichment　不当得利
Unclean hand　不洁之手
Wrongful death　不法行为致死

缩略语表[*]

U.S.C.	美国法典
U.C.C.	美国统一商法典
PLRA	监狱诉讼改革法案
VMI	弗吉尼亚军事学院
VMIL	弗吉尼亚妇女领导学院
HUD	美国住房和城市发展部
Fed. R. Civ. P.	联邦民事诉讼程序规则
TROs	临时限制令
RTR	法律重述三：利益返还和不当得利
ACPA	反域名抢注消费者保护法
FAA	美国联邦航空管理局
NAACP	有色种族进步国家委员会
NAACP(LDF)	有色种族进步国家委员会法律辩护及教育基金
FDA	美国食品药品管理局
BFP	善意购买人

---

[*] 本表为译者所作。

图书在版编目(CIP)数据

民事救济法:案例和解释/(美)理查德·L.哈森著;
吴国喆译.—北京:商务印书馆,2020
(威科法律译丛)
ISBN 978-7-100-18736-7

Ⅰ.①民… Ⅱ.①理…②吴… Ⅲ.①民事诉
讼－赔偿－案例 Ⅳ.①D915.205

中国版本图书馆 CIP 数据核字(2020)第 118831 号

权利保留,侵权必究。

威科法律译丛
民事救济法:案例和解释
〔美〕理查德·L.哈森 著
吴国喆 译

商 务 印 书 馆 出 版
(北京王府井大街36号 邮政编码100710)
商 务 印 书 馆 发 行
北京艺辉伊航图文有限公司印刷
ISBN 978-7-100-18736-7

2020年9月第1版   开本 710×1000 1/16
2020年9月北京第1次印刷 印张 33¾
定价:148.00元